다문화사회
작명·개명
대한민국 대표 작명 사이트
아이이름닷컴 원장이 쓴

우리이름 교과서

다문화사회
작명·개명
대한민국 대표 작명 사이트
아이이름닷컴 원장이 쓴

우리이름 교과서

글쓴이	전 광	기 획	이화진
펴낸이	유재영	편 집	나진이
펴낸곳	동학사	디자인	임수미

1판 1쇄 | 2007년 1월 15일
2판 2쇄 | 2016년 12월 20일
출판등록 | 1987년 11월 27일 제10-149

주소 | 04083 서울 마포구 토정로 53(합정동)
전화 | 324-6130, 324-6131 · 팩스 |324-6135

E-메일 | dhsbook@hanmail.net
홈페이지 | www.donghaksa.co.kr
           www.green-home.co.kr

ⓒ 전 광, 2007

ISBN 978-89-7190-395-7 03150

* 잘못된 책은 바꾸어 드립니다.
* 저자와의 협의에 의해 인지를 생략합니다.

대한민국 대표 작명 사이트 아이이름닷컴 원장이 쓴

우리이름 교과서

전 광

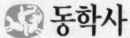 동학사

책을 펴내며

　선종(禪宗)의 공안 중에는 '줄탁(啐啄)'이란 것이 있다. 줄탁이란 '줄탁동시(啐啄同時)'를 말한다. '줄(啐)'이란 어미닭이 알을 품고 있을 때 병아리가 밖으로 나오려고 알 속에서 껍질을 쪼는 것이고, '탁(啄)'이란 어미닭이 그 소리에 반응해서 병아리를 맞기 위해 바깥에서 껍질을 쪼는 것이다. 병아리의 줄과 어미닭의 탁이 동시에 일어나야 다시 말해 서로가 한마음으로 일체가 되어야 병아리가 껍질을 깨고 밖으로 나오는 것이다. 줄탁은 껍질을 경계로 두 존재의 힘이 하나로 모아졌을 때 새로운 세상이 만들어진다는 것을 가리킨다.

　사실 이 책은 나와 동학사가 줄탁의 인연을 펼친 작품이다. 지금까지의 이름학 이론은 가설(假說)에 불과하다. 왜냐하면 예를 들어 이름의 발음을 논하면서도 그 오행을 명확하게 밝히지 못하고, 획수를 따지면서도 그 계산법이 다르기 때문이다. 그리고 비록 가설이라 할지라도 어떤 논리가 동반해야 할 터인데 그렇지 못한 경우가 있다. 구체적인 예로 이름의 81수리가 운명을 좌우한다면서도 왜 그런가에 대하여 이해할 수 있는 설명이 없고, 이른바 '불길 문자'라는 것을 가시고 섭을 수면서도 실증적인 근거를 제시하지 않는다. 그러면서 사람마다 이름을 짓는 데 이러저러한 제한을 가하니 뜻 좋고 발음 좋은 이름을 짓기가 어렵다.
　그래서 나는 지금까지 난무하는 여러 주장들을 철저하게 파헤쳐 그 진위를 가린 후 쓸데없는 것들은 던져버리고 동양 전래의 순수한 음양오행 바탕 위에서 폭넓게 이름을 지을 수 있도록 혁신적인 이론을 전개하였다.

이 책을 통해 독자는 이름을 둘러싼 무명(無明)의 껍질을 떨쳐버릴 수 있다. 우리가 무명의 껍질을 떨쳐버리면 이것은 아름다운 한 떨기 꽃이 피어나는 순간으로 우주도 함께 피어난다.

남계(藍溪)는 나의 아호를 석오(石梧)라고 지어준 한학자인데, 내가 집필에 몰두하고 있을 때 시 한 수를 보내왔다.

지당백로적추련(池塘白露滴秋蓮) 연못의 흰 이슬이 가을 연꽃을 적시는데
집필초심야불면(執筆焦心夜不眠) 노심초사 집필하기 밤 가는 줄 모르네
미백생년천려몰(未百生年千慮沒) 백년도 못 되는 생애 온갖 생각 몰두하니
하시일두작흔연(何時一斗酌欣然) 어느 때나 기꺼이 술 한 말을 하려는가

이제 '집필초심야불면' 이 끝났으니 나도 남계처럼 갈매기마냥 산으로 바다로 푸른 하늘을 뚫고 날아다니고 싶다.
독자 여러분에게 늘 하늘의 은총이 가득하길 기원한다.

2007년 1월
석오(石梧) 전광(錢洸)

차례

- ■ 책을 펴내며 4
- ■ 이 책의 특징 9

PART 1

1. 이름과 운명 13
   - 1) 아홉 종류의 사람 13
   - 2) 공자·노자·석가·성경 14
   - 3) 이름 글자의 영동력 21
   - 4) 사주와 이름 23
   - 5) 종합적인 판단 27

2. 이름이란 무엇인가 32
   - 1) 이름의 의미 32
   - 2) 이름의 종류 39
   - 3) 이름의 글자 수와 동양 사상 42
   - 4) 성·씨·성씨 44
   - 5) 성명의 배치 48
   - 6) 족보 49

3. 음양오행 사상과 이름학 52
   - 1) 하도와 낙서 52
   - 2) 음양오행 사상 59
   - 3) 이름과 음양오행 68
   - 4) 이름학의 원칙 97

PART 2

1. 불용 문자 103
   - 1) 의미 103
   - 2) 검증 106
   - 3) 실한 문자 122

2. 수리 이론 123
   - 1) 배경 123
   - 2) 기본수 125
   - 3) 원형이정의 원리 137
   - 4) 81수리의 영동력 144
   - 5) 영동력의 실상 164

3. 삼원오행 169
   1) 의미 170
   2) 검증 171

4. 발음오행의 상생 176

5. 수리 및 자원오행의 상생 181
   1) 수리오행의 상생 181
   2) 자원오행의 상생 182

6. 분파와 충돌 184
   1) 분파 184
   2) 충돌 187

PART 3

1. 잘 헤아려서 쓸 글자 193
   1) 항렬자 193
   2) 자녀간의 서열을 나타낼 수 있는 글자 195
   3) 동자이음어 196
   4) 인명용 한자 198

2. 필요한 오행을 찾아서 201
   1) 사주 입문 201
   2) 필요한 오행 216
   3) 이름 짓기와 믿음 225

3. 이름 짓기 228
   1) 들어가기에 앞서 228
   2) 작명 요령 1 229
   3) 작명 요령 2 236
   4) 작명 요령 3 244

4. 한글 이름 248
   1) 의의 248
   2) 짓는 요령 251
   3) 한글 이름의 예 253

5. 영어 이름　266
　1) 짓는 요령　266
　2) 영어 이름의 원뜻　269

6. 아호　313
　1) 의의　313
　2) 짓는 기준　314

7. 상호・상품명　317

8. 애완동물 이름　325

9. 개명　330
　1) 의의　330
　2) 사유　330
　3) 절차　331
　4) 궁금한 사항　332

부록 1. 인명용 한자　355
부록 2. 성씨에 따른 길한 수리의 배합표　529

■ 참고문헌　570

이 책의 특징

① 실증적인 자료를 바탕으로 이론을 전개하였다.

② 다양한 기존 이론을 심층분석하여 그 명암을 분명히 하였다.

③ 순수한 음양오행 사상을 바탕으로 폭넓은 작명이 가능하도록 하였다.

④ 동양철학의 꽃인 사주학과 연결시켜 조화와 순리를 추구하였다.

⑤ 작명 사이트 아이이름닷컴의 원장인 필자의 경험담과 견해를 모았다.

⑥ 한자 이름뿐만 아니라 한글 이름, 영어 이름, 아호, 상호·상품명, 애완동물 이름을 다루었다.

⑦ 활용도를 높이기 위하여 이름 짓기 실전에 비중을 두었다.

⑧ 2008년 1월 호주제 폐지에 따라 달라진 '개명'을 자세하게 설명하였다.

대한민국 대표 작명 사이트 아이이름닷컴 원장이 쓴
우리이름 교과서

PART 1

이름과 운명 / 이름이란 무엇인가 / 음양오행 사상과 이름학

이름과 운명

1. 아홉 종류의 사람

학송(鶴松)이란 스님이 출가 전 대학교수 시절에 펴낸 수필집 『구종인간(九種人間)』에는 다음과 같은 내용이 있다.

인간은 그 깨달음의 정도에 따라 ①금수인간(禽獸人間) ②학자(學者) ③철인(哲人) ④달사(達士) ⑤이인(異人) ⑥신인(神人) ⑦지인(至人) ⑧도인(道人) ⑨진인(眞人) 등으로 구분된다.

즉 오욕충족에 급급함이 동물과 다를 바 없는 '금수인간', 동서고금의 많은 학식을 쌓아 동물적 행동은 삼가나 동물적 심리가 잠복되어 있는 '학자', 우주원리와 인간의 근본을 알고자 노력하여 어느 정도 앎이 생긴 '철인', 나름대로의 앎이 사(事)와 물(物)에 병용하여 통하고 달함이 있는 '달사', 그 행적이 세간과 출세간에 초연한 '이인', 언행이 신묘하고 초인적인 행동을 하는 '신인', 신묘의 경지를 다 터득하여 그 경지에 스스로 만족하고 이에 머물러 있는 '지인', 유무의 상대적 대립상에 홀려 생사의 고통 속에 헤매는 중생을 구제하는 도에 능통한 '도인', 생사를 초월하여 생사에 자유로운 해탈을 증득한 '진인' 등이다.
　　　　　　이 9분법에 의하면 금수인간과 학자계층에서는 자신의 독점적 욕망충족을 위한 이기적 다툼이 예상되지만 철인 이상의 계층에서는 이러한 대립과 갈등은 있을 수 없다. 또한 이들은 금수인간이나 학자 등에 대해서는 연민의 정을 갖고 자비심을 나타낼 뿐이므로 그들과의 대립도 있을 수 없다. 그리고 금수인간이나 학자계층도 그들보다 상위계층의 인간이 있다는 것을 알게 되면 상호간 도토리 키재기식 대립보다는 점차 상위지향적 수행에 관심을 갖게 되고 이들에게 귀의하고자 할 것이다. 그렇게 되면 인간계에는 자연히 새로운 위계질서가 정립되고 투쟁이나 전쟁이 지양될 터전이 마련되는 이점이 있다.

　위 내용을 한마디로 요약하면 인간계층의 현실적인 차이를 인정하고 그 바탕 위에서 스스로를 레벨업(level up)시켜 꿈의 상향(上向)을 이루어 나간다면 이상세계가 도래할 것이란 이야기다.
　필자는 아홉 종류의 사람 가운데 '금수인간' 내지 '학자' 정도에 머무는 것 같아서 부끄러운 마음이 앞선다. 따라서 '이름과 운명'에 대해서는 공자 · 노자 · 석가의 견해와 성경의 내용을 알아보고 여러 가지 사례를 살펴서 종합적으로 결론을 내리는 것이 좋을 듯하다.

2. 공자 · 노자 · 석가 · 성경

1) 공자

　　　공자는 『논어』에서 "이름이 바르지 못하면 말이 순하지 아니하고, 말이 순하지 아니하면 일을 이루지 못한다(名不正則 言不順 言不順則 事不成)"고 하였다. 이것을 바꾸어 이야기하면 "이름이 바르면 말이 순하고, 말이 순하면 일을 이룬다"는 것이다.

위와 같은 견해는 공자가 형이상학적인 '무(無)'나 '공(空)'을 거론하지 않고 현실적인 '유(有)'를 '천(天)'이라 하여 이것이 바로 진리라고 생각한 데서 비롯되었다. 공자가 이야기하는 '천(天)'은 하늘과 인간이 다를 바 없다는 중국 고대로부터 내려오는 민족사상을 나타낸다고 한다.

공자의 사상을 받들어 모시는 유가(儒家)에서는 이름에 대한 견해를 더욱 구체화시켜 '명체불리(名體不離)' 즉 '이름이 곧 몸이요, 몸이 곧 이름이라' 하였고, 유학자(儒學者) 주자(朱子)도 '유명천추(遺名千秋)'라 하여 이름은 자손만대에까지 길이 남는다고 하였다. 또 중국의 대학자 구양수(歐陽修)도 '호사유피 인사유명(虎死留皮 人死留名)' 즉 '호랑이는 죽어서 가죽을 남기고 사람은 죽어서 이름을 남긴다'고 하였다.

2) 노자

노자가 지은 『도덕경』의 맨 처음에 "말로 표현될 수 있는 도(道)는 영원한 도가 아니요, 이름 붙여진 이름이란 것도 본래 자기의 이름은 아니다"라는 글귀가 나온다. 이 글귀를 좀 더 상세하게 설명하면 다음과 같다.

참으로 영원히 살아 있는 진리인 도(道)는 그 모습을 그림으로 그려볼 수도 없고 언어로 한정할 수도 없다. 언어로 한정하는 데에서 이름이 생기게 된다. 그러나 이름이란 그 이름이 지칭하려고 하는 실상(實相)이 아니다. 그러므로 어떤 이름이라 할지라도 꼭 맞는 이름이란 없다. 그래서 "성인에게는 이름이 없다"고 한다.

노자는 "천하의 모든 사물은 유(有)에서 생기고, 유(有)는 무(無)에서 생긴다"고 하였다. 예를 하나 들어보자.

이 곳은 방이다. 이 방 안에서 무엇이 가장 필요할까. 기둥일까, 벽일까, 놓여 있는 의자 혹은 테이블일까. 여러 가지로 생각할 수 있겠지만 실제로 가장 필요한 것은 이 방을 차지하는 공간, 즉 '무(無)'이다. 아무것도 없으므로 사람이 들어갈 수도 있고, 우리들도 있을 수 있다. 만약 '무(無)'가 없다면 모든 '유(有)'의 활동은 존재할 수 없다.

노자가 이야기하는 도(道)의 본체인 이 '무(無)'는 '유(有)'에 대립하는 상대적인 무(無)가 아니라 절대적인 무(無)이다. 그래서 노자는 이것을 분명히 하기 위해서 '무(無)' 대신에 '현(玄)'이라는 글자를 사용한 바 있다. 왜냐하면 '현(玄)'이란 깊고 깊어서 알 수 없는 것이므로 이것이 도(道)의 본체를 더 잘 설명해줄 수 있다고 보았기 때문이다. 그러나 '현(玄)'이라는 이름[名]도 도(道)의 본체를 두루뭉술하게 표현한 것일 뿐 실상과는 거리가 있다고 하겠다.

노자의 뒤를 이은 장자는 어느 날 꿈에 나비가 되었다. 날개를 펄럭이며 꽃 사이를 즐겁게 날아다녔다. 너무도 기분이 좋아서 자신이 장자인지도 몰랐다. 그러다 불현듯 꿈에서 깨었다. 깨고 보니 자신은 나비가 아니라 장자가 아닌가? 장자는 생각에 잠겼다. 지금의 나는 정말 장자인가, 아니면 나비가 꿈에서 장자가 된 것인가? 지금의 나는 과연 진정한 나인가? 아니면 나비가 나로 변한 것인가?

위의 이야기는 장자의 '호접몽(胡蝶夢)' 또는 이른바 '나비의 꿈'으로 불린다. 장자는 이 '나비의 꿈'을 통하여 자신이란 존재에 대하여 근본적인 의문을 던졌던 것이니 인간세상에서 자신의 이름이 「A」로 통하든 「B」로 통하든 아무래도 괜찮았을 듯싶다. 때문에 장자 역시 '성인에게는 이름이 없다'고 할 것이다.

공자와 노자

공자(孔子)는 중국 노(魯)나라 사람이고 이름은 「구(丘)」이다. 기원전 551년에 태어나 기원전 479년에 사망하였다고 한다.

노자(老子)는 중국 초(楚)나라 사람이고 이름은 「이(耳)」다. 생존시대는 맹자 뒤, 한비자 앞으로 추정하고 있다.

옛날 중국 사람들 가운데는 공자(孔子)나 노자(老子)처럼 「자(子)」로 불리는 사람이 많은데 「자(子)」는 이름이 아니고 '선생' 이라는 뜻이다.

공자와 노자는 사상이 다르다. 공자가 '⚊' 한 사상을 지녔다면 노자는 '⚋' 한 사상을 지녔다고 할 수 있다. 산(山)과 물[水]을 예로 들어서 살펴보자.

공자는 동산에 올라가 보고 노나라가 작은 것을 깨달았고 태산에 올라가 보고 천하가 작은 것을 깨달았다고 하는데 이것은 산의 높음을 칭송한 것이다.

그러나 이와 반대로 노자는 산의 낮음을 칭송하였다. 산의 계곡은 낮은 까닭에 물도 흘러들어오며, 그래서 그곳에서는 고사리도 자라고 고비도 싹을 틔운다. 만물은 모두 낮은 곳으로 모여들어 그곳에서 살아간다. 산의 계곡은 마치 불가사의한 여인과도 같아서 그 속에서 무엇이든 나온다. 그래서 노자는 "계곡의 신은 죽지 않으니 이를 알 수 없는 생산자라 한다"고 하였다.

물[水]을 대할 때에도 공자는 물의 전진성과 활동성 등 물의 적극적인 면을 찬미하였고, 노자는 이와 반대로 물의 부드러움과 연약함 등 물의 소극적인 면을 칭송하였다.

우리는 공자와 노자가 산(山)과 물[水]을 대할 때 서로 다른 생각을 하는 것을 보면서 '음(⚋)과 양(⚊)은 함께 어우러져 조화(☯)를 이루어야 아름답겠구나' 하는 생각을 갖게 된다.

3) 석가

　　석가는 설법을 하다가 갑자기 연꽃을 들어 대중에게 보였다. 진리의 참모습은 언어나 문자로 다 표현할 수 없으니 뜻있는 사람은 언어나 문자를 떠나서 스스로 깨달아야 한다는 별도의 가르침이었다. 이 때 마하가섭만이 그 뜻을 깨닫고 미소지었다고 한다. 이를 두고 이심전심(以心傳心)·교외별전(敎外別傳)·염화미소(拈華微笑)라고 한다. 그러니 석가도 노자처럼 이름이란 완전한 것이 아니라고 본 셈이다.

　　석가의 근본사상은 '공(空)'이다. 이 공(空)은 텅 빈 허공(虛空)이 아니라 묘공(妙空)이어서 '모든 것은 항상 변화하며, 고정된 실체란 없다. 그러나 이러한 무상(無常) 그 자체는 불변이다' 라는 내용을 담고 있다. 사실 삼라만상은 고정된 모습을 갖고 있지 않다. 현재의 겉모습은 가변적인 요소들의 일시적인 화합으로 연출된 환상 또는 허상에 불과하다. 거울 속에 비친 나이 든 자신의 모습을 보라. 어릴 때는 '네'가 '나'이더니 지금 보니 '내'가 '너' 아닌가.

　　불교의 『반야심경』에서 말하는 "색즉시공 공즉시색(色卽是空 空卽是色)"의 의미는 색(色)인 유형(有形)은 공(空)인 무형(無形)과 서로 다르지 않다는 것이다. 바위가 즉 허공이요 허공이 즉 바위라는 말이다. 의문이 생길 수 있지만 이것이 바로 진리다. 생각해보자. 모든 물체는 분자 → 원자 → 원자핵 → 소립자로 분해되므로 결국 소립자의 뭉치와 다르지 않다. 그런데 그 소립자는 신비스런 형태로 충돌을 거듭하며 나타남과 사라짐을 반복하니 나타날 때는 색(色)이고 사라질 때는 공(空)이다. 유형에서 무형으로, 그리고 무형에서 유형으로 변화를 되풀이하여 '색즉시공 공즉시색(色卽是空 空卽是色)'을 이룬다. 인간 또한 이와 다르지 않다. 그러니 이렇게 시시각각으로 변해가는 존재한테 붙여진 고정된 이름이 자연스러운 것은 아니다.

따라서 선시(禪詩) 가운데는 언어나 문자의 고정된 틀을 벗어나 종횡무진으로 달리는 경우가 많다. 다음은 효봉(曉峰) 스님의 오도송(悟道頌)이다.

바다 밑 제비 둥지에 사슴이 알을 품고
불 속 거미집선 고기가 차 달이네.
이 집안 소식을 뉘 능히 알리
흰 구름은 서편으로 날고 달은 동쪽으로 달리네.

표현이 꼬여도 한참 꼬였다. 읽을수록 알쏭달쏭하고 들을수록 해괴하다. 하늘을 나는 제비의 집이 어찌해서 바다 밑바닥에 있으며, 태생동물인 사슴이 어떻게 바닷속 제비 둥지에 들어와 알을 품고 있는가. 불 속 거미집이나 거기까지 올라와 차를 달이는 물고기의 경우도 마찬가지다. 달은 서쪽으로 떨어지는 것인데 어찌해서 동쪽으로 달리는가. 그리고 스님이 노래하고 있는 '이 집안 소식'의 정체는 무엇일까? 선가의 깨달음은 미묘하여 언어나 문자로는 전할 수 없다.

4) 성경

우주를 창조하고 인류 역사를 주관하는 하나님의 이름은 무엇일까? 성경은 하나님의 이름을 알려주고 있다. 출애굽기 3장 14절 이하에 따르면 하나님의 이름은 「여호와」이고 「여호와」는 하나님의 영원한 이름이다.

창세기 1장 1절을 보면 "태초에 하나님이 천지를 창조하시니라"라고 하였다. 즉 첫째 날에는 빛, 둘째 날에는 궁창(높고 푸른 창공), 셋째 날에는 땅과 바다 그리고 온갖 종류의 채소와 나무, 넷째 날에는 두 광명과 별들, 다섯째 날에는 새와 물고기, 여섯째 날에는 육지의 동물과 인간을 창조하였다.

또한 여호와 하나님은 자신이 창조한 사물에 직접 이름을 붙이기도 하였다. 즉 첫째 날에는 낮과 밤, 둘째 날에는 하늘, 셋째 날에는 땅과 바다의 이름을 지었다. 그리고 인류 최초의 첫 사람에게 「아담(사람이라는 뜻)」이라는 이름을 지어주었다.

그러나 하나님은 모든 것을 창조하고서도 이름 짓는 일을 혼자 다 하지 않고 일부를 인간인 아담에게 맡겼다. 아담은 작명권을 하나님에게서 위임받았으므로 하나님의 뜻에 맞게 그 뜻을 살펴 지었을 것이 분명하다. 이름을 짓는다는 것은 대상을 개념화시켜 거기에다 의미를 부여하고 작명가의 소망을 담는 것이므로 그 의미가 위임자의 뜻을 벗어나서는 안 될 것이다.

창세기 2장 19절을 보면 "여호와 하나님이 흙으로 각종 들짐승과 공중의 각종 새를 지으시고 아담이 무엇이라고 부르나 보시려고 그것들을 그에게로 이끌어 가시니 아담이 각 생물을 부르는 것이 곧 그 이름이 되었더라"고 하였다. 하나님은 아담에게 이름 짓는 일을 맡기고 아담이 어떻게 이름을 짓는지 보았던 것이다. 작명가에게 소중한 자녀의 이름을 맡긴 부모의 마음이 어떨지 이해가 가는 대목이다. 이렇듯 아담은 인류 최초의 작명가라 할 수 있는데, 하나님이 아담의 배필을 창조하자 아담은 아내에게 여자라는 뜻으로 「하와」라는 이름을 붙여주었다. 「이브(Eve)」는 「하와」의 영어 이름이다.

성경에는 창세기 작명을 한 예도 있다. 바로 「예수」와 「요한」의 이름을 지어준 것이다. 예수는 '여호와 하나님은 구원해주신다' 라는 뜻이고, 요한은 '하나님은 자비로우시다(은혜로우시다)' 라는 뜻이다.

성경에 기록된 이름 관련 내용은 다음과 같다.

- 좋은 이름이 좋은 기름보다 낫고(전도서 7장 1절)
- 주 여호와 내가 너를 죽이고 내 종들은 다른 이름으로 부르리라(이사야 65장 15절)
- 주의 이름을 찬양(찬송)하리이다(사무엘하 22장 50절, 시편 18장 49절, 시편 9장 2절)
- 그 영화로운 이름을 영원히 찬송할지어다(시편 72장 19절)

• 내 거룩한 이름을 더럽히지 말지니라(에스겔 20장 39절)

하나님은 때로는 인간의 이름을 개명해주었다고 성경은 기록하고 있다. 아브라함, 사라, 이스라엘 등이 대표적인 예이다. 이들의 이름은 인간이 지었던 것을 하나님이 개명해준 것이다. 하나님은 인간에게 새로운 사명과 역할을 줄 때 필요하면 개명도 해주었다. 일개 족장에 불과한 「아브람(존귀한 아버지란 뜻)」을 열국(列國)의 아버지란 뜻의 「아브라함」으로 개명해주어 이스라엘 민족의 조상이 되게 해주었고, 아브라함의 아내이자 족장의 부인에 불과한 「사래(왕비 또는 여주인이란 뜻)」를 열국의 어머니란 뜻의 「사라」로 개명해주었다. 또한 잘못된 성격으로 교활하기 그지없던 「야곱(발꿈치를 잡았다는 뜻)」을 하나님과 겨루어 이긴다는 뜻의 「이스라엘」로 개명해준 것에서 하나님의 의도를 알 수 있다. 말하자면 원래 이름의 의미를 업그레이드(upgrade)시킨 것이다.

또 다른 개명의 예를 보면 「베노니」가 「베냐민」으로 개명되었고(창세기 35장 18절), 「시몬」은 예수에 의해 「베드로」로 개명되었다(요한복음 1장 42절).

이제까지 살펴본 것처럼 성경의 작명(또는 개명) 내용들을 보면 사물을 만드는 일도 중요하지만 거기에 의미를 부여하는 이름을 짓는 일도 그에 못지 않게 중요하다는 것을 알 수 있다. 물론 사물이 생겨나지 않았는데 이름만이 존재한다는 것은 생각하기 어렵지만, 아무리 사물이 존재하여도 이름이 없다면 그 사물은 완전하지 못한 것이 된다. 나아가 성경은 작명(또는 개명)은 신의 뜻을 따라서 행해져야 함을 말하고 있다.

3. 이름 글자의 영동력

연합뉴스가 매해 발간하는 『한국인물사전』은 우리나라의 정·재계, 경제, 교육, 언론, 문화, 예술, 체육, 종교계와 전문직 등 각계 각층 저명인사뿐만 아니라 북한 인물, 한국 현대 역사인물, 세계 인물까지 수록한 대형 인물사전으로서 인물마다 생년월일과 출생지, 주소와 학력 및 경력 사항을 자세하게 소개하고 있다. 생년월일은 사주와 관련되는 것이어서 확인하였더니 양력 기준이라고 한다.

'이름과 운명'을 염두에 두고 『한국인물사전』을 살펴 나가다가 '이 사람의 이름 글자는 참으로 희한한데 운명은 어떠했을까?' 하는 생각이 들어 다음 경우들을 확인해보았다.

君 임금 군
이름이 안군(君)준인데 임금님답게 정치외교학과를 졸업하고 젊은 시절부터 지금까지 사장, 회장으로 이어져 왔다.

軍 군사 군
이름이 안승군(軍)인데 사법고시에 합격하여 공군법무관을 거쳐 검사로 활약하였다. 검사는 경찰이라는 군(軍)을 지휘한다.

震 벼락 진
이름이 이성진(震)인 이 여성은 1985년 출생으로 과녁에 '벼락'을 때리는 양궁선수이다. 2004년 아테네올림픽 개인전 은메달과 단체전 금메달을 땄다.

回甲 회갑(回甲)이라는 이름
이름이 정회갑(回甲)인데 '회갑연' 즉 '환갑잔치'가 연상된다. 풍악이 없을 수 없는지라 서울대 음대를 졸업하고 거기서 학장까지 역임하였다.

術音 '재주 술(術)'에 '소리 음(音)'
이름이 박술음(術音)인데 '술술 발음이 잘 된다'란 의미가 연상된다. 영문학자인데 외국어대 학장을 역임하였다.

「한국인물사전」과는 별개의 경우를 하나 들어보자. 양주비(梁走妃)란 여인이 있다. 이름이 '달릴 주(走)', '왕비 비(妃)'인지라 일본 낭인들로부터 화를 면하려고 달리는 고종황제의 민비(閔妃)를 연상시킨다.

이 여인은 20세 때 이 이름으로 개명했는데 곧 불운이 겹쳐 결혼한 지 4년 만인 26세 때 이혼하고, 그 다음 3년간 이러저러한 수술을 6번이나 받았으며, 돈은 다 날아가고 만나는 남자도 모두 다 사라져버렸다. 때문에 마음이 잡히지 않아서 한 직장에 오래 다니지 못하고 허공을 헤맨 것 같아 기억력마저 흐려졌다.

혹시 주비(走妃)라는 이름 때문이 아닐까? 특히 달릴 주(走)란 글자가 문제를 일으킨 것 같다. 옥편을 보면 달릴 주(走)에는 달아나다, 도망치다라는 뜻이 담겨 있다.

이처럼 우리 주위에는 이름 글자와 운명이 일치하는 우연이라기에는 너무도 희한한 경우가 있다.

4. 사주와 이름

이번에는 '이름 글자의 영동력'과는 별도로 사주와 이름이 합세하여 운명에 크게 영향을 미쳤다고 볼 수 있는 경우를 몇 개 들어보자. 우리가 관심을 갖는다면 다음 경우들과 같은 사례를 더 발굴할 수 있을 것이다

1) 사주가 똑같은 두 여인

을사(乙巳)년 기축(己丑)월 경오(庚午)일 무인(戊寅)시 출생이라 사주가 똑같은 두 여인이 있다. 이 두 여인은 다음과 같이 운명의 공통점 또한 많다.

- 둘 다 춤을 추면서 살아간다(한 여인은 무당이고 다른 한 여인은 고전무용가이다).
- 둘 다 아버지가 매우 일찍 돌아가셨다.
- 둘 다 어머니가 후처이다.
- 둘 다 나이 마흔이 가깝도록 남편 및 자식과 인연이 없다.
- 둘 다 이름에 '아름다울 미(美)'가 들어 있다.
- 둘 다 다리에 질환이 있고 기타 신체에 공통점이 많다.

사주가 똑같은 두 여인에게도 차이점은 있다. 한 여인은 섬마을에서 태어나 고등학교를 졸업하고 독신으로 살아왔는데 지금은 작두 위에서 칼춤을 추는 무당이다. 그러나 다른 한 여인은 휴전선 부근에서 태어나 대학교까지 졸업하고 결혼해서 자식까지 두었는데 지금은 그들과 헤어져 고전무용가로서 활약하고 있다. 두 여인의 이름 글자 중 한 글자는 공교롭게도 똑같지만 나머지 한 글자는 다르다.

두 여인의 사주를 보면 모두 추운 계절에 태어나 불[火]을 필요로 한다. 그리고 모두 흙[土]을 많이 지니고 있어 이를 파고들어 부드럽게 해줄 나무[木]를 필요로 한다. 그러면 이 두 가지를 모두 만족시켜줄 수 있는 것은 무엇일까? 그것은 나무[木]이다. 왜냐하면 나무는 불[火]을 일으키는 동시에 흙[土]을 파고들어 부드럽게 해줄 수 있으니 두 가지를 모두 만족시켜주는 것이다. 두 여인 중 대학교까지 나와 고전무용가가 된 여인의 이름에는 나무[木]가 들어 있었으나 다른 여인의 이름에는 나무[木]가 없었다.

2) 이완용(李完用)

이 사람은 조선의 멸망에 앞장섰던 인물이다. 이름을 풀어보면 '이(李)'

씨 왕조를 '완전히(完)' 끝내는 데 '쓰이는(用)' 이완용(李完用)이다.

그리고 사주를 보면 연월일시에 모두 '미(未)'가 들어 있다. 이것은 사주학상 나무[木]를 잡아먹는 이른바 목고(木庫)이다. 그런데 이(李)씨 왕조는 오얏나무로서 바로 나무[木]에 해당한다. 그러니 이 사람의 사주는 이(李)씨 왕조를 멸망시킬 수 있는 사주이다. 이름의 뜻과 사주가 합세하면 더 큰 위력을 발휘할 수 있다.

이름을 지을 때는 사주와 조화를 이루도록 하는 것이 중요하다. 왜냐하면 이름은 선천적인 사주를 후천적으로 보완해주는 방법의 하나이기 때문이다. 사주학에 대해서는 별도로 살펴볼 것이므로 다음 내용은 부담 없이 읽어 내려가면 된다.

3) 이상봉(李相俸)

이 사람은 무인(戊寅)년 기미(己未)월 계묘(癸卯)일 병진(丙辰)시 출생이다. 더운 계절에 출생하여 사주가 뜨겁고 건조하다. 따라서 이 사람의 이름에는 차가운 금수(金水)의 기(氣)를 불어넣어야 한다. 그러나 이름에 목(木)에 해당하는 상(相)과 화(火)에 해당하는 봉(俸)이 들어 있으니 불길이 더욱 치열해져 문제가 된다. 사주와 겹쳐서 자신을 해롭게 하는 이름을 사용하니 좋을 리가 없고 따라서 몸 또한 온전할 수가 없다고 판단한다.

이 사람은 2세 때인 기묘(己卯)년에 그만 한쪽 눈을 잃었다. 기(己)는 흙이어서 물기를 메마르게 하고 묘(卯)는 나무여서 물기를 빼앗는 동시에 불을 일으켰으니, 물에 해당하는 본인이 어찌 무사했겠는가. 사주와 이름과 운이 합세하여 이 사람을 그만 영원한 불구자로 만들어버렸다.

4) 최원석(崔源碩)

이 사람은 신사(辛巳)년 신축(辛丑)월 을유(乙酉)일 병술(丙戌)시 출생이다. 사주를 보면 사유축(巳酉丑)이 커다란 금(金)의 기(氣)를 형성하고 있다. 또한 추운 계절에 출생하여 사주가 한랭하다. 이러한 사주를 가진 사람의 이름에는 뜨거운 목화(木火)의 기를 불어넣어야 한다. 그러나 이 사람의 이름에는 원(源)과 석(碩), 즉 수(水)와 금(金)이 들어가 있으니 좋을 리가 없다.

이 사람은 11세 때 그만 사고를 당하였다. 그 때가 경자(庚子)대운 신묘(辛卯)년인데 경(庚)과 신(辛)은 모두 금(金)에 해당한다. 사주 자체에 금(金)이 많고 이름 또한 금(金)을 지니고 있는데 설상가상으로 금운(金運)을 만났으니 나무에 해당하는 본인이 어찌 무사했겠는가. 금다목단(金多木斷)의 현상이 일어나 많은 금(金)이 그만 나무를 잘라버렸다. 이 사람은 수재이며 또한 뛰어난 인품까지 지니고 있는데 안타깝게도 한쪽 다리를 절며 살아가고 있다.

5) 필자의 경우

필자는 갑신(甲申)년 임신(壬申)월 계해(癸亥)일 경신(庚申)시 출생이다. 사주에 차가운 금수(金水)의 기(氣)가 넘친다. 그런데 이름 또한 금수(金水)로 이루어져 있다. 나아가 55세에 이르기까지는 운(運) 또한 금수(金水)로 흘러왔다. 금생수(金生水)를 하는 이치에 따라 필자는 인생의 대부분을 물과 깊은 인연을 맺고 살아왔다.

필자가 어렸을 때 할머니를 따라 깊은 냇가에 사주 갔다. 할머니께서는 정성들여 만든 백설기를 물고기들한테 던져주시면서 용왕님께 기도드렸다. 필자와 필자의 아버님이 잘되라고 촛불을 켜놓고 지극정성으로 축원하시던 그 모습이 지금도 생각난다. 그렇듯 할머니께서는 우리 부자를 물 속의 용왕님께 맡기셨다고 했다. 그래서 필자는 자라면서부터 물과 인연을 맺었다.

필자는 경북 문경의 작은 산골마을에서 태어나 그 곳에서 초등학교와 중학교를 졸업하였다. 그런데 고등학교는 물이 많은 항구도시인 부산으로 진학하였다. 이 역시 물과의 인연이다. 그리고 대학은 법대(法大)로 진학하였다. 법(法)이란 무엇인가? 물 수(水)와 갈 거(去)가 합쳐진 글자로 물이 흘러간다는 뜻이다. 모든 일을 물 흐르듯 순리대로 처리하고 수평을 이루어 사물의 참된 모습을 나타낸다는 의미다. 이 또한 물과의 인연이다.

대학을 졸업한 후에는 맥주회사에 들어가 10년을 보냈다. 그 당시 여러 회사들이 활기를 띠었는데 필자는 결국 물과 인연을 맺어 물바다 하이트맥주(주)로 갔다. 그 후 직장을 옮겨 공무원연금관리공단으로 갔는데 거기서도 물과 인연을 맺어 수안보온천 지역의 일을 맡아 또 10년을 보냈다. 퇴직 후에도 물과의 인연이 끝나지 않아서 마포에서 〈동방명리학연구원〉을 개설하였다. 마포는 포구이고 물이며 명리학은 자평학(子平學)이니 이것 역시 물이다. 자평(子平)은 '명경지수(明鏡止水)'이다.

5. 종합적인 판단

　결론적으로 말해 이름이 운명에 영향을 미칠 수 있으나 반드시 그런 것은 아니다.
　공자는 형이상학적인 '무(無)'나 '공(空)'을 거론한 것이 아니라 현실적인 '유(有)'를 '천(天)'이라 하여 이것을 진리라고 보았기 때문에 이름이 운명에 영향을 미친다고 보았다. 그러나 훗날 유가(儒家)에서 극단적인 이름 지상주의로 흘러 이름이 인간을 이끌어간다는 사상으로까지 확대된 것은 잘못이다. 이런 사상이 오늘날의 형식적인 이름학을 초래하여 이름의 81수리가 운명을 좌우한다는 등 세상을 어지럽히고 사람을 미혹하게 하는 결과로 이어졌다.
　노자는 이름이란 그 이름이 지칭하려고 하는 실상이 아니므로 어떤 이름이라 할지라도 꼭 맞는 이름이란 없다고 보았다. 따라서 자신의 이름이 '선생'이라는 뜻인「자(子)」이든 큰 귀에서 비롯된「이(耳)」이든 이것들이 자신의 운명에 영향을 미친다고 보지 않을 것이다.
　석가 또한 노자와 크게 다르지 않을 것이다. 석가에게는 시시각각으로 변해가는 존재한테 붙여진 고정된 이름이 자연스러운 것은 아니다. 따라서 자신의 이름이 '도를 깨달은 사람'이라는 뜻인「무니(muni)」이든 본래의 칭호인「싯다르타(siddhārtha)」이든 이것들이 자신의 운명에 영향을 미친다고 보지 않을 것이다.

그러나 노자나 석가가 현실세계에서 불리는 이름 자체를 전혀 부인한 것은 아니다. 왜냐하면 노자는 도(道)를 「무(無)」라는 이름으로 부르다가 나중에는 「현(玄)」이라는 이름으로 개명까지 하였으며, 석가도 언어나 문자 자체를 전혀 부인한 것은 아니기 때문이다.

노자나 석가는 이름의 구성요소인 소리(발음)·음령(音靈), 글자(문자)·상형(象形), 뜻 가운데서 뜻이 중요하다고 보았다. 특히 석가의 뒤를 이은 불가(佛家)에서는 부처의 공덕을 기리는 열 가지 칭호 즉 '여래십호(如來十號)'를 사용하였는데 각각의 칭호는 모두 부처를 다른 각도에서 본 것으로 모두 다른 뜻을 지니고 있다.

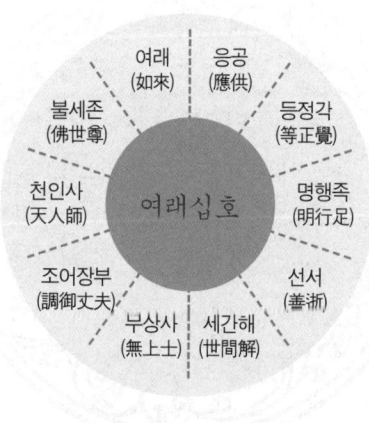

만일 어느 작명가가 노자나 석가한테 "선생의 이름은 발음오행이 상생(相生)하지 못하고 획수와 삼원오행(三元五行)이 좋지 않아 운명이 이러이러할 것입니다"라고 말씀드린다면 노자나 석가는 매우 연민에 찬 눈빛으로 그 작명가를 바라볼 것이다. 발음오행은 이름의 소리를 문제삼는 것이고 삼원오행은 이름의 글자 획수를 문제삼는 것인데, 노자나 석가는 이러한 것들이 자신을 지칭하는 것은 아니라고 보기 때문이다.

상생(相生)이란 오행(五行) 즉 목화토금수(木火土金水)의 운행에서 금(金)에서는 물[水]이, 물[水]에서는 나무[木]가, 나무[木]에서는 불[火]이, 불[火]에서는 흙[土]이, 흙[土]에서는 금(金)이 나는 것을 이르는 용어이다.

만일 어느 작명가가 노자나 석가한테 "선생의 이름은 뜻이 좋아서 수행에 도움이 될 수 있을 것 같습니다"라고 말씀드린다면 노자나 석가는 매우 부드러운 미소로 그 작명가를 대할 것이다. 노자나 석가는 뜻이 중요하다고 보지만 그 '뜻' 이란 것이 실상을 모두 대변하지 못함을 아쉬워한다. 그래서 특히 석가는 제자들에게 "시작도 좋고 중간도 좋으며 끝남도 좋은 설법을 하라"고 일렀다고 한다.

한편 불가(佛家)에는 '법명(法名)' 이 있다. 법명이란 중이 되는 사람 또는 집에 있으면서 중처럼 도를 닦는 사람에게 종문에서 지어주는 이름 또는 불가에서 죽은 사람에게 붙여주는 이름이다. 이 법명에는 나름대로의 '뜻' 이 담겨 있다.

성경은 절대자인 하나님도 「여호와」란 영원한 이름을 가지고 있으며, 인간은 개명을 통하여 뜻한 바를 이루어 그 영화로운 이름이 내세의 천국에서도 빛날 수 있다고 한다. 그러나 사람의 이름이 여호와 하나님의 뜻에 맞아야 비로소 이름이 운명에 영향을 미쳐 축복을 누릴 수 있음을 명심해야 한다.

필자는 이름이 운명에 영향을 미칠 수 있다고 생각한다. 무심코 던진 말 한마디가 사람의 일생을 좌우할 수 있는데, 하물며 뜻이 담겨 있고 반복되는 이름을 그것에 비할 수 있겠는가.

그러나 우리는 이름의 영향력을 지나치게 과대평가해서는 안 된다. 왜냐하면 사람이란 외부의 요인에 따라서 결정을 당하기도 하지만, 자신의 심성(心性)으로 스스로 결정해 나가는 경우도 있기 때문이다. 따라서 '이름이 운명에 영향을 미칠 수 있으나 반드시 그런 것은 아니다' 라고 결론내리고자 한다.

이름이란 어디까지나 사람이 살아가는 데 필요한 보조적인 수단에 지나지 않는다. 이름이 주체가 되어 사람을 이끌어 나간다고 볼 수는 없다. 사람에 따라서는 객관적으로 나쁜 이름이라도 이것을 좋게 받아들여 복된 삶으로 연결하는 경우가 있다.

필자가 운영하는 인터넷 작명원으로 매일같이 다양한 내용의 작명 신청이 쏟아져 들어온다. 다음은 그 가운데 하나로 딸을 낳은 아기엄마가 작명 신청을 하면서 올린 글이다.

선생님! 안녕하세요?
친정어머니가 절에서 스님한테 받아온 아기 이름이 2개 있습니다.
하지만 이 이름들은 제가 학교 다닐 때 흔히 부른 이름이라…….
독특하면서 부르기도 쉽고 한 번 들으면 기억할 수 있는 이름으로 부탁 드립니다.
단, 저희 신랑 이름 같은 것은 말구요.

그런데 맨 나중에 부탁하는 말이 이상하다. 신청서에 기재되어 있는 신랑 이름을 보니 글쎄 「ㅇ백수」이지 않은가. 오호라! 아직 새파랗게 젊은이가 그만 이름의 영동력으로 말미암아 백수건달(가진 것이 아무것도 없는 멀쩡한 건달)이 되었구나. 어디 한번 확인해봐야지. 필자는 이름학자답게 「ㅇ백수」씨한테 전화를 걸었다.

"안녕하십니까, ㅇ백수 씨! 저는 ㅇㅇ작명원 원장인데요, 부인께서 신청하신 따님의 이름은 정성 들여 짓고 있습니다. 그런데 이름학자의 입장에서 궁금한 것이 있어서 전화를 걸었으니 이해해주시고요. ㅇ백수 씨는 현재 직업이 무엇이며 자신의 이름에 대해서 어떻게 생각하고 계십니까?"

필자는 ㅇ백수 씨가 푸념을 털어놓을 줄 알았다. 그런데 결과는 정반대였다.

"아! 선생님, 저희 공주 이름 잘 좀 지어주시고요……. 저는 지금 자영업을 하고 있는데 이름 덕을 많이 보고 있는 것 같아서 이름에 대해서 만족스럽게 생각하고 있습니다. 사람들이 한 번 들으면 잊지 않고 더구나 '백수'를 면하라는 뜻에서 적극 도와주는 것 같아 사업에 도움이 된다고 생각합니다."

이렇게 대답하는 것이 아닌가! 사람이 지니고 있는 심성(心性)의 중요성을 새삼 깨달았다. 사람은 마음먹기에 따라 지옥을 천국으로 바꿀 수 있다. 주어진 서글픈 현실을 긍정적으로 받아들이면서 웃으며 살아간다면 하늘인들 또 어찌하겠는가.

채근(菜根)이란 채소의 뿌리를 말한다. 젊은 세대들은 이 채근의 맛을 잘 모르나 시골에서 가난하게 자란 사람은 채근을 씹을 때의 그 담백하고 향기로운 맛을 기억할 것이다. 사실 필자도 도시에서 풍요롭게 생활하면서 채근의 맛을 잊고 살아왔다. 그런데 '이름과 운명'을 논하면서 이야기가 사람의 심성(心性)에까지 이르고 보니 예전에 『채근담』에서 읽은 구절들이 떠올라 오랜만에 다시 펼쳐보게 되었다.

> 하늘이 나에게 복을 박하게 준다면 나는 나의 덕을 두텁게 함으로써 이를 맞을 것이요, 하늘이 나의 몸을 수고롭게 한다면 나는 내 마음을 편하게 함으로써 이를 도울 것이며, 하늘이 나에게 곤궁한 길을 준다면 나는 나의 도를 형통케 함으로써 그 길을 열 것이니 이와 같으면 하늘인들 또 나를 어찌하랴.

> 하늘의 기틀은 이루 헤아릴 수가 없다.
> 눌러서 펴고 펴서는 눌리니
> 이 모두가 영웅을 장난감처럼 주무르고
> 호걸을 엎어지고 고꾸라지게 만든다.
> 그러나 군자는 천운(天運)이 역(逆)으로 오면 순(順)으로 받고
> 편안할 때는 위태로움을 생각하는지라
> 하늘도 재주를 부릴 수가 없다.

하늘은 스스로 노력하는 사람을 돕는다. 우리는 좋은 이름을 지녔다는 것에 만족하면 안 된다. 하늘나라에 가서도 자신의 이름이 영광스럽게 불릴 수 있도록 스스로를 더욱 다듬어 나가야 한다.

이름이란 무엇인가

1. 이름의 의미

이름이란 어느 대상을 일컬어 부르는 칭호이다. 주로 어느 대상과 다른 대상을 구별하기 위하여 사용하는데(하늘·땅·사람), 때로는 이름이 어느 개념을 대표하기도 하고(대통령), 때로는 이름이 명예·명성·평판 등을 나타내기도 한다.

옛날 우리나라에서는 이름을 '일홈' 또는 '일훔' 등으로 표기하였다. '이르다(謂)'나 '말하다' 리는 뜻을 지닌 옛말 '닐다'가 '닐홈' → '일홈(일훔)' → '이름' 으로 이어진 것으로 볼 수 있다.

사람의 경우에는 이름을 다음과 같이 좁은 의미와 넓은 의미로 구분하여 생각할 수 있다.

- 좁은 의미 : 성(姓)에 붙여 다른 사람과 구별하는 명칭(박정희 전 대통령의 경우 「정희」)
- 넓은 의미 : 성을 포함시켜 다른 사람과 구별하는 명칭(박정희 전 대통령의 경우 「박정희」). 넓은 의미의 이름은 성명(姓名)이다.

옛날 우리나라에서는 이름을 토박이말로 지었다. 그러다가 중국으로부터 한자가 전래되면서 차츰 한자 이름이 성행하여 오늘에 이르렀다. 그런데 옛날 토박이말로 지은 이름들이 무척 재미있다.

태어난 장소에 따라 지은 이름
- 부엌에서 태어난 경우
  : 부엌손
- 마당에서 태어난 경우
  : 마당쇠

간지(干支)나 달[月] 이름에 따라 지은 이름
- 갑자(甲子)일에 태어난 경우
  : 갑돌이
- 정월에 태어난 경우
  : 정월이

성격이나 행동에 따라 지은 이름
- 끈질기고 억센 성격인 경우
  : 억척이
- 몸을 바닥에 잘 엎드리는 경우
  : 납작이

바라는 바를 따라 지은 이름
- 다음에는 아들 낳기를 바라는 경우
  : 딸고만이
- 이번에는 죽지 않기를 바라는 경우
  : 붙드리

태어난 순서에 따라 지은 이름
- 세 번째 태어난 경우 : 삼돌이
- 제일 나중에 태어난 경우 : 막내

천하게 부르지만 마음속으로는 복을 빌면서 지은 이름
 : 개똥이, 돼지

단순하게 동식물이나 어류의 이름을 따라 지은 이름
 : 강아지, 도미

그 밖에도 여러 가지 기준과 이름들이 있지만 모두 위에서 살펴본 것처럼 토박이말로 지은 이름에는 순박한 아름다움이 있다.

이름을 지을 때 작용하는 모티프(motif)에는 여러 가지가 있다. 신농씨(神農氏)는 중국 전설 속의 제왕인데 농사법·의료·교역 등을 민중에게 가르쳤다고 한다. 아버지 없이 태어난 사생아인지라 신농씨의 어머니가 버렸으므로 이름이 버릴「기(棄)」라고 한다.

공자(孔子)는 머리의 모양이 구산(丘山)과 비슷하였으므로 이름이「구(丘)」이다. 공자의 어머니 안씨(顔氏)가 구산에 기도하여 공자를 낳았는데 낳고 보니 공자의 머리가 중앙은 평평하고 둘레는 높아 머리의 모양이 구산과 비슷하였기 때문에 이름을 「구(丘)」라고 지었다 한다.

조선 세조 때 사육신의 한 사람인 성삼문(成三問 : 1418~1456)에게는 이름과 관련하여 흥미로운 이야기가 전해진다. 성삼문의 어머니가 성삼문을 임신하여 산달이 가까워지자 아이를 낳기 위해 친정으로 갔다. 평소 사주학에 조예가 깊었던 성삼문의 외할아버지는 미리 외손자가 태어날 시간에 맞추어 사주팔자를 헤아려보고, 아이가 제 시간에 태어나는 것보다 두 시간 정도 늦게 태어나는 것이 좋다는 것을 알게 되었다. 그래서 딸의 해산을 도우려고 산실로 들어가려는 부인에게 "여보, 다듬잇돌로 산모의 자궁을 막고 있다가 내가 '됐다' 고 하면 그 때 아이가 나오도록 해주시오"라고 당부하였다.

그러나 막상 아이의 머리가 나오기 시작하자 다듬잇돌로 아이가 못 나오게 막는 것도 한계가 있었다. 그래서 성삼문의 외할머니가 산모의 출산을 지연시켜 가면서 "지금이면 되겠습니까" 하고 세 번 물었지만 그 때마다 대답은 "아니오"였다. 결국 산모는 더 이상 참지 못하고 아이를 낳고야 말았다. 이에 성삼문의 외할아버지는 "두 시간을 참아야 하는데 한 시간밖에 참지 못하고 아이를 낳는 바람에 환갑까지 살 수 있는 아이가 39세에 죽게 되었구나"리며 한단하였다. 성삼문의 외할머니가 산실에서 '세 번 물었다[三問]' 하여 태어난 아이의 이름을 삼문(三問)이라고 지었다 한다.

사람의 이름뿐만 아니라 지명에 얽힌 이야기도 있다. 문경은 들을 문(聞), 경사 경(慶) 즉 '기쁜 소식을 듣는 고장' 이란 뜻으로, 고려 공민왕이 홍건적의 난을 피해 문경에 와 있을 때 난을 물리쳤다는 기쁜 소식을 들은 곳이라는 전설이 내려오고 있다. 또한 주역학의 권위자인 야산 이달 선생(1889~1958)이 1945년 8월 14일 민족광복을 예견하고 기쁜 소식을 듣기 위해 제자들을 이끌고 문경에 와 광복의 소식을 맞았다는 얘기도 전해지고 있다.

해방되던 해인 1945년 4월 무렵부터 야산은 '대한독립만세'를 중얼거리고 다녀서 일본 경찰에 의해 유치장에 수감되었다. 유치장에서도 계속

'대한독립만세'를 흥얼거리니까 일본 경찰은 미친 사람의 헛소리로 판단하고 풀어주었다. 유치장을 나가면서도 야산은 '대한독립만세'를 외쳤다고 한다.

8월 13일 경남 청도의 집에 머무르던 야산은 따르던 제자들에게 갑자기 "경사스런 소식을 들으러 가자!"며 14일 경북 문경군 문경읍으로 십 수명의 제자들을 데리고 갔다. 야산은 이유도 모른 채 따라간 제자들에게 잔치를 벌이라고 하더니 문경의 촌로들을 모아놓고 닭고기와 술을 대접하는 잔치판을 벌였다. "오늘같이 기쁜 날, 내가 닭춤을 한번 추겠다" 하면서 덩실덩실 춤을 추는 야산을 보고 제자들은 "우리 선생님이 약간 정신이상이더니 드디어 돌았나보다" 하면서 걱정스럽게 야산의 닭춤을 구경하였다. 이렇게 흥겹게 논 다음 날이 8월 15일이었다. 그 날 제자들은 우리나라가 일본의 압제를 벗어나 해방이 되었다는 소식을 들었고, 그제서야 광인처럼 행동하던 스승의 깊은 뜻을 이해할 수 있었다.

한편 우리나라 수도인 「서울」이란 땅 이름 즉 지명(地名)은 어디에서 유래된 것일까? 옛 신라의 이름인 서벌(徐伐)·서라벌(徐倻伐)이 기원이라는 데는 별 이견이 없으나, 「서울」의 의미에 대해서는 의견이 분분하다.

이와 관련하여 조선 초기 도성축조 당시의 일화가 회자되곤 한다. 대신들이 도성의 규모를 정하지 못해 고심하던 중, 어느 날 밤새 내린 눈이 줄을 그은 듯 울 안과 밖을 확연히 구분시켰다는 것이다. 그래서 도성을 눈 울타리, 즉 설울(雪城)이라 불렀고 이것이 서울이 되었다는 이야기다.

요즈음 부모들이 선호하는 이름을 모티프에 따라 정리하면 다음과 같다.

1. 종교적인 의미를 지닌 이름
   - 남자 이름 : 요한(성경 속 인물), 예찬(예수님을 찬양함)
   - 여자 이름 : 주은(주님의 은혜), 하은(하나님의 은혜), 예은(예수님의 은혜)
   - 남녀 모두 사용하는 이름 : 선재(화엄경의 선재동자)

2. 발음하기 쉬운 이름
이름 글자 모두 받침이 없는 이름 : 지오

3. 중성적인 이름
남녀 모두 사용할 수 있는 이름 : 연우

4. 태명을 살려 짓는 이름
임신 중에 부르는 이름인 태명(胎名)을 사용하는 이름 : 사랑, 희망, 소망

5. 한글 이름 같은 한자 이름
- 남자 이름 : 대솔, 솔찬
- 여자 이름 : 예솔, 신비

6. 부모의 이름 글자에서 한 글자씩 따서 짓는 이름
예를 들어 아빠 이름이 「양재현」, 엄마 이름이 「박희정」인 경우 자녀 이름을 「양희재」로 지을 수 있음

이름을 붙이는 방법에 관하여 노(魯)나라의 신수(申繻)라는 학자는 다섯 종류를 들어 상세하게 설명하였다고 하는데, 그에 따르면 태어날 당시 아이의 모습을 보고 이름을 붙이는 방법, 태어났을 때의 환경이나 사정에 따라서 붙이는 방법 등이라고 한다.

필자의 이름은 '물솟을 광(洸)'인데 필자가 태어난 시각이 바닷물이 밀려 들어오는 때인지라 할아버지께서 그렇게 지으셨다고 한다. 할아버지는 필자가 태어났을 때의 환경을 따르신 것이다.

이름을 붙이는 방법에 관하여는 그야말로 여러 가지가 있었다. 옛 선현의 이름자를 따서 짓기도 하였고, 시경의 자구를 본떠 짓거나 경서의 문구를 따서 짓기도 하였다. 북한 김정일(金正日) 위원장의 이름에는 아버지인 김일성(金日成) 전 주석의 '일(日)'이 들어가 있다. 요즈음 젊은이들은 부부의 이름에서 각각 한 글자씩 따서 이것을 자녀의 이름으로 하면 어떻겠느냐고 작명가에게 문의하기도 한다.

이름이란 어느 대상을 일컬어 부르는 칭호이므로 하늘에도 「도솔천」 같은 이름이 있고, 땅에도 「서울」 같은 이름이 있으며, 사람의 경우에는 자연인뿐만 아니라 법인까지 사람으로 다루어진다. 유형·무형의 모든 것이 이름을 가질 수 있고 요즈음은 강아지작명원까지 등장하였다. 따라서 이름을 붙이는 방법은 더욱 다양해질 것이다.

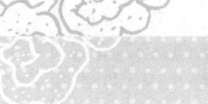

왜 비상(飛上)·비하리(飛下里)?······ 청주국제공항 들어서려고!
땅이름 – 산업 천생연분 '희한하네'

'땅이름을 보면 고장의 운을 알 수 있다.'
 전국 도시나 마을의 이름이 그 지역에서 최근 발전하는 분야를 예고한 사례가 많아 이채다. 고흥, 광주, 영광, 기흥, 영종도(자연도), 행담도 등 지명이 지역에서 육성되는 산업이나 과학기술의 성격과 딱 맞아떨어지고 있어서다.
 전남 고흥(高興)은 '높은 데서 흥한다'는 뜻 그대로 현재 인공위성을 우주로 실어 나를 발사체기지가 건설 중이다. 특히 우주센터가 들어설 고흥군 소재 섬인 외나로도는 바깥[外]으로 나는(나로) 섬이라는 의미를 지녔다.
 레이저기술 등 광(光)산업이 최근 발전하고 있는 광주(光州)는 예로부터 「빛고을」로 불렸다. 최근 광 관련 기술을 가진 기업들이 광주로 몰리는 것은 당연하다는 얘기다. 광주는 현재 한국에너지기술연구원과 손잡고 '솔라시티'를 추진 중이며 실제 이 곳은 일조량이 많아 태양에너지를 사용하기 위한 최적의 장소로 손꼽힌다.
 국내 최대 원자력발전소가 가동되고 있는 영광(靈光)은 '신령스런[靈] 빛[光]'으로 묘사되고 있는 원자력과 떼려야 뗄 수 없는 관계라는 게 원자력계 관계자들의 설명이다.
 해양연구소 해양시스템안전연구소가 자리잡은 대전 장동은 예로부터 「배뜰골」이라고 불렸다고 한다. 유성산 중턱에 움막과 약수터, 연못이 자리하고 있었는데

이 「배뜰골」에 선박을 연구하는 연구소가 들어섰다.

 인천국제공항이 들어선 영종도(永宗島)는 조선 시대에는 자연도(紫燕島)라고 불렸으며 자줏빛 제비[紫燕]들이 왔다 갔다 하는 섬이라는 뜻이다. 비행기들의 왕래를 예견한 셈이다. 청주국제공항이 들어서 있는 지역의 이름이 비행기의 이·착륙을 상징하는 비상리(飛上里)와 비하리(飛下里)라는 것도 눈길을 끈다.

高興 ― 높은 데서 흥한다 ― 우주기지

靈光 ― 신령스런 빛 ― 원자력발전소

유성 배뜰골 ― 배 연구하는 해양硏

 삼성전자 반도체 생산단지가 있는 경기도 기흥(器興)은 '그릇[器]이 흥한다'는 뜻대로 과거 그릇(도자기) 산지로 이름 났던 곳이며, 현대에 이르러서는 정보를 담는(저장하는) 그릇인 반도체가 흥하고 있다. 도자기와 반도체(실리콘)는 흙이 원료다. 삼성은 기흥의 이런 속뜻에서 최근 용인시가 구흥(駒興)으로 지명변경을 하려 했을 때 애를 태우기도 했다.

 충남 당진군 행담도(行淡島)의 갈 행(行)은 조수간만의 차가 가장 심한 백중사리에 갯벌의 물이 빠질 때 사람들이 육지에서 이 섬으로 걸어서 간다는 것을 뜻하고, 물가득찰 담(淡)은 물에 잠긴 섬을 의미한다. 섬 위로 다리(서해대교)가 생겨 사람이 오가고 인근의 평택항 준설공사로 바다 가운데 놓이게 될 것을 지명이 나타내고 있다는 얘기다.

 포스코가 있는 전남 광양(光陽)은 가장 뜨거운[陽] 빛[光]을 낸다는 의미. 철을 녹이는 고로(高爐)가 들어서기에 안성맞춤의 장소다.

― 한국경제신문 2005년 10월 15일

2. 이름의 종류

전해 내려오는 이름의 종류에는 여러 가지가 있다.

1) 아명과 관명

아명(兒名)이란 신생아가 성장하는 동안의 이름 즉 아이 때의 이름이다. 옛날에는 의약이 발달하지 못하여 신생아가 다 성장하지 못하고 죽는 사례가 많았다. 그래서 아명은 무병장수를 염원하면서 「개똥이」, 「쇠똥이」, 「말똥이」 등으로 천하게 짓는 경향이 있었다. 이름이 천하면 마귀가 함부로 접근하지 않는다고 보았기 때문이다. 고종황제의 아명이 「개똥이」였다고 한다.

관명(冠命)이란 아이가 어른이 되는 예식(남자는 갓을 쓰고 여자는 쪽을 찜) 즉 관례 때 아명을 버리고 새로 지은 이름을 말한다. 아명이 그대로 관명으로 이어져 한자로 「개동(介東)」, 「계동(啓東)」, 「소동(召東)」, 「소동(蘇同)」, 「마동(馬銅)」, 「마동(馬東)」으로 된 경우도 있다.

필자의 집안 아저씨 한 분도 어릴 적 이름이 「개똥이」이더니 나중에는 「동수(東秀)」라는 정식 이름을 사용하였다. 우리 집안에서는 지금 노인이 다 된 그 분을 아직도 「개똥이」 또는 「개똥이 아저씨」라고 부르는데, 아명의 친근함 때문인지 노(老) 의학박사 전동수 씨가 늘 젊은 모습으로 다가오는 것 같다.

2) 자

자(字)란 사람의 본이름 외에 부르는 이름으로서 부명(副名)인데 흔히 장가든 뒤에 성인(成人)으로서 본이름 대신으로 불렀다. 황희(黃喜) 정승의 자는 「구부(懼夫)」였다.

3) 호

호(號)란 사람의 본이름이나 자(字) 이외에 쓰는 아명(雅名)으로서 '별호'라고도 한다. 본인이 지은 호를 자호(自號)라고 한다. 이율곡(李栗谷) 선생의 어머니인 신(申)씨는 주(周)나라의 성군인 문왕(文王)의 어머니 태임(太任) 부인을 스승으로 삼아 본받겠다는 뜻에서 자호를 「사임당(師任堂)」이라고 하였다. 다른 사람이 지어준 호를 아호(雅號)라고 한다. 그러나 아호에는 풍아·우아의 뜻이 담겨 있으니 본인이 지은 것이라도 이러한 뜻이 담겨 있으면 이를 아호라고 부를 수 있을 것이다. 아호란 문인·학자·서화가(書畵家) 등이 멋을 더하기 위하여 사용하는 호라고 볼 수 있다.

필자의 아호는 한학에 조예가 깊은 대학교 친구가 지어주었는데 「석오(石梧)」이다. 돌 석(石), 오동나무 오(梧)로서 '돌밭에서 자라난 오동나무'를 가리킨다. 여기에는 '돌밭에서 힘겹게 자라난 오동나무는 만인의 심금을 울려주는 가야금·거문고가 되어 천하의 명기(名器)로서 사랑을 받는 것이니 그대도 열심히 동양철학을 공부하여 이 세상에 조화(調和)를 안겨주는 인재가 되어 천하의 명사(名士)로서 추앙을 받으라'는 친구의 정성과 축원이 담겨 있다.

아호는 유명인사나 독특한 분야의 사람들이 많이 사용해왔지만, 사용하는 데 어떤 제한이 있는 것은 아니므로 어느 누구든지 멋을 더하기 위하여 사용할 수 있다. 그래서 요즈음엔 아호에 대한 관심이 높다. 특히 아호가 사주와 본이름의 부족한 기(氣)를 보완하여 개운(開運)을 도와준다고 보면 아호야말로 참으로 매력적인 대상일 것이다. 그러나 운명학적인 관점이 아니더라도 아호는 인생을 여유롭고 풍요롭게 만들어주면서 아름다움과 우아함을 부여한다고 할 수 있다.

여러 개의 아호를 사용했던 역사적인 인물로는 김정희(金正喜 : 1786~1856) 선생을 들 수 있다. 추사(秋史), 완당(阮堂), 원춘(元春), 노과(老果), 과파(果坡), 시암(詩庵) 등이 모두 선생의 아호이다.

유명한 아호

조선일보 일본특파원으로 출발하여 나중에는 정치가로서 화려한 인생을 펼쳤던 김윤환(金潤煥) 씨의 아호는 「허주(虛舟)」인데 '빈 배'란 뜻이다. 이 사람은 하늘을 나는 새도 떨어트릴 만큼 권세를 지녔다가 기반이 기울 무렵 갑자기 저 세상으로 떠났다. 인생이란 '빈 배'와 같은 것이어서 「허주(虛舟)」는 어느 누구에게나 잘 어울리는 아호인 것 같다. 그래서인지 세상 사람들은 김윤환 씨가 지녔던 「허주(虛舟)」라는 아호가 아주 멋있다고 생각하는 듯하다.

소설가 박종화(朴鍾和) 씨의 아호는 「월탄(月灘)」이다. '달과 여울'이란 뜻을 지닌 매우 아름다운 아호이다.

『삼국지』에 나오는 관우(關羽)는 관운장(關雲長)으로 통하는데, '구름을 몰고 다니는 장수'란 뜻을 지닌 「운장(雲長)」이 장수의 멋을 더해주므로 아호라고 볼 수 있다. 이름이 '깃 우(羽)'이니 아호와 함께 부르면 마치 '날개를 달고서 구름을 몰고 다니는 호랑이' 같은 느낌이 든다.

시호(諡號)란 제왕·경상(卿相)·유현(儒賢)이 죽은 뒤에, 그들의 공덕을 칭송하여 임금이 추증(追贈)하던 이름이다. 이순신(李舜臣) 장군은 「충무(忠武)」가 시호이다.

택호(宅號)와 당호(堂號)란 것도 있었는데 암(庵·菴), 헌(軒), 재(齋), 당(堂), 정(亭) 등을 사용하였다. 택호란 어떤 사람의 집을 부르는 이름으로서 집주인의 벼슬 이름이나, 처가(妻家)나 본인의 고향 이름을 붙여 「이진사댁」, 「안성댁」 따위로도 불렀다. 여자의 경우에는 출가와 함께 아명은 없어지고 대신 택호가 따르는 것이 원칙이었다. 당호는 본채와 별채에 따로 붙인 이름을 말한다.

지금까지 이름의 종류로서 아명과 관명, 자, 호에 대해 살펴보았다. 이율곡(李栗谷) 선생을 예로 들어 이것들을 설명하면 아명은 어머니 신사임당이 꿈에 용을 보고 낳았다 하여 「현룡(見龍)」이라 하였고, 관명은 「이(珥)」, 자는 「숙헌(叔獻)」, 호는 「율곡(栗谷)」 등이다. 한편 서민들은 아명으로 평생을 살다 가기도 하였다.

4) 필명과 예명

필명(筆名)이란 시가·작품 등의 글을 쓸 때 사용하는 집필가의 이름이다. 시인 김지하(金芝河)는 본이름이 영일(英一)이고, 필명이 지하(芝河)이다.

예명(藝名)이란 미술, 음악, 연극, 영화 등 예술적인 분야에 몸담고 있는 사람들이 자신이 속한 분위기에 맞추어 세련되고 멋있게 또는 독특하게 부각시켜서 본이름 외에 따로 지어 부르는 이름이다. 탤런트 최불암(崔佛岩) 씨는 본이름이 최영한(崔英漢)이고 「불암(佛岩)」은 예명이다. 그리고 패션 디자이너 앙드레 김 씨는 본이름이 김봉남(金鳳男)이고 「앙드레 김」은 예명이다.

3. 이름의 글자 수와 동양 사상

이름을 지을 때는 성씨와는 따로 두 글자를 사용하기도 하고(ㅇ정희) 한 글자를 사용하기도 하는데(ㅇ광), 때로는 여러 글자를 사용하기도 한다(ㅇ마리아). 이름으로 두 글자를 사용하는 것은 성씨와 합쳐 성명을 세 글자로 구성하는 것인데 이것은 동양의 3신(三神) 사상의 표현이라고 보여진다.

동양에는 아득한 복희 시대로부터 천지인(天地人)에 바탕을 둔 역(易) 사상이 전해 내려온다. 천(天)과 지(地)와 인(人)은 세상의 시작과 중간과 끝이다. 물리학상으로는 이것을 시간과 공간과 물질로 이해하여 시간은 과거·현재·미래로, 공간은 X·Y·Z 좌표로, 물질은 형상(image)·질량

(quantity)·속성(quality)으로 이루어진다고 보는 것이 가능하다고 한다. 숫자 중 1은 0에서 시작한 통일수이고, 2는 1이 음[－]과 양[＋]으로 갈라선 변화수이며, 3은 조화를 이룬 존재수이다. 그러므로 3신(三神) 사상은 조화 사상이다.

 삼라만상이 조화를 이루면 아름답다. 성명이 세 글자로 이루어진 사람은 이러한 뜻을 잘 헤아려서 조화로운 경지로 나아가야 한다. 동양의 역(易) 사상은 숙명이 나를 이끌어간다는 소극적인 사상이 아니라 나 스스로 숙명을 깨뜨리고 나아간다는 적극적인 사상이다. 그러므로 성명 세 글자가 나에게 복을 가져다 준다고 생각하지 말고 내가 노력하여 나의 성명 세 글자를 빛나게 해주어야 한다.

 이것은 이름으로 한 글자를 사용하여 성씨와 합쳐 성명을 두 글자로 구성한 경우에도 마찬가지다. 성명을 두 글자로 구성하는 것은 동양의 음양(陰陽) 사상의 표현이라고 보여진다. 음[－]과 양[＋]이 조화를 이루면 아름답다. 여성[－]과 남성[＋]이 서로 사랑을 하면 아름다운 가정을 이룰 수 있다. 오늘날 우리들에게 필수품인 컴퓨터의 가장 기본적인 정보전달 단위인 비트(bit)는 0과 1로 표현할 수 있다. 0과 1은 불이 꺼졌다 켜졌다 하는 것을 나타내는 아주 간단한 전기적인 신호를 표현하는 데 사용된다. 0이 음(陰)이면 1은 양(陽)으로 음양철학에 바탕을 두고 있다. 성명이 두 글자로 이루어진 사람은 이러한 뜻을 잘 헤아려서 조화로운 경지로 나아가야 한다.

 우리나라 대종교에서 전해 내려오는 『천부경(天符經)』에서는 천이삼(天二三)·지이삼(地二三)·인이삼(人二三)을 이야기하고 있다. 이것은 천(天)과 지(地)와 인(人)이 각각 음(━ ━)과 양(━━)으로 갈라서면서 1에서 2로 변화하지만 그 음과 양은 각각 '부분은 전체를 닮는다'라는 이른바 프랙탈(fractal) 이론을 실현시켜 다시 천지인(天地人)을 구성하여 존재한다는 뜻이다. 이러한 뜻은 이름에 여러 글자를 사용한 경우에도 모두 통하여 결국 모든 이름이 '3'과 '2'로 연결된다고 볼 수 있다.

우리들은 '3'과 '2'의 뜻을 잘 헤아려서 스스로 조화로운 경지로 나아가야 한다. 사람의 한평생이란 결국 불변의 개체인 나를 꿈꾸는 사람에게는 한낱 덧없는 꿈에 불과하지만, 개체 사상을 벗어나 조화로운 불이(不二)의 경지에 이른 사람에게는 불생불멸(不生不滅) 그 자체인 것이다.

天천 地지 人인

4. 성·씨·성씨

성(姓)이란 한 혈통을 잇는 겨레붙이의 칭호이다[김(金)·이(朴)·박(李) 등]. 그런데 옛날 사람들은 이 성(姓)을 씨(氏)와 구별해서 사용하였다. 왜냐하면 '성(姓)'은 여성[女]이 생(生)하는 것이어서 모계(母系) 중심이고, '씨(氏)'는 남성의 벼슬이나 관직 또는 사업 등을 기준으로 한 것이어서 부계(父系) 중심이라고 보았기 때문이다. 그래서 성(姓)이 같고 씨(氏)가 다르면 서로 혼인을 하는 것이 불가능하지만, 씨(氏)가 같고 성(姓)이 다르면 혼인이 가능하다고 하였다. 그러나 후세 사람들은 성(姓)과 씨(氏)를 함께 다루며 그냥 '성씨(姓氏)'라고도 한다.

가끔 남성들이 하는 우스갯소리가 하나 있다. 외손자나 외손녀는 나의 딸이 낳았으니 틀림없는 나의 자손이지만, 친손자나 친손녀는 며느리가 낳았으니 그렇지 않을 가능성이 있다는 것이다. 그렇다면 성(姓)이 씨(氏)보다 확실하니 우리는 어머니의 성(姓)을 따라야 하는가……?

성(姓) = 여(女) + 생(生)
♀

씨(氏) = 씨앗
♂

1) 중국

중국에서는 일찍부터 성씨(姓氏)를 사용한 것으로 보인다. 성(姓)과 관련하여 신농씨(神農氏)의 경우에는 어머니가 강수(姜水)에 있었으므로 성을 「강(姜)」으로 하였고, 황제(黃帝)의 경우에는 어머니가 희수(姬水)에 있었으므로 성을 「희(姬)」로 하였으며, 순(舜)의 경우에는 어머니가 요허(姚虛)에 있었으므로 성을 「요(姚)」로 했다고 한다.

씨의 경우에는 '혹 호(號)를 씨로 하고, 혹 시(諡)를 씨로 하고, 혹 작(爵)을 씨로 하고, 혹 국(國)을 씨로 하고, 혹 관(官)을 씨로 하고, 혹 자(字)를 씨로 하고, 혹 거주(居住)를 씨로 하고, 혹 사(事)를 씨로 하고, 혹 직(職)을 씨로 한다'는 대체적인 기준이 있었다고 한다.

이상을 살펴보면 '성(姓)의 기준은 출생과 연관된 여성적인 것이고, 씨(氏)의 기준은 사회생활과 연관된 남성적인 것이다' 라고 추리해볼 수 있다.

그러나 고대 중국에는 성(姓)·씨(氏)·족(族)의 세 가지가 있었는데, 한 조정(朝廷)에는 그 조정의 '성(姓)'이라는 것이 있었고, 조정에서 어떤 지방을 제후에게 하사했으면 그 지방을 '씨(氏)'라 했고, 그 씨(氏) 속에서 다시 갈라져 나온 것을 '족(族)'이라고 했다는 견해도 있다. 이 견해는 공자(孔子)의 경우를 예로 들어서 다음과 같이 설명한다.

공자의 집안 사람들은 대부분 은(殷)나라의 현인 미자계(微子啓)의 후손이다. 은나라는 자(子)라는 성(姓)의 왕조이므로 공자의 성은 본래「자(子)」이다. 그런데 은(殷) 후대에 와서 어떤 사람이 천자(天子)로부터 송(宋)이라는 조그만 나라를 하사받아서 제후가 되었다. 그 송의 '민공(湣公)'이 공자에게는 직접적인 선조가 되므로「송(宋)」이 공자한테는 '씨(氏)'가 된다. 그래서『사기』에 "공자의 선조는 송인(宋人)이다"라고 기록되어 있다. 그 민공에 이어서 공부가(孔父嘉)라는 사람이 나왔고 그로부터 5대 후에 방숙(防叔)이라는 사람이 변란으로 인해 노나라로 도망을 갔기 때문에 공자가 노나라 사람이 되었다. 보통 공자 같은 신분의 사람들은 5대 전의 조부의 자(字)를 따서 족(族)의 이름으로 한다. 그래서 공부가의 「공(孔)」이 공자의 '족(族)'의 이름이 되었다. 그러므로 공자의 성은 「자(子)」, 씨는 「송(宋)」, 족은 「공(孔)」이다.

2) 우리나라

우리나라에서는 고대 부족국가인 삼한(三韓) 시대에 이미 성씨를 사용한 듯하다. 마한에는 한(韓)씨 성이 있었다고 하고, 진한에는 해모수·해부루 등의 해(解)씨 성이 있었다고 하며, 변한에는 기자(箕子)의 자손이라고 하는 기(箕)씨 성이 있었다고 한다.

그러나 이것을 가지고 '우리나라에서는 삼한 시대부터 성씨를 사용하였다'고 볼 수는 없다. 왜냐하면 성씨를 사용한 사람들의 신분이 분명하지 않기도 하려니와 그 수가 너무나 적기 때문이다.

우리나라에서는 중국의 한자가 전래된 삼국 시대 이후부터 특수한 사람들 위주로 중국식 성씨를 사용한 것으로 추정한다. 일반 민중은 신라 말기까지도 성을 사용하지 않았으며, 주로 중국에 왕래하는 사신들과 유학자 그리고 장보고처럼 무역을 하는 사람들이 사용하였다고 한다. 『삼국사기』에도 성을 사용한 사람보다는 성을 사용하지 않은 사람이 더 많다고 한다.

그러던 것이 고려 시대에 들어서서 태조 왕건이 개국공신들과 지방토호 세력들을 통합 관장하기 위하여 전국의 군·현 개편작업과 함께 성을 하사하면서 우리나라의 성씨 체계가 확립되었다. 따라서 고려 초기부터 귀족관료들은 거의 성을 쓰게 되었으나, 고려 문종 9년(1055년)에 성이 없는 사람은 과거에 급제할 수 없다는 법령을 내린 것을 보면 이때까지도 성을 쓰지 않은 사람이 많이 있었으며, 이 법령으로 우리나라에서 성이 보편화되어 일반 민중이 성을 쓰게 되는 계기가 되었다고 말할 수 있다. 때문에 고려 문종 이후의 사람을 시조로 하는 성씨가 많아졌다.

조선 초기에 이르러서는 성의 사용이 양민에게까지 보편화되었으나 노비와 천민계급 등은 조선 후기까지도 성을 쓸 수 없었다. 그러나 1909년 민적

법(民籍法)이 시행되면서 어느 누구라도 성을 가질 수 있게 되었다. 이 때를 기회로 성이 없던 사람에게 본인의 희망에 따라 호적을 담당한 동(洞) 서기나 경찰이 마음대로 성을 지어주기도 하고, 머슴의 경우 자기 주인의 성을 따르기도 하고 명문 집안의 성을 선택하기도 하였다. 그 결과 성씨의 숫자가 더욱 늘어났다.

최근의 조사인 2000년 인구 및 주택 센서스에서는 286개의 성씨로 보고되었는데, 국제화 시대를 맞아 외국인의 귀화 등으로 새로운 성씨가 더욱 많이 생겨나리라고 본다.

3) 그 밖의 다른 나라들

성씨 제도는 나라에 따라서 다양한 체계를 나타낸다. 미국, 영국, 이탈리아, 오스트리아, 독일, 스위스, 브라질 등에서는 아내가 남편의 성을 따르는 것이 통례이다. 그러나 법률로 정해진 것은 아니어서 아내는 결혼 전의 성을 그대로 가질 수도 있고 남편의 성을 사용할 수도 있다.

러시아에서는 아내가 남편의 성을 따르는 것이 통례이나, 법률로는 부부가 서로 의논하여 어느 한 쪽의 성을 사용하거나 각자의 성을 사용할 수도 있다.

중국에서는 부부가 각자의 성을 사용할 수 있으며, 대만에서는 아내가 자신의 성과 남편의 성을 합하여 사용하는 복성주의를 원칙으로 하기 때문에 결혼한 여성은 두 글자의 성씨를 가지는 것이 원칙이다.

또한 지구상에는 성이 없는 국가도 많다. 인도네시아와 미얀마 등이 그 예이다. 인도네시아 사람들은 이름만 가지고 있는데, 다만 개인적으로 필요하거나 취미로 이름 위에 이것저것 덧붙여 사용한다고 한다. 미얀마에서는 이름 위에 '우' 나 '몽' 을 붙이는 경우가 많아서 '우' 나 '몽' 이 우리나라의 김씨나 이씨만큼 많은 것으로 착각할 정도라고 한다. 그러나 '우' 는 나이가 많거나 사회적 지위가 높은 사람들에게 붙이는 경칭이며, '몽' 은 미혼의 젊은 이에게 붙이는 것으로서 영어의 '미스터(Mr.)' 에 해당한다고 볼 수 있다.

일본의 성씨는 매우 복잡하고 그 숫자도 13만 2천여 개로서 세계에서도 으뜸인데, 성씨 중에서 두 글자로 된 것이 가장 많고 한 글자나 세 글자로 된 것도 많다.

5. 성명의 배치

넓은 의미의 이름인 성명(姓名)을 사용할 때 성(姓)과 명(名)을 어떻게 배치하느냐도 나라에 따라서 차이가 있다.

우리나라, 중국, 일본에서는 가문 이름 즉 성(姓)을 앞으로 배치하고, 개인 이름 즉 명(名)은 뒤로 배치한다. 여기에는 전체가 개체에 우선한다는 사상이 담겨 있다.

성(姓)	명(名)
박(朴)	정희(正熙)

유럽에서는 개인 이름 즉 명(名)을 앞으로 배치하고, 가문 이름 즉 성(姓)은 뒤로 배치한다. 여기에는 개체가 전체에 우선한다는 사상이 담겨 있다.

명(名)	성(姓)
John	Adams

인도에서는 우리나라, 중국, 일본과는 달리 명(名)을 앞으로 배치하고, 성(姓)은 뒤로 배치한다. 헝가리는 유럽에 있으면서도 우리나라, 중국, 일본처럼 성(姓)을 앞으로 배치하고 명(名)은 뒤로 배치한다.

인도네시아나 미얀마에서는 성(姓)은 없고 「수카르노」, 「수하르트」, 「나수티온」 같은 명(名)만 있다.

6. 족보

1) 우리나라

족보(族譜)란 한 가문의 계통과 혈통 관계를 기록한 책으로서 '계보(系譜)책' 이라고 부를 수도 있다. 즉 나와 집안의 뿌리를 알 수 있는 한 가문의 역사책이다. 따라서 옛날부터 족보를 집안의 보물처럼 소중히 간직하고, 이를 대할 때는 상 위에 모셔놓고 정한수를 떠서 절을 두 번 한 후에 경건한 마음으로 살아계신 조상을 대하듯 하였으며 자신의 목숨보다 중요하게 여겼다.

우리나라의 족보는 다른 나라들이 부러워할 정도로 잘 발달되어 있어서 매우 뛰어난 족보로 정평이 나 있다. 따라서 우리나라가 계보학의 종주국으로 꼽힌다. 외국의 경우에도 족보학회나 족보전문 도서관이 있는 등 가계(家系)에 대한 관심이 많지만, 우리나라처럼 각 가문마다 족보를 문헌으로까지 만들어 2천년 가까이 기록해온 나라는 없다. 현재 국립중앙도서관의 계보학 자료실에는 600여 종에 13,000여 권의 족보가 소장되어 있다고 한다. 하버드 대학에서는 우리나라의 족보제도를 연구하기 위하여 우리나라의 족보들을 마이크로필름화 하여 보관하고 있다.

2) 외국

외국에도 거의 모든 나라에 족보제도가 있다고 한다. 서구에서는 패밀리 트리(Family Tree), 중국에서는 종보(宗譜), 일본에서는 가보(家譜)라 하고 각 가문마다 문장(紋章)이 대대로 전해져서 특별한 예식이나 명절에는 예복 등에 착용한다.

많은 나라들에 족보학회가 있으며 족보만을 전문으로 취급하는 도서관이 있는 나라도 있다. 미국의 족보전문 도서관에는 족보가 마이크로필름화 되어 있으며, 족보학회가 창립된 지 80년이 넘어 여기에서 많은 학자들이 여러 가지 세미나 등을 하고 있다.

기러기와 족보

한국에서만 존재하는 독특한 아버지의 모습이 '기러기 아빠'이다. 그렇다 보니 미국의 유력 일간지에서도 특집으로 다뤘다.

조선 사람들은 하늘의 새 가운데 유독 기러기를 존중했다. 조선 후기 가정살림에 관한 책인 『규합총서(閨閤叢書)』에 보면, "추우면 북으로부터 남형양에 그치고 더우면 남으로부터 북안문에 돌아가니 신(信)이요, 날면 차례가 있어 앞에서 울면 뒤에서 화답하니 예(禮)요, 짝을 잃으면 다시 짝을 얻지 않으니 절(節)이요, 밤이 되면 무리를 지어 자되 한 마리는 경계를 하고, 낮이 되면 입에다 갈대를 머금어서 그물을 피해 가니 지혜가 있다"고 평했다.

이 가운데 기러기의 질서 정연한 비행 모습에서 연유한 것이 족보에서 사용하는 '항렬(行列)'이다. 서열의 의미를 지칭할 때에는 '행렬'이라고 읽지 않는다.

족보에서 사용하는 돌림자인 항렬은
하늘에서 기러기가 질서 있게 날아가는 모습에서 연유했다.
항렬을 정하는 법칙은 우행의 상생원리다.
수생목(水生木), 목생화(木生火), 화생토(火生土),
토생금(土生金), 금생수(金生水)로 반복된다.

예를 들어 삼수변이 들어가는 영(泳)자 항렬 다음에는 수생목의 원리에 의해서 나무 목(木)이 들어간 글자가 항렬로 정해진다. 심을 식(植)자를 영자 다음 항렬로 사용할 수 있다. 식자 다음에는 불화(火) 변이 들어간 글자가 항렬이 된다. 목생화이기 때문이다. 불화 변이 들어간 글자를 옥편에서 하나 정하면 된다. 예를 들면 영화 영(榮)자와 같은 경우이다. 영자 다음 항렬은 흙토(土) 변이 들어간 글자이다. 화생토이다. 흙토가 들어간 글자를 하나 고른다면 규(圭)자이다.

규자 다음 항렬은 어떤 글자인가. 토생금이니까 쇠금(金) 변이 들어간 글자여야 한다. 예를 들면 석(錫)자도 해당한다. 내가 영(榮)자 항렬이라면 식(植)자는 숙항(叔行 : 숙부)이 되고, 규(圭)자는 질항(姪行 : 조카)이 된다. 족보에서 항렬만 찾으면 자기 위치가 X좌표와 Y좌표 상에서 어디에 위치하고 있는가를 쉽게 알 수 있다. 항렬에 맞게 배치된 족보를 보고 있으면 질서 정연하게 날아가는 기러기의 무리가 연상된다.

― 『조용헌 살롱』 pp.100~101, 조용헌, 랜덤하우스

※ 위의 내용 중 영화 영(榮)은 불 화(火)가 아니고 나무 목(木)이므로 영화 영(榮)은 불꽃 환(煥)으로 대체시키면 좋을 것이다.

음양오행 사상과 이름학

1. 하도와 낙서

1) 하도

 하도(河圖)란 옛날 중국 복희 시대에 황하에서 나왔다는 용마(龍馬)가 등에 지니고 있던 쉰다섯 점의 그림이다. 황하의 '하(河)'와 그림의 '도(圖)'를 합친 것이 '하도'이다.
 하도는 용마의 등에 나타난 모양인데 등의 털이 마치 별 모양과 같이 똘똘 말려 1에서 10까지 55개의 점으로 질서 있게 배열되어 있다. 복희가 이것을 보고 천지(天地)의 이치를 깨달아 팔괘(八卦)를 그었으니 음양오행과 상수(象數)가 여기에서 시작되었다고 한다.
 하도는 다음에 나오는 낙서와 함께 동양철학의 알맹이 내지 '알파와 오메가'이다. 그러므로 이 '하도와 낙서'를 가볍게 다루지 말고 되풀이해 읽어서 깊은 경지로 나아가길 바란다.

 하도

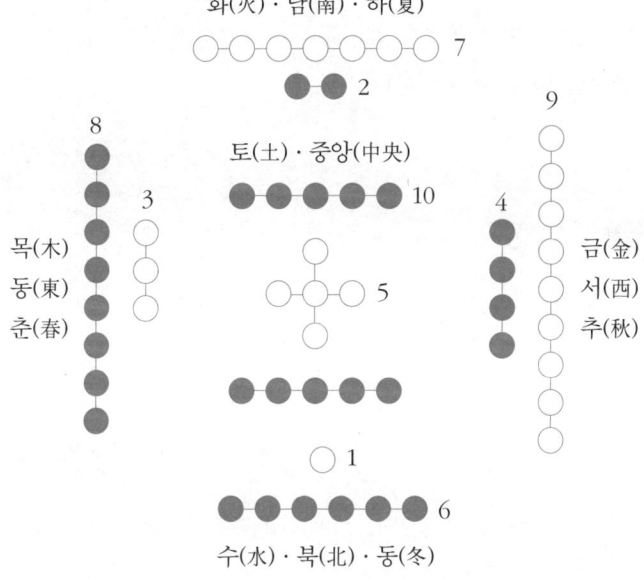

위의 그림에서 55개의 점은 검은 점(●)과 흰 점(○)으로 표시되어 있다. ○은 양(陽)을 상징하고 ●은 음(陰)을 상징한다. 1·3·5·7·9는 홀수이므로 양수(陽數) 또는 천수(天數)라 하고 합하면 25가 된다. 2·4·6·8·10은 짝수이므로 음수(陰數) 또는 지수(地數)라 하고 합하면 30이 된다. 천수 25와 지수 30을 합한 55를 천지수(天地數)라 한다. 그리고 5와 10은 중앙에 있으므로 중앙수라 한다.

또 1·2·3·4·5를 생수(生數)라 하고 6·7·8·9·10을 성수(成數)라 한다. 1이 5를 만나 6이 되고, 2가 5를 만나 7이 되고, 3이 5를 만나 8이 되고, 4가 5를 만나 9가 되고, 5가 5를 만나 10이 된다. 그러므로 5는 생수의 극(極)이고 10은 완성수이다. 그리고 생수인 1·2·3·4·5가 각각 성수인 6·7·8·9·10과 어울려 홀수 짝수의 음양배합을 이루니 여기에서 오행인 수(水:

1·6), 화(火 : 2·7), 목(木 : 3·8), 금(金 : 4·9), 토(土 : 5·10)가 생겨난다.
    한편 2화(火)와 3목(木)의 합은 5이고 1수(水)와 4금(金)의 합 역시 5로서 각각 중앙의 5토(土)를 이룬다. 중앙의 5토(土)는 상하좌우, 동서남북, 사계절을 모두 조정한다. 토(土)가 중간에서 조정 역할을 하기 때문에 겨울인 듯 봄이 오고 여름인 듯 가을이 온다.

    동(東) : 흰 점 3(양)과 검은 점 8(음)로 이루어져 있어서 3·8목(木)이라 한다. 봄[春]을 나타낸다.
    서(西) : 검은 점 4(음)와 흰 점 9(양)로 이루어져 있어서 4·9금(金)이라 한다. 가을[秋]을 나타낸다.
    남(南) : 검은 점 2(음)와 흰 점 7(양)로 이루어져 있어서 2·7화(火)라 한다. 여름[夏]을 나타낸다.
    북(北) : 흰 점 1(양)과 검은 점 6(음)으로 이루어져 있어서 1·6수(水)라 한다. 겨울[冬]을 나타낸다.
    중앙(中央) : 흰 점 5(양)와 검은 점 10(음)으로 이루어져 있어서 5·10토(土)라 한다. 환절기를 나타낸다.

    동남(東南)에서는 밖의 8(음)이 안의 2(음)와 합하여 완성수 10이 된다. 그리고 밖의 7(양)은 안의 3(양)과 합하여 완성수 10이 된다. 음양이 서로 교차하여 동남의 구심점을 이룬다.
    서북(西北)에서는 밖의 9(양)가 안의 1(양)과 합하여 완성수 10이 된다. 그리고 밖의 6(음)이 안의 4(음)와 합하여 완성수 10이 된다. 음양이 서로 교차하여 서북의 구심점을 이룬다.
    동서남북과 사계절에 속한 흰 점(1·3·7·9)과 검은 점(2·4·6·8)은 각각의 합계가 모두 20으로서 음양이 서로 균형을 이루고 있다.

    태초에 음양이 나누어지면서 1수(水 : H_2O)가 생기고, 이것이 수소와 산소로 분열되면서 2화(火)가 형성된다. 작용과 반작용의 원리 또는 에너지 보존

법칙에 따라 차가운 수(水)와 뜨거운 화(火)가 어우러져 최초의 균형 상태를 유지시켜준다고 볼 수 있다.

습도[수(水)]와 온도[화(火)]가 생명체를 자라게 만들어주니 이것이 목(木)작용이다. 그러나 상승하는 목(木)작용에는 하강하는 금(金)작용이 반작용을 이룬다. 따라서 생명체는 자라는 것이 한계가 있고 그만 시들어버린다. 이 모든 작용은 토(土)의 조정작용을 받기 때문에 만물은 태어나면서부터 구심점을 형성해서 자전과 공전을 한다. 달은 자전하면서 지구를 중심으로 공전하고, 지구는 자전하면서 태양을 중심으로 공전한다.

이와 같이 모든 천체들이 하느님이 계신 자미신궁을 중심으로 원무를 추고 있다. 음양오행의 이론은 이러한 우주의 신비를 말해주고, 인간도 하나의 소행성이니 우주의 질서 속에 조화를 이루며 살아가라고 일러준다.

하도는 만물의 근원인 북방 1·6수(水)로부터 시작하여 우회전하면서 동방 3·8목(木)을 생(生)하고, 목(木)은 위의 남방 2·7화(火)를 생하고, 화(火)는 중앙 5·10토(土)를 생하고, 토(土)는 오른편 서방 4·9금(金)을 생하고, 금(金)은 아래의 북방 1·6수(水)를 생하는 원리로 이루어져 있다. 하도는 수생목(水生木), 목생화(木生火), 화생토(火生土), 토생금(土生金), 금생수(金生水) 하여 오행이 생(生)하는 작용을 나타낸다.

반면 이어서 설명할 낙서(洛書)는 수극화(水剋火), 화극금(火剋金), 금극목(金剋木), 목극토(木剋土), 토극수(土剋水) 하여 오행이 극(剋)하는 작용을 나타낸다.

하도는 생명체를 낳아 길러주는 모성애를 의미하고, 낙서는 욕망을 성취하려는 소유본능을 의미한다.

2) 낙서

낙서(洛書)란 옛날 중국 하나라 우임금이 홍수를 다스릴 때 낙수(洛水)에서 나왔다는 거북의 등에 있던 45개의 점이다. 팔괘(八卦)의 법이 이에 의해 만들어졌다고 한다.

 낙서

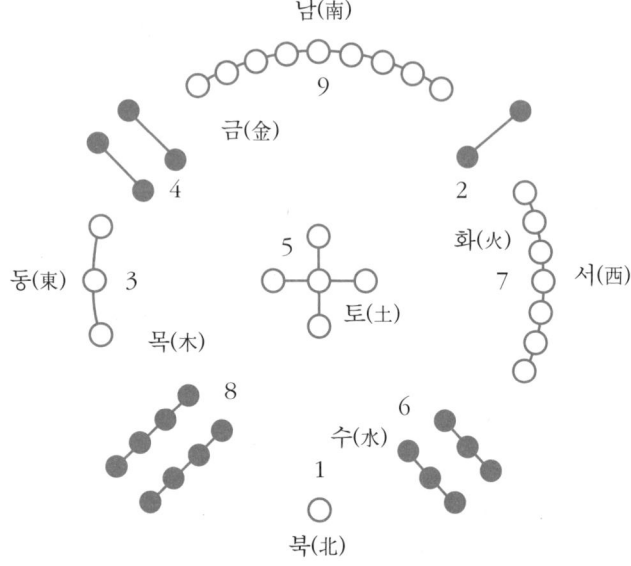

낙서는 거북의 등에 나타난 모양인데 45개의 무늬가 마치 글자 획을 그은 듯이 선명하게 나타나 있다. 하도는 용마의 등에 나타난 모양이 그림과 같으므로 '그림 도(圖)' 자를 썼고, 낙서는 거북의 등에 나타난 모양이 글자 획과 같아서 '글 서(書)' 자를 썼다고 한다. 낙수의 '낙(洛)'과 글 서의 '서(書)'를 합친 것이 '낙서'이다.

낙서는 수치로 요약할 수 있는데 다음 그림에서 수치 표시는 낙서에서 가로·세로·대각선의 합이 모두 15가 된다는 것을 나타낸다.

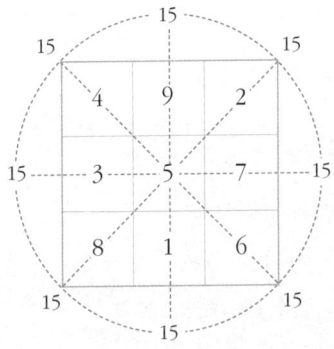

3) 하도와 낙서의 의의

하도에서는 우회전하면서 수생목(水生木), 목생화(木生火), 화생토(火生土), 토생금(土生金), 금생수(金生水)를 하였다. 그러던 것이 낙서에서는 북방 1·6수(水)가 좌회전하면서 서방 2·7화(火)를 극하고, 화(火)는 남방 4·9금(金)을 극하고, 금(金)은 동방 3·8목(木)을 극하고, 목(木)은 중앙 5토(土)를 극하고, 토(土)는 북방 1·6수(水)를 극하는 원리로 이루어져 있다.

하도는 상생작용을 나타내어 완성수 10이 있지만, 낙서는 상극작용을 나타내어 완성수 10이 없어져버렸다. 하도에서는 양의 수와 음의 수가 서로 합하여 동·서·남·북 네 곳에 자리를 잡고 있었지만, 낙서에서는 양의 수(1·3·7·9)가 일방적으로 동·서·남·북에 자리를 잡고 앉아 있으므로 군주의 형상이고 음의 수(2·4·6·8)는 그 옆으로 밀려 있으므로 신하의 형상이다. 하도는 음양의 수가 상호 교합(交合)하는 조직체를 의미하고, 낙서는 양이 움직이기 시작하는 운동력을 의미한다.

하도의 총수는 55이고 낙서의 총수는 45로 둘을 합하면 100이 된다. 하도에서는 천수(天數) 즉 1·3·5·7·9의 합이 25이고, 지수(地數) 즉 2·4·6·8·10의 합이 30이다. 하지만 낙서에서는 천수 즉 1·3·5·7·9의 합이 25이고, 지수 즉 2·4·6·8의 합이 20이다. 하도와 낙서를 통틀어 천수의 합이 50, 지수의 합이 50으로 균형을 이룬다. 낙서에는 1에서 9까지만 있고 10이 나타나 있지 않다. 그러나 중앙 5를 중심으로 마주 보는 수의 합이 1·

9, 2·8, 3·7, 4·6으로서 10을 이루고 있다. 완성수 10은 하도와 낙서 전체의 수 100을 총괄하는 구심체로서 기토(己土)에 해당하고, 토중지토(土中之土)로서 우주의 중심을 이룬다. 기토(己土)는 사물 전체를 포용하는 형상(己)이다.

하도와 낙서는 아래의 그림처럼 완성수 10의 조화 속에서 파동을 이루어 나가는 우주 변화의 두 가지 상반(相反)된 모습이라고 할 수 있다.

우주

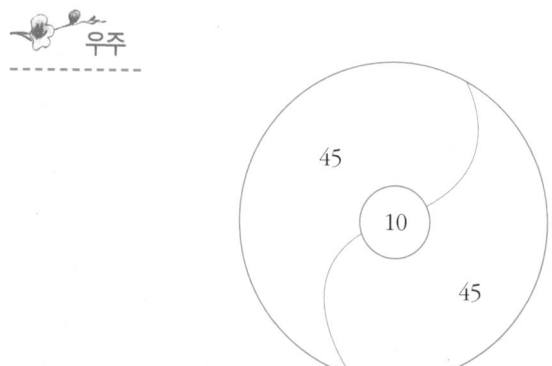

하도와 낙서에 대해서는 여러 가지 견해가 있을 수 있다. 그 가운데 천문학의 가설인 '홀(hole)' 이론을 적용한 다음의 견해가 무척 흥미롭다.

하도는 수축(☯)하는 우주를 나타낸 것이고, 낙서는 팽창(☯)하는 우주를 나타낸 것이다. 그런데 우주는 블랙 홀(black hole) → 웜 홀(worm hole) → 화이트 홀(white hole)로 이어지면서 수축과 팽창을 반복하는 다원우주이다. 하도의 우주는 블랙 홀로 빠져들어간다. 그 다음 블랙 홀과 화이트 홀의 연결고리인 웜 홀을 통과하게 되는데, 여기에서는 시간과 공간 등 모든 것이 사라지며 우주 구조의 코드 변화인 이른바 금화교역(金火交易, 하도의 서쪽金·남쪽火가 낙서의 서쪽火·남쪽金으로 金과 火가 서로 자리바꿈을 하는 것)이 일어난다. 그 결과 블랙 홀로 빠져들어간 하도의 시간과 공간 등 모든 것이 다시 분출되는 낙서의 우주가 전개된다.

위의 견해에 따르면 아득히 멀어져 간 옛 사랑이 화이트 홀에서 다시 살아나고 있을 것이다.

2. 음양오행 사상

1) 음양오행의 의의

동양에서는 복희 시대 이후 음양오행 사상을 연구 발전시켜왔다. 음과 양은 서로 보완하면서 하나의 통일체를 이루는 상반(相反)된 작용이고, 오행은 음과 양의 운동을 세분화한 목(木)·화(火)·토(土)·금(金)·수(水)이다. 사주학(四柱學)은 바로 이러한 음양오행에 바탕을 둔 학문이다.

어느 시인은 사주학을 농부학(農夫學)이라고 비유한 바 있는데 참으로 시인다운 표현이다. 우선 농부에게는 하늘의 해[日]와 달[月]이 중요하다. 예로부터 동양에서는 달과 깊은 관련이 있는 음력을 사용했는데, 이 달과 해는 각각 음과 양에 해당하므로 농부는 우선 음양을 알아야 한다. 그리고 농부의 터전은 토(土)이다. 이 토(土)를 관리하는 데는 사계절의 기후가 중요하다. 그런데 목(木)은 봄, 화(火)는 여름, 금(金)은 가을, 수(水)는 겨울이다. 왜냐하면 목(木)은 따뜻함, 화(火)는 더움, 금(金)은 서늘함, 수(水)는 차가움이기 때문이다. 이 목(木)·화(火)·토(土)·금(金)·수(水)가 바로 오행이다. 이처럼 농부는 음양오행을 알아야 하므로 농부학이 곧 음양오행학이 되는 것이다. 따라서 음양오행을 바탕으로 한 사주학을 농부학이라고 한 것은 매우 적절한 표현이라고 할 수 있다. 오늘날 동서양은 시간의 단위인 일주일을 이 음양오행의 일곱 가지[일(日)·월(月)·목(木)·화(火)·토(土)·금(金)·수(水)]로 구성하여 사용하고 있다.

오늘날 널리 사용되는 컴퓨터는 0과 1을 기초로 하는데, 이것은 바로 음양철학과 같은 이론이다. 컴퓨터의 가장 기본적인 정보전달 단위인 비트(bit)는 0과 1로 표현할 수 있다. 0과 1은 불이 꺼졌다 켜졌다 하는 것을 나타내는 아주 간단한 전기적인 신호를 표현하는 데 사용된다. 0이 음이면 1은 양으로 음양철학에 바탕을 두고 있다.

또한 컴퓨터의 기본적인 동작원리는 인간의 기본 구조와 매우 흡사하다. 예를 들어 우리가 수를 더할 때 해당 숫자를 보거나 듣고 그것을 기억하여 계산한 후 그 결과를 입으로 말하거나 종이에 적어 다른 사람에게 전달하듯이, 컴퓨터도 다음과 같은 다섯 가지 기능을 가지고 동작한다. ①자료나 명령을 입력하는 입력기능, ②입력된 자료나 명령 등을 기억하는 기억기능, ③수치 계산과 논리적으로 비교하고 판단하는 연산기능, ④처리한 결과를 외부로 표시하는 출력기능, ⑤모든 동작을 명령·감독하는 제어기능이 그것이다. 이 5대 기능은 오행과 결부시켜 이해할 수 있다. 그래서 서양의 컴퓨터는 바로 동양의 음양오행 철학을 구체화시킨 것이라고 단정하는 견해까지 등장하였다.

'음양오행' 이란 우주변화의 원리를 설명하기 위하여 우주에 충만해 있는 기(氣)가 어떠한 형태로 파동(波動)을 이루어 나가는가를 요약해서 나타내는 동양 전래의 형이상학적인 용어이다.

기의 파동이란 수(水)를 예로 들면 ①맑고 잔잔하던 명경지수가 ②갑자기 작용과 반작용을 일으키서 갈라서며 ③이후 물결의 움직임을 이루는 것이다. ①은 음양이 나타나기 전의 상태이고 ②는 수평(水平)을 기준으로 내려감과 올라감 즉 음양이 나타난 상태이며 ③은 음양이 전환하면서 각각 확장(木)·분산(火)·조정(土)·수축(金)·통합(水)의 오행이 나타난 상태이다. 우리 민족에게 전해 내려오는 『천부경(天符經)』에서 이르는 '삼극(三極)'은 ①의 무극(無極) ②의 태극(太極) ③의 황극(皇極)을 가리키는 것으로 볼 수 있다. 사주학자에 따라서는 오행을 태양계에 속해 있는 목성·화성·토성·금성·수성과 연관지어 설명하기도 하지만, 그렇지 않고 오행이란 태극의 음양운동에서 발생하는 기의 세분화된 모습을 목화토금수(木火土金水)로 나타낸 것이다.

오늘날 사용하는 10간 12지의 문자는 하도에 나타난 음양오행별 특성을 상형문자화한 것이다. 간(干)은 하늘이고, 형체가 없으며, 기(氣)다. 간은 천간(天干)이라고도 한다. 천간에는 갑(甲)·을(乙)·병(丙)·정(丁)·무(戊)·기(己)·경(庚)·신(辛)·임(壬)·계(癸)의 10간이 있다.

지(支)는 땅이고, 형체가 있으며, 질(質)이다. 지는 지지(地支)라고도 한다. 지지에는 자(子)·축(丑)·인(寅)·묘(卯)·진(辰)·사(巳)·오(午)·미(未)·신(申)·유(酉)·술(戌)·해(亥)의 12지가 있다.

천간과 지지를 합쳐 간지(干支)라고 한다. 10간과 12지를 동시에 순차적으로 진행시켜 짝을 이루어 나가면 60개의 간지가 되는데 이것을 육십갑자(六十甲子)라고 한다. 갑자(甲子), 을축(乙丑), 병인(丙寅), 정묘(丁卯)…… 순으로 짝지어 나가면 마지막은 계해(癸亥)가 된다.

육십갑자

갑자 (甲子)	을축 (乙丑)	병인 (丙寅)	정묘 (丁卯)	무진 (戊辰)	기사 (己巳)	경오 (庚午)	신미 (辛未)	임신 (壬申)	계유 (癸酉)
갑술 (甲戌)	을해 (乙亥)	병자 (丙子)	정축 (丁丑)	무인 (戊寅)	기묘 (己卯)	경진 (庚辰)	신사 (辛巳)	임오 (壬午)	계미 (癸未)
갑신 (甲申)	을유 (乙酉)	병술 (丙戌)	정해 (丁亥)	무자 (戊子)	기축 (己丑)	경인 (庚寅)	신묘 (辛卯)	임진 (壬辰)	계사 (癸巳)
갑오 (甲午)	을미 (乙未)	병신 (丙申)	정유 (丁酉)	무술 (戊戌)	기해 (己亥)	경자 (庚子)	신축 (辛丑)	임인 (壬寅)	계묘 (癸卯)
갑진 (甲辰)	을사 (乙巳)	병오 (丙午)	정미 (丁未)	무신 (戊申)	기유 (己酉)	경술 (庚戌)	신해 (辛亥)	임자 (壬子)	계축 (癸丑)
갑인 (甲寅)	을묘 (乙卯)	병진 (丙辰)	정사 (丁巳)	무오 (戊午)	기미 (己未)	경신 (庚申)	신유 (辛酉)	임술 (壬戌)	계해 (癸亥)

10간과 12지는 '음양오행(陰陽五行)' 등과 결부시켜 파악할 수 있다. '음양오행' 이란 여기서는 그저 간단하게 음은 [-]이고 양은 [+]이다. 그리고 오행은 목화토금수(木火土金水)인데, 목(木)은 나무이고, 화(火)는 불이며, 토(土)는 흙이고, 금(金)은 쇠이며, 수(水)는 물이라고 생각하면 된다.

10간

10간 \ 내용	음양	비유	오행	방위	계절
갑(甲)	+	큰 수목, 재목	목(木)	동(東)	봄(春)
을(乙)	-	화초, 덩굴식물			
병(丙)	+	빛, 태양	화(火)	남(南)	여름(夏)
정(丁)	-	열, 등댓불			
무(戊)	+	큰 산, 제방	토(土)	중앙(中央)	환절기
기(己)	-	평원옥토, 화단			
경(庚)	+	무쇠, 바위	금(金)	서(西)	가을(秋)
신(辛)	-	보석, 열매			
임(壬)	+	바다, 호수	수(水)	북(北)	겨울(冬)
계(癸)	-	개울물, 비			

12지

12지 \ 내용	음양	음력달	오행	방위	계절
인(寅)	+	1	목(木)	동(東)	봄 [春]
묘(卯)	−	2	목(木)	동(東)	봄 [春]
진(辰)	+	3	토(土)		환절기
사(巳)	−	4	화(火)	남(南)	여름 [夏]
오(午)	+	5	화(火)	남(南)	여름 [夏]
미(未)	−	6	토(土)		환절기
신(申)	+	7	금(金)	서(西)	가을 [秋]
유(酉)	−	8	금(金)	서(西)	가을 [秋]
술(戌)	+	9	토(土)		환절기
해(亥)	−	10	수(水)	북(北)	겨울 [冬]
자(子)	+	11	수(水)	북(北)	겨울 [冬]
축(丑)	−	12	토(土)		환절기

　10간과 12지는 시대에 따라 변화하며 지금의 형태로 확립되었다. 예를 들어 임(壬)은 하도에서 1(양)에 해당하고, 중앙의 토(土)에서 생겨난 한 방울의 물(•) 형상 즉 '壬'에서 이루어졌다. 그리고 갑(甲)은 하도에서 3(양)에 해당하고, 식물이 지표를 뚫고 상승하는 형상 즉 '甲'에서 이루어졌으며, 묘(卯)는 하도에서 8(음)에 해당하고, 식물에서 잎이 나오며 둘로 갈라지는 형상 즉 '卯'에서 이루어졌다.

　목(木)에는 천간에 갑(甲)과 을(乙), 지지에 인(寅)과 묘(卯)가 있다. 갑(甲)은 하도에서 3(양)에 해당하고, 을(乙)은 하도에서 8(음)에 해당한다. 그리고 인(寅)은 하도에서 3(양)에 해당하고, 묘(卯)는 하도에서 8(음)에 해당한다.

　화(火)에는 천간에 병(丙)과 정(丁), 지지에 오(午)와 사(巳)가 있다. 병(丙)은 하도에서 7(양)에 해당하고, 정(丁)은 하도에서 2(음)에 해당한다. 오(午)

는 하도에서 7(양)에 해당하지만, 화(火)가 한계에 이르렀으므로 양이 음으로 바뀌어 천간의 정(丁)처럼 다루어진다. 사(巳)는 하도에서 2(음)에 해당하지만, 화(火)가 치열해지는 상태로 천간의 병(丙)처럼 다루어진다.

토(土)에는 천간에 무(戊)와 기(己), 지지에 진(辰)·술(戌)·축(丑)·미(未)가 있다. 무(戊)는 하도에서 5(양)에 해당하고, 기(己)는 하도에서 10(음)에 해당한다. 진(辰)과 술(戌)은 천간의 무(戊)처럼 다루어지고, 축(丑)과 미(未)는 천간의 기(己)처럼 다루어진다.

금(金)에는 천간에 경(庚)과 신(辛), 지지에 신(申)과 유(酉)가 있다. 경(庚)은 하도에서 9(양)에 해당하고, 신(辛)은 하도에서 4(음)에 해당한다. 그리고 신(申)은 하도에서 9(양)에 해당하고, 유(酉)는 하도에서 4(음)에 해당한다.

수(水)에는 천간에 임(壬)과 계(癸), 지지에 자(子)와 해(亥)가 있다. 임(壬)은 하도에서 1(양)에 해당하고, 계(癸)는 하도에서 6(음)에 해당한다. 자(子)는 하도에서 1(양)에 해당하지만, 수(水)가 한계에 이르렀으므로 양이 음으로 바뀌어 천간의 계(癸)처럼 다루어진다. 해(亥)는 하도에서 6(음)에 해당하지만, 수(水)가 치열해지는 상태이므로 천간의 임(壬)처럼 다루어진다.

경신(庚申)은 천간과 지지가 모두 금(金)이다. 금(金)은 '정의의 칼'로 통한다. 그래서 경신(庚申)일은 천제(天帝)가 인간의 평소 소행을 조사하여 선악을 판별하고 길흉화복을 부여하는 날로 여겨졌다. 전날 기미(己未)일 밤에 몸 속의 제신(諸神)이 천계(天界)에 돌아가 천제에게 개인별 행상(行狀)을 보고하므로, 그 날 밤 네거리에 경신당(庚申堂)을 세우고 불침번을 서 몸 속의 제신이 천계에 돌아가지 못하도록 기원하였다.

또 신해(辛亥)는 하늘 즉 천간의 금(金)이 땅 즉 지지의 수(水)를 생하고 지지의 해(亥)는 음양의 전환을 일으키는 것으로 다루어지므로 신해(辛亥)년은 천명(天命)에 의해 세상이 개혁되는 혁명의 해로 받아들였다.

이와 같이 간지에는 각각의 의미와 전설 또는 신앙이 깃들어 있다. 특히 갑인(甲寅)·병오(丙午)·무진(戊辰)·경신(庚申)·임자(壬子)와 같이 간지가 양(陽)이고 오행이 동일한 경우는 그 역량이 강하다고 보았다. 그래서 병오(丙午)처럼 양화(陽火)가 상하 동일한 경우는 그 세력이 매우 강하여 무엇이라도 태워버린다고 보았으므로, 병오(丙午)년에 태어난 여성은 성격이 격렬하고 남편을 망치게 한다고 보아 반(半) 신앙적으로 꺼렸다.

목(木)은 수초목(樹草木)으로 자신을 희생하여 의식주를 제공하기 때문에 자비로움을 뜻하는 인(仁)이다. 화(火)는 어둠을 밝혀 세상을 빛나게 하므로 예(禮)이고, 토(土)는 만물이 자리 잡는 중심이 되므로 믿음을 뜻하는 신(信)이다. 금(金)은 강한 금속으로 정의를 뜻하니 의(義)이고, 수(水)는 명경지수(明鏡止水)가 되어 사물을 똑바로 비추기 때문에 지혜를 뜻하는 지(智)다.

색으로는 목(木)은 녹색, 화(火)는 붉은색, 토(土)는 누런색, 금(金)은 하얀색, 수(水)는 검은색을 나타낸다.

방향으로는 목(木)은 동쪽, 화(火)는 남쪽, 토(土)는 중앙, 금(金)은 서쪽, 수(水)는 북쪽을 나타낸다.

계절로는 목(木)은 봄, 화(火)는 여름, 토(土)는 계절의 변화를 조정하는 환절기, 금(金)은 가을, 수(水)는 겨울을 나타낸다.

2) 생극작용

오행은 생극(生剋)작용을 일으킨다. 생(生)이란 도와주고 일으켜 세워준다는 뜻이다. 오행에서 목(木)은 화(火)를, 화(火)는 토(土)를, 토(土)는 금(金)을, 금(金)은 수(水)를 생하고, 수(水)는 목(木)을 생한다. 즉 목생화(木生火), 화생토(火生土), 토생금(土生金), 금생수(金生水), 수생목(水生木)으로 이어지는 것이다.

$$木 \xrightarrow{生} 火 \xrightarrow{生} 土 \xrightarrow{生} 金 \xrightarrow{生} 水 \xrightarrow{生} 木$$

이 생의 이치를 살펴보자. 나무[木]에서 꽃이 피면 꽃은 화(火)요, 꽃이 지면 이것이 땅으로 떨어져 흙[土]이 되고, 흙은 자체적으로 광물질[金]을 형성하며, 광물질은 녹아서 물[水]이 된다. 물은 나무[木]를 생하여 순환상생을 거듭한다.

극(剋)이란 제압하고 억제하며, 포옹하고 껴안는다는 뜻이다. 오행에서 목(木)은 토(土)를, 토(土)는 수(水)를, 수(水)는 화(火)를, 화(火)는 금(金)을, 금(金)은 목(木)을 극한다. 즉 목극토(木剋土), 토극수(土剋水), 수극화(水剋火), 화극금(火剋金), 금극목(金剋木)으로 이어지는 것이다.

$$木 \xrightarrow{剋} 土 \xrightarrow{剋} 水 \xrightarrow{剋} 火 \xrightarrow{剋} 金 \xrightarrow{剋} 木$$

이 극의 이치를 살펴보자. 나무[木]는 흙[土]을 파고들고, 흙[土]은 물[水]의 흐름을 막으며, 물[水]은 불[火]을 꺼버리고, 불[火]은 쇠[金]를 녹이며, 쇠[金]는 나무[木]를 자른다.

위에서 본 것과는 달리 어느 오행이 많으면(지나치게 강하다는 뜻임) 정상적이지 못한 결과가 일어난다.

물[水]
- 물이 많으면 수생목(水生木)을 못 하고 그만 물이 나무를 뜨게 만들어버린다.
- 물이 많으면 토극수(土剋水)를 못 하고 그만 흙이 물에 떠내려간다.
- 물이 많으면 금생수(金生水)를 못 하고 그만 쇠가 물 속에 잠겨버린다.

나무[木]
- 나무가 많으면 목생화(木生火)를 못 하고 그만 불이 꺼진다.
- 나무가 많으면 금극목(金剋木)을 못 하고 그만 쇠가 부러진다.
- 나무가 많으면 수생목(水生木)을 못 하고 그만 물이 줄어든다.

불[火]
- 불이 많으면 화생토(火生土)를 못 하고 그만 흙이 불타서 까맣게 변한다.
- 불이 많으면 수극화(水剋火)를 못 하고 그만 물이 증발한다.

흙[土]
- 흙이 많으면 목극토(木剋土)를 못 하고 그만 나무가 묻혀버린다.
- 흙이 많으면 화생토(火生土)를 못 하고 그만 불이 어두워진다.
- 흙이 많으면 토생금(土生金)을 못 하고 그만 쇠가 묻혀버린다.

쇠[金]
- 쇠가 많으면 화극금(火剋金)을 못 하고 그만 불이 꺼진다.
- 쇠가 많으면 토생금(土生金)을 못 하고 그만 흙이 변해버린다.
- 쇠가 많으면 금생수(金生水)를 못 하고 그만 물이 탁해진다.

　오행의 생극(生剋)을 논할 때 흔히들 생(生)은 좋고 극(剋)은 나쁘다고 한다. 왜냐하면 생은 정(正)으로 볼 수 있고, 극은 반(反)으로 볼 수 있기 때문이다.
　그러나 정(正)과 반(反)의 참모습은 어떠한가? 소우주인 인간에게 정(正)은 혈액의 순환과 같고, 반(反)은 심장의 박동과 같아서 생중유극(生中有剋)이요 극중유생(剋中有生)이다. 생 가운데 극이 있고 극 가운데 생이 있다. 그래서 소우주인 인간에게 하도의 생과 낙서의 극은 다 필요한 것이다. 나의 주장에 대해 옳다고 찬성하는 사람은 일단 나를 생(生)해주는 사람이지만 간신일 수 있다. 나의 주장에 대해 그르다고 반대하는 사람은 일단 나를 극(剋)해주는 사람이지만 충신일 수 있다.
　우리는 생과 극 어느 하나에 치우쳐서는 안 된다. 극은 생으로 이어진다. 예를 들어 나무는 흙을 파고들어 목극토(木剋土)를 하는데 그 결과 민둥산을 홍수로부터 보호하니 목생토(木生土)를 이룬다. 이러한 이치는 다른 오행의 경우에도 마찬가지다. 그러므로 생과 극을 분리시켜 '생(生)'을 사랑하고 '극(剋)'을 미워하는 오류를 범하면 안 된다.

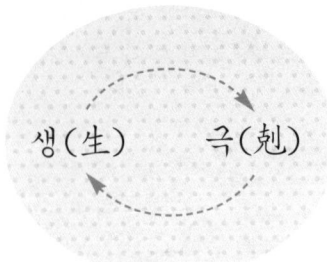

3. 이름과 음양오행

1) 이름의 구성요소와 그 비중

앞서 '이름과 운명'을 논하면서 이름은 ①소리(발음) ②글자(문자) ③뜻으로 구성되는데 그 가운데 뜻이 중요하다고 하였다. 이 점에 관하여 필자의 이름인 「전광(錢洸)」을 예로 들어 다시 한번 살펴보자.

우선 필자의 이름은 소리(발음)로는 「전광(한국)」,「첸 꾕(중국)」,「젠 고우(일본)」인데 이것 자체가 필자한테 무슨 영향을 미치겠는가.

다음으로 필자의 이름은 글자(문자)로는 「전광(한국)」,「錢洸(중국)」,「Kwang Jeon(미국)」인데 이것 자체가 또 필자한테 무슨 영향을 미치겠는가.

그러나 필자의 이름에 담겨 있는 뜻은 필자의 운명을 바꿀 수 있다.

한국에서는 '광(洸)'이 '물솟을 광'으로 통한다. 그래서 성씨인 돈 전(錢)과 합치면 '돈이 물솟다'이니 부자를 뜻한다.

중국에서는 '광(洸)'을 '없다'로 본다. 그래서 중국 사람들이 필자로부터 명함을 받으면 아연실색하면서 필자를 유심히 살펴본다. 이름의 뜻이 '돈이 없다'이니 일단 거지를 만났다고 여기는 모양이다.

일본에서는 '광(洸)'을 '굳셀 광'으로 본다. 필자는 눈썹이 나카소네 야스히로 전 일본 수상처럼 생겨서 이름의 뜻과 관상이 어울려 아마도 일본의 무사인 '사무라이'로 통할 것 같다.

우리는 기독교에서 하나님의 이름이 소리(발음)나 글자(문자)로는 「여호와」이지만 그 뜻이 '이름이 없고 스스로 있는 자' 임을 알아야 한다. 따라서 우리가 음양오행 사상에 따라 이름학을 논할 때에도 소리(발음)나 글자(문자)보다 뜻을 가지고 다루어야 한다.

2) 소리(발음)와 음양

우리가 이름을 부를 때 생기는 소리(발음)는 한글의 모음에 따라 음과 양으로 나누어 구분할 수 있다. 모음이 凹해서 어두우면 음이고, 凸해서 밝으면 양이라 할 수 있다.

음 — ㅓ — ㅕ — ㅜ — ㅠ

양 — ㅏ — ㅑ — ㅗ — ㅛ

ㅡ와 ㅣ는 일반적으로 음으로 구분하는 것 같다. 그러나 훈민정음에서는 '·'와 'ㅡ' 그리고 'ㅣ'를 각각 천(天)·지(地)·인(人)으로 보아 나머지 모음의 머리로 삼았으니 그 특수성을 짚고 넘어가야 한다.

'·'는 형상이 둥글어 하늘[天]을 본뜬 것이고, 'ㅡ'는 형상이 평평해 땅[地]을 본뜬 것이며, 'ㅣ'는 형상이 바르게 서 있는 사람[人]을 본뜬 것이다. 그리고 나머지 모음은 凹과 凸을 따른 것이다. 그러므로 'ㅡ'와 'ㅣ'를 음으로 구분하는 것은 문제가 된다.

특히 하늘(+)과 땅(−) 사이에 존재하는 사람인 'ㅣ'이 문제이다. 훈민정음 제자해(制字解)에 의하면, 'ㅣ'는 음양오행 중 어느 것에도 치우치지 않는 중립적이면서도 음양오행을 온전히 갖춘 존재이다.

필자는 성명 글자의 모음이 음성 모음이냐 양성 모음이냐를 논하지 않는다. 그런데 'ㅡ'와 'ㅣ'를 모두 음으로 다루면서 성씨와 이름의 끝 글자는 소리(발음) 음양이 서로 달라야 한다고 설명하는 학설이 있다. 예를 들어 성씨가 김(金), 우(禹), 정(鄭)씨와 같이 음성 모음일 때는 이름의 끝 글자가 양성 모음이어야 하고, 반대로 성씨가 노(盧), 박(朴)씨와 같은 양성 모음일 때는 이름의 끝 글자가 음성 모음이어야 한다는 것이다. 이 학설에서는 성명이 몇 개의 글자로 구성되었든 첫 글자인 성씨와 이름의 끝 글자 즉 두 글자의 음양이 조화를 이루는지가 중요하다. 다음의 예들은 이 학설에 따라 성명 글자의 음양을 살펴본 것이다.

① 한글 이름 「이한성」의 경우

이 ㅣ(음)   한   성 ㅓ(음)

성씨 '이'는 음성 모음 'ㅣ', 이름의 끝 글자 '성'은 음성 모음 'ㅓ'로 모두 음이어서 발음상 음양의 조화를 이루지 못하였다.

② 한글 이름 「이따사롬」의 경우

이 ㅣ(음)   따   사   롬 ㅗ(양)

성씨 '이'는 음성 모음 'ㅣ', 이름의 끝 글자 '롬'은 양성 모음 'ㅗ'로 발음상 음양의 조화를 이루었다.

③ 한자 이름 「지성오」의 경우

지 ㅣ(음)   성   오 ㅗ(양)

성씨 '지'는 음성 모음 'ㅣ', 이름의 끝 글자 '오'는 양성 모음 'ㅗ'로 발음상 음양의 조화를 이루었다.

④ 한자 이름 「김정우」의 경우

김 ㅣ(음)   정   우 ㅜ(음)

성씨 '김'은 음성 모음 'ㅣ', 이름의 끝 글자 '우'는 음성 모음 'ㅜ'로 모두 음이어서 발음상 음양의 조화를 이루지 못하였다.

⑤ 한자 이름「한승조」의 경우

한 ㅏ(양) 승 조 ㅗ(양)

성씨 '한'은 양성 모음 'ㅏ', 이름의 끝 글자 '조'는 양성 모음 'ㅗ'로 모두 양이어서 발음상 음양의 조화를 이루지 못하였다.

앞서 '하도와 낙서'를 통하여 완성수 10이 하도와 낙서 전체의 수 100을 총괄하는 구심체로서 기(己)에 해당하고, 토중지토(土中之土)로서 이것이 우주의 중심을 이룬다는 것을 살펴보았다.

사주학에서는 이 기(己)를 예로부터 음(-)으로 구분해서 사용해왔다. 그러나 이것은 인간이 삼라만상을 음(-)과 양(+)으로 마치 칼로 무 자르듯이 나누어버린 데서 비롯되었다고 보여진다. 필자의 견해로는 우주에서 '10(+)' 즉 '기(己)'가 참으로 신묘한 것이어서 이것이 하도의 상생(相生)과 낙서의 상극(相剋)을 조정하면서 음과 양을 포괄하는 무궁한 조화를 일으키는 것 같다.

위에서 보았듯이 기(己)가 참으로 신묘한 것이어서 무궁한 조화를 일으키는데도 사주학에서 이것을 음(-)으로 다루는 것이 문제인 것처럼, 훈민정음 제자해(制字解)가 '중성 모음'이라고 밝혀놓은 'ㅣ'를 선뜻 음(-)으로 다루는 것도 문제이다. 따라서 위에서 예로 든 것 가운데 ①이한성 ②이따사롬 ③지성오 ④김정우는 모두 성씨가 'ㅣ'이므로 만약 이것이 음(-)도 아니고 양(+)도 아니라면 결과적으로 음양의 조화를 이루지 못하고 이름의 끝 글자에 따라 음(-)이나 양(+) 어느 하나로 끝나버릴 것이다.

생각하건대 'ㅣ'가 음성 모음이냐 아니면 중성 모음이냐는 금방 해결될 것 같지 않다. 그러므로 위의 학설을 역사적인 인물의 이름에 대입해보고 그 타당성 여부만 확인해보고 넘어가는 것이 좋다고 본다.

　신라가 삼국통일을 이루도록 한 태종무열왕 김춘추와 김유신 장군, 조선시대의 이이(이율곡) 선생과 이순신 장군 그리고 현대의 인물로 이병철 삼성그룹 창업주와 정주영 현대그룹 창업주는 성씨와 이름의 끝 글자가 모두 음성 모음이어서 음양의 조화를 이루지 못하였다. 그러나 한 사람도 빠짐없이 자신의 이름을 우리나라 역사에 훌륭한 인물로 남기고 있다. 그러므로 성씨와 이름의 끝 글자가 음양의 조화를 이루어야 한다는 위의 학설은 하나의 가설(假說)에 불과할 뿐 현실에 비추어 설득력이 약하다고 할 수 있다.

　　　김 ㅣ　　춘　　추 ㅜ　　　　　김 ㅣ　　유　　신 ㅣ

　　　이 ㅣ　　　　　이 ㅣ　　　　　이 ㅣ　　순　　신 ㅣ

　　　이 ㅣ　　병　　철 ㅓ　　　　　정 ㅓ　　주　　영 ㅕ

3) 소리(발음)와 오행

　우리가 이름을 부를 때 발음하는 소리(발음)는 한글의 자음에 따라 오행(木火土金水)으로 나누어 구분할 수 있다. 소리(발음)오행은 그냥 발음오행 또는 음령오행이라고도 하며, 한글 이름이나 한자 이름 모두 우리말로 부르므로 둘 다 적용할 수 있다. 이 책에서는 발음오행으로 부른다. 발음오행은 한글의 자음을 목(木)·화(火)·토(土)·금(金)·수(水) 오행으로 어떻게 구분하느냐에 따라 다수설과 소수설로 의견이 나누어진다.

　① 다수설
　다수설은 발성 기관의 위치에 따라 다음과 같이 오행을 분류한다.

- ㄱ・ㅋ : 아음(牙音 : 어금닛소리)이다. 혓바닥이 입천장에 닿아 나는 소리이며, 목(木)에 해당한다. 혓바닥은 설근(舌根) 즉 목(木)이다.
- ㄴ・ㄷ・ㄹ・ㅌ : 설음(舌音 : 혓소리)이다. 혀끝과 이가 맞닿아 나는 소리이며, 화(火)에 해당한다. 나무에 부싯돌을 비벼 불을 일으키는 것과 같으니 화(火)이다.
- ㅇ・ㅎ : 후음(喉音 : 목구멍소리)이다. 목구멍을 통해 나는 소리이며, 토(土)에 해당한다. 목구멍은 모든 발음의 바탕 즉 토(土)이다.
- ㅅ・ㅈ・ㅊ : 치음(齒音 : 잇소리)이다. 이가 맞닿아 나는 소리이며, 금(金)에 해당한다. 이는 금속과 같으니 금(金)이다.
- ㅁ・ㅂ・ㅍ : 순음(脣音 : 입술소리)이다. 입술 사이에서 나는 소리이며, 수(水)에 해당한다. 물 흐르듯 편하게 내는 소리이니 수(水)이다.

다수설의 소리(발음)오행

목(木) 오행	ㄱ・ㅋ
화(火) 오행	ㄴ・ㄷ・ㄹ・ㅌ
토(土) 오행	ㅇ・ㅎ
금(金) 오행	ㅅ・ㅈ・ㅊ
수(水) 오행	ㅁ・ㅂ・ㅍ

② 소수설

소수설은 ㄱ・ㅋ, ㄴ・ㄷ・ㄹ・ㅌ, ㅅ・ㅈ・ㅊ에 대해서는 다수설과 같은 입장이다. 그러나 ㅇ・ㅎ과 ㅁ・ㅂ・ㅍ에 대해서는 다수설과 반대의 입장을 취하고 있다. 즉 ㅇ・ㅎ은 수(水)이고 ㅁ・ㅂ・ㅍ은 토(土)라는 것이다.

소수설의 소리(발음)오행

목(木) 오행	ㄱ·ㅋ(다수설과 같음)
화(火) 오행	ㄴ·ㄷ·ㄹ·ㅌ(다수설과 같음)
토(土) 오행	ㅁ·ㅂ·ㅍ
금(金) 오행	ㅅ·ㅈ·ㅊ(다수설과 같음)
수(水) 오행	ㅇ·ㅎ

위의 내용을 보면 소수설과 다수설은 토(土) 오행과 수(水) 오행에 해당하는 한글의 자음을 서로 뒤바꿔놓고 있다. 따라서 소수설에 따르면 발음오행으로 '이'나 '황'은 토(土) 오행이 아닌 수(水) 오행이고, '민'이나 '박' 그리고 '팽'은 수(水) 오행이 아닌 토(土) 오행이라고 한다.

소수설이 발음오행의 구분 근거로 삼는 것은 훈민정음 해례본(解例本)이다. 훈민정음 해례본에 따르면, 목구멍[喉]은 (입 안의) 깊은 곳에 있고 젖어 있으니 물[水]이고, 입술[脣]은 모나고 합해지므로 흙[土]이라고 한다.

수수설은 훈민정음 해례본을 따라서 목구멍소리를 수(水)로 보고, 입술소리를 토(土)로 본다. 즉 인체의 오장 중 폐는 금(金)에 속하는데 폐에 든 공기가 목구멍의 울림관을 통하여 나오면 이것이 소리이고, 금생수(金生水)의 이치에 따라 폐에서 나온 목구멍소리(ㅇ·ㅎ)는 자연스럽게 그 발음오행이 수(水)가 된다는 것이다.

또한 입술은 표면에 있고 천원지방(天圓地方) 즉 '하늘은 둥글고 땅은 네모지다'라는 이치에 따라 모난 형상이므로 토(土)이고, 따라서 입술소리(ㅁ·ㅂ·ㅍ)는 그 발음오행이 토(土)가 된다는 것이다.

나아가 소수설은 훈민정음 해례본이 "하늘과 땅의 이치는 음양과 오행일 따름이며 사람의 목소리도 그러하다"고 하면서 오행의 상생 순서에 따라 기본음인 ㄱ[목(木)], ㄴ[화(火)], ㅁ[토(土)], ㅅ[금(金)], ㅇ[수(水)]을 나열한 사실을 언급하고 있다.

이와 같은 소수설의 주장에 대하여 다수설은 현재 사용하는 한글의 발음오행과 훈민정음 해례본의 발음오행에서 토(土) 오행과 수(水) 오행에 해당하는 글자가 서로 뒤바뀐 점과, 이러한 발음오행의 불일치로 인해 혼란을 불러일으킬 수 있음을 인정한다.

그러면서도 다수설은 훈민정음 해례본에 나온 오행 구별은 글자를 만드는 데 필요한 오행이지 이름 짓기에 적용할 수는 없다고 설명한다.

우리가 한글을 사용하면서 훈민정음의 창제원리를 따르는 것은 순리라고 본다. 따라서 이러한 바탕 위에서는 소수설을 따르는 것이 자연스럽다.

그러나 한편으로는 비록 훈민정음의 창제원리라고 해도 한번 짚고 넘어가야 할 필요는 있을 것 같다. 왜냐하면 수(水)인 임(壬)은 토(土)와 물방울(•)이 결합한 '土'의 형상인 만큼 수(水)와 토(土)를 너무 확연하게 구분하는 것이 문제일 수 있기 때문이다.

그래서 이 책에서는 지금까지 다수설에 따라 이름을 지은 수많은 사람과 아직까지 이론이 확실하게 정립되지 않은 현실을 감안하여 일단 다수설을 따른다. 다수설을 따를지 아니면 소수설을 따를지의 문제는 앞으로 확실한 이론 정립과 구체적인 검증 결과를 토대로 명확한 결론을 내리는 것이 옳다고 본다.

그런데 문제는 이름학상 발음오행이 어느 정도로 중요한가이다. 이름학에서는 오행을 발음오행, 수리오행, 자원오행으로 나누어서 다루는데, 이름의 구성요소 가운데 소리(발음)를 중요하게 여기는 견해는 발음오행을, 글자(문자)를 중요하게 다루는 견해는 이름자의 획수를 따진 수리오행을, 뜻을 중요하게 생각하는 견해는 이름이 지니고 있는 의미를 바탕으로 한 자원오행을 앞세운다.

발음오행을 가장 중요하게 생각하는 학자는 이름은 평생 듣는 것이어서 감각이나 감정에 영향을 미치므로 오행을 따질 때 발음오행이 가장 중요하다고 설명한다. 그리고 발음오행은 상생관계를 따르는 것이 바람직한데, 그 이유는 발음상 힘이 덜 들고 막힘이 없으며 생기를 주기 때문이라고 한다.

위의 이야기를 따라서 작명을 해보자. 만약 김(金)씨 집안에서 남자 신생아가 금(金)·수(水)를 많이 지닌 사주로 태어나서 금(金)을 다스려줄 화[火: 화(火)는 금(金)을 극한다], 수(水)를 다스려줄 토[土: 토(土)는 수(水)를 극한다]가 필요한 경우 김동윤(金東潤)은 합당한 이름이다. 왜냐하면 발음오행으로 동(東)은 화(火)이고, 윤(潤)은 토(土)이면서 발음오행이 목(木: '김'의 ㄱ) → 화(火: '동'의 ㄷ) → 토(土: '윤'의 ㅇ)로 상생하기 때문이다.

또 김(金)씨 집안에서 여자 신생아가 목(木)·화(火)를 많이 지닌 사주로 태어나서 목(木)을 다스려줄 금[金: 금(金)은 목(木)을 극한다], 화(火)를 다스려줄 수[水: 수(水)는 화(火)를 극한다]가 필요한 경우 김민주(金旻柱)는 합당한 이름이다. 왜냐하면 발음오행으로 주(柱)는 금(金)이고, 민(旻)은 수(水)이면서 발음오행이 금(金: '주'의 ㅈ) → 수(水: '민'의 ㅁ) → 목(木: '김'의 ㄱ)으로 상생하기 때문이다.

그러나 문제가 있다. 우선 남자 신생아의 경우 '윤(潤)'이란 한자는 삼수변(氵), 즉 수(水)가 가리키듯이 지니고 있는 의미가 '물에 젖다'이다. 그러므로 수(水)를 다스려주기는커녕 오히려 수(水)를 더욱 증가시켜 나쁜 결과를 초래할 것이다.

다음으로 여자 신생아의 경우 '주(柱)'란 한자는 나무목 변(木), 즉 목(木)이 가리키듯이 지니고 있는 의미가 '나무 기둥'이다. 그러므로 목(木)을 다스려주기는커녕 오히려 목(木)을 더욱 증가시켜 나쁜 결과를 초래할 것이다.

그리고 어느 경우이든 상생이 좋고 상극이 나쁘다고 하는데 이것은 생중유극(生中有剋)이요 극중유생(剋中有生)이어서 극이 생으로 이어진다는 이치를 통찰하지 못한 주장이다. 우리는 생과 극을 지나치게 분리시켜 '생'을 사랑하고 '극'을 미워하는 오류를 범하면 안 된다.

발음오행을 앞세워 한자 '목(木)'을 나무가 아닌 수(水:ㅁ)라 하고, '화(火)'를 불이 아닌 토(土:ㅎ)라 하며, '토(土)'를 흙이 아닌 화(火:ㅌ)라 하고, '금(金)'을 쇠가 아닌 목(木:ㄱ)이라 하며, '수(水)'를 물이 아닌 금(金:ㅅ)이라고 하면서 상생이 좋고 상극은 나쁘다고 한다.

아울러 한글의 자음으로 이름의 발음오행을 따지면서 일본식으로 각 글자의 초성만 논하는 것도 문제이다. 일본에서는 「나카소네 야스히로(中曾根康弘)」처럼 99% 이상이 받침이 없는 소리(발음)나 글자(문자)를 사용하기 때문에 받침의 중요성을 알지 못한다. 따라서 작명을 할 때 각 글자의 초성만 가지고 논한다. 그러나 받침을 많이 사용하는 우리나라에서는 이를 그대로 받아들일 수 없다.

이름의 소리(발음)에 관하여 여러 모로 논해보면서, 소리의 파동으로 서양인의 이름까지 풀이할 수 있다고 주장하는 이른바 '파동 성명학'에 대해서도 살펴보려고 한다. 이른바 파동 성명학은 다음과 같은 주장을 펼친다.

이름이란 동양권 다섯 나라(한국, 북한, 중국, 대만, 일본)의 사람들만 가지고 있는 것이 아니다. 미국, 영국, 프랑스, 소련 등 서양 사람들은 한문을 사용하지 않고서도 이름을 갖고 있다. 그래서 동양에서만 사용하는 한문에 의한 학설로는 서양인의 이름을 풀이하지 못한다. 그러므로 이름은 소리의 파동으로 판단해야 한다. 똑같은 이름이라도 출생원기에 맞추어 120가지로 분류해서 오직 부르는 소리의 발음대로 한 글로 써서 홀수와 짝수를 뽑아 푼다.

이 주장에 대해서는 학자들이 구체적인 예를 들어 가면서 그 허구성을 지적하고 있다. 필자 또한 파동 성명학의 주장은 지나치다고 본다. 왜냐하면 사람이란 소리의 파동에 따라 조건반사적으로 움직이는 실험실의 생쥐와 같은 존재가 아니기 때문이다.

이름의 발음이 나름대로 운명에 영향을 미칠 수 있다는 것을 전혀 부정할 수는 없다. 지인 중에 이름이 「김성기(金成基)」라는 분이 있다. 이름에 담긴 원래의 뜻이 이룰 성(成), 터 기(基)로서 '명문가의 터전을 이룩한다'이므로 매우 좋다. 그러나 '성기'라는 발음이 그 무엇(?)을 연상시킨다. 그래서 이름 때문에 놀림을 받지 않느냐고 물었더니 친구들이 '골든 페니스(golden penis)'라고 많이 놀린다고 대답하였다. 따라서 이 이름은 이름 주인공의 섹스(sex) 관계에 영향을 주어 운명에 영향을 미칠 수도 있다. 옛날에는 「성기(成基)」라는 이름은 뜻이 좋아 훌륭한 이름이었지만, 오늘날은 발음상 전문용어로 남성의 그것을 뜻하니 문제가 된다.

시대에 따라 발음이 자아내는 이미지가 달라진다. 「김치국(金治國)」이라는 이름은 이름에 담긴 원래의 뜻이 다스릴 치(治), 나라 국(國)으로서 '자라서 나라를 다스린다'이므로 매우 좋다. 그러나 오늘날에는 '김칫국'으로 놀림을 당할 것이다. 어느 경우이든 김칫국부터 먼저 마시면 될 일도 안 되는 법이다. 그러니 애초의 좋은 뜻도 그만 김칫국 속에서 사라져버릴 것이다.

「강도범(姜道範)」이란 이름 또한 마찬가지다. 이 이름은 이름에 담긴 원래의 뜻이 길 도(道), 법 범(範)으로서 '바른 길로 나아가 만인의 규범이 되어라'이므로 매우 좋다. 그러나 오늘날에는 폭행·협박 등의 수단으로 남의 재물을 빼앗는 도둑인 '강도범'으로 놀림을 당할 것이다. 그러니 애초의 좋은 뜻을 따라 바른 길로 나아가지 못하고 그릇된 길로 빠져 만인의 규범이 아닌 만인의 비난 대상이 될 수 있다.

「구두창(具斗昌)」, 「이건달(李建達)」, 「김창녀(金昌女)」란 이름 또한 위에서 본 이름들과 다를 바 없다. 그러므로 이름을 지을 때 너무 뜻에만 치중하여 발음을 소홀하게 다루면 전혀 엉뚱한 결과를 가져올 수 있다.

그러나 발음 자체가 운명에 결정적인 영향을 미친다고 볼 수는 없다. 사실 위에서 본 「김성기」, 「김창녀」 등의 이름은 발음 자체가 문제가 아니라 발음이 연상시키는 전혀 엉뚱한 뜻이 문제이다.

사람은 나이가 들수록 이름을 부르는 기회가 적어지는 것 같다. 이름의 발음을 중요하게 여기는 견해 특히 파동 성명학은 우리가 마치 이름을 발음하느라 날을 지새우는 양 이야기하지만 실상은 그렇지 않다.

아기일 때는 이름을 많이 부른다. 아기가 태어나면 매일 수십 번 수백 번 아기의 이름을 부른다. 그러나 사회생활을 시작하면서는 ○과장, ○부장, ○국장, ○상무, ○사장 등으로 통한다. 요즈음은 여성의 경우도 이와 다르지 않아서 ○판사, ○장관, ○대통령 등으로 통한다. 필자의 경우에는 요즈음 친구 등 상대방과 아호로 통할 때가 많다. 그럴 때마다 아호에 담긴 뜻이 무척 가슴에 와 닿는다.

만약 이름에 담긴 뜻이 아니라 이름을 부르는 소리의 파동 그 자체가 운명에 결정적인 영향을 미친다면 우리는 자신에게 필요한 음(音)으로 구성한 염불을 외우거나 들으면 만사형통할 것이다.

이름을 지을 때 뜻을 중요하게 생각하면 자원오행을 중시하게 된다. 그러나 자원오행만으로는 만족스런 이름을 구성할 수 없을 때는 자원오행과 발음오행을 함께 사용하기도 한다. 예를 들어 작명 신청인이 신생아의 이름을 사주에 맞추고 수리 모두 길격이면서 '서' 자를 넣기 바라는 경우, 비록 '펼 서(舒)'가 자원오행으로는 사주에서 필요로 하는 금(金)이 아닌 화(火)이지만 발음오행을 따라 금(金)으로 인정해서 사용하는 것이다.

그러나 이런 경우에도 한계가 있다. 예를 들어 '불꽃 환(煥)'처럼 불[火]에 해당함이 분명한 글자를 발음오행에 관한 다수설이나 소수설을 따라 토(土 : 다수설)나 수(水 : 소수설)로 인정할 수는 없다는 것이다. 이러한 논리는 나무[木], 흙[土], 쇠[金], 물[水 · 氵]에 해당함이 분명한 글자의 경우도 마찬가지여서 '수풀 림(林)'은 목(木), '터 기(基)'는 토(土), '은 은(銀)'은 금(金), '강 강(江)'은 수(水)로 다룰 수 있을 뿐, 이것을 발음오행을 기준으로 다르게 다룰 수는 없다.

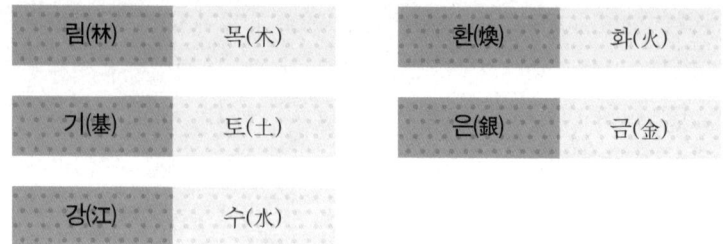

4) 글자(문자)와 음양

글자(문자)의 음양은 한글 이름이든 한문 이름이든 글자의 획수로 판단하는데 짝수이면 음이고 홀수이면 양이다. 이름학에서는 성씨를 포함하여 이름자가 모두 음이거나 모두 양이면 일단 음양의 조화를 이루지 못하였으므로 아름답지 못한 이름이라고 판단한다.

참고로 2자 성 즉 두 글자 성씨는 두 글자가 하나의 성씨를 이룬 것이므로 두 글자의 획수를 합친 것을 그 성씨의 획수로 한다.

① 음양의 조화를 이루지 못한 이름

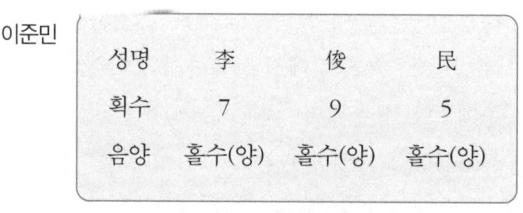

- 성씨를 포함하여 이름이 두 글자인 경우(성명이 두 글자인 경우)

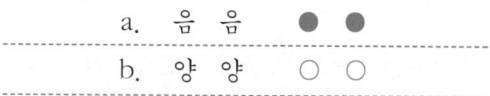

a, b 모두 음양의 조화를 이루지 못한 이름이다.

- 성씨를 포함하여 이름이 네 글자인 경우(성명이 네 글자인 경우)

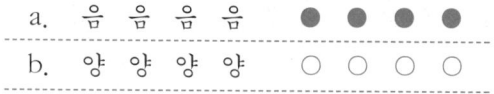

a, b 모두 음양의 조화를 이루지 못한 이름이다.

음양의 조화와 관련하여, 사주의 여덟 글자가 모두 양(陽)이면 이름 획수를 모두 음(陰)으로 하고, 반대로 사주의 여덟 글자가 모두 음이면 이름 획수를 모두 양으로 하는 것이 무방하다는 견해가 있지만, 사주란 사람의 몸과 같고 이름이란 의복과 같아서 어디까지나 별개의 것이므로 각각 기본적인 요건인 음양의 조화를 이루는 것이 바람직하다고 생각한다.

② **음양의 조화를 이룬 이름**

- 성씨를 포함하여 이름이 두 글자인 경우(성명이 두 글자인 경우)

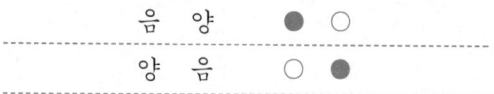

• 성씨를 포함하여 이름이 세 글자인 경우(성명이 세 글자인 경우)

양	양	음	○	○	●
양	음	음	○	●	●
음	음	양	●	●	○
양	음	양	○	●	○
음	양	양	●	○	○
음	양	음	●	○	●

• 성씨를 포함하여 이름이 네 글자인 경우(성명이 네 글자인 경우)

양	양	양	음	○	○	○	●
양	음	음	음	○	●	●	●
양	음	음	양	○	●	●	○
음	음	음	양	●	●	●	○
양	양	음	음	○	○	●	●
양	음	양	음	○	●	○	●
양	음	양	양	○	●	○	○
음	음	양	양	●	●	○	○
음	양	양	양	●	○	○	○
음	양	양	음	●	○	○	●
음	양	음	양	●	○	●	○
음	양	음	음	●	○	●	●

③ 획수 계산 방법

글자의 획수를 따져 이름의 좋고 나쁨을 가린다면 한 획 차이로 길흉이 뒤

바뀌는 사례가 많을 것이다. 그런데 이렇게 중요한 획수 계산에 대해 학자들의 견해가 일치하는 것은 아니다.

• 한글의 획수
한글의 획수는 자음과 모음을 구분하여 판단한다.

자음의 획수

1획	ㄱ · ㄴ · ㅇ
2획	ㄷ · ㅅ · ㅈ · ㅋ · ㄲ
3획	ㄹ · ㅁ · ㅊ · ㅌ · ㅎ
4획	ㅂ · ㅍ · ㄸ · ㅆ · ㅉ

자음의 획수에 관한 한글학회의 견해는 위와 같다. 그러나 위 견해와 달리 'ㅈ'은 'ㅈ'으로서 2획이 아닌 3획이며, 'ㅊ'은 'ㅊ'으로서 3획이 아닌 4획이라고 주장하는 학자들이 있다.

모음의 획수

1획	ㅡ · ㅣ
2획	ㅏ · ㅓ · ㅗ · ㅜ · ㅢ
3획	ㅐ · ㅔ · ㅚ · ㅟ · ㅑ · ㅕ · ㅛ · ㅠ · ㅞ
4획	ㅘ · ㅝ · ㅒ · ㅖ
5획	ㅙ · ㅞ

한글학회의 견해에 따라 획수 계산을 하면 다음과 같다.

성명	김	슬	기	정	다	경	옥	구	슬
획수	5	6	2	5	4	5	4	3	6

- 한자(한문 글자)의 획수

한자(한문 글자)의 획수를 계산하는 방법으로는 필획법, 원획법, 곡획법, 관용법 등이 있다.

필획법(筆劃法)은 획수 그대로 계산하는 방식이다.

3획	氵 · 忄 · 扌 · 阝
4획	王 · 艹 · 辶 · 月
5획	罒 · 衤

이 견해는 소수설로서, 실제로 쓰이는 대로 획수를 계산하는 것이 정당하므로, 예를 들어 삼수변(氵)은 3획이지 왜 4획(水)이 되느냐고 의문을 제기한다.

원획법(原劃法)은 원래의 뜻을 찾아 원뜻대로 계산하는 방식이다.

필획	원획	부수 이름	획수
氵	水	삼수변	4
忄	心	심방변	4
扌	手	손수변	4
月	肉	육달월	6
艹	艸	초두밑	6
辶	辵	책받침	7

罒	网	그물망	6
犭	犬	개사슴록변	4
王	玉	구슬옥변	5
礻	示	보일시변	5
衤	衣	옷의변	6
阝(右)	邑	우부방	7
阝(左)	阜	좌부방	8
耂	老	늙을로밑	6

위 표에 있는 부수 외에 숫자를 표시하는 일(一)은 1획, 이(二)는 2획, 삼(三)은 3획, 사(四)는 4획, 오(五)는 5획, 육(六)은 6획, 칠(七)은 7획, 팔(八)은 8획, 구(九)는 9획, 십(十)은 10획으로 계산한다. 그러나 10을 넘으면 본래의 획수대로 계산해서 백(百)은 6획, 천(千)은 3획, 만(萬)은 15획으로 계산한다.

이 견해는 다수설로서, 한자는 표의문자(表意文字)이므로 당연히 원획대로 계산해야 마땅하고, 따라서 예를 들어 삼수변(氵)은 원획이 수(水)이므로 3획이 아니라 4획이라고 설명한다.

곡획법(曲劃法)은 한번 구부릴 때마다 한 획으로 계산하는 방식이다. 예를 들어 을(乙)은 4획이고, 구(口) 역시 4획으로 계산하는 것이다. 이 견해를 따르면 '바를 정(正)' 자도 곡획으로 처리해서 다루어야 한다. 그냥 참고만 하도록 한다.

관용법(慣用法)은 본인이 일상적으로 사용하는 관용자를 기준으로 계산하는 방식이다. 예를 들어 풀초(艸)변은 원래 6획이지만 4획(艹)으로 쓰는 경우와 3획(艹)으로 쓰는 경우가 있는데, 본인이 3획(艹)으로 관용적으로 사용한다면 3획으로 계산해야 한다는 주장이다.

이 견해를 따르면 관용이 판단 기준이 되는데, 관용이란 것도 이렇게 저렇게 바뀌는 법이어서 초서체로 쓰거나 갈겨쓰기도 하므로 문제가 간단하지 않다.

필자의 이름인 「전광(錢洸)」을 가지고 획수 계산 방법을 살펴보자.

필획법	성명	錢	洸
	획수	16	9
	음양	짝수(음)	홀수(양)

원획법	성명	錢	洸
	획수	16	10
	음양	짝수(음)	짝수(음)

우선 이름이 음양의 조화를 이룬 이름인지가 문제이다. '돈 전(錢)'은 필획법을 따르든 원획법을 따르든 16획이다. 그러나 '물솟을 광(洸)'은 필획법을 따르면 9획이고, 원획법을 따르면 10획이다. 왜냐하면 원획법에서는 '氵'를 水로 보아 4획으로 계산하기 때문이다. 따라서 필자의 성명은 다수설인 원획법을 따르면 음양의 조화를 이루지 못하였다.

그러면 이름(성명)이 음양의 조화를 이루지 못하였을 때 어떤 결과가 일어날까? 일반적으로 이름학자들은 음양의 조화를 이루도록 이름을 배열해야 한다고 설명한다. 우주만물 자체가 음양의 조화 없이는 이루어질 수 없는 이치와 같다고 보기 때문이다.

만약 성자와 이름자가 모두 짝수로 구성된 순음(純陰) 또는 독음(獨陰)일 경우, 음기가 성하면 자연히 양기가 쇠하는 이치대로 가정에서 아버지와 남편 그리고 아들과의 인연이 박하고 크고 작은 변괴가 자주 일어난다고 한다. 마치 밤만 있고 낮은 없는 것처럼 만물이 생성되지 못하고 성격이 침울해지며, 성인병, 중풍, 신경통 등으로 고생하게 되고, 일생 동안 즐거움을 모르고 살아가게 된다는 것이다. 또한 음은 짝수로서 약하고 정적이며 소극적인 특징이 있으며 여성적인 역할을 하는데, 이름이 전부 음수로 구성되어 있으면 우유부단하고 진취성이 부족하므로 항상 정체상태를 면하기 어렵다고 한다.

반대로 성자와 이름자가 모두 홀수로 구성된 순양(純陽) 또는 독양(獨陽)일 경우, 음기가 쇠진한 이치라 가정적으로 어머니와 아내와의 인연이 박하고, 질병으로 일생을 고통스럽게 보내며, 사회생활에서도 화합하기 어려우므로 큰일을 이루지 못하고 실패와 좌절로 온갖 파란을 겪게 된다고 한다. 또한 양은 홀수로서 강하고 동적이며 적극적인 특징이 있으며 남성적인 역할을 하는데, 이름이 전부 양수로 구성되어 있으면 의기양양하지만 지나치게 강한 운세로 인해 마치 내리막길을 달리는 고장난 자동차처럼 파괴를 초래하여 비운에 빠지게 된다고 한다.

위의 이야기를 따르면 필자의 성명은 음양의 조화를 이루지 못하였으니 한마디로 일생 동안 즐거움을 모르고 별 볼일 없는 인생으로 살아가게 되며, 소극적인 인간으로서 항상 정체상태를 면하기 어렵다.

그러나 필자는 일생 동안 많은 즐거움을 누리며 지도자급의 인생으로 살아왔으며, 적극적인 인간으로서 항상 도전을 거듭하며 혁신을 이룩한 결과 지금은 사주학자이자 작명가로서 활약하고 있다.

한 가지 마음에 걸리는 것은 있다. 성명이 음양의 조화를 이루지 못하여 그런 것인지, 아버지와 어머니가 화목하지 못한 가정에서 자랐고, 아버지는 일찍부터「전삿갓」어른으로 방랑생활을 하시다가 필자의 나이 40대 중반에 이 세상을 떠나셨으며, 어머니는 필자의 나이 20세가 되기 전에 이미 가정을 떠나셨다. 다행스럽게도 필자는 좋은 아내를 만나 1남 3녀를 두고 행복한 가정을 이루고 있지만, 그렇다고 해서 음양이 조화로운 가정을 이루어 왔던 것은 아니다. 왜냐하면 필자는 결혼생활 절반가량을 가족과 떨어져 살아왔기 때문이다.

다른 사람들의 경우를 살펴보자.

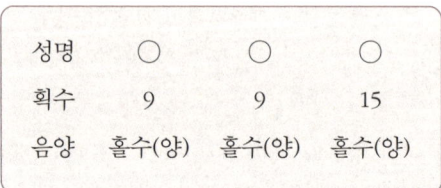

이 사람은 사회저명인사로 아내와 사별한 뒤 자식들과 함께 살아오다 86세에 스스로 목숨을 끊었다. 성명이 모두 홀수(양)로 이루어져 음양의 조화를 이루지 못하였기 때문에 45년간을 아내 없이 살았다고 볼 수 있을까.

그런가 하면 성명이 모두 홀수(양)인 '7 5 15'로 이루어진 사람이 있다. 대학교 3학년 때 사법시험에 합격하여 판사로 매우 높은 자리까지 올라갔다. 그런데 성명이 음양의 조화를 이루지 못한 탓인지 그만 교통사고로 아내와 자식을 모두 잃고 말았다.

또한, 성명이 모두 짝수(음)인 '6 6 8'로 이루어진 사람이 있었는데, 참한 아내와 좋은 자식을 두고 부자로 행복하게 살다가 그만 이성문제를 일으켜 가정을 파탄시키고 돈에 쪼들리면서 인생을 끝마쳤다.

여성 중에는 성명이 모두 짝수(음)인 '20 10 6'으로 이루어진 젊은이가 있다. 매우 똑똑하고 반듯하며 청순한 미모까지 갖추었는데 10대 중반 무렵 어머니를 잃고 지금은 노처녀로 직장생활을 하고 있다.

그러나 성명에 사용한 글자가 획수로 음양의 조화를 이루지 못하였더라도 행복한 인생을 누리는 사람도 많다.

이강국

성명	李	康	國
획수	7	11	11
음양	홀수(양)	홀수(양)	홀수(양)

이규홍

성명	李	揆	弘
획수	7	13	5
음양	홀수(양)	홀수(양)	홀수(양)

이강국 씨는 헌법재판소장을, 이규홍 씨는 대법관을 역임하였다. 두 사람 모두 복된 가정을 이루고 행복을 누리며 살아왔다.

이건희

성명	李	健	熙
획수	7	11	13
음양	홀수(양)	홀수(양)	홀수(양)

홍라희

성명	洪	羅	喜
획수	10	20	12
음양	짝수(음)	짝수(음)	짝수(음)

삼성전자 회장인 이건희 씨와 그의 부인 홍라희 여사의 경우이다. 두 사람은 우리나라 최고의 재벌가 일원으로서 많은 사람들의 부러움을 받으며 살아가고 있다.

황 희

성명	黃	喜
획수	12	12
음양	짝수(음)	짝수(음)

　복된 가정을 이루어 자식까지 영의정에 오르고 자신의 아름다운 이름을 후대에 길이 전하고 있는 황희 정승도 성명에 사용한 글자가 획수로 음양의 조화를 이루지 못하였다.

　위의 예에서 보듯 성명에 사용한 글자가 획수로 음양의 조화를 이루지 못했더라도 그것으로 인해 불행으로 이어졌다고 단정할 수는 없다.
　그리고 글자에 마력이 있어서 그 획수 때문에 사람의 운명이 좌우될 수 있다고 믿는 것 자체가 문제이다. 이러한 사고방식은 종이에 그려진 부적의 형상 때문에 사람의 길흉화복이 좌우될 수 있다고 믿는 것과 같다. 사람이 글자를 가지고 놀지 글자가 사람을 가지고 노는 것은 아니지 않은가.

　그러니 이름을 지을 때 글자를 너무 소홀하게 다루어서는 안 된다. 왜냐하면 이름에 사용하는 글자는 바로 우리가 입고 다니는 의복과 같은 존재이기 때문이다. 의복에는 상하(上下)가 있다. 상(上)은 양이고 하(下)는 음이다. 그러므로 이름을 지을 때 성명의 글자가 획수에서 음양의 조화를 이루도록 해주는 것이 필요하다고 본다. 그리고 그렇게 해주는 것이 우리를 가리키는 글자에 대한 최소한의 예의이다.
　또한 획수를 계산할 때는 원획법을 따르는 것이 좋다고 본다. 왜냐하면 이 문제는 현실(sein) 즉 어떤 구체적인 인과관계로부터 도출된 것이 아니라 당위(sollen) 즉 이러하면 좋겠다는 음양 사상으로부터 비롯된 것이어서 '자인(sein)'을 따르는 필획법보다 '졸렌(sollen)'을 기준으로 하는 원획법이 보다 그 사상에 부합한다고 보기 때문이다.

그러나 하도 세상이 급변하고 있어 이러한 기준이 언제까지 이어질 수 있을지는 의문이다. 요즈음 청소년들이 인터넷상에서 한글·알파벳·일본어·특수문자를 조합해 만든 속칭 외계어로 의사소통을 하는 등 언어나 문자 파괴현상이 극심하다. 예를 들어 '읍ㅎF'가 '오빠'인 모양이다. 교육부는 이러한 행위를 삼가자고 몇 가지 기준을 제시하였지만, 반발하는 청소년들은 "언어나 문자란 당 사회의 일면을 반영하면서 변한다. 지금 표준말도 1900년도 초기 사람들 관점에서는 도저히 용납되지 못했을 거라고 생각하지 않는가. 언어나 문자란 사회적 약속일 뿐이다. 세종대왕께서도 편히 쉽게 쓰기를 일렀거늘"이라고 주장한다.

그러니 학자들이 원획법이냐 필획법이냐 등을 가지고 갑론을박을 하는 것도 어쩌면 시대착오적인 행동이 아닌지 모르겠다. 현실에 뿌리를 내리지 않은 법은 '살아 있는 법'이 아니다. 이름학 이론도 변해야 한다. 근거도 뚜렷하지 않은 낡은 이론을 가지고 이러쿵저러쿵 이야기하다가는 비웃음만 받을 것이다.

5) 글자(문자)와 오행

이름학에서는 글자의 소리를 가지고 발음오행을 논하고, 글자의 획수를 가지고 수리오행을 논하며, 글자의 뜻을 가지고 자원오행을 논한다. 지금부터 다룰 수리오행 이론은 글자의 획수에 따른 오행 분류로, 성과 이름자가 그 오행의 배합에서 상생관계를 이루도록 하자는 주장이다. 이 이론에서 이야기하는 수리오행은 다음과 같다.

수리오행

수리	1·2	3·4	5·6	7·8	9·10
오행	목(木)	화(火)	토(土)	금(金)	수(水)

※ 단, 10을 넘을 경우에는 10은 버리고 끝 수리로 한다. 예를 들어 15이면 10은 버리고 5가 남으므로 수리오행은 토(土)가 된다.

그러나 수리오행을 현실적으로 구체화시키는 방법이 문제이다. 대표적인 세 가지 방법이 있다. ① 성명 글자의 획수 그대로 수리오행을 적용시키는 단순한 방법 ② 성명 글자의 획수를 원격, 형격, 이격, 정격 즉 4격으로 나누어 수리오행을 적용시키는 4격식 방법 ③ 성명 글자를 3자가 아닌 4자로 하여 그 획수를 천격, 인격, 지격 중심으로 나누어 수리오행을 적용시키는 일본식 방법이다.

이 가운데 작명가들은 ②를 가장 많이 사용한다. 원격은 성을 제외한 이름 두 글자의 획수를 합한 것, 형격은 성과 이름 첫 글자의 획수를 합한 것, 이격은 성과 이름 끝 글자의 획수를 합한 것, 정격은 성과 이름 두 글자의 획수를 모두 합한 것이다. 4격식은 정격을 제외한 원격, 형격, 이격 이 세 가지만을 가지고 수리오행을 적용시킨다.

③은 일본의 구마자키 겐오가 보통 네 글자로 되어 있는 일본인의 성명을 분석하기 위해 고안한 것이다. 그러므로 한국인의 성명을 일본식으로 분석할 때는 성 앞에 가성수(假成數) 1을 더하여 각각의 격을 구성하는데, 천격은 성씨의 글자 획수에 가성수 1을 합한 것, 인격은 성씨와 이름 첫 글자의 획수를 합한 것, 지격은 이름 두 글자의 획수를 합한 것이다.

위의 수리오행 이론에 대하여 몇 가지 문제점을 지적하지 않을 수 없다.
첫째, 수리오행이란 글자의 획수를 따르는 것인데 획수 계산에 관하여 정설(定說)이 없다. 이처럼 기초가 튼튼하지 못한 바탕 위에 논리를 쌓아올리는 것은 마치 모래 언덕 위에 누각을 짓는 것과 마찬가지다. 그래서 필자는 원획법을 따르더라도 글자가 음이냐 양이냐를 판단하는 정도에서 그치는 것이 좋다고 생각한다.
둘째, 수리오행에서는 1·2를 목(木), 3·4를 화(火), 5·6을 토(土), 7·8을 금(金), 9·10을 수(水)라고 하는데 그 근거가 무엇이냐이다. 앞서 살펴본 하도와 낙서에서는 1·6이 수(水)이고, 2·7이 화(火)이며, 3·8은 목(木)이고, 4·9는 금(金)이며, 5·10은 토(土)이다. 이름학 이론이라고 해서 이것을 벗어날 수는 없다. 왜냐하면 현실적으로 예를 들어 1(물) → 6(육각수), 2(불) → 7(일곱 색깔 무지개) 등으로 입증되고 있기 때문이다. 숫자란 삼라만상이 변화하는 구체적인 단계를 나타내는 그야말로 절대수인데 이것이 이름학이란 잣대로 달라질 수 있을까?

셋째, 정체불명의 '가성수 1'은 과거 일본제국주의 하에서 빚어진 '허수(虛數)'라고 할 수 있다.

다양한 방법을 동원하여 이름을 모든 면에서 어긋남이 없도록 지으려는 세부적인 열정이 지나치면 뱀 그림에 다리를 그려 놓듯이 전체를 그르칠 수 있다.

함부르크 대학 교수를 역임한 오토 베츠(Otto Betz)는 저서 『숫자의 비밀 (Die geheimnisvolle Welt der Zahlen)』에서 다음과 같이 설명하고 있다.

우리가 소속되어 살아가는 이 세계, 우리의 영원한 연구 대상인 이 지상의 세계는 숫자로 이루어진 세계다. 이 세상에 몸담고 있는 모든 존재와 사물은 나란히 혹은 서로 마주하면서 존재한다. 이 모든 것들은 셀 수 있는 것으로서, 이들의 관계 또한 계산이 가능하다. 즉 이 세상의 모든 존재와 사물은 더하거나 뺄 수 있으며, 곱하거나 나눌 수 있는 것이다. 그리고 우리에게는 수학적인 능력, 그러니까 이 모든 것들을 측정하고 셀 수 있는 능력이 허락되어 있고, 이런 우리의 능력에 대해 우리는 대단한 자부심을 가지고 있다.

그러나 이런 자부심에도 불구하고 실제로 측량과 계산의 대상이 될 수 없는 현상들이 존재하는 것도 사실이다. 루돌프 카스너는 "정신의 세계에서 숫자는 더 이상 아무런 효력을 발휘하지 못한다"고 말한다. 그리고 마이스터 엑크하르트는 "영원 속에는 숫자가 존재하지 않는다. 영원은 모든 숫자들의 저편에 존재한다"라고 주장했다. 이런 믿음과 주장 앞에서 우리의 자부심은 일시에 무너져 내리고 만다.

우리 인간들은 숫자를 통해 이 세상의 다양한 관계들을 수집하고, 측정하고, 한데 모으고, 수량화시키고, 관찰하여 그 의미를 파악해 내려 부단히 애쓰고 있다. 그렇지만 혹시 다른 한편으로는 숫자가 더 이상 아무런 역할을 수행하지 못하는 상태에 도달할 수 있기를 동경하고 있는 것은 아닐까? 아니면 언젠가는 숫자를 넘어설 수 있으리라는 희망을 가지고 이 숫자의 세계를 횡단해온 것은 아닐까? 이런 기대를 반영하듯 라이너 마리아 릴케는 「오르페우스에게 바치는 소네트」에서 다음과 같이 노래한다.

이루 말할 수 없는 숫자의 합에
환호하며 덧보태라, 그대 자신을, 그리고는 숫자를 없애버려라.

우리 인간은 숫자로 이루어진 세상에 살고 있다. 그런 이상 숫자를 과소평가하거나 무시하는 것은 불가능할 것이다. 하지만 숫자의 세계를 극복하고 이를 통해 우리의 좁디좁은 한계를 넘어서고자 하는 비밀스런 열망을 마음 속에 간직하는 것은 무방하리라고 생각한다.

— 『숫자의 비밀』, 오토 베츠

6) 뜻과 음양오행

이름의 구성요소와 관련하여 마지막으로 뜻과 음양오행을 살펴본다.

① 뜻과 오행

뜻과 음양오행에서는 음양이 문제될 것은 없고 오행에 대해서만 살펴보면 된다. 왜냐하면 '뜻'이란 자원오행(글자 자체가 지니고 있는 고유의 오행) 즉 글자의 부수나 글자가 담고 있는 의미를 가리키므로 그 오행(木火土金水)이 문제이지 음양은 문제가 아니기 때문이다. 예를 들어 '불꽃 환(煥)'이나 '빛날 빈(彬)'은 글자의 부수나 글자가 담고 있는 의미를 따라 화(火)로 다룰 뿐 그 음양까지 문제삼는 것은 아니다. 만약 음양을 문제삼는다면 금수

(金水)를 음, 목화(木火)를 양으로 다루면 된다. 토(土)는 기(己)·축(丑)·진(辰)은 음, 무(戊)·미(未)·술(戌)은 양으로 본다.

글자의 부수에 따른 오행

목(木) 오행	근(根)·동(東)·이(李) 등
화(火) 오행	병(炳)·성(性)·준(俊) 등
토(土) 오행	규(圭)·미(美)·성(城) 등
금(金) 오행	각(珏)·류(劉)·음(音) 등
수(水) 오행	강(江)·영(永)·태(泰) 등

글자의 의미에 따른 오행

목(木) 오행	건(建)·서(抒)·인(寅) 등
화(火) 오행	가(街)·심(心)·정(丁) 등
토(土) 오행	경(京)·읍(邑)·진(辰) 등
금(金) 오행	돈(敦)·상(尙)·신(辛) 등
수(水) 오행	범(凡)·보(甫)·임(壬) 등

어지간히 한문에 밝은 사람이 아니고서는 한자별 자원오행을 알지 못한다. 그래서 이 책은 「부록1」에 대법원이 정한 인명용 한자를 수록하면서 한자별 자원오행을 밝혀놓았다.

족보에서 사용하는 돌림자인 항렬을 정하는 법칙은 오행의 상생 순서인 목화토금수(木火土金水)의 자원오행을 따른 글자로 정하는 경우가 많다. 예를 들어 할아버지 대에 수(水)에 속하는 '영(泳)'을 썼다면, 아버지 대에는 목(木)에 속하는 '식(植)'을 쓰고, 아들 대에는 화(火)에 속하는 '환(煥)'을 쓰는 것이다. 족보에서 항렬자를 밝혀보면 자신이 X좌표와 Y좌표상에서 어디에 위치하고 있는가를 쉽게 알 수 있다.

② **자원오행의 비중**

오늘날의 이름학에서는 발음오행, 수리오행, 자원오행 중 수리오행에는 별로 비중을 두지 않고 발음오행과 자원오행을 비중 있게 다룬다. 대표적인 세 가지 견해를 살펴보자.

● '발음오행 〉 자원오행' 이라는 견해

이 견해는 이름짓기에서 자원오행을 맞추느라고 발음오행이 어긋난다면 자원오행을 포기하는 것이 낫다고 한다. 왜냐하면 오늘날은 뜻보다는 발음의 시대이므로 한자가 지닌 '영(靈)' 보다는 발음이 상생하는 효과를 내는 것이 더 중요하다고 보기 때문이다.

이 견해는 나름대로의 논리를 가지고 있다. 그러나 발음오행을 지나치게 강조하면 엉뚱한 결과를 일으킬 가능성이 상당히 많을 것 같다. 왜냐하면, 예를 들어 물[水]인 '못 택(澤)' 은 초성이 'ㅌ' 이니 발음오행으로는 불[火]이고, 또 화(火)인 '밝을 병(炳)' 은 초성이 'ㅂ' 이니 다수설의 발음오행으로는 물[水]이기 때문이다. 물인 수(水)가 불인 화(火)로 바뀌고, 불인 화(火)가 물인 수(水)로 바뀌면 곤란하지 않겠는가.

● '자원오행 = 발음오행' 이라는 견해

이 견해는 우선 이름을 지을 때 자원오행, 발음오행을 모두 충족하는 글자를 찾기가 매우 어렵다는 것을 지적한다. 그리고 그런 경우에는 자원오행이나 발음오행 중 어느 것을 기준으로 해도 크게 잘못될 것은 없다고 한다. 이 견해를 따르면 융통성 있는 작명이 가능하다.

● '자원오행 〉 발음오행' 이라는 견해

이 견해는 이름에 내포되어 있는 의미의 중요함을 상기시킨다. 한자 이름이나 한글 이름의 구분 없이 세계 어느 나라 문자라도 그 안에 함축되어 있는 내용에 따라 유도되는 영동력의 차이가 매우 크다는 것이다. 따라서 발음오행보다는 자원오행에 비중을 두어야 한다고 설명한다. 오늘날 많은 작명가들이 자원오행 위주로 이름을 짓고 있다. 자연스러운 현상이다. 왜냐하면 자원오행이 글자 자체가 지니고 있는 고유의 오행이기 때문이다.

앞에서 이름학을 논할 때 뜻을 위주로 다루어야 함을 밝힌 바 있다. 그러므로 자원오행을 앞세워야 한다. 그러나 이름을 지을 때 자원오행만으로 만족스러운 이름을 구성할 수 없다면 그 때는 발음오행을 함께 사용할 수 있다고 본다.

하지만 이런 경우에도 한계가 있어서 '불꽃 환(煥)'처럼 불[火]에 해당함이 분명한 글자, '수풀 림(林)'처럼 나무[木]에 해당함이 분명한 글자, '터기(基)'처럼 흙[土]에 해당함이 분명한 글자, '은 은(銀)'처럼 쇠[金]에 해당함이 분명한 글자, '강 강(江)'처럼 물[水]에 해당함이 분명한 글자와 같은 것들은 발음오행을 기준으로 다르게 다룰 수는 없다고 본다.

참고로 성명 글자의 오행을 따져 그 상생과 상극을 문제삼을 필요가 없다. 흔히 이야기하는 것처럼 상생이 좋고 상극이 나쁘다면, 예를 들어 김(金)씨 성을 지닌 사람이 추운 겨울철에 태어나서 목화(木火)가 필요한 경우 금극목(金剋木), 화극금(火剋金) 때문에 합당한 이름을 포기해야 할 것이다.

4. 이름학의 원칙

이제 우리는 좋은 이름을 짓기 위한 이름학의 원칙을 세울 수 있을 것 같다. 지금까지 살펴본 것처럼 오늘날의 이름학은 확립된 이론이 아니라 가설(假說)에 불과하다. 그러나 가설이란 것도 뚜렷한 철학적인 바탕이 필요하고 현실적으로 설득력이 있어야 한다.

그러나 실상은 어떤가. 대부분의 주장들이 별것도 아닌 자질구레한 것들을 들고 나와 폭넓은 작명을 어렵게 만들고 있다. 예를 들어 작명은 글자의 초성을 기준으로 그 발음오행이 상생하도록 지어야 한다는 주장을 보자. 이것이 김(金), 강(姜), 고(高), 구(具)씨 등 우리나라 성씨 가운데 대다수를 차지하는 사람들을 얼마나 궁지로 몰아넣고 있는지 아는 사람은 다 알고 있을 것이다.

그래서 필자는 지금까지 여러 주장들에 대하여 비판을 가하면서 자유로운 작명의 길을 넓혀왔다. 그리고 이러한 노력을 이 책 전반에 걸쳐 전개하려고 한다. 음양오행 사상과 이름학의 관계를 설명하는 이 장에서는 우선 작명에서 지켜야 할 기준을 다음과 같은 것들로 최소화시키고 나머지에 대해서는 폭넓게 자유로운 작명을 할 수 있도록 하였다.

- 이름을 지을 때는 음양오행 사상에 따른다.
- 성명 글자의 획수가 모두 음이거나 모두 양이 되지 않도록 노력한다.
- 성명 글자의 오행은 사주를 따라서 자원오행을 위주로 하고, 때에 따라서는 발음오행을 함께 쓸 수 있다.
- 오행의 상생과 상극 문제에 대해서는 신경 쓰지 않는다.

단, 위의 기준과는 별도로 이름을 지을 때 기본적으로 다음의 내용들을 유의한다.

① **발음**
- 부르기 좋아야 한다.
- 듣기 좋아야 한다.
- 자연스러워야 한다.
- 품위가 있어야 한다.
- 참신해야 한다.

- 세련미가 있어야 한다.
- 생기를 돋우어줄 수 있어야 한다.
- 누구나 한 번 들으면 기억하기 쉬워야 한다.
- 놀림을 당할 수 있는 것은 피한다.
- 독특한 개성을 나타낼 수 있는 것이면 좋다.

② 글자
- 대법원이 정한 인명용 한자가 아닌 것은 피한다.
- 획수가 너무 많거나 복잡한 것은 피한다.
- 모양이 이상한 것은 피한다.
- 비슷한 글자가 많아서 잘못 읽기 쉬운 것은 피한다.

③ 뜻
- 깊은 정성과 소망이 나타나면 좋다.
- 밝고 희망찬 이미지를 담고 있으면 좋다.
- 현대적인 감각을 느낄 수 있으면 좋다.
- 담긴 의미가 친근감을 주면 좋다.
- 부드러운 느낌을 주면 좋다.
- 이상하거나 불길한 느낌 또는 천한 느낌을 주면 좋지 않다.
- 너무 귀엽고 앙증맞으면 어른이 되어서는 부르기가 곤란하다.

이름은 한 생명체가 후천운을 잘 열어갈 수 있도록 기원하는 마음에서 이름 짓는 사람의 지극정성을 담아 그 뜻을 함축해낸 마음의 꽃이다. 따라서 작명이란 한 생명체에게 새로운 '기(氣)'를 부여하는 것이고, 아울러 작명인의 모든 인격을 투입하여 한 생명체가 멋진 꽃을 피울 수 있도록 하는 작업이다. 우리 모두 좋은 이름으로 후손들의 앞날을 활짝 열어주도록 하자.

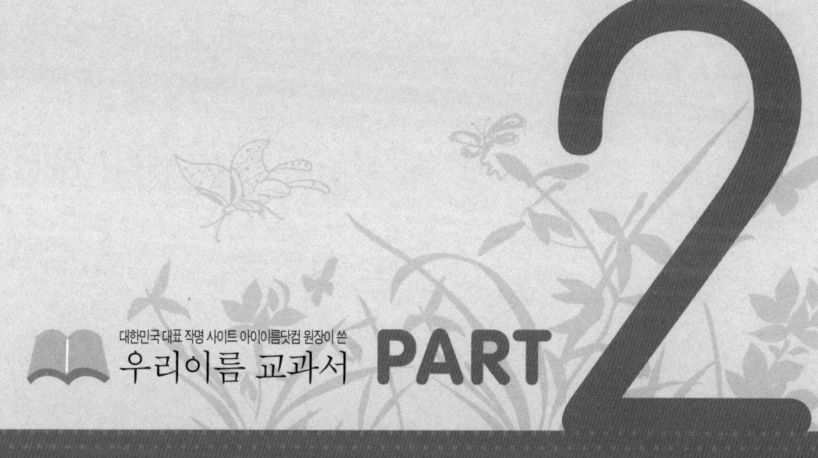

PART 2

대한민국 대표 작명 사이트 아이이름닷컴 원장이 쓴
우리이름 교과서

불용 문자 / 수리 이론 / 삼원오행 / 발음오행의 상생 / 수리 및 자원오행의 상생 / 분파와 충돌

불용 문자

1. 의미

언제부터인가 사람들 사이에 이른바 '불용 문자(不用文字)'라는 것이 전해 내려왔다. 예를 들어 '동녘 동(東)'을 넣어서 이름을 지으려고 하는데 누군가 옆에서 "그 글자는 이름에 쓰지 않는데요"라고 하면 대부분의 사람들은 무조건 그대로 그 글자를 불용 문자로 받아들이고 꺼리는 것이다.

이렇게 해서 전해 내려오는 불용 문자의 수가 엄청나게 많아서, 이러한 글자들을 모두 빼고 이름을 지으려면 정상적인 작명이 거의 불가능하다고 해도 과언이 아니다. 그런데 이른바 '불용 문자'라는 것 가운데는 좋은 글자들이 너무나 많이 포함되어 있다. 위에서 본 '동녘 동(東)'만 하더라도 태양이 떠오르는 밝은 이미지를 갖고 있지 않은가.

불용 문자는 두 가지 형태로 나누어볼 수 있다. 하나는 오늘날의 사회 통념상 이름 글자로 받아들이기 곤란한 문자 즉 진정한 불용 문자이고, 다른 하나는 이름 글자로 사용하면 흉한 작용을 한다는 설 때문에 꺼리는 문자 즉 속칭 '불길 문자(不吉文字)'이다.

1) 진정한 불용 문자

다음과 같은 글자들은 대법원이 정한 인명용 한자이지만, 오늘날의 사회 통념상 이름 글자로 받아들이기 곤란한 문자이다.

🌸 진정한 불용 문자

간사할 간(姦),	개 견(犬),	괴로울 고(苦),
울 곡(哭),	과부 과(寡),	귀신 귀(鬼),
속일 기(欺),	성낼 노(怒),	눈물 루(淚),
도적 도(盜),	독할 독(毒),	소경 맹(盲),
범할 범(犯),	병 병(病),	가난할 빈(貧),
복입을 상(喪),	상할 상(傷),	쇠할 쇠(衰),
근심 수(愁),	주릴 아(餓),	악할 악(惡),
재앙 앙(殃),	슬플 애(哀),	재앙 액(厄),
약할 약(弱),	염병 역(疫),	욕될 욕(辱),
음탕할 음(淫),	울 읍(泣),	찌를 자(刺),
막힐 장(障),	다툴 쟁(爭),	빚질 채(債),
물흐릴 탁(濁),	아플 통(痛),	패할 패(敗),
해할 해(害),	험할 험(險),	피 혈(血),
재화 화(禍),	근심 환(患),	흉할 흉(凶)

이상의 글자들은 예에 불과하다. 그러나 사회 통념이란 항상 바뀌게 마련이다. 예를 들어 '개[犬]'의 경우 오늘날 사람들로부터 무척이나 사랑을 받고 있기 때문에, 개를 다루는 동물병원 원장이 자신의 아호를 '개의 친구'란 뜻인 「견우(犬友)」로 했다 해서 조금도 이상할 것이 없을 듯하다.

2) 불길 문자

이름학자들은 나름대로 여러 가지 불길 문자를 소개하면서, 그로 인한 나쁜 영향을 설명한 후 반드시 그런 것은 아니라는 식으로 결론을 맺는 경우가 많다. 다음은 여러 이름학자들이 소개하는 불길 문자의 예이다.

- 갑(甲) : 관재구설이 따르고 질병으로 고생한다.
- 국(國) : 연속적으로 실패하고 배신을 당하게 된다.
- 길(吉) : 불화와 조난을 초래한다.
- 남(男) : 배우자 덕이 없으며 가정불화가 잦다.
- 동(東) : 단정하나 근심, 걱정, 수심이 있다.
- 명(明) : 머리는 명석하지만 파란곡절이 많다.
- 미(美) : 부모 덕이 없으며 사업의 실패와 형액을 당한다.
- 복(福) : 빈천하다.
- 사(四) : 단명하고 조난을 당한다.
- 수(壽) : 뜻이 의미하는 것과 반대로 단명할 암시가 있다.
- 애(愛) : 뜻과는 반대로 비애에 빠지는 신세가 되기 쉽고 남편과의 사랑도 지속되기 어렵다.
- 영(榮) : 수심이 떠날 사이가 없고 매사가 순탄하지 않다.
- 용(龍) : 하천곤궁하다.
- 운(雲) : 재물이 분산되어 일생 동안 고생을 면하기 어렵다.
- 인(仁) : 고질을 지닐 암시가 있고 평생 불행이 끊일 사이가 없다.
- 일(日) : 고독과 형망(兄亡)을 불러온다.
- 진(眞) : 모든 일이 허무로 돌아가는 암시가 있다.
- 춘(春) : 갑자기 크게 성공할 수 있지만 봄바람처럼 허영심이 많아 곧 실패한다.
- 하(夏) : 파란이 많아 노력은 해도 이루는 것이 없다.
- 해(海) : 인생 항로에 파란곡절이 많다.
- 호(虎) : 단명하고 가난하다.
- 희(喜) : 비애와 고독의 암시가 있다.

위의 글자들은 주위 사람들의 이름에서 쉽게 발견할 수 있는 글자들이다. 위 글자들을 이름에 쓰면 좋지 않다는 것이 어디에 근거를 두고 있는지는 잘 알려져 있지 않다. 그저 글자의 뜻이 매우 추상적이거나 거창하기 때문 등이 아닐까 추측할 수 있을 뿐이다. 그럼에도 불구하고 작명가뿐만 아니라 많은 사람들이 이름자로 불길 문자를 사용하면 무조건 불행을 당하는 줄 알고 쓰는 것을 꺼린다. 그 결과 이름을 지을 때 사용할 수 있는 한자의 수가 줄어드는 등 이름 짓기에 많은 제약이 따른다.

불길 문자에 대한 논란은 그 한자에 담긴 의미가 아닌 터무니없는 헛소문 때문이라고 본다. 따라서 아래의 검증을 통하여 '불길 문자' 란 없으며, 어느 글자이든 자신에게 '길한 문자' 로 작용할 수 있음을 확인시켜주고자 한다.

2. 검증

사람들 사이에 전해 내려오는 불용 문자를 이름에 넣으면 정말 이름의 주인공에게 부정적인 영향을 미칠까? 앞서 여러 이름학자들이 불길 문자의 예로 소개하고 있는 글자들을 실존 인물을 들어서 하나하나 검증해보자.

 첫째천간 갑

목(木)에는 천간에 갑(甲)과 을(乙), 지지에 인(寅)과 묘(卯)가 있다. 갑(甲)은 양(陽)에 속하고, 식물이 지표를 뚫고 상승하는 형상에서 이루어졌다. 갑(甲)은 바르게 솟는 기상·선두주자·통치권자·큰 수목·재목이다. 그런데 이 글자를 이름자로 쓰면 '관재구설이 따르고 질병으로 고생한다' 고 한다.

서울대 음대학장을 지낸 정회갑(鄭回甲) 씨는 1923년생으로, 1951년 서울대 음대를 졸업하고 관재구설이 아닌 음악과 더불어 살아왔고 또 수(壽)를 누리고 있는 것을 보면 질병과 거리가 먼 것 같다. 한갑수(韓甲洙) 씨는 1934년생인데 나주 출신으로서 광주고, 서울대 정치학과를 졸업하고 고시행정과를 합격한 후 관료의 길을 걷다가 국회의원, 농림부장관까지 지냈다. 대학원 초빙교수로 활약하는 것을 보면 관재구설이나 질병과 거리가 먼 듯하다.

김용갑(金容甲) 씨는 1936년생인데 밀양 출신으로서 육군사관학교를 졸업하고 대통령 민정수석비서관, 총무처장관을 거쳐 다선 국회의원으로 활약하였다. 한화갑(韓和甲) 씨는 1939년생인데 전남 신안 출신으로서 서울대 문리대 외교학과를 졸업하고 다선 국회의원 및 민주당 대표로 활약하였다. 이름자로 갑(甲)이 들어간 사람 가운데 독립운동가 이갑성(李甲成 : 1889~1981) 씨처럼 옥고를 치른 사람도 있지만, 어느 누구든 선구자의 역할을 하다 보면 바람 잘 날이 있겠는가.

 나라 국

'나라 국(國)'은 그야말로 조국을 지키는 충신열사의 이미지를 떠올리게 한다. 그런데 이 글자를 두고 '연속적으로 실패하고 배신을 당하게 된다'고 한다.

경북 문경에서 당선된 국회의원은 이름자에 이 '나라 국(國)'을 지니고 있다. 신영국(申榮國) 씨는 이름자에 불길 문자라고 하는 '영(榮)'과 '국(國)'을 모두 쓰고도 여러 번 국회의원을 지냈고, 신국환(辛國煥) 씨는 산업자원부장관을 두 번이나 지냈고 국회의원을 역임하였다. 이 사람들을 보고 '연속적으로 실패하고 배신을 당하게 된다'고 하면 말이 통할 것 같은가. 또한 안국정(安國正) 전 SBS 사장은 서울대 문리대를 졸업하고 한국방송공사에 PD로 들어가서 〈이산가족찾기〉로 우리나라를 온통 감격의 울음바다로 만든 바 있다. 또 이강국(李康國) 씨는 사법시험 합격 후 판사로 나아가 대법관과 헌법재판 소장을 역임하였다.

 길할 길

사람들은 '길(吉)'이 '불화와 조난을 초래한다'며 꺼린다. 김옥길(金玉吉) 전 이화여대 총장이 불화를 조성하고 조난을 당했는가? 전북 군산에서 태어나 이리여고를 거쳐 서울대 의대를 졸업한 후 길병원을 설립하고 현재 길의료재단 이사장으로 있는 이길여(李吉女) 여사는 입지전적 인물로서 새 생명 찾아주기 운동, 청소년 보호 운동 등을 펼치면서 중생을 위한 길(吉)한 존재로 살아가고 있다. 기업가인 김용길(金勇吉) 씨는 자신을 찾아오는 많은 친구들을 대접하기 위해서 단골 술집을 정해놓았으며, 한편으로는 어려운 친구들을 돕는 일에는 앞장서니 '길(吉)'을 '불화조난'이라고 해서는 안 된다. '길(吉)'은 그야말로 길(吉)이지 이것이 불길(不吉)로 둔갑할 수는 없다.

 사내 남

옛날에는 무척이나 생남(生男)하기를 바랐다. 그래서 뜻을 이루어 사내아이가 태어나면 기뻐서 '사내 남(男)', 뜻을 이루지 못하여 딸을 낳으면 다음을 기약하면서 '사내 남(男)'을 써서 이름을 지었다. 그런데 이 '사내 남(男)'이 '배우자 덕이 없으며 가정불화가 잦다'는 불길 문자라면 정말 큰 일이 아닌가.

신승남(愼承男) 씨는 서울대 법대를 졸업하고 사법시험을 합격한 후 검사로 나아가 검찰총장까지 지냈는데, 배우자 덕이 없고 가정불화가 잦았다면 어떻게 그만큼 높은 자리로 올라갈 수 있었겠는가. 장호남(張虎男) 씨는 서울대를 전체수석으로 입학하여 화공과를 졸업한 후 한국과학기술원 교수로 있었으며, 멋진 배우자와 원앙금실을 이루며 살고 있다. 또 박남우(朴男友)

씨는 2대독자인데 대법원에서 서기관을 지낸 바 있으며, 훌륭한 아내의 도움으로 평생 화목한 가정을 이루며 살아오고 있다.

원래 '사내 남(男)'이란 글자가 밭[田]에서 힘[力]을 쓰는 모습을 나타내는 것이어서 이 글자가 이름자에 들어 있는 남성은 성실하고 부지런할 터이니 배우자 덕이 있고 가정이 화목할 것이다. 그러니 이 글자는 애초부터 불길 문자와는 거리가 멀다고 할 수 있다.

 동녘 동

'동(東)'은 '단정하나 근심, 걱정, 수심이 있다'고 한다.

필자는 한자 가운데 이 글자를 가장 좋아한다고 해도 과언이 아니다. 이 글자에는 나무[木]도 들어 있고 불[火]인 태양[日]도 들어 있다. 사주가 차가운 금수(金水) 위주로 이루어져 있어서인지 따스한 목화(木火)로 구성된 이 글자가 어릴 적부터 본능적으로 좋았다. 그리고 현재〈동방명리학연구원〉을 운영하면서 여생을 불태우고 있다.

모택동(毛澤東)은 이 글자가 들어간 이름으로 난세의 중원대륙을 통일하고 오늘날의 중국을 열었다. 이 글자가 들어간 이름으로 법조계 등 사회 각 방면에서 이름을 날리는 사람들이 참 많다. 신(申)씨나 김(金)씨 등은 이 글자를 돌림자로 하여 유명한 인재들을 많이 배출한 바 있다.

우리나라는 예로부터 '동(東)'을 상서로운 문자로 다루었다. 그래서 우리는 애국가를 부를 때 '동(東)'으로부터 시작하지 않는가.

明 밝을 명

이름자에 '밝을 명(明)'이 들어 있으면 '머리는 명석하지만 파란곡절이 많다'고 한다. 글자의 뜻이 '밝다'이니 머리가 명석하다는 것은 쉽게 수긍할 수 있다. 그러나 '파란곡절이 많다'는 것은 받아들일 수 없다. 왜냐하면 어느 누구든지 한평생을 살아가면서 파란곡절을 많이 겪는 것이 인생이기 때문이다.

이름자가 '명(明)' 하나만으로 이루어진 경우로 오명(吳明) 전 과학기술부장관이 있다. 1940년생으로 경기고를 거쳐 서울대 공대를 졸업하고 공학박사, 명예 인문학박사, 명예 경영학박사 학위를 받았으니 머리가 명석하다. 그런데 경력을 보면 파란곡절(?)이 참으로 화려하다. 체신부장관, 교통부장관, 건설교통부장관, (주)데이콤 이사장, 동아일보 사장, 아주대 총장, 과학기술부장관을 거쳐 부총리 겸 과학기술부장관을 지냈다. '명(明)'이 이런 파란곡절을 불러일으킨다면 불길 문자가 아니라 대길(大吉) 문자로 봐야 할 것이다.

문선명(文鮮明) 씨는 세계기독교통일신령협회를 창립한 교주이며 미국 등 세계 137개국에 선교부를 설치하였다. 현제명(玄濟明) 씨는 음악가로서 서울대 음대학장을 지냈으며 〈고향생각〉, 〈그 집 앞〉 등을 남겼다. 한명숙(韓明淑) 씨는 1944년 평양 출생으로 이화여대 불어불문학과를 졸업하고 참여연대 공동대표를 거쳐 국회의원, 장관 등을 역임한 후 2006년 여성으로서는 처음으로 국무총리가 되었다. 이명박(李明博) 씨는 현대건설에 입사하여 거기서 회장까지 지냈으며, 국회의원을 거쳐 서울특별시장을 역임한 후, 2012년까지 우리나라 대통령이었다.

 아름다울 미

이름자로 '아름다울 미(美)'를 쓰면 '부모 덕이 없으며 사업의 실패와 형액을 당한다'고 한다.

중국의 송미령(宋美齡) 여사는 명문가에서 태어나 장개석(蔣介石) 전 대만 총통과 결혼 후 중국 역사에 자신의 빼어난 미모처럼 아름다운 발자취를 남겼으며, 100세가 넘도록 수(壽)까지 누렸다. 조수미(曺秀美) 씨는 서울대 성악과 2년 재학 중 유학을 떠나 이탈리아 산타체칠리아음악학교 성악과를 졸업하고 세계적인 성악가로 명성을 떨치고 있다.

 복 복

이름자로 '복 복(福)'을 쓰면 '빈천하다'고 한다.

이항복(李恒福)은 조선 중기의 문신·학자로, 영의정을 지냈고 오성부원군에 진봉되었다. 이덕형과의 돈독한 우정이 일화로 전해 내려온다.

박경복(朴敬福) 하이트맥주 명예회장은 경쟁업체인 OB맥주를 누르고 오늘날 업계 1위를 지켜오고 있으며, 빈천하기는커녕 우리나라에서 손꼽히는 부자이다. 그리고 「월창(月窓)」이란 아름다운 아호를 가지고 있다. 주영복(周永福) 씨는 공군참모총장, 국방부장관, 내무부장관 등을 지냈으니 빈천하다고 할 사람은 아니다.

 넷 사

이름자로 '넷 사(四)'를 쓰면 '단명하고 조난을 당한다'고 한다.

신사훈(申四勳) 씨는 1911년에 태어나 1998년에 사망하였으니 단명했다고는 볼 수 없다. 그리고 미국 드루대 신학교를 수석으로 졸업한 후 스탠퍼드 대학교 교수, 서울대 문리대 종교과 주임교수, 대한예수교장로회 총회장, 신학교장, 신학대학원장 등을 지냈으니 조난과는 거리가 먼 하나님의 축복 속에서 살았다. 또 다른 예로 윤사환(尹四煥) 씨는 서울대 행정대학원을 졸업한 후 현재 중소기업 사장으로 재직하고 있는데 지금까지 단명과 조난 없이 살아왔으며, 워낙 단단하고 반듯한 사람이라 앞으로도 수(壽)를 누리며 복(福)된 삶을 이어가리라고 본다.

 목숨 수

이름자에 '목숨 수(壽)'가 들어 있으면 '뜻이 의미하는 것과 반대로 단명할 암시가 있다'고 한다. 옛날 사람들은 자신이 마음 속에 품고 있는 소망을 겉으로 드러내는 것을 두려워하였다. 소망이 겉으로 드러나면 마귀가 방해를 하기 때문에 마음 속에 품어 두고 있어야 한다고 생각하였다. 불길 문자로 알려져 있는 것들 가운데 이러한 생각에서 비롯된 글자가 많다. '영화 영(榮)', '복 복(福)' 등이 그 예이다. 그러나 오늘날은 적극적인 시대이므로 이러한 시대의 흐름을 따르는 게 순리라고 본다.

김수환(金壽煥) 추기경은 1922년에 태어나 2009년에 하나님의 부름을 받았으니 어느 누가 보다라도 소망대로 수(壽)를 누렸다고 할 것이다. 정수창(鄭壽昌) 전 두산그룹 회장은 자신의 아호에까지 '목숨 수(壽)'를 넣어

「수천(壽川)」이라 하였는데 80세까지 수(壽)를 누렸다. 강영수(姜永壽) 전 기독교신문 회장은 1912년에 태어나서 1997년에 사망하였으니 독자 여러분이 한번 생존년수를 헤아려보기 바란다.

 사랑 애

얼마나 예쁜 글자인가. 그런데 이 글자가 불길 문자로서 '뜻과는 반대로 비애에 빠지는 신세가 되기 쉽고 남편과의 사랑도 지속되기 어렵다' 고 한다.

필자는 이 '애(愛)' 자와 특별한 사연이 있다. 고등학교 3학년으로서 대학교 입시 준비에 바쁠 때였다. 같은 하숙방에 있는 고등학교 후배가 자기 고장의 「김애ㅇ(金愛ㅇ)」라는 여고 2년생이 필자와 펜팔이 되길 원한다면서 그 여학생의 주소까지 가르쳐주는 것이 아닌가. 사춘기 때인지라 호기심이 당겼지만 이것이 좋은 대학교를 들어가려는 것을 방해하려는 마귀의 장난이 아닌가 싶어 자제하였다. 후배로부터 한두 번 더 종용을 받았지만 초지일관으로 학업에만 몰두하였다. 결혼해서 아내한테 그런 이야기를 했더니 놀랍게도 그때의 그 여고 2년생이 아내의 대학교 한 해 후배인데 참으로 멋진 아가씨였다고 하였다. 이런 추억이 있어 혹시나 하고 『한국인물사전』을 살펴보니 1946년생 「김애실(金愛實)」이란 여성이 있었다. 옛날의 그 여학생은 아니었다.

김애실 씨는 평북 강계에서 태어나 경기여고를 거쳐 미국에서 대학교를 졸업한 경제학박사로서 대학교수 및 대학장을 지냈으며, 국회의원 및 국회 여성위원장을 역임하였다. 사진을 보니 '강계미인' 이었다. 김애실 씨의 삶이 불길 문자의 암시대로 불행한지의 여부는 알아보지 않았지만, 행복하고 남편과의 사랑도 아름다울 것 같다. 그 밖에도 『한국인물사전』을 보면 '사랑 애(愛)' 가 들어간 이름으로 출세한 여성이 많다.

필자의 처제인 '이숙애(李淑愛)' 씨는 희망이 넘치는 생활 속에서 남편과의 사랑도 두터워 평생 원앙금실을 이루어왔다. 좋은 가정에서 태어나 스스로도 성장의 길을 걸어왔고, 남편은 서울대를 졸업한 이름 높은 대학교수이며, 두 자녀 중 한 명은 치과의사이고 또 한 명은 서울대 법대를 졸업한 여판사이다. 그러니 이름자에 든 '사랑 애(愛)'가 더욱 돋보이지 않는가.

 영화 영

'영(榮)'이란 글자는 나무 주위를 가득 에워싸고 핀 꽃을 나타내며, 그 뜻은 '영화' 즉 'glory'이다. '영화'란 귀하게 되어 몸이 세상에 드러나고 이름이 빛나는 것이다. 그런데 이름자에 이렇게 좋은 글자인 '영(榮)'이 들어가면 '수심이 떠날 사이가 없고 매사가 순탄하지 않다'고 한다.

장기영(張基榮) 씨는 선린상고를 졸업하고 은행원 생활을 거쳐 한국일보 사장, 부총리 겸 경제기획원 장관 등으로 발전해 나갔으니 기쁨이 떠날 사이가 없었고 매사가 뜻대로 이루어졌다. 신영균(申榮均) 씨는 서울대 치대를 졸업하고 치과의사 생활을 하다가 'glory'한 길로 접어들어 대종상 남우주연상 3회 수상과 아시아영화제 남우주연상 2회 수상 그리고 2선 국회의원 등의 영화를 누렸다. 이태영(李兌榮) 여사는 평북 운산에서 태어나 이화전문학교와 서울대 법대를 졸업하고, 여성으로는 처음으로 사법고시에 합격한 후 이화여대 법정대학장 등의 명예를 누렸다.

 용 룡

이름자로 '용 룡(龍)'을 쓰면 '하천곤궁하다'고 한다. 원래 '용(龍)'은 '임금'인데 왜 이렇게 반대로만 이야기하는지 이해할 수 없다. 코미디의 임

금인 배삼룡(裵三龍) 씨를 하천곤궁하다고 생각하는 사람이 있는가? 그렇게 생각하는 사람은 코미디 그 자체를 현실적인 것으로 받아들여 코미디언의 참 모습을 보지 못하고 있다.

우리는 배삼룡 씨의 자서전 제목인『한 어릿광대의 눈물 젖은 웃음』에서 그 무엇을 깨달을 줄 알아야 한다. 배삼룡 씨는 용(龍)이어서 풍운조화를 일으킨다. 혹시 배삼룡 씨의 성씨를 흔히 쓰는 '배(裵)'로 알고 무심코 넘어가지는 않았는가? 배삼룡 씨는 여러분을 웃기기 위해 치렁치렁한 옷인 '배(袰)'를 버리고 아랫도리만 가리는 옷인 '배(裵)'로 여러분을 대하고 있다.

배삼룡 씨는 1960년 동춘서커스 악극단 배우로 출발했지만, 이름자인 '용(龍)'이 풍운조화를 일으켜 그의 꿈을 이루도록 도와주었다고 볼 수 있다. 김용환(金龍煥) 전 재무부장관 또한 '하천곤궁하다'와는 전혀 상관이 없다. 그러니 '용(龍)'이 불길 문자라고 생각해서는 안 된다.

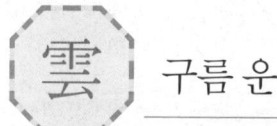 구름 운

이름자로 '구름 운(雲)'을 쓰면 '재물이 분산되어 일생 동안 고생을 면하기 어렵다'고 한다.

배만운(裵滿雲) 씨는 1934년생인데 1957년 고등고시 사법과를 합격한 후 판사로 나아가 사법연수원장, 대법관까지 지내고 현재 변호사로 활약하고 있다. 이런 사람을 두고 재물이 분산되어 일생 동안 고생을 면하기 어렵다고 할 수 있겠는가. 정운찬(鄭雲燦) 씨는 서울대 경제학과를 졸업한 경제학 박사로서 서울대학교 총장을 역임하였다. 저서로『중앙은행론』,『금융개혁론』,『거시경제론』,『경제학원론』,『화폐와 금융시장』 등이 있는데 만약 본인이 재물 때문에 일생 동안 고생한다면 참으로 아이러니가 아닐 수 없다.

 어질 인

　'인(仁)'이란 글자는 사람 인(亻)과 두 이(二)를 합친 글자인데, 두 사람이 친구로서 사이좋게 지내는 것을 나타낸다. 그런데 이 글자를 이름자로 쓰면 '고질을 지닐 암시가 있고 평생 불행이 끊일 사이가 없다'고 한다.

　이인(李仁) 씨는 대법관·대법원장 직무대리, 검찰총장, 법무부장관, 제헌 의원, 민의원, 참의원 등을 역임하였다. 고질을 지녔더라면 이러한 중책들을 어떻게 맡을 수 있었겠으며 80세가 넘도록 수(壽)까지 누릴 수 있었겠는가. 그리고 그의 삶은 평생 불행이 아닌 행운으로 이어져왔다. 박인천(朴仁天) 씨는 나주보통학교를 졸업하고 고문(高文) 예시합격 후 광주여객자동차 사장으로 출발하여 나중에는 금호그룹 회장이 되었으며, 80세가 넘도록 수를 누렸다. 홍종인(洪鍾仁) 씨는 평양에서 태어나 오산중학교를 졸업하고 신문기자에서 출발하여 나중에는 조선일보 주필을 거쳐 거기서 회장까지 지냈는데 90세가 넘도록 수를 누렸다. 배명인(裵命仁) 씨는 1932년생인데, 진해고등학교를 나와 서울대 법대에 입학하였으며 졸업하던 해에 고등고시 사법과를 합격한 후 검사를 거쳐 나중에는 법무부장관, 국가안전기획부장을 지낸 다음 현재 한 법무법인의 대표변호사로 활약하고 있다.

　이상의 예를 보면 오래 살고 출세하기를 바라는 경우에는 이름자로 속칭 불길 문자인 '인(仁)'을 써야 할 것 같다.

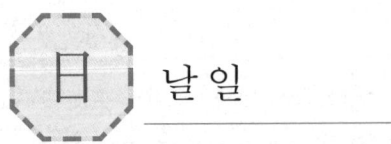 날 일

　'일(日)'이 '고독과 형망(兄亡)을 불러온다'는 말이 과연 맞을까?
　이 글자는 '해와 달'인 일월(日月)에서 보듯이 태양을 상징한다. 우리는 태양의 고마움을 잊고 살아간다. 나이 들어서 지난 세월을 돌이켜보니 한평생을 본인 위주로만 살아온 것 같아 한스러움이 밀어 닥칠 때가 많다. 그래서인지 요즈음 일요일에 등산을 하면서 밝게 솟아오르는 태양을 향해 합장을 하고 절을 하는 버릇이 생겼다. 태양은 자신을 불사르면서 남을 밝혀주지 않는가.

북한의 김일성(金日成) 전 주석은 본래의 이름인「성주」를「일성」으로 개명하여 태양[日]처럼 군림했으며, 사후인 오늘날까지 북한 동포들은 그를 태양[日]처럼 생각하고 있다. 홍일표(洪日杓) 전 사법연수원 원장은 온화한 성품으로 만인의 존경을 받으면서 살아왔으니 고독과는 거리가 멀고, 또한 형님이 수(壽)를 누리고 계시니 형망(兄亡)과도 거리가 멀다.『한국인물사전』을 보면 '일(日)'이 들어간 이름으로 출세한 사람이 많다. 그리고 비록 큰 출세는 아닐지라도 어느 분야에서 최고위에 오른 사람을 발견할 수 있다. 한 예로 1956년생 김일환(金日煥) 씨는 현재 바둑 9단이다.

따라서 '일(日)'은 불길 문자가 아니라 '태양'의 뜻을 품게 해서 최소한 소의 꼬리보다는 닭의 머리를 택하게 만들어주는 길한 문자이다. '일본(日本)'이란 작은 섬나라가 국기에 붉은 태양을 담고 동방 세계에서 높이 떠오른 바 있는데 이 또한 '일(日)'의 조화라고 판단할 수 있다.

 참 진

글자의 뜻이 참 좋다. '진(眞)'이란 '참'이고 '진짜'이며 '변함이 없다'는 뜻을 지니고 있다. 그런데 이렇게 좋은 글자를 불길 문자로 다루어 '모든 일이 허무로 돌아가는 암시가 있다'고 한다.

유치진(柳致眞) 씨는 일본 릿쿄(立敎)대 영문과를 졸업하고 극작가의 길을 걸었는데, 예총회장과 극작가협회 회장까지 지냈고 진실된 삶으로 연결시켜〈나도 인간이 되련다〉등의 작품을 남겼다. 장하진(張夏眞) 여사는 전

남여고와 이화여대 사회학과를 졸업하고 대학교수, 한국여성연구소 소장, 여성정치세력시민연대 대표 등을 지내면서 진실된 길을 걸어온 결과 여성부장관으로 발탁되는 영광까지 누렸다. 이부진(李富眞) 씨는 이건희 삼성전자 회장의 장녀로서 부친을 참 많이 닮았는데 현재 호텔신라의 대표이사 사장으로 있다. 서진환(徐眞煥) 씨는 홍익대 미대 공예과를 졸업하고 현재 대학교수인데 자신의 이름자인 '진(眞)'의 뜻처럼 '참' 삶을 살고 싶어 아호가 아무것도 거리낌이 없다는 의미의 「무애(無碍)」이다.

 봄 춘

'춘(春)'이란 글자는 풀과 새싹이 땅 위로 나온 모습과 태양을 합친 글자인데, 초목이 싹트느라 꿈틀거리는 계절을 나타낸다. 그런데 희망이 넘치는 이 글자를 두고 '갑자기 크게 성공할 수 있지만 봄바람처럼 허영심이 많아 곧 실패한다'고 한다.

신라의 김춘추(金春秋)는 임금이 되었으니 크게 성공한 것은 사실이지만, 실패는커녕 오히려 삼국 통일의 기반을 닦았다. 우장춘(禹長春) 박사는 한국인 아버지와 일본인 어머니 사이에서 태어나서 도쿄(東京)제대 농학과를 졸업하고 농학자가 되어 겹꽃피튜니아의 육종합성 성공, 다윈의 진화론 수정, 씨 없는 수박 연구 등으로 유명하다. 그래서인지 이름의 '춘(春)'과 농학이 잘 어울리는 것 같다. 이춘구(李春九) 씨는 육군사관학교를 졸업한 후 군인의 길을 걷다가 준장으로 예편하였는데 예편하던 해를 기점으로 국회의원, 내무부장관, 국회 부의장, 민자당 대표, 신한국당 대표로 출세를 이어 나갔다. 이(李)씨 가운데 이름자로 '춘(春)'을 쓰는 유명인사가 많다. 이춘목(李春木) 여사는 중요무형문화재 제29호 서도소리 예능보유자이다.

 여름 하

사마천의 『사기(史記)』에 의하면 중국의 역사는 삼황오제(三皇五帝)에서 시작되어 하(夏)·은(殷)·주(周) 3대로 이어진다. 그러니까 '하(夏)'는 중국 최초의 왕조를 나타내주는 글자이고, 따라서 중국에서는 이 글자를 길한 문자로 다룬다. 그런데 이 '하(夏)'를 이름자로 쓰면 '파란이 많아 노력은 해도 이루는 것이 없다'고 한다.

최규하(崔圭夏) 전 대통령은 평생 순탄한 관료의 길을 걸어 나중에는 국무총리로 있다가 그야말로 파란 없이 그냥 대통령으로 올라서 성공하였다. 이병하(李炳夏) 씨는 경북 문경 출신인데 일본 메이지대 법학부 재학중 고문사법과 합격 후 판사, 민의원, 법무부장관 등으로 출세하였다.

앞에서 '진(眞)'을 설명할 때 장하진(張夏眞) 씨를 예로 들었다. 그런데 장하진 전 여성부장관의 이름자에는 또한 '하(夏)'가 있다. 장하진 씨는 1951년생이다. 지금까지 살아온 과정이 '파란이 많아 노력은 해도 이루는 것이 없다'와는 거리가 멀다. 이름자 모두가 불길 문자로 구성되어 있는데도 오히려 운명이 길한 쪽으로만 전개되지 않았는가.

 바다 해

필자는 경북의 자그마한 산골 마을 출신인데 다른 이유도 있었겠지만 바다가 좋아 부산의 경남고등학교로 진학하였다. 그리고 글을 통하여 바다가 좋아 마도로스가 된 후 밤하늘에 빛나는 별들과 더불어 생활하면서 우주의 크기를 셈하는 사람을 보았다. 바다에는 꿈과 낭만이 있다. 그런데 이 글자를 이름자로 쓰면 '인생 항로에 파란곡절이 많다'고 한다.

한평생을 살아가면서 인생 항로에 파란곡절이 많지 않은 사람이 얼마나 되겠는가. 그래서 불교에서는 이 세상을 '사바세계'라고 한다. 이해찬(李海瓚) 전 국무총리는 서울대 재학중 민청학련사건으로 투옥되었다가 돌베개 출판사 대표 등을 거쳐 서울대복학생협의회 대표로 일했는데 다시 김대중 내란음모사건으로 투옥되는 등 파란곡절을 겪으며 국회의원, 교육부장관, 국무총리로 발돋움하였다. 그러나 이 총리가 겪은 파란곡절이 결국 본인을 영광스럽게 만들어주었으니 어찌 이러한 파란곡절을 나쁘다고 할 수 있겠는가. 정해창(丁海昌) 씨는 경북고, 서울대 법대를 졸업하고 고시사법과·고시행정과를 합격한 후 검사 생활을 거쳐 법무부장관, 대통령비서실장까지 지냈으니 '바다 해(海)'가 금물결 은물결을 이룬 형국이다.

『한국인물사전』을 보면 정(丁·鄭)씨 가운데 이름자로 '바다 해(海)'를 쓰고 출세한 사람이 참 많다. 이해랑(李海浪) 씨는 이름자가 '바다 해(海)', '물결 랑(浪)'이어서 매우 낭만적인 분위기를 자아낸다. 1916년 서울에서 태어나 1940년 일본 니혼(日本)대 예술과를 졸업하고 연극인의 길로 나아가 예총 회장, 대학교수, 국회의원, 예술원 회장 등을 지내며 인생이 아름다운 '바다 물결'을 이루었다. 그런데도 이 '바다 해(海)'를 '파란곡절'을 암시하는 불길 문자라고 할 수 있겠는가.

 범호

이름자로 '범 호(虎)'를 쓰면 '단명하고 가난하다'고 한다.

현석호(玄錫虎) 씨는 1907년에 태어나 고문(高文) 행정과 합격 후 군수로 출발하여 민의원, 국방부장관, 내무부장관까지 지내고 1988년에 사망하였다. 앞서 '사내 남(男)'에서 본 장호남(張虎男) 씨의 경우는 여기의 '범 호(虎)'에도 해당된다. 공학박사로서 1976년부터 한국과학기술원에 몸담고 거기서 교수, 학장, 연구처장, 교무처장 등으로 활약하였다. 지금까지 평생을 유복하게 살아왔다.

 기쁠 희

 사람의 한평생은 희로애락(喜怒哀樂) 즉 기쁨과 노여움과 슬픔과 즐거움으로 이루어지는데 그 가운데서 사람들이 가장 동경하는 것은 '기쁠 희(喜)'이다. 그런데 이 '기쁠 희(喜)'를 이름자로 쓰면 '비애와 고독의 암시가 있다'고 한다.
 황희(黃喜) 명정승은 '희(喜)'라는 이름자 하나로 자신의 이름을 후세에 오래도록 아름답게 전하고 있다. 묵묵히 일하는 가운데 비애와 고독이 따랐겠지만 그것은 그야말로 기쁨 그 자체였을 것이다. 김종희(金鍾喜) 씨는 실업가로서 한국화약 사장, 경인에너지 사장, 제일화재 회장, 한국화약그룹 회장 등을 지내면서 비애와 고독을 넘어 기쁨을 누렸다. 최영희(崔榮喜) 씨는 이름이 '영(榮)'과 '희(喜)' 2개의 불길 문자로 이루어져 있는데도 육군참모총장, 국회의원, 국방부장관 등을 지냈다. '영(榮)'과 '희(喜)'가 각각 영화와 기쁨을 안겨준 것 같다. 홍라희(洪羅喜) 여사는 이건희 삼성전자 회장의 부인으로서 현재 삼성미술관 리움 관장인데 대한민국 최대 재벌가의 여주인인만큼 그 비애와 고독이 통속적인 것과는 전혀 다른 것이리라.

 지금까지 살펴본 글자들은 여러 이름학자가 자신들의 저서를 통하여 '불길 문자'라고 소개한 것 중의 일부이다.
 그러나 '불길 문자'란 그 수의 많고 적음을 떠나 지금까지 살펴본 글자들처럼 헛된 견해에서 비롯되었다고 판단할 수 있다. 그러니 어느 누구에게서든 자신의 이름자가 '불길 문자'라는 이야기를 들으면 혼란스럽게 여기지 말고 앞서 소개한 사례들을 떠올리기 바란다.

3. 길한 문자

길(吉)한 문자란 불길 문자와는 반대로 이름자로 쓰면 좋다고 전해 내려오는 글자이다. 불길 문자로 분류되는 글자는 매우 많지만, 이와 반대로 길한 문자로 분류되는 글자는 많지 않다. 한 가지 흥미로운 사실은 길한 문자로 알려진 글자 중에 역대 대통령의 이름자가 많이 들어 있다는 것이다. 다음은 여러 이름학자들이 추천하는 길한 문자를 학자별로 정리한 것이다.

① 두(斗), 팔(八), 승(承), 정(正), 준(濬), 수(秀), 철(哲)
② 두(斗), 승(承), 정(正), 수(秀), 철(哲), 병(秉), 상(相), 환(煥), 훈(勳)
③ 두(斗), 승(承), 정(正), 준(濬), 수(秀), 철(哲), 석(晳), 우(愚), 영(永)
④ 익(益), 입(立), 옥(玉), 창(昌), 황(皇), 국(國), 봉(鳳), 수(樹), 기(基), 형(衡)
⑤ 익(益), 승(承), 정(正), 수(秀), 철(哲), 창(昌), 봉(鳳), 수(樹), 기(基), 형(衡), 광(光), 태(泰), 성(成), 용(龍), 홍(弘), 용(勇), 호(豪), 의(義), 비(飛)
⑥ 두(斗), 병(秉), 상(相), 수(秀), 수(洙), 승(承), 정(正), 철(哲), 환(煥), 훈(勳)

결론적으로 말해 '불길 문자'란 것을 인정할 수 없듯이 '길한 문자'란 것 또한 인정할 수 없다. 왜냐하면 전두환(全斗煥) 전 대통령이나 노태우(盧泰愚) 전 대통령은 이름자에 속칭 '길한 문자'를 지니고서도 말년에 감옥살이 등 세찬 풍파를 겪고 있기 때문이다.

그리고, 예를 들어 '용(龍)'자나 '국(國)'자 같은 경우 '불길 문자'라는 의견이 있는가 하면 '길한 문자'라고 하는 의견이 있으니 어느 정도 이성을 가진 사람이라면 어찌 이러쿵저러쿵하는 말에 농락당할 수 있겠는가. 그러니 '불길 문자'나 '길한 문자'란 것이 모두 믿을 바가 못 된다고 판단해야 한다.

수리 이론

1. 배경

앞서 '하도와 낙서'를 설명하면서 수(數)를 통하여 우주의 원리를 살펴 본 바 있다. 하도에서는 1부터 10까지의 수가, 낙서에서는 1부터 9까지의 수가 여러 가지 형태로 신비로움을 자아내고 있었다.

수에는 무엇인가 특별한 비밀이 담겨 있는 듯하다. 고대 그리스의 피타고라스(Pythagoras)와 그의 학파는 만물의 근원을 수(數)로 보았으며 10을 완전수·신성수로 보았다. 아리스토텔레스는 "3은 최초의 홀수로 완전한 숫자이다. 숫자 3 속에 시작과 중간 그리고 끝이 모두 들어 있기 때문이다"라는 말을 남겼다. 아리스토텔레스로부터 지대한 영향을 받았던 이슬람의 현자들은 "1은 점을 만들어내고, 2는 선을 만들어내며, 3은 공간을 만들어낸다"고 하였다. 1차원적인 점은 면적을 소유하지 못하고, 2차원적인 것 역시 사물을 사실적이고 구체적으로 포착하여 표현하는 것이 불가능하다. 3차원적인 존재만이 비로소 구체적으로 감지되고 사실적인 성격을 지니게 된다.

인도에서는 일찍이 10진법이 통용되었고, 이는 중국도 마찬가지였다. 한편 수메르 인들은 60진법을 발전시켰으며, 그리스 헬레니즘 천문학자들이 이 60진법을 바빌로니아 사람들로부터 받아들였다. 이 시스템은 현재까지도 영향력을 발휘하고 있다. 왜냐하면 오늘날에도 우리는 원의 각도를 360도로 측정하고, 1시간은 60분, 그리고 1분은 60초로 계산하기 때문이다.

고대 이집트나 그리스, 로마 사람들 중 어느 민족도 0에 대해 연구하지는 않았다. 그러나 0의 도입이 정신사의 중요한 업적에 해당된다는 사실은 두말할 나위가 없다. 이 숫자를 최초로 소개한 민족은 바로 고대 인도인들이었다. 이들은 이미 4천년 전에 처음으로 0을 도입하고 이를 '수냐(Sunya)'라고 명명하였다. 인도 사람들이 이 기호를 작은 원으로 표현했던 것은 아마도 그들의 철학과 관련을 맺고 있었기 때문으로 보인다. 즉 그들은 공허한 것, 비어 있는 것을 표현하기 위해 이 숫자를 하나의 작은 원으로 표현한 것이다.

이름학상의 수리 이론에 따르면, 수(數)에는 우주의 원리가 담겨 있기 때문에 성명을 이루는 글자의 획수로 성명의 주인공에게 미치는 영향을 판단할 수 있다고 한다.

이름학상의 수리 이론은 크게 두 가지로 나누어 볼 수 있는데, 그 중 하나는 주역의 논리에 따른 이론이다. 그 방법은 다음과 같다.

① 먼저 성과 이름자의 획수를 모두 합한 수를 8로 나누어 남는 수로 상괘를 만든다.
② 다음으로 이름자의 획수를 모두 합한 수를 8로 나누어 남는 수로 하괘를 만든다.
③ 이 때 나누어 남는 수가 없으면 8로 정하고, 합한 수가 7 이하면 그 수를 그대로 사용한다. 예를 들어, 합한 수가 5이면 그대로 5로, 7이면 그대로 7로 정한다.

예)
박 정 희   24 ÷ 8 = 나머지 없음 → 8(상괘)
朴 正 熙   18 ÷ 8 = 나머지 2 → 2(하괘)
6 5 13

다른 하나는 81수리 이론이다. 이름학에서 성명의 길흉을 판단할 때 가장 많이 사용하는 방법으로, 성명 글자의 획수를 조합하여 길흉을 해석한다. 남송(南宋) 때 채침(蔡沈)이 『홍범황극(洪範皇極)』의 81수원도(八十一數原圖)를 만들어 한자의 획수에 따라 길흉을 설명한 것이 그 시작으로 알려져 있다.

채침은 『주역』의 8×8=64의 방법을 모방하여, 낙서를 기본으로 9×9의 81수리체계를 구성하였다. 9는 10진법의 마지막 수인 노양수(老陽數)이며, 천지인(天地人) 삼재(三才)를 두 번 곱한 수이다.

그러면 현재 사용하고 있는 81수리 이론의 길흉 판단은 어떠한가? 81수원도를 살펴보면 1·1, 1·2~1·8, 1·9~9·1, 9·2 ~ 9·8, 9·9까지 종횡으로 배열하여 길흉수(吉凶數)를 정하였다. 81수는 1·1에서부터 9·9까지 81개의 수를 말하는 것이지 1에서부터 81까지 연결된 수를 말하는 것이 아니다. 따라서 10, 20, 30, 40, 50, 60, 70, 80의 10수 8개가 빠져 있다. 이것을 일본의 이름학자 구마자키 겐오가 10수를 넣고 차례대로 배열하다 보니 원래의 홍범황극 81수와는 길흉수가 서로 맞지 않는다. 예를 들어 2·2는 11수에 해당한다. 2·2는 흉수이다. 그러나 구마자키 겐오의 11수는 길한 수가 된다. 이처럼 81수리 이론의 길흉 판단은 근거가 분명하지 않다.

그러면 81수리 이론을 본격적으로 검토하기 앞서 우선 1부터 10까지의 기본수에 관하여 살펴보자. 각 수는 한 자리의 것만을 표시하였으므로 예를 들어 1은 1, 11, 81 등 한 자리에 1이 들어가는 모든 수를 대표한다.

2. 기본수

1) 기본수의 의미

기본수는 하도에 나타난 1, 2, 3, 4, 5, 6, 7, 8, 9, 10이다. 이 수를 10간으로 나타내면 1은 임수(壬水)이고, 2는 정화(丁火)이며, 3은 갑목(甲木)이고, 4는 신금(辛金)이며, 5는 무토(戊土)이고, 6은 계수(癸水)이며, 7은 병화(丙火)이고, 8은 을목(乙木)이며, 9는 경금(庚金)이고, 10은 기토(己土)이다.

하도에 나타난 1에서부터 10까지의 기본수는 작용과 반작용 그리고 조정작용에 의하여 삼라만상이 변화하는 구체적인 단계를 나타내는 그야말로 불변의 진리수이다. 이름학 이론이라고 해서 이것을 벗어날 수는 없다. 현실적으로도 1(물) → 6(육각수), 2(불) → 7(일곱 색깔 무지개) 등으로 입증되고 있지 않은가.

그런데 현재 이름학계에서는 1·2를 갑을목(甲乙木), 3·4를 병정화(丙丁火), 5·6을 무기토(戊己土), 7·8을 경신금(庚辛金), 9·10을 임계수(壬癸水)로 다루고 있다. 그 이유를 보면, 하도에 나타난 기본수는 체(體)이기 때문에 이름학에서는 이것을 봄, 여름, 가을, 겨울의 순환질서에 맞게 1·2목(木), 3·4화(火), 5·6토(土), 7·8금(金), 9·10수(水)로 배열하여 용(用)으로 삼는다는 것이다.

그러나 '체'와 '용'을 이렇게 함부로 사용하는 것이 아니다. 체가 그릇이면 용은 이 그릇의 용도, 즉 물을 떠 마시는 것 또는 음식을 담아두는 것 등을 가리킨다. 동양 전래의 하도에 나타난 1에서부터 10까지의 기본수는 현재 우리가 쓰고 있는 원소의 주기율표에 배열한 원자번호와 같아서 '체'와 '용'이란 개념을 동원하여 함부로 그 순서를 바꿀 수 없다.

그러면 각 수의 의미를 간략하게 살펴보자. 이해의 폭을 넓히기 위하여 동양의 시각에 국한시키지 않고 오토 베츠(Otto Betz) 전 함부르크 대학 교수의 견해를 추가하여 소개한다.

1 하늘과 양의 수, 신의 수

1은 하늘을 뜻하는 천수(天數)이며 동(動)적인 양수(陽數)이다. 모든 수의 첫 번째이므로 태극수(太極數)라고도 한다. 우주만물의 근원이며 시작이다. 따라서 1은 창조·시작·출발·생성·독립·최고·강인함·남성적 특성을 가리킨다.

오토 베츠는 "1은 그 누구에 의해서 만들어진 숫자가 아니다. 그러나 그것은 모든 것을 만들어낸다. 따라서 1은 신의 수이다"라고 설명한다.

② 땅과 음의 수, 상생이면서 독립적 존재의 수

2는 땅을 뜻하는 지수(地數)이며 정(靜)적인 음수(陰數)이다. 하나인 태극이 음과 양으로 나누어지면서 2가 생긴 것이므로 2는 분리와 변동·혼합·집산·유약함·의존성·수동성·여성적 특성을 가리킨다.

오토 베츠는 "이 숫자는 부정적인 꼬리표를 달고 나타난다. 바로 하나가 가지고 있던 일치와 완전함을 깨뜨린 주범으로 간주되기 때문이다. 그러나 다른 한편 2는 하나 혹은 전체가 가지고 있는 다양한 가능성을 가시화시키기 위한 일종의 가치 있는 분화의 숫자로 모습을 드러낸다. 그리고 숫자 2는 분리된 것들을 서로 만나게 하고 화해시키는 일종의 '쌍'의 개념을 가리키는 숫자이기도 하다. 이러한 긍정적인 관찰방식은 모든 것을 찢고 분리시켜 버린다고 하는 2에 대한 부정적인 견해와 교차된다. 따라서 2는 상생이면서 독립적 존재의 수이다"라고 한다.

③ 완성·합치·성취의 수, 삼위일체 조화의 수

3은 천수이며 양수이다. 3은 양수 1과 음수 2가 합쳐진 수로서 형성의 수라고도 한다. 3은 생수(生數)인 1, 2, 3, 4, 5의 중간수로서 생수 중 가장 중정(中正)한 자리에 위치하고 있다. 3은 완성·합치·성취의 의미가 담긴 수로 동양에서는 가장 귀한 수로 여긴다. 3은 이외에도 생산·풍족·안정 등의 특성을 지니고 있다.

오토 베츠는 "3이라는 숫자에서 뿜어져 나오는 매력은 그야말로 엄청나다. 2가 미해결 상태를 나타내는 숫자라면 3은 그것을 아우르고 종결시키는 숫자 즉 어떤 사안을 '조화롭게 완성시키는' 숫자이다. 따라서 3은 삼위일체 조화의 수이다. 그러나 아주 드문 일이지만 3이 부정적으로 이해될 때가 있다. 대표적으로 '세 사람이 있으면 그 안에 반드시 바보 한 명이 끼어 있다'는 속담이 이에 속한다. 이와 유사한 속담으로 '뜰에 있는 두 사람 사이에 끼어든 세 번째 사람은 놀림감이 된다' 는 말이 있다. 이 속담은 두 사람이 모여 있으면 파트너십이 형성되지만, 여기에 한 사람이 더 끼게 되면 방해가 될 뿐으로, 이 세 번째 사람은 나머지 두 사람의 표적이 되어 비웃음거리로 전락하게 된다는 점을 이야기하고 있다. '두 사람이 사이좋게 지내면 다른 제3자는 할 말이 없다' 는 속담도 이와 유사한 의미를 지닌 속담인데, 이것은 서로 호흡이 잘 맞는 두 사람이 있을 경우 제3자가 나타나면, 그 사람은 둘 사이를 방해하는 적으로 인식된다는 점을 시사한다"고 한다.

4 파괴 · 불화 · 분산의 수, 균형과 안정의 수

4는 지수이며 음수이다. 음수인 2와 2가 합한 수로서 음양의 조화를 이루지 못하였다. 분리수가 겹쳐지므로 미정수(未定數)라 한다. 4는 파괴 · 불화 · 분산을 가리킨다. 4는 이 외에도 쇠약 · 불안 · 곤란 등의 특성을 지니고 있다.

오토 베츠는 "질서와 체계를 세우는 일에 참여하는 숫자는 꼭 3뿐만이 아니다. 4도 마찬가지로 이에 참여한다. 4각형은 이미 정리가 끝났거나 형태가 확정된 것들을 총체적으로 대표하는 것이라고 할 수 있다. 4에서는 어떤 특별한 역동성을 찾을 수는 없지만 믿음직스럽고 안정적인 느낌을 얻을 수 있다. 피타고라스 학파 철학자들은 숫자 4를 신성한 수 테트락티스(Tetraktys)의 하나로 숭배하였다. 어떤 이유에서 피타고라스 학파는 4를 높이 숭배하고 그것에 신적인 가치가 있다고 주장하기에 이르렀을까? 우리가 사용하는 숫자 체계에 나오는 최초의 숫자 4개를 더하면 10이 된다. 십진법을 사용했던 피타고라스 학파들에게 1에서 10에 이르는 10개의 숫자는 전체를 포함하고 있을 뿐만 아니라 총체적인 현실을 포괄하는 숫자이기도 했다. 그 때문에 그들은 1부터 4까지 처음 4개의 숫자를 더한 총계가 완성수인 10이 되었을 때 경탄을 금하지 못했던 것이다. 십자가는 각기 다른 네 방향을 가리키고 있다. 십자가에 못 박힌 예수는 팔을 활짝 벌려 인간을 감싸 안아 성스러운 공동체로 결합시킨다. 이것이 바로 초기 기독교가 십자가에 대해 가지고 있던 관념이었다. 즉 십자가는 단순히 죽음의 상징이나 죄인을 묶는 기둥 혹은 예수의 수난을 나타내는 것이 아니라 생명의 상징, 귀중한 열매를 맺는 나무, 화합의 상징이었던 것이다. 모든 방향이 십자가 안에서 한데 모이며 십자가 안에서 중심을 찾는다. 그리고 십자가 내부의 이 중심점으로부터 에너지가 생겨나 천국의 시냇물처럼 사방으로 흘러 나간다. 따라서 4는 균형과 안정의 수이다"라고 한다.

5 중간·주체·안정의 수, 결합과 만남의 수

5는 천수이며 양수이다. 5는 생수(生數)인 1, 2, 3, 4, 5 중에서 끝자리 수이다. 5는 수의 할아버지다. 왜냐하면 생수인 1, 2, 3, 4, 5가 각각 5를 만나서 6, 7, 8, 9, 10의 성수(成數)가 되기 때문이다. 따라서 5는 생성(生成)의 중간 위치에 있으면서 정립과 성취의 뜻을 갖고 있으며 중간·주체·안정을 가리킨다.

오토 베츠는 "2는 여성적인 숫자로 받아들여져 왔고, 3은 반대로 남성적인 숫자로 인식되었기 때문에, 2와 3을 합치면 사랑의 여신 비너스의 숫자가 된다. 즉 숫자 5는 바로 남녀 합일의 숫자인 것이다. 따라서 5는 결합과 만남의 수이다"라고 한다.

6 긴장과 대립의 수, 인내를 통한 완성의 수

6은 지수이며 음수이다. 6은 5와 더불어 기본수의 중간인데, 5는 생수의 끝이지만 6은 성수의 첫 번째라 계승한다는 의미가 있다. 그러나 강중(剛中)을 뜻하는 3으로 양분되어 긴장과 대립을 가리킨다.

오토 베츠는 "6은 완전함과 관련되어 있는 숫자로, 사람에 따라서는 6을 '완벽한 수'라고 부르기도 한다. 왜냐하면 6은 특별한 속성을 가지고 있기 때문이다. 6은 1, 2, 3으로 구성된 수이다. 이 때 1, 2, 3을 더해도 6이 되지만, 이 세 수를 곱해도 마찬가지로 6이 된다. 아마도 고대 후기의 숫자 상징 연구가들이 6을 매우 중요한 숫자로 간주한 것도 이런 이유 때문일 것이다. 하나는 하늘을, 다른 하나는 땅을 향해 있는 2개의 정삼각형을 겹쳐 만든 육각형의 별인 헥사그램(Hexagram)은 '시온의 별', '다윗의 별'이라고도 불리는데 이것이 유대교에서 차지하는 역할은 다른 곳에서보다 조금 더 특별하다. 결합의 표시로서 헥사그램은 다양하게 해석될 수 있다. 하늘과 땅의 만남이 상징적으로 표현된 것일 수도 있고, 신과 인간의 만남, 아래로 내리는 신의 은총과 이것을 감사하게 받는 인간의 모습이 표현된 것일 수도 있는 것이다. 그렇다면 헥사그램은 결속의 표시, 신과 그의 백성들 간의 친화의 상징이라고 볼 수 있다. 다른 한편으로 헥사그램은 정신적인 것과 현실적인 것의 결합, 혹은 정신과 물질의 결합을 나타내는 것으로 해석될 수도 있다. 그리고 마지막으로 이것은 여성과 남성의 만남을 암시하고 있기도 하다. 위쪽으로 향해 있는 삼각형은 남성을 상징하고, 아래쪽으로 향해 있는 삼각형은 여성을 상징한다. 이렇게 볼 때 헥사그램은 곧 서로 상반되는 것들의 결합에 대한 총체적인 상징이 된다. 따라서 6은 인내를 통한 완성의 수다. 힌두교의 상징 세계에서 헥사그램은 창조의 신인 비슈누와 파괴의 신인 시바의 결합을 표현하는 것으로서, 생성과 소멸, 앞으로 올 것과 이미 지나가버린 것 등 세계의 이중적인 면모를 나타낸다"고 한다.

7 투지 · 번영 · 독단의 수, 완전함과 전체성의 수

7은 천수이며 양수이다. 강중(剛中)을 뜻하는 3으로 두 번 나누고 1이 남는다. 1, 3, 7이 모두 양수로 갂하여 독립을 의미한다. 따라서 7은 투지 · 번영 · 독단을 가리킨다.

오토 베츠는 "숫자의 상징성을 논할 때, 경험적인 관찰이 선행되고 그 다음에 일정한 체계가 만들어진 것인지 아니면 우선 미래상을 담은 직관이나 사변의 틀이 결정되어 있는 상태에서 인간이 차후에 모든 사물들을 이 도식에 끼워 맞추어 정리한 것인지 분명하게 말하기란 쉬운 일이 아니다. 그러나 어쨌든 7이라는 숫자가 거의 전 세계에 걸쳐 매우 중요한 기능을 담당하고 있는 것만은 사실이다. 7로 이루어진 리듬이 현실 및 인간의 삶을 해석하는 중요한 규칙들 중 하나로 자리잡고 있는 것이다. 따라서 7은 완전함과 전체성의 수이다"라고 한다.

8 개척 · 인내 · 발달의 수, 구원과 부활의 수

8은 지수이며 음수이다. 양수인 3과 5가 합하여 강렬하고 독립적이며 철석 같은 의지를 발휘할 수 있으나 음수인 4와 4가 합쳐졌으므로 음유(陰柔)함도 있다. 8은 짝수의 최소 단위인 2로 계속 나누어지는 극음수(極陰數)이어서 음이 다하면 양을 생한다는 이치에 따라 만물을 태동시킨다. 그러나 이 과정이 쉽게 이루어지는 것은 아니다. 따라서 8은 개척 · 인내 · 발달을 가리킨다.

오토 베츠는 "상징적인 관점에서 숫자를 관찰해보면, 독립적으로 존재하는 숫자는 단 하나도 없다. 모든 숫자는 자기 자신을 벗어나 다른 숫자들과 관계를 맺고 있으며, 자기보다 앞서 나오는 숫자에 의존한다. 이런 관점에 따르면 숫자 8은 4를 두 번 더하거나 2를 세 번 곱하면 나오는 수이다. 4와 유사하게 역동성보다는 고요함을 발산하는 숫자 8은 자기의 내면에서 가만히 떠다니는 듯한 조화로운 느낌을 자아낸다. 8개의 바퀴살이 있는 수레바퀴가 마치 전염이라도 시킬 듯한 대칭성을 자랑하듯이 말이다. 꽃잎이 8개인 연꽃은 사람들을 명상으로 인도하는 꽃의 전형이다. 또한 연꽃은 열반으로 이어지는 인식에 대한 상징일 뿐만 아니라 부처를 잉태한 모체로 간주되기도 한다. 부처의 가르침에 나오는 해탈의 수레바퀴 역시 8개의 바퀴살을 가지고 있다. 또한 고통으로부터 벗어나고 마침내 윤회에 종지부를 찍기 위해서는 반드시 팔정도를 거쳐야만 한다. 기독교 경건주의에서 숫자 8은 매우 중요한 의미를 지닌다. 이렇게 된 데는 노아의 방주에 구출되어 살아남은 사람이 오직 여덟 명에 불과했다는 배경이 깔려 있다. 이리하여 8은 구원과 부활, 새로운 삶으로의 돌진을 의미하는 숫자가 되었다. 그러나 8과 관련하여 무엇보다도 의미 있는 사건은 예수의 부활이 죽은 지 한 주가 지난 첫날 또는 흔히 말하듯이 여덟 번째 날 이루어졌다는 점이다. 이로써 권태와 죄악으로 물든 낡은 세계가 종말을 고하고, 어떤 새로운 것, 즉 영원한 생명과 희망 그리고 낙관적인 시대가 시작된다. 8을 옆으로 뉘어 놓으면 무한을 뜻하는 표시가 된다는 사실을 잊어서는 안 된다"라고 한다.

9 곤궁과 성취를 동시에 지닌 수, 완성 · 성취 · 달성의 수

9는 천수이며 양수이다. 기본수 중 홀수의 마지막으로 더 이상 발전할 수 없는 수이므로 종극(終極)의 뜻도 지니고 있으나, 동시에 완성과 도달의 의미도 갖고 있다. 따라서 9는 곤궁과 성취, 은퇴와 안락과 같이 이중적인 의미를 동시에 지니고 있다.

오토 베츠는 "9는 바로 3을 제곱한 숫자이다. 그 때문에 우리는 9가 3의 신비를 다시 이어받아 이를 더욱 더 분화시키고 있다고 추측한다. 3이 완전한 숫자라고 한다면, 9는 그보다 훨씬 더 완전한 수임에 틀림없다. 그러한 의미에서 9는 완성 · 성취 · 달성의 수이다. 그러나 숫자 9는 10을 기다리는 숫자라는 측면에서 일종의 준비단계를 의미하기도 한다"라고 한다.

10 허무 · 무상 · 종말의 수, 완성과 경계의 수

10은 지수이며 음수이다. 기본수의 마지막 수로, 꽉 찬 것을 의미하는 동시에 다시 처음의 상태로 되돌아간다는 것을 의미한다. 따라서 10 즉 0은 결국 허무 · 무상 · 종말을 뜻하는 수라고 볼 수 있다.

오토 베츠는 "사람은 10개의 손가락을 세면서 셈을 한다. 따라서 숫자 10은 단순히 하나의 임의의 숫자라기보다는 완성을 상징하는 순환 숫자이다. 피디고리스 학파만큼 숫자 10을 숭배한 사람들도 없을 것이다. 그들이 숫자 10을 숭배했던 이유는 10을 우리의 숫자체계에 나오는 최초의 숫자 4개를 합산한 수로 이해했기 때문이다. 근원적인 숫자 1과 모든 존재의 이중성을 상징하는 2, 그리고 성스러운 3과 지상의 숫자인 4가 모두 더해져 10이 되었으니, 10이야말로 완벽한 수이자 '모든 것을 포함하면서도 모든 것의 경계를 규정하는 어머니'와 같은 수인 것이다"라고 한다.

우리는 앞에서 오토 베츠가 동양의 시각과는 달리 모든 기본수에 대하여 긍정적인 견해를 밝히고 있음을 볼 수 있다. 동양의 시각으로는 예를 들어 1은 좋고 2는 나쁘며 3은 좋고 4는 나쁘다고 한다. 그러나 오토 베츠의 견해는 그렇지 않다.

생각하건대 어느 수는 절대적으로 좋고 어느 수는 절대적으로 나쁘다고 하는 것은 편견이다. 왜냐하면 예를 들어 1이 통일성은 있으나 다양성은 없고, 2가 독립성은 있으나 전체성은 없으며, 3이 결합성은 있으나 원만성은 없고, 4가 안정성은 있으나 역동성은 없기 때문이다. 그러므로 우리는 기본수의 각 수가 장점과 단점을 동시에 지니고 있다고 보아야 한다.

2) 0과 0으로 끝나는 수

기본수를 논하는 이 기회에 '0'이라는 수 및 '0'으로 끝나는 10, 20, 30 등의 수에 관하여 살펴볼 필요가 있다. 왜냐하면 이러한 수가 시작인 동시에 끝인 신비로운 가변수인지라, 이를 과연 자연수의 하나로 인정할 수 있는지 의문이 생기기 때문이다.

『천부경』에서는 "일적십거 무궤화삼(一積十鉅 無匱化三)"이라고 하여 1이 10까지 나아가면 극(極)을 이루고, 극이면 변한다는 원리에 따라 텅 빈 상태로 변하여 새로운 시작을 일으킨다고 한다. 따라서 10이 즉 0이고 이것이 다시 1로 이어진다. 비어 있는 상태를 채우는 과정이 계속 이어지지만 결코 채울 수 없는 우주변화의 원리를 일러주고 있다.

0단위	0	1	2	3	4	5	6	7	8	9
10단위	10	11	12	13	14	15	16	17	18	19
20단위	20	21	22	23	24	25	26	27	28	29
30단위	30	31	32	33	34	35	36	37	38	39

위에서 각 수를 한 자리의 것으로 보면, 수의 연속이란 결국 0에서 9까지의 순환 즉 1에서 10까지의 배열에 불과할 따름이다.

그런데 문제는 인도인들이 '수냐(Sunya)'라고 명명하여 작은 원으로 표현한 '0'이라는 숫자의 실체가 무엇이냐는 것이다. 이름학상의 수리 이론이 '시작인 동시에 끝'인 '0'이라는 가변수를 전제로 하는 이상, 수리로 운명을 판단하는 것 또한 가변적일 수밖에 없다. 만물의 근원을 수(數)로 본 피타고라스 학파에서 자연수가 아닌 무리수(無理數)를 발견하고 이것을 '알로고스(Alogos)'라고 부르면서 이러한 사실을 대외적으로 발설하지 말도록 한 것을 보면 이름학상의 수리 이론이 믿을 수 있는 것이 아니라는 생각이 든다.

현재 이름학에서는 10개의 천간인 갑(甲), 을(乙), 병(丙), 정(丁), 무(戊), 기(己), 경(庚), 신(辛), 임(壬), 계(癸)를 아래표에서 보는 것처럼 선천수(先天數)와 후천수(後天數)로 나누어 파악하고 있다.

수 \ 천간	갑(甲)	을(乙)	병(丙)	정(丁)	무(戊)	기(己)	경(庚)	신(辛)	임(壬)	계(癸)
선천수	3	8	7	2	5	10	9	4	1	6
후천수	1	2	3	4	5	6	7	8	9	10

앞에서 10개의 천간을 체와 용으로 나누는 것에 대하여 살펴본 바 있다. 여기서 선천수와 후천수로 나누는 것 또한 표현만 다를 뿐 내용은 마찬가지여서 앞에서와 같은 결론을 내릴 수 있다. 그러나 속단하지 말고 진지하게 다시 한 번 살펴보자.

10개의 천간을 선천수와 후천수로 나누어 파악하는 이 견해는 선천수가 음이면 후천수는 양으로서 양자가 음양의 관계를 이룬다고 한다. 따라서 선천수가 무(戊)와 기(己)라는 형태로 토(土)인 지구를 만들어놓았고, 후천수는 이를 바탕으로 10개의 천간 즉 갑(甲), 을(乙), 병(丙), 정(丁), 무(戊), 기(己), 경(庚), 신(辛), 임(壬), 계(癸)의 순서로 오행상생(五行相生)의 원리를 실현시켜 나간다고 한다. 그리고 이 후천수가 인간의 운명에 영향을 미친다고 한다. 이 견해는 선천수와 후천수를 체와 용의 관계가 아닌 음양오행의 관계로 설명하고 있어서 설득력이 있다.

그런데 한 가지 의문이 생긴다. 후천수가 왜 목(木)인 갑(甲)을 선두로 해서 진행해 나가는가이다. 생각하건대 10개의 천간은 그 자체만으로는 의미가 없다. 왜냐하면 10개의 천간은 육십갑자에서 갑자(甲子), 을축(乙丑), 병인(丙寅) 등으로 진행해 나가는 것 중 윗글자에 불과하고, 그 아랫글자인 자(子), 축(丑), 인(寅) 등과 결부될 때 비로소 의미를 지니기 때문이다. 그렇다면 10개의 천간 가운데 처음인 갑(甲)만 논할 것이 아니라 육십갑자의 시초인 갑자(甲子)를 논해야 한다. 그런데 갑자(甲子)는 수생목(水生木)의 구조이다. 왜냐하면 사주학에서는 자(子)가 임(壬)과 계(癸)로 이루어진 수(水)이고, 이러한 수(水)가 목(木)인 갑(甲)을 생(生)해주고 있는 것이 바로 갑자(甲子)이기 때문이다. 따라서 후천수를 다음과 같이 나타낼 수 있다.

수 \ 천간	임(壬)	계(癸)	갑(甲)	을(乙)	병(丙)	정(丁)	무(戊)	기(己)	경(庚)	신(辛)
후천수	1	2	3	4	5	6	7	8	9	10

위에서 본 것처럼 선천수와 구별되는 후천수를 인정하더라도 그 출발 기준을 갑(甲)에다 둘 것인지 아니면 임(壬)에다 둘 것인지가 문제이다.

그리고 근본적으로 기본수란 불변의 진리수이므로 하도에 나타난 것을 그대로 따라야 하는 것이 아닌가 생각된다. 더구나 현실적으로는 글자의 획수를 따지는 것에 대해서도 정설(定說)이 없다. 그러니 이름학상의 수리 이론이란 결국 모래마당 위에 여러 층의 건물을 쌓아올리는 것과 같아서 이를 따르기에는 무리가 있다.

3) 하도의 수와 낙서의 수

기본수를 다루는 이 기회에 하도의 수와 낙서의 수가 어떻게 다른가를 살펴보자. 기본수를 1부터 10까지로 본 것, 즉 '0'이 완성수로 나타난 것이 하도이다. 그리고 기본수를 0부터 9까지로 본 것, 즉 '10'이 텅 빈 상태로 사라진 것이 낙서이다. '0'이라는 수와 '0'으로 끝나는 10, 20, 30 등의 수는 완성인 동시에 출발이며 시작인 동시에 끝이어서 신비로운 가변수이다. 우리가 마음의 눈을 열지 않고 육안으로 볼 때에는 낙서에 '0'이나 '10'이 없다.

낙서

4	9	2
3	5	7
8	1	6

위에서 보듯이 낙서는 가로·세로·대각선의 합이 모두 15로서 전체가 균형을 이루고 있다. 그리고 낙서의 가운데에 있는 5는 사방이 10(1·9), 10(6·4), 10(7·3), 10(2·8), 10(9·1), 10(4·6), 10(3·7), 10(8·2)으로 둘러싸여 안정된 상태이다.

그런데 우리는 가변수인 '10'이 그 모습을 직접 드러내지 않으면 이것을 '0'이라고 부른다. 낙서의 10이 바로 여기에 해당한다. 인도 사람들이 '0'을 작은 원으로 표현했던 것은 아마도 그들의 철학과 관련된 듯하다. 즉 그들은 공허한 것, 비어 있는 것을 표현하기 위해 이 숫자를 하나의 작은 원으로 표현한 것이다. 눈에 잘 띄지 않는 이 볼품 없는 기호는 몇 가지의 연상작용을 불러일으킨다. 이 작은 원은 벌린 입모양처럼 보이기도 하지만, 어머니의 무릎처럼 보이기도 한다. 우리가 육안으로 볼 때에는 낙서에 '0'이나 '10'이 없지만, 마음의 눈을 열고 볼 때에는 낙서가 '0'이나 '10'의 바탕 위에 서 있다. 따라서 이를 미처 깨닫지 못하고 낙서가 마치 9의 바탕 위에 서 있는 것처럼 9×9로써 81수리 이론을 펼치는 것은 옳지 않다고 생각한다. 하도의 총수는 55이고 낙서의 총수는 45로 둘을 합하면 100이며, 이것은 즉

10×10인 것을 깨달아야 한다.

불교의 『반야심경』에서 말하는 "색즉시공 공즉시색(色即是空 空即是色)"의 의미는 색(色)인 유형(有形)은 공(空)인 무형(無形)과 서로 다르지 않다는 것이다. 바위가 즉 허공이요 허공이 즉 바위라는 말이다. 의문이 생길 수 있지만 이것이 바로 진리다.

생각해보자. 모든 물체는 분자 → 원자 → 원자핵 → 소립자로 분해되므로 결국 소립자의 뭉치와 다르지 않다. 그런데 그 소립자는 신비스런 형태로 충돌을 거듭하며 나타남과 사라짐을 반복하니 나타날 때는 색(色)이고 사라질 때는 공(空)이다. 유형에서 무형으로, 그리고 무형에서 유형으로 변화를 되풀이하여 '색즉시공 공즉시색'을 이룬다. '0'이라는 수와 '0'으로 끝나는 10, 20, 30 등의 수도 이와 다르지 않다.

```
0      수냐(Sunya)

空  10, 20, 30 ……
                    色
   색 즉 시 공    공 즉 시 색
```

3. 원형이정의 원리

『주역』을 보면 원형이정(元亨利貞)이라는 말이 나온다. 여기서 원형(元亨)은 양(陽)을, 이정(利貞)은 음(陰)을 말한다. 좀더 구체적으로 말하면 원(元)은 목(木)으로 근본이고, 형(亨)은 화(火)로 불같이 번져 나가는 발전이며, 이(利)는 금(金)으로 날카롭고 단단하게 단련함이고, 정(貞)은 수(水)로 만물을 바르게 함이다.

  81수리 이론은 성명 각 글자의 획수를 세어 원형이정의 4격을 구성한 후, 이것을 81수리로 따져 이름이 갖는 운세를 설명한 것이다. 81수리 이론의 배경에 대해서는 이미 상세하게 살펴본 바 있다.

1) 4격의 구성

  원형이정이란 역학(易學)에서 말하는 천도(天道)의 네 원리로서 '원'은 봄, '형'은 여름, '이'는 가을, '정'은 겨울이다. 따라서 원격(元格)은 초년운, 형격(亨格)은 청장년운, 이격(利格)은 말년운, 정격(貞格)은 전체운을 나타낸다. 성명이 세 글자인 경우 원격은 성을 제외한 이름 두 글자의 획수를 합한 것이고, 형격은 성과 이름 첫 글자의 획수를 합한 것이며, 이격은 성과 이름 끝 글자의 획수를 합한 것이고, 정격은 성과 이름 두 글자의 획수를 모두 합한 것이다.

4격의 구성

원격	성을 제외한 이름 두 글자의 획수를 합한 것
형격	성과 이름 첫 글자의 획수를 합한 것
이격	성과 이름 끝 글자의 획수를 합한 것
정격	성과 이름 두 글자의 획수를 모두 합한 것

성과 이름에 따라 4격을 어떻게 구성하는지 자세하게 살펴보자.

① 한 글자 성에 두 글자 이름인 경우

a	b	c
朴박	衍연	俊준
6획	9획	9획

- 원격 : b(9획) + c(9획) → 18획
- 형격 : a(6획) + b(9획) → 15획
- 이격 : a(6획) + c(9획) → 15획
- 정격 : a(6획) + b(9획) + c(9획) → 24획

② 한 글자 성에 외자 이름인 경우

a	b	c
林임	正정	
8획	5획	0획

- 원격 : b(5획) + c(0획) → 5획
- 형격 : a(8획) + b(5획) → 13획
- 이격 : a(8획) + c(0획) → 8획
- 정격 : a(8획) + b(5획) + c(0획) → 13획

③ 두 글자 성에 두 글자 이름인 경우

a	b	c
南宮 남궁	民 민	友 우
9획+10획(19획)	5획	4획

- 원격 : b(5획) + c(4획) → 9획
- 형격 : a(19획) + b(5획) → 24획
- 이격 : a(19획) + c(4획) → 23획
- 정격 : a(19획) + b(5획) + c(4획) → 28획

④ 두 글자 성에 외자 이름인 경우

a	b	c
皇甫 황보	旻 민	
9획+7획(16획)	8획	0획

- 원격 : b(8획) + c(0획) → 8획
- 형격 : a(16획) + b(8획) → 24획
- 이격 : a(16획) + c(0획) → 16획
- 정격 : a(16획) + b(8획) + c(0획) → 24획

⑤ 한 글자 성에 세 글자 이름인 경우

a	b	c	d
任 임	千 천	里 리	馬 마
6획	3획	7획	10획

- 원격 : b(3획) + c(7획) + d(10획) → 20획
- 형격 : a(6획) + b(3획) → 9획
- 이격 : a(6획) + d(10획) → 16획
- 정격 : a(6획) + b(3획) + c(7획) + d(10획) → 26획

지금까지 살펴본 것과 같이 이름학에서 수리를 다룰 때에는 성명 각 글자의 획수를 따지는 것이 아니라 4격 수리로 따진다는 점을 유의해야 한다.

그런데 아래의 예에서 보는 것처럼 4격 수리가 아닌 5격 수리로 따지자는 견해가 있다.

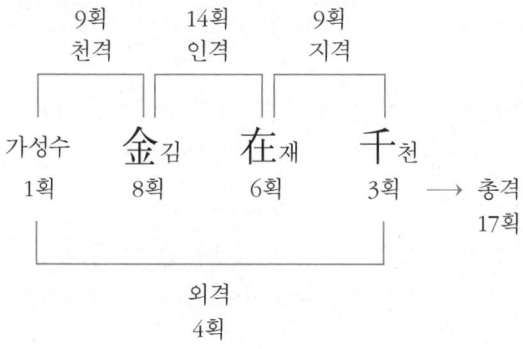

5격 수리로 따지자는 견해는 천격·인격·지격의 삼재(三才)에 외격(外

格)과 총격(總格)을 추가하고 천격(天格)에만 가성수(假成數) 1을 더하여 보는 방법이다.

그러나 이 견해는 일본의 이름학자 구마자키 겐오가 고안한 방법으로, 보통 네 글자로 이루어진 일본인의 성명을 풀이하는 데 적합하다. 우리나라 사람은 성명이 대부분 세 글자로 이루어져 있으므로 성자 위에 가성수 1을 더하여 보는 것은 적합하지 않다. 이 견해는 우리나라의 성명체계를 무시하고 일본인처럼 성명을 네 글자로 다루는 것이다.

2) 4격의 영동시기

81수리 이론에서는 형격과 정격에 비중을 둔다. 이것은 형격이 인생의 기반을 구축하는 시기에 해당하고 정격이 일생에 해당한다고 보기 때문이다. 일반적인 4격의 영동시기와 특징은 다음과 같다.

	영동시기	특징
원격	초년	1년 중 봄에 해당하고, 부모운과 학업운을 나타낸다
형격	청장년	1년 중 여름에 해당하고, 일생의 성공 여부를 좌우한다
이격	말년	1년 중 가을에 해당하고, 사회운과 부부운을 나타낸다
정격	전체	1년 중 겨울에 해당하고, 인생의 총결산을 나타낸다

그러나 학자마다 각각의 영동시기에 해당하는 나이가 다른 점 등 81수리 이론에서는 학자마다 자신의 주관적인 견해를 펼치고 있어서 4격의 객관적인 구분이 분명하지 않다.

그리고 4격을 구성할 때 예를 들어 앞에서 본 한 글자 성에 외자 이름인 「임정」의 경우 b의 정(正) 5획을 c에 배치시키고 b를 0획으로 다루면 안 되는지 의문이 생긴다.

또한 이름보다는 성이 선천적인 것이므로 4격을 구성할 때, 성과 첫 이름자를 합한 획수 즉 형격을 원격으로 다루어야 하지 않을까 싶다.

나아가 81수리 이론에서는 81획이 넘는 경우 도대체 이를 어떻게 다루는 지도 분명하지 않다. 82획 이상의 수는 그 수에서 80을 뺀 수를 적용한다는 견해, 예를 들어 87획은 80을 뺀 7획으로 길흉을 논하는 견해가 있는가 하면, 81획이 가장 큰 수이므로 82획 이상은 81을 뺀 수를 적용하여 82획은 1획, 83획은 2획, 84획은 3획으로 처리한다는 견해가 있다. 이러한 견해 이외에, 모든 획수에는 해당 획수마다 고유한 특성이 있다는 견해가 있다.

오토 베츠는 자신의 저서에서 숫자를 매혹적인 숫자와 특별한 숫자로 나누었다. 매혹적인 숫자는 1부터 10까지의 기본수이다. 특별한 숫자는 11, 12, 13, 14, 15, 16, 17, 18, 19, 20, 21, 22, 24, 25, 27, 28, 30, 36, 39, 40, 49, 50, 52, 60, 64, 70, 72, 81, 99, 100, 144, 153, 360, 666, 888, 1000, 2100이다. 특별한 숫자 가운데서 같은 수를 두 번 곱해서 이루어진 수인 $16(4\times4)$, $25(5\times5)$, $36(6\times6)$, $49(7\times7)$, $64(8\times8)$, $81(9\times9)$, $100(10\times10)$ 등을 발견할 수 있다. 오토 베츠는 81과 100에 관하여 아래와 같이 설명하고 있으니 참고하기 바란다.

철학자 플라톤은 그의 81번째 생일날 사망했다고 한다. 이 시기에 우연히 아테네에 머무르고 있던 마법사들이 죽은 자 앞에 제물을 바쳤다. 그들은 죽은 자가 보편적인 인간을 훨씬 능가한다고 생각하였다. 바로 그가 가장 완전한 숫자를 충족시켰기 때문이다. 그들이 숫자 9를 매우 중요하고 성스러운 숫자로 간주했음은 명백한 사실이다. 그들의 시각에서 볼 때 81에 내포되어 있는 능력은 9에 내재되어 있는 능력보다 훨씬 더 값진 것이었다. 따라서 정확하게 이 나이를 채우고 죽은 사람은 완벽함에 가까이 근접한 사람임에 틀림없을 것이라는 것이 그들의 생각이었다. 기묘하게 중국에도 이것과 유사한 전통이 있다. 중국 사람들은 도덕경의 위대한 대가인 노자가 81년간 어머니 뱃속에 있다가 세상으로 나왔다고 이야기한다. 따라서 그가 태어날 때 이미 현자로 태어났다는 사실은 어쩜 당연한 일일지도 모른다. 노자는 찬란하게 빛나는 태양과 농부의 딸 사이에 태어났다. 그가 태어났을 때 그의 머리와 눈썹은

눈처럼 새하얗게 변해 있었고 그의 지혜는 나이가 많은 학자의 지혜만큼이나 위대했다고 한다. 그의 이름 역시 '백발의 아이(老子)'라는 뜻을 지니고 있다. 숫자 9가 3이 지니고 있는 능력을 함께 공유하고 이를 통해 3의 의미를 배가시킨다고 볼 때 81이라는 숫자 안에서는 9가 지닌 의미의 상승이 다시 한 번 일어난다. 따라서 81은 충만함의 숫자이자 한층 더 풍부하게 늘어난 지혜와 통찰을 상징하는 숫자가 된다.

숫자 100은 이를 데 없이 아름다운 완성의 숫자이다. 초기 기독교도들은 기도 용어인 'AMEN' 속에 내재되어 있는 숫자의 가치를 99로 계산했다. A = 1, M = 40, E = 8, N = 50으로 이 숫자를 모두 합하면 99가 된다. 따라서 이 기도 문구 역시 기껏해야 신성한 100으로 향하는 문턱에 도달하는 데 그칠 따름이다.

— 『숫자의 비밀』, 오토 베츠

4. 81수리의 영동력

81수리 이론을 내세우는 학자들은 각 수의 영동력이 본인의 의식과는 관계없이 쉼 없이 작용해서 본인의 운명에 영향을 미친다고 한다. 그러면서 81수리는 통계 숫자일 뿐이므로 이것이 곧 운명이라고 단정지어서는 곤란하고, 따라서 현명한 사람이라면 참고자료 정도로 활용하는 것이 좋다고 하는 경향이 있다. 그러나 필자는 지금까지 그 '통계 숫자' 란 것을 본 적이 없고, 따라서 어느 정도로 활용해야 하는지 판단할 수 없다.

지금까지 살펴본 것처럼, 81수리 이론은 동양 전래의 심오한 정통 이론에서 비롯된 것이 아니라 일본인 학자 구마자키 겐오의 주관적인 작품이다. 그리고 시간이 흐르면서 이 구마자키 겐오의 작품에 여러 학자들이 나름대로 의견을 덧붙였으리라고 추리할 수 있다.

그런데 이 81수리 이론은 오늘날의 남녀평등사상에 어긋난다. 즉 남성의 경우에는 홀아비가 되는 수를 거론하지 않으면서 여성의 경우에는 과부가 되는 수를 여러 개 늘어놓는다. 옛날에는 부인은 남편한테 의지할 수밖에 없었고 따라서 남편이 사망하면 재혼조차 자유롭지 못하여 그야말로 딱한 신세가 되었다. 그러나 오늘날은 우먼파워(woman power) 시대이고, 기혼 여성의 경우 과부가 되어도 자식까지 데리고 총각과 결혼한다. 오늘날은 여성 대통령이 자연스럽게 받아들여지는 시대이다. 그러니 "이 수리는 남성에게는 무척 좋으나 여성에게는 너무 강하다"고 차별적으로 말하는 81수리 이론을 어찌 그대로 받아들이겠는가.

다음에 소개하는 81수리 이론에서 1획부터 81획까지의 수리 특성은 학자들 사이에 큰 차이가 없이 엇비슷하다. 그러나 획수를 따지는 방식은 한문 글자이든 한글이든 어느 경우에나 의견 대립을 보이고 있는데, 이에 관하여는 이미 살펴본 바 있다.

① 태초격(太初格) · 두령운(頭領運)

모든 수의 으뜸이며 시작과 출발을 나타내는 기본수이다. 최고의 권위와 최대의 행복을 암시한다. 또한 시작과 출발 즉 창조의 수리이므로 연구 · 창안 · 발명을 가리킨다. 그러나 1은 하나이므로 타협을 모르는 자기 과신으로 흐를 수 있다. 이 수는 선천 운명이 고귀한 사람이나 기관에 쓰는 것이 좋고, 보통 이하의 사람이나 여성에게는 피하는 것이 좋다.

② 분리격(分離格) · 재액운(災厄運)

2수는 둘로 쪼개지는 수리이므로 분열과 대립을 나타내는 수이다. 부모와의 인연도 박하고, 부부간이나 자식 및 친구간의 관계도 순조롭지 못하다. 고독과 번뇌 그리고 역경 등을 뜻한다. 이 수를 지닌 사람은 지나친 신중을 피하고 결단력을 길러 나가야 한다. 이 수는 색난을 암시하므로 이성 관계에 유의해야 한다.

③ 명예격(名譽格) · 복덕운(福德運)
3은 양수 1과 음수 2가 합하여 음양이 처음으로 형성을 이루는 수이다. 따라서 지혜와 용기 그리고 원만한 인격을 두루 갖추었으므로 부귀를 누리며 이름을 떨친다. 행복한 가정을 이루고 사회의 어느 방면에서나 크게 성공한다. 선천 운명과 조화를 이루면 크게 기대해 볼 만한 수이다.

④ 부정격(否定格) · 파괴운(破壞運)
4는 분리를 뜻하는 2가 겹친 수이다. 따라서 사방으로 흩어짐을 뜻한다. 여러 방면에 걸쳐 용두사미이고 재산을 날리며 가족과 생리사별(生離死別)한다고 볼 수 있다. 그러므로 자신을 더욱 다듬어 나가야 한다. 특히 원만한 성품을 길러야 하며, 의지박약과 우유부단을 떨쳐버려야 한다. 이 수는 색난을 암시하므로 이성관계에 유의해야 한다.

⑤ 통어격(統御格) · 성공운(成功運)
5는 생수인 1, 2, 3, 4, 5가 성수인 6, 7, 8, 9, 10이 되도록 만들어주는 중간수이다. 따라서 지나치거나 부족함이 없는 매우 길한 수이다. 어떤 곳에서나 중심적인 위치에서 탁월한 지도자가 될 수 있다. 행복한 가정을 이루고 부귀를 누리며 온 누리에 지혜와 덕을 펼치니 만인이 우러러본다.

⑥ 계승격(繼承格) · 덕후운(德厚運)
6은 5를 발판으로 1수를 계승한 수이다. 그러므로 조상의 유업, 재산 등을 이어받아 발전시키는 의미가 있다. 그러나 처음부터 자신이 이루어 놓은 것이 아니고 너무 쉽게 물려받은 것이기 때문에 아까운 생각이 없어 주색에 빠질 가능성이 있다.

⑦ 독립격(獨立格) · 발달운(發達運)
7은 그 자체가 양수인데 그 구성 또한 양수들끼리의 집합인 3 · 3 · 1이어서 독립과 투지와 번영을 뜻한다. 따라서 개척정신으로 난관을 돌파하

여 영달을 누릴 수 있다. 그러나 독단으로 흐를 가능성이 크므로 인화(人和)에 힘써야 한다.

⑧ 발달격(發達格)·전진운(前進運)
8은 양수들끼리의 집합인 3·5이면서 또한 음수들끼리의 집합인 4·4이어서 남성적인 면과 여성적인 면을 아울러 지니고 있다. 그러나 근본적으로는 2·2·2·2의 구성이기 때문에 극에 달한 음기가 양기로 변화하는 태동과 변혁의 형상이다. 따라서 아무리 어려운 난관이라도 극복하여 뜻을 이룰 수 있다고 본다. 그러나 여성한테는 다소 강한 수일 것이다. 남녀 모두 배우자와의 불화를 조심해야 한다.

⑨ 궁박격(窮迫格)·불행운(不幸運)
9는 양수들끼리의 집합인 3·3·3이면서 기본수 중 홀수의 마지막 수이다. 따라서 고독하고 외로운 수이다. 9는 10을 향하고 있으니 이는 마치 서산 위의 태양과 같다. 한때의 부귀영화가 다하고 내리막길로 향한다. 여성의 경우에는 남편을 극하거나 화류계로 흐르기 쉽다. 남녀 모두 늦게 결혼하는 경우가 많다.

⑩ 공허격(空虛格)·단명운(短命運)
10은 기본수의 마지막 수로 꽉 찬 것을 의미하는 동시에 다시 처음의 상태로 되돌아간다는 것을 의미한다. 따라서 10은 '공허'를 암시한다. 여러 면에서 성취가 어렵고 실속이 없어 수포로 돌아가는 경우가 많다. 인덕이 없다. 가족과의 이별, 질병, 형액 등으로 불운의 세월을 보내기도 한다. 나태함과 우유부단함을 극복해야 한다.

⑪ 신성격(新成格)·흥가운(興家運)
11은 공수(空數)인 10에서부터 다시 1로 시작하는 수로 새봄이 다시 오는 것을 뜻하니 신성격이라고 한다. 성품이 온건하고 성실하며 두뇌가

명석한 데다가 창조력과 추진력이 있어 끊임없이 순차적으로 발전한다. 빈손으로 큰일을 성취한다. 점점 부귀하고 번영하는 길한 수이다.

⑫ 박약격(薄弱格) · 고수운(孤愁運)

의지가 박약하고 무기력하며 소극적이어서 매사 막힘이 많다. 육친(부모 · 형제 · 배우자 · 자식)과의 인연이 깊지 못하고 병약과 고독 등으로 번민한다. 사업실패 등으로 뜻을 펴지 못하고 허송세월한다. 특히 여성의 경우에는 부부의 인연이 좋지 않다.

⑬ 지모격(智謀格) · 지달운(智達運)

두뇌가 명석하고 재주가 뛰어나 큰일을 성취할 수 있다. 탁월한 통솔력과 선견지명으로 만인의 신망을 얻어 뭇사람을 영도하는 위치에 설 수 있다. 입신양명이 따르는 매우 좋은 수이다. 다만 자만심에 빠지기 쉬우므로 항상 겸손과 미덕을 갖추도록 노력할 필요가 있다.

⑭ 이산격(離散格) · 파괴운(破壞運)

모든 것이 사방으로 흩어지고 파괴되는 수이다. 노력에 비해 대가가 적고, 수고는 있으나 공이 없다. 소극적인 성격 때문에 조직사회에 잘 적응하지 못한다. 가정운이 좋지 않아 가족끼리 헤어져 사는 경우가 많다. 여성의 경우에는 남편운이 매우 좋지 못하다.

⑮ 통솔격(統率格) · 복수운(福壽運)

지혜와 덕망 그리고 원만하고 쾌활한 성품으로 상하의 신뢰와 존경을 누리며 자립대성하는 순조로운 운세를 지닌 수이다. 가정운과 사회운이 모두 좋다. 부귀영화로 천하에 명성을 떨친다. 특히 통솔력과 지배력이 뛰어나다. 처음의 좋은 운에 너무 빨리 만족하지 말고 보다 큰 뜻을 펼치는 것이 바람직하다.

⑯ 덕망격(德望格) · 재부운(財富運)

인덕이 매우 많아서 주변으로부터 도움을 받아 대업을 성취하여 부귀공명을 누린다. 이 수는 조업(祖業)을 계승하여 가운을 크게 일으키는 암시도 지니고 있다. 성격은 다정다감하고 원만하며 강하고 부드러움을 아울러 갖추고 있지만, 자만하기 쉽고 색정에 탐닉하는 경우가 있다. 여성의 경우에는 혼기가 다소 늦기도 하지만 현모양처가 많다.

⑰ 용진격(勇進格) · 건창운(健暢運)

강직한 의지로 난관을 돌파하는 불굴의 투사이다. 초지일관으로 나아가 자립대성하여 만인의 존경을 누린다. 그러나 자신을 과신하는 경향이 있고 고집불통이라는 평을 들을 수 있다. 남녀 모두 색정에 빠질 가능성이 많다. 여성의 경우에는 너무 강해서 남성의 기질로 화하기 때문에 남편을 극할 수 있다.

⑱ 발전격(發展格) · 융창운(隆昌運)

뛰어난 지모와 강한 의지 그리고 진취력을 바탕으로 어느 분야에서나 성공하여 부귀영화를 누리며 주위 사람들로부터 존경을 받는 지위에 오를 수 있다. 특히 사업가로서 크게 수완을 발휘할 수 있다. 성격이 너무 강해 자칫 자만에 빠지거나 남을 업신여길 수 있으니 행동에 각별히 주의해야 한다.

⑲ 고난격(苦難格) · 병액운(病厄運)

두뇌가 명석하고 활동력이 뛰어나지만 의외로 장애가 발생하여 뜻한 바가 수포로 돌아간다. 성공을 했는가 싶으면 곧 기울어진다. 육친(부모·형제·배우자·자식)과의 인연이 박하다. 병고에 시달리고 심하면 불구가 된다. 조난, 형액 등의 재해가 속출한다. 여성의 경우에는 남편을 극한다.

⑳ 허망격(虛妄格) · 단명운(短命運)

육친의 덕이 없고 하는 일마다 실패의 연속이며 가난, 고독, 횡액,

단명 등 아주 흉한 재난을 면하기 어렵다. 이 수는 가장 흉한 수로서 이름학상 써서는 안 될 수이다. 온갖 재난을 면하기 어려운 대흉수이다. 이 수가 남성에게 있으면 불량배로 나아가기 쉽고 여성에게 있으면 화류계로 흐르기 쉽다. 특히 여성의 경우에는 결혼을 한다 해도 과부가 되거나 아니면 첩이 될 신세이다.

㉑ 수령격(首領格)·견실운(堅實運)

지인용(智仁勇)의 삼덕(三德)을 갖춘 대길수이다. 의지가 강하고 인정이 있으며 감정이 풍부하고 대인관계가 원만하다. 한때의 파란을 거치더라도 결국은 큰일을 성취하여 천하에 이름을 떨치며, 빼어난 통솔력으로 만인을 영도하는 지도자의 지위에 올라 부귀공명을 누린다. 여성에게는 강한 수여서 남편과 생사이별을 하는 경우가 많다. 그러나 여성이 직업을 갖고 독신으로 살 경우에는 크게 발전할 가능성이 있다.

㉒ 중절격(中折格)·박약운(薄弱運)

외모가 준수하고 재능과 지혜도 우수하지만 반드시 중도좌절하여 비운을 한탄한다. 운세가 박약하여 모든 것이 뜻과 같지 않다. 가족과의 인연 부족, 역경, 조난, 색난, 병약, 형액, 단명, 패가망신 등을 암시하는 크게 불길한 수이다. 여성의 경우에는 정상적인 부부생활이 어렵고, 그렇다고 직업을 갖는다 해도 성공하기 어렵다. 22수도 20수와 마찬가지로 써서는 안 될 수리 중의 하나이다.

㉓ 공명격(功名格)·융창운(隆昌運)

지인용(智仁勇)의 삼덕(三德)을 갖춘 대길수이다. 권위와 세력이 왕성하므로 비록 미천한 데서 출발하였다 할지라도 나중에는 큰 뜻을 이루어 만인의 존경을 누린다. 그러나 남녀 모두 색난에 유의해야 한다. 여성의 경우에는 남편과 생사이별을 하는 경우가 많지만 직업을 갖고 독신으로 살면 크게 발전할 가능성이 있다.

24 입신격(立身格)·축재운(蓄財運)

뛰어난 두뇌와 온유한 성품으로 주위의 신망을 얻어 점진적인 발달을 이룩한다. 빈손으로 시작해도 크게 뜻을 이루고 특히 재복이 있어 아름다운 영화를 누릴 수 있다. 자손의 경사가 따른다. 여성의 경우에는 애교가 많아 원만한 가정을 꾸려 나갈 수 있다.

25 건창격(健暢格)·복수운(福壽運)

영민하고 성실하며 강직하다. 큰 어려움 없이 안전한 발전을 이루어 재물과 명예를 아울러 누릴 수 있다. 자기과신에 흐르지 않도록 유의할 필요가 있다. 바른 말을 잘하기 때문에 주위 사람과 마찰이 있을 수 있으니 인화(人和)에 힘쓰는 것이 좋다.

26 영웅격(英雄格)·만달운(晩達運)

영리하고 의협심이 강하며 앞장서기를 좋아하고 큰일을 이루어내는 능력이 있다. 영웅적인 기질이므로 때로는 크게 영화를 누릴 수 있으나 가족과의 생사이별 등 끊임없는 파란을 겪을 수 있다. 위인, 열사, 괴걸(怪傑) 등에서 많이 볼 수 있는 수이다.

27 대인격(大人格)·중절운(中折運)

명석한 두뇌와 강한 자신감으로 큰일을 해낼 수 있다. 그러나 욕심이 많고 자기위주이기 때문에 주변의 도움을 받지 못하여 흉한 결과로 이어지는 경우가 많다. 경우에 따라서는 자살이라는 극단의 길을 택하기도 한다. 오만과 고집을 버리고 중용지도(中庸之道)로 성실하게 노력하는 자세가 필요하다.

28 조난격(遭難格)·파란운(波瀾運)

일찍부터 파란곡절을 겪으면서 거센 세파에 시달린다. 가족과의 인연이 박하다. 호걸다운 기질이 있어 성공할 수 있지만 영화는 잠시일 뿐 모든 것이 수포로 돌아간다. 고독, 조난, 형액 등으로 고생하며 단명으로 이어질 수 있다. 사회에 대한 불신감을 씻어버리고 원만한 대인관계를 이루어 자신의 운명을 밝게 다스려 나가야 한다.

29 성공격(成功格)・풍재운(豊才運)

탁월한 지모(智謀)와 왕성한 활동력으로 원대한 포부를 달성하여 부귀영화는 물론 장수까지 누릴 수 있다. 또한 예능 방면에 뛰어난 재능이 있으니 그림이나 글씨 등으로 나아가면 그 방면에서 명가(名家)가 될 수 있다. 그러나 지나친 욕심을 자제하고 자기과신을 버려야 한다. 여성의 경우에는 여장부의 기질이 두드러져 사회활동에서 크게 두각을 나타낼 수 있다.

30 불측격(不測格)・부침운(浮沈運)

파도를 타는 것처럼 부침이 심하다. 성공과 실패의 연속이다. 그러므로 성공의 경우에는 더 이상의 욕심을 자제하고 마음을 비우는 여유를 가져야 하며, 실패의 경우에는 단번에 성공을 거두겠다는 꿈을 버리고 점진적으로 일어서겠다는 자세를 지녀야 한다.

31 융창격(隆昌格)・흥가운(興家運)

지인용(智仁勇)의 삼덕(三德)을 갖춘 대길수이다. 원만하고 온후한 성품 그리고 강건한 의지와 백절불굴의 신념으로 날로 발전하여 수(壽)와 복(福)을 아울러 누린다. 세상을 보는 눈이 밝고 통솔력이 뛰어나며 사심이 없기 때문에 지도자로 군림하며, 좋은 배우자를 만나 아름다운 인생을 노래한다. 학문과 예술 분야에서 탁월한 능력을 자랑할 수 있다. 여성의 경우에는 재덕(才德)을 겸비한 현모양처이다.

32 순풍격(順風格)・왕성운(旺盛運)

비록 어려운 환경에서 태어났다 하더라도 귀인이나 뜻밖의 행운을 만나 순풍에 돛 단 듯이 나아가는 요행수이다. 마치 물속의 용이 때를 만나

하늘로 솟아오르는 것과 같다. 파죽지세로 나아가 부귀영화를 누릴 수 있다. 마음이 넓고 성품이 인자하며 감정이 풍부하다. 여성의 경우에는 매력이 넘치고 색정이 강해서 이성관계에 유의해야 한다.

33 승천격(昇天格) · 왕성운(旺盛運)
지모(智謀)가 뛰어나고 자세가 적극적이어서 어떠한 난관이라도 극복하여 중천의 태양처럼 빛날 수 있다. 따라서 커다란 부귀영화를 자랑할 수 있다. 그러나 극왕수이므로 어느 날 갑자기 몰락할 수 있는 암시를 지니고 있다. 그러므로 이 수는 선천운과 조화를 이루어야 한다. 보통 이하인 사람에게는 피해야 할 수이다. 남녀 모두 강한 자존심과 권위적인 행동 때문에 구설수에 오를 수 있으며 색정이 강해서 문제를 일으킬 수 있다. 여성의 경우에는 남편을 극할 수 있다.

34 변란격(變亂格) · 파멸운(破滅運)
처음에는 운이 좋다가도 예기치 않은 재난이 닥쳐와 불행해지는 수이다. 사람을 잘 사귀는 수완이 있어 일시적으로는 성공을 해도 곧 실패한다. 흉한 일이 계속 일어나 패가망신하는 흉수 중의 흉수이다. 늦게 결혼하거나 또는 늦게 자식을 두며 가족과의 인연이 박해서 생사이별의 아픔을 겪는다.

35 태평격(泰平格) · 안강운(安康運)
근면하고 성실하여 행복을 누리고 장수할 수 있는 길한 수이다. 그리고 이상적이고 이지적이어서 학술, 문예, 기술 방면으로 나아가면 크게 성공할 수 있다. 소극적이고 박력이 부족해서 대부대귀(大富大貴)는 기대하기 어렵지만 온화하고 원만하여 평온하고 우아한 인생을 누릴 수 있다. 여성의 경우에는 매력이 있고 현모양처이다.

36 의협격(義俠格) · 파란운(波瀾運)
의협심과 호걸스런 기질로 다른 사람을 위하여 행동하기 때문에 세상 사람들의 추앙을 누릴 수는 있으나 자신은 파란곡절을 많이 겪는다. 한 마디로 영웅운을 타고난 수이다. 생각과 행동을 바꾸어 작은 것을 소홀히 다루지 않도록 해야 한다. 여성의 경우에는 독신으로 살 가능성이 있다. 이 수에서 기인(奇人), 풍운아가 나올 수 있다.

③ 인덕격(人德格) · 출세운(出世運)

의지가 굳고 성실하며 추진력이 있어 어떠한 어려움이라도 극복하고 부귀영화를 누리며 명성을 떨칠 수 있다. 운세가 순조로워 뜻을 이룰 수 있는 대길수이다. 그러나 모든 일을 혼자서 다루어 나가는 경향이 있어 주위로부터 고립되기 쉽다. 용모가 아름다워 호색으로 발전할 수 있다. 여성의 경우에는 바람직한 여인상을 갖추고 있어 좋은 운이 따른다.

③ 문예격(文藝格) · 평범운(平凡運)

두뇌가 명석하고 이지적이어서 창작성을 띤 문학, 예술이나 발명 등의 방면으로 나아가면 부귀공명을 누릴 수 있다. 그러나 이상적이고 환상적인 면이 다분해서 실천력이나 남을 통솔하고 지도하는 자질은 부족하다. 그리고 현실적인 물욕과도 다소 거리가 있다. 따라서 실제적인 생활기반의 구축에 유의해야 한다. 여성의 경우에는 남성의 경우보다 더욱 밝고 아름다운 수라고 볼 수 있다.

③ 장성격(將星格) · 부영운(富榮運)

지모(智謀)와 권위 그리고 박력으로 만인을 통솔하는 지도자이다. 부귀를 누리며 천하에 이름을 떨친다. 극히 귀(貴)한 수이므로 아주 흉한 운을 불러올 수도 있다. 따라서 선천운과 조화를 이루어야 한다. 여성의 경우에는 강한 수여서 남편을 극할 수 있다.

④ 무상격(無常格) · 파란운(波瀾運)

지모(智謀)가 뛰어나고 담력이 비범하지만 오만과 괴벽 때문에 실

덕(失德)하고 비방을 받는다. 또한 모험심과 투기심이 강하여 일시적인 성
공을 하더라도 결국 재앙을 초래한다. 따라서 배우자와 생사이별하고 고독
과 병약 나아가 패가망신으로 이어질 수 있다. 따라서 착실하게 노력하여
성공을 이룩하려는 자세가 필요하다.

41 대공격(大功格) · 고명운(高名運)

준수한 용모에다 원만한 인격과 덕망 그리고 강한 의지까지 갖추어 무한한 발전을 이룰 수 있는 대길수이다. 큰 부귀영화와 장수를 기대할 수 있다. 먼 앞날을 내다보는 안목과 그에 따른 처신은 중생제도(衆生濟度)로 이어져 아름다운 이름을 길이 남긴다. 남녀 모두 이성에게 인기가 있으며 여성의 경우에는 현모양처가 될 수 있다.

42 고행격(苦行格) · 수난운(受難運)

총명하고 지혜가 있어 다방면으로 능하며 예술적인 재능까지 갖추고 있다. 그러나 여러 가지 일에 관심이 많고 한 가지 일에 몰두하는 노력이 부족하며 추진력과 의지력이 약하여 어느 것 하나 제대로 이루지 못한다. 성공을 했다 하더라도 오래가지 못하고 스스로 재액을 초래하기 쉽다. 색난, 병액, 불구, 조난 등의 암시가 있다. 일찍부터 한 우물을 파는 노력과 적극적인 자세가 필요하다.

43 성쇠격(盛衰格) · 산재운(散財運)

재능이 많고 지혜가 뛰어나지만 정신이 산만하고 의지가 박약해서 성공을 바라기 어렵다. 겉으로는 행복해 보여도 안으로는 재액이 많아서 외화내빈이다. 정서가 불안하고 허황된 유혹에 빠져들기 쉽다. 그래서 일찍부터 색난을 겪는 수가 있다. 수입보다 지출이 많아 경제적으로 어려움의 연속이다. 여성의 경우에는 허영심이 많고 변덕이 심한 편이다.

44 마장격(魔障格) · 파멸운(破滅運)

하는 일마다 되는 것이 없고 평생 미로를 방황하다가 생을 마감하는 대흉수이다. 한때 성공하는 경우도 있으나 그것도 잠시일 뿐이다. 가족과의 생사이별, 병약, 불구, 변사 등으로 이어져 만사불통이며 패가망신이다. 그러나 이러한 역경을 헤치고 위인, 열사, 대발명가 등으로 등장하는 경우가 있다.

45 대지격(大智格) · 현달운(顯達運)

지혜가 뛰어나고 의지가 확고해서 크게 성공하여 부귀영화를 누릴 수 있다. 순한 바람에 돛을 올린 형상으로 매사가 순조로워 높은 지위에 올라 천하를 다스리며 이름을 떨칠 수 있다. 또한 선견지명이 뛰어나서 만인이 우러러본다. 이 수는 대귀의 수이므로 선천운과 조화를 이루어야 그렇지 않으면 오히려 풍랑에 표류하는 형상으로 돌변할 수 있는 암시를 지니고 있다.

46 미운격(未運格) · 비애운(悲哀運)

재능이 있어도 박약하고 무기력해서 꿈을 이루지 못하고 초야에 묻혀 지낸다. 사회에 진출해도 뜻을 이루기 어렵다. 평생 흉운이 가실 날이 없다. 만사가 뜬구름 잡듯이 허망하고 모두가 수포로 돌아간다. 그러나 연구나 발명 또는 정신수행 등으로 나아가면 성공할 수 있다. 여성의 경우에는 기예 방면으로 나아가 성공하는 경우도 있다.

47 출세격(出世格) · 전개운(展開運)

강한 의지와 지속적인 노력으로 대업을 성취하여 부귀와 장수를 누리며 명예와 권세를 자랑하는 수이다. 특히 재운이 왕성하여 자손에게까지 풍요로움을 안겨주니 가문이 화목하고 번창한다. 봄동산에 꽃이 만발한 형상이고 물고기가 물을 만난 형상이다. 많은 사람의 신망을 얻을 수 있으니 혼자서 행동하는 것보다는 합동으로 더욱 큰 뜻을 펼치는 것이 좋겠다.

48 유덕격(有德格) · 영달운(榮達運)

지모(智謀)와 재능과 덕망을 겸비하여 만인의 추앙을 받고 지도자의 위치에 올라선다. 먼 앞날을 내다보는 식견이 탁월하다. 하늘이 내려준 복록과 긴 수명은 선망의 대상이다. 흰 구름 속을 노니는 학과 같이 여유로움과 태평함을 즐길 수 있다.

49 은퇴격(隱退格) · 변화운(變化運)

재능이 뛰어나고 지략이 있어 자수성가할 수 있다. 그러나 길흉이 상반된다. 한 번 길한 운이 오면 이어서 길한 운이 오다가, 한 번 흉한 운이 오면 이어서 흉한 운이 따른다. 정치가나 투기꾼의 경우에 흔히 볼 수 있는 현상이다. 길한 때에 미리 흉한 때를 대비하는 슬기로움이 필요하다.

50 부몽격(浮夢格) · 불행운(不幸運)

5는 길운을 불러오는 수이므로 대업을 성취할 수 있으나 0은 흉운을 불러오는 수이므로 파멸할 수 있다. 한 번 성공하면 한 번 실패한다. 말년이 흉해서 패가망신할 수 있다. 부부이별, 병액, 형벌, 살상 등 재난이 따르는 흉수이다. 성공하여 부귀영화를 누릴 때 여러 사람에게 은덕을 베풀어둘 필요가 있다.

51 길흉운(吉凶運) · 성패운(盛敗運)

일생 동안 흥망성쇠를 걷잡을 수 없다. 처음에는 왕성한 운으로 재물과 명예를 얻어도 나중에는 흉운이 닥쳐와 애써 얻은 것이 곧 물거품처럼 사라져버린다. 파란이 심해 안정된 생활을 누리기 힘든 수이다. 평소 수양을 닦아 마음가짐을 바로 하고 직업으로는 종교인 등이 좋다.

52 약진격(躍進格) · 시승운(時乘運)

지략이 뛰어나고 의지력이 강건하며 추진력이 왕성하다. 또한 무에서 유를 창조할 수 있는 능력이 있으며 선견지명이 탁월하다. 따라서 기회를 잡으면 용이 승천하듯이 큰 꿈을 이룬다. 부귀영화를 자손한테까지 물려줄 수 있다. 대학자나 대정치가로도 크게 이름을 떨칠 수 있다. 남녀 모두 호색하는 경향이 있으므로 색난에 유의해야 한다.

53 내허격(內虛格) · 장해운(障害運)

겉으로는 화려하게 보여도 속으로는 어려움이 많다. 의지가 박약해서 자신의 힘으로 어려움을 헤쳐 나가기가 어렵다. 일생 길흉이 반반이어서, 전반기가 길하면 후반기가 흉하고, 전반기가 흉하면 후반기가 길하다. 한번 재난을 만나면 패가망신하는 비운을 겪을 수 있다.

54 무공격(無功格) · 절망운(絶望運)

도모하는 일마다 막히고 장애가 생긴다. 비참함이 끊이지 않다가 결국 패가망신으로 이어지니 삶 그 자체가 절망적이다. 일시적인 행복을 누릴 수 있으나 그것도 기대하기 어렵다. 속세를 떠나 종교에 귀의함이 좋을 것이다. 성명에 사용할 수리가 아니다.

55 미달격(未達格) · 불안운(不安運)

'5'의 길수가 겹쳐서 대길할 듯하지만 무엇이든지 지나치면 변하므로 모든 것이 뜻과 같지 않고 모래 위에 집을 지어놓은 것처럼 불안하다. 따라서 외화내빈이다. 나아가 여러 가지 재난을 겪을 흉한 암시가 있다. 의지가 굳으면 여러 가지 난관을 극복하여 늦게 성공을 이룰 수 있다.

56 한탄격(恨歎格) · 패망운(敗亡運)

의지가 박약하고 진취성이 부족하며 인덕이 박해서 주위의 도움을 기대하기가 어렵다. 따라서 하는 일마다 실패의 연속이다. 노력을 다하여도 성과는 보잘 것 없어 심신이 고달프다. 결국 패가망신하여 처량한 신세가 된다. 성명에 써서는 안 될 수리다.

57 봉시격(逢時格) · 시래운(時來運)

강한 의지와 신념으로 일시적인 큰 어려움을 극복하고 드디어 자신의 꿈을 이룬다. 모진 겨울을 이겨내고 꽃을 피우는 형상이다. 일생 동안 최소한 한 번은 커다란 재난을 겪지만 불굴의 투지와 끊임없는 노력으로 이를 극복한다. 이런 후 비로소 만사형통을 이루어 부귀영화를 노래한다. 흉을 벗어나 길로 나아가는 대길수이다.

58 후영격(後榮格) · 후복운(後福運)

성패와 부침이 많아 길흉의 교차가 잦다. 따라서 고난이 닥치더라도 좌절하지 말고 최선을 다하면 전화위복으로 영광을 누린다. 처음은 비록 곤궁하더라도 나중에는 영화를 누리는 대기만성형이니 중도에서 초조해하지 말고 성실한 노력을 다해야 한다.

59 재화격(災禍格) · 실의운(失意運)

의지가 약하고 인내력이 부족해 모든 것이 용두사미다. 더구나 재능까지 없고 조그만 어려움에도 쉽게 좌절하는 기질인지라 한 번의 재난으로 재기불능이 된다. 수양이 필요하다. 성명에 써서는 좋지 않은 수이다.

60 동요격(動搖格) · 재난운(災難運)

바람이 부는 대로 파도가 치는 대로 이리저리 떠 다니는 일엽편주와 같은 형상이다. 자기 중심이 없고 무계획적이어서 방황으로 일생을 마친다. 평생 한 번이라도 성공하기가 어렵다. 주위에서 도와주려는 사람도 없다. 항상 재난이 도사리고 있는 불길한 수이다. 그러나 자포자기하지 않고 최선을 다하면 작은 성공은 가능하다.

61 영화격(榮華格) · 재리운(財利運)

지혜가 뛰어나고 재능이 출중하여 명예와 재물을 겸비한 행복을 누릴 수 있다. 그러나 자존심이 강하고 겸손하지 못하여 주위의 비난을 받을 수 있다. 나아가 가정풍파까지 일으킬 수 있다. 따라서 겉으로는 행복한 듯 하지만 안으로는 불안한 삶이 될 수 있다. 다투는 일로 형사문제까지 일으킬 수 있으니 수양과 인화에 각별히 힘써야 한다.

⑥② 고독격(孤獨格) · 쇠퇴운(衰退運)

사회적으로 신망을 잃고 내외가 불화하여 뜻을 이루지 못하고 점점 쇠퇴의 길을 걷는다. 해가 서산으로 기울어가는 형상이다. 무기력하고 권위가 없어 돌발적인 재난으로 인한 비운을 겪는다. 어려움의 연속이다. 여성의 경우에는 말을 많이 하며 잘난척하다가 망신을 당하기 쉽다.

⑥③ 순성격(順成格) · 성공운(成功運)

초목이 단비를 만나 무럭무럭 자라나는 형상이다. 또한 순풍에 돛을 단 것과 같다. 자신이 뜻하는 바를 모두 순조롭게 이룰 수 있다. 재난이 닥쳐도 스스로 피해 가므로 걱정할 필요가 없다. 부귀영화를 자손한테까지 물려줄 수 있다. 남녀 모두에게 길수 중의 길수이다.

⑥④ 침체격(沈滯格) · 쇠멸운(衰滅運)

침체와 쇠멸의 수이다. 욕심과 무모함 때문에 뜻을 이루지 못한다. 한번 운이 기울기 시작하면 엄청난 재앙을 벗어나기가 어렵다. 이별, 고독, 병액 등이 계속 일어난다. 욕심을 버리고 철저한 계획을 세우는 자세를 지녀야 한다.

⑥⑤ 휘양격(輝陽格) · 흥가운(興家運)

한낮의 태양처럼 밝게 빛나는 형상이다. 집안에 보석이 가득하고 사회적으로 중심인물이다. 만사를 뜻대로 이루어 부귀영화를 누리며 남은 경사가 자손한테까지 이른다. 온화하고 후덕하며 인정 있고 성실한 자세는 만인의 규범이다. 늦도록 행복을 누리며 존경과 예우를 받을 수 있다. 대길수이다.

66 우매격(愚昧格)·쇠망운(衰亡運)

어리석고 사리에 어두워 쇠망으로 나아가는 형상이다. 둔하고 계획성이 없어 빈곤과 고통에서 헤어나기 어렵다. 하는 일마다 진퇴양난의 어려움이 따르고 인덕이 없어 믿을 수 있는 사람들에게조차 배신을 당한다. 나아가 내외간의 불화로 손해와 재앙이 겹쳐 이르니 패가망신이 염려스럽다.

67 천복격(天福格)·자래운(自來運)

예민하고 활동적이며 인내심이 강하고 세상을 보는 안목이 뛰어나다. 주위로부터 도움을 받아 순조롭게 발전한다. 가세가 번창하고 부귀영화를 누리는 대길수이다. 지나친 욕심을 삼가야 한다.

68 명지격(名智格)·흥가운(興家運)

총명하고 아이디어가 뛰어나다. 또한 사리분별이 분명하고 용의주도한 실천력이 있어 자신의 뜻을 이룬다. 예술적이고 창조적인 재능이 탁월하므로 그 방면으로 나아가 성공할 수 있다. 본인이 능력 있고 주위의 신임도 두터우므로 모든 일에 자신을 가질 만하다. 너무 치밀하여 우유부단으로 흐름을 삼가야 한다.

69 종말격(終末格)·불안운(不安運)

풍전등화의 형상이다. 성격이 우유부단하고 의지가 약하며 항상 불안과 근심에 쌓여 있다. 정신적인 발달이 부족하여 제대로 일을 처리할 수 없다. 병약, 불구, 단명 등 흉한 암시가 있다. 정상적인 가정을 이루기가 어렵다. 개명이 필요하다.

70 공허격(空虛格)·멸망운(滅亡運)

근심과 고통이 끊일 사이가 없다. 때문에 평생을 공허 속에서 보내며 멸망으로 나아간다. 가족과 이별하고 폐질과 횡액 등 고통을 겪는다. 최악의 경우에는 벙어리, 귀머거리, 장님 등이 되기도 한다. 이름에 써서는 안

될 수이다. 하루 빨리 개명을 하는 것이 좋다.

71 만달격(晩達格) · 발전운(發展運)
경사가 날 조짐이 잠재해 있으나 본인의 노력이 필요한 수이다. 따라서 대성공을 하려면 남다른 노력을 기울여야 한다. 초반에 어려움이 있더라도 좌절하지 말고 용기를 내어 이를 극복하려는 자세가 필요하다. 본인의 노력 여하에 따라 많은 변화가 있는 수이다.

72 상반격(相半格) · 후곤운(後困運)
길흉이 반복되는 수이다. 성취를 하면 고난이 따르고 외관이 길한 것 같으면 내실은 흉화가 따른다. 일생 희(喜) · 비(悲) · 애(哀) · 락(樂)이 교차한다. 보름달이 먹구름과 어우러져 변화를 이루어 나가는 것과 같은 형상이다.

73 평길격(平吉格) · 평복운(平福運)
뜻은 원대하지만 지략과 실천력이 부족하여 자그마한 성공 정도로 그친다. 뜻에 비해 결과가 미흡하더라도 작은 행복에 만족할 줄 아는 슬기로운 자세를 지녀야 한다. 성실한 노력이 이어지면 성공의 폭이 커진다. 초반에는 기력이 약하여 고생을 하더라도 후반에는 복록이 점점 불어나 안락한 여생을 보낼 수 있다.

74 우매격(愚昧格) · 미로운(迷路運)
우둔하고 무능하다. 산 넘어 또 산이다. 평생 아무 일도 이루지 못한다. 뜻밖의 재액으로 괴로움의 연속이다. 무위도식하니 주위 사람들이 기피한다. 속세를 떠나 출가하는 것이 좋다.

75 정수격(靜守格) · 평화운(平和運)
매사가 명쾌하지 못하고 우여곡절이 따른다. 때문에 충분한 사전

검토와 치밀한 계획을 수립하여 추진하면 어느 정도 명리를 얻어 안정된 생활을 누릴 수 있다. 심사숙고한 후 행동으로 옮겨야 하는 수이다.

76 선곤격(先困格) · 후성운(後盛運)
감당하기 어려울 정도의 고난이 몰아닥친다. 그러나 강인한 의지력으로 이를 극복하면 보통 정도의 행복은 누릴 수 있다. 그렇지 않으면 평생 비참한 생활을 면하기 어렵다. 한번 나쁜 운이 오면 계속 이어서 오는 수라는 것을 명심하고 대처해야 한다.

77 전후격(前後格) · 길흉운(吉凶運)
시작이 있어도 끝맺음이 흐지부지하다. 꽃은 피지만 열매는 없는 형상이다. 처음에는 윗사람 덕택으로 행복을 누릴 수 있으나 나중에는 점점 운이 기울어 불행을 면하기 어렵다. 그러므로 행복을 누릴 때 불행에 대처해야 한다. 처음에 고전하다가 나중에 좋아지는 경우도 있다. 길한 가운데 흉이 있고 흉한 가운데 길이 있는 수이므로 처음과 나중에도 각각 길흉이 교차할 수 있다.

78 선길격(先吉格) · 평복운(平福運)
초반에는 우수한 재능과 노력으로 성공하여 재물과 명예를 얻으나, 후반으로 갈수록 운이 점점 쇠퇴하여 어려움을 겪는다. 따라서 후반을 위해서는 초반까지 이룩한 결실을 잘 관리하며 더 욕심내지 말고 여생을 조용히 보낼 필요가 있다. 그렇지 않으면 그동안 쌓아올린 것이 그만 사라져 버린다.

79 종극격(終極格) · 부정운(不正運)
신체는 건강하지만 정신력은 박약하고, 용감은 하지만 지혜는 없다. 또한 도덕심과 신용이 없어 사회적으로 소외된다. 노력을 해도 결과가 신통치 않아 무위도식으로 허송세월한다. 결국 신세타령으로 이어지니 절벽 끝에 서 있는 것과 같고 서산의 해는 기우는데 갈 길은 천리인 형상이다. 절대로 써서는 안 될 대흉수이다.

80 종결격(終結格) · 은둔운(隱遁運)
일생 동안 나쁜 것은 다 닥치니 너무나 고통스럽고 하늘이 원망스럽다. 중병으로 단명할 수도 있음을 유의해야 한다. 대흉수이다. 다만 살아가는 동안 최소한의 생계는 꾸려 나갈 수 있으니 불행 중 다행이다. 속세를 떠나 출가하는 것이 좋다.

81 환원격(還元格) · 성대운(盛大運)
9×9를 한 최종수이다. 아울러 다시 1로 환원하는 수이다.

5. 영동력의 실상

어느 학문에서나 이론이란 현실에 적용시켜 그 타당성이 입증되어야 비로소 존재가치를 인정받을 수 있다. 81수리 이론도 마찬가지다.

81수리 이론은 성명 각 글자의 획수를 세어 원형이정의 4격(원격 · 형격 · 이격 · 정격)을 구성한 후, 이것을 81수리로 따져 이름(성명)이 갖는 운세를 설명한다. 좀더 쉽게 이야기하면, 81수리 이론이란 원격, 형격, 이격, 정격의 수(1~81)가 지니고 있는 영동력이 본인의 의식과는 관계없이 부단하게 작용해서 이것이 본인의 운명에 영향을 미친다는 것이다.

81수리 이론을 내세우는 학자들은 그 타당성을 입증하기 위하여 '통계 숫자'를 거론하는데, 아직까지 그 '통계 숫자'란 것을 본 적이 없다. 다만 어느 여성으로부터 "이혼여성 가운데 4격 수리가 23획인 사람이 많다더라"는 이야기를 들은 바는 있다. 그러나 한번 생각해보자. 이혼여성 가운데는 4격 수리가 21획, 23획, 29획, 33획 등 20~30획 전후인 사람이 많을 것이다. 왜냐하면 현실적으로 4격 수리가 20~30획 전후를 형성할 가능성이 매우 높고, 따라서 81수리 가운데 큰 분포도를 형성할 터이므로 정(正)과 반(反)의 숫자가 다른 획에 비하여 뚜렷하게 나타날 수 있기 때문이다.

우리나라에는 김(金)씨, 이(李)씨, 박(朴)씨가 많다. 김씨는 8획, 이씨는 7획, 박씨는 6획이다. 그리고 이름 글자의 획수는 보통 10획 내외이다. 따라서 성명에서 4격 수리가 20~30획 전후를 이루는 경우가 무척 많을 것이다. 김씨, 이씨, 박씨 외에 많이 있는 강(姜 : 9획)씨, 최(崔 : 11획)씨 등도 고려해야 한다.

이른바 '통계 숫자'를 내세울 때는 정(正)과 반(反)의 모습을 모두 보여주어야 한다. 그러므로 이혼여성 가운데는 4격 수리가 20~30획 전후인 사람이 많지만, 반대로 부부가 해로한 여성 가운데도 4격 수리가 20~30획 전후인 사람이 많다고 해야 한다. 그렇다면 4격 수리가 21획, 23획, 29획, 33획 등이라고 해서 특별하게 문제될 것이 없지 않겠는가. 옛날에는 81수리 이론을 내세우는 학자들이 '통계 숫자'를 거론할 때 남존여비사상의 일환으로 남성의 경우에는 정(正)의 모습을, 여성의 경우에는 반(反)의 모습을 이야기했으나 오늘날의 남녀평등시대에는 더 이상 설득력이 없다.

81수리 이론의 부정적인 암시에도 불구하고 성공적인 인생을 살고 있는 사람들을 얼마든지 찾아볼 수 있다. 다음 소개하는 인물들의 경우를 보고 81수리 이론의 영동력이란 허구임을 깨달을 수 있을 것이다.

- **고건(高-10획, 建-9획) 전 국무총리**
  원격이 9획, 형격이 19획, 이격이 10획, 정격이 19획으로 4격이 모두 흉격이다. 그러나 고건 전 국무총리는 경기고와 서울대 문리대 정치학과를 졸업한 후 고시행정과에 합격한 다음 줄곧 평탄한 관료의 길을 걸어 국무총리까지 역임하였다.

- **이미자(李-7획, 美-9획, 子-3획) 가수**
  〈열아홉 순정〉으로 데뷔해서 〈동백아가씨〉 등으로 유명한 이미자 씨는 원격이 12획, 이격이 10획, 정격이 19획으로서 3격이 흉격이다.

• 장하진(張—11획, 夏—10획, 眞—10획) 전 여성부장관
원격이 20획으로서 흉격이지만 초년운이 좋았으며, 부부운이 염려스럽다는 21획이 두 번(형격과 이격)이나 이루어져 있지만 부부해로하면서 행복을 누리고 있다.

• 박순자(朴—6획, 順—12획, 子—3획) 전 국회의원
이격이 9획으로서 흉격이지만 말년운이 아름답게 흐르고 있으며, 정격이 21획이지만 부부해로하면서 행복을 누리고 있다.

• 안국정(安—6획, 國—11획, 正—5획) 전 SBS 사장
빼어난 모습으로 평생 아름다운 길을 걸어왔는데 정격이 22획으로서 흉격이다.

• 최규하(崔—11획, 圭—6획, 夏—10획) 전 대통령
별세한 최규하 전 대통령은 정격이 27획으로서 흉격이다.

• 이병철(李—7획, 秉—8획, 喆—12획) 삼성그룹 창업주
원격이 20획, 이격이 19획, 정격이 27획으로서 3격이 흉격이다.

• 이태영(李—7획, 兌—7획, 榮—14획) 전 이화여대 법정대학장
형격이 14획, 정격이 28획으로서 2격이 흉격이다. 그리고 부부운이 염려스럽디스 21획이 두 번(원격·이격)이나 이루어져 있지만 부부해로하면서 행복한 일생을 보냈다.

• 이건희(李—7획, 健—11획, 熙—13획) 삼성전자 회장
이격이 20획으로서 흉격이다.

• 홍라희(洪—10획, 羅—20획, 喜—12획) 삼성전자 회장의 부인
이건희 삼성전자 회장의 부인 홍라희 여사는 삼성미술관 리움 관장으로 활동하고 있는데, 형격이 30획, 이격이 22획, 정격이 42획으로서 3격이 흉격이다.

지금까지 살펴본 바에 따르면 81수리 이론이란 일본인 학자 구마자키 겐오의 주관적인 작품으로서 그야말로 허깨비 같은 것이고 또한 종이호랑이에 불과한 것이다. 지금까지 많은 세월을 이 81수리 이론과 애환을 함께 해 왔다니 참으로 부끄러운 생각이 든다. 특히 여성의 경우에는 이 81수리 이론 때문에 얼마나 많은 사람들이 가슴앓이를 했겠는가. 오늘날 수리를 가지고 인간의 운명을 논하려면 획수에 이견이 분분한 성명 글자를 문제삼을 것이 아니라 확실한 숫자를 바탕으로 한 주민등록 번호나 전화번호 또는 자동차 번호 등을 다루는 게 더 용이하지 않겠는가.

그리고 한글 이름(성명)의 경우에는 이 81수리 이론을 적용시키기 어려운 경우가 많을 것이다. 왜냐하면 예를 들어 「박차고나온노미새미나」의 경우에는 우선 원형이정의 4격을 어떻게 구성할지부터가 문제이기 때문이다. 또한 오늘날 많이 사용하는 영어 이름(성명)의 경우에도 마찬가지 어려움이 따를 것이다. 그러므로 이 81수리 이론이란 결국 시대적으로도 외면을 당할 수밖에 없다. 하지만 뚜렷한 결별이 이루어지지는 않아서 거추장스러운 존재로 남아 있는 것이 현실이다.

다음의 선시 한 수를 살펴보자.

하늘은 이불이고 땅은 깔 자리이며 산은 베개라.
달 촛불 켜고 구름 병풍 치며 바다로 술잔 삼아
마음껏 취하였다 일어나 춤을 추니
소맷자락 걸리는 것 저 멧부리 싫어라.

선시의 주인공은 "소맷자락 걸리는 것 저 멧부리 싫어라"라고 노래하고 있다. 그런데 이 구절이 마치 '81수리 이론의 걸림이 싫다'고 읊고 있는 듯 여겨진다. 하지만 이 책에서 81수리 이론을 당장 내던져버린 것은 아니다. 시간이 흐르면 자연스럽게 사라질 터이니 지나치게 서두를 필요가 없다. 지금은 그냥 독자의 판단에 맡긴다.

그래서 필자는 현실적인 바탕 위에서 작명을 하고 있다. 이 책에서는 「부록2」에 '성씨에 따른 길한 수리의 배합표'를 별도로 다루어놓았다. 취하고 버리는 것은 자유이다. 그렇지만 하루 빨리 자유로운 작명의 세계가 펼쳐지기를 기원한다.

삼원오행

　　이름학에서는 글자의 소리를 가지고 발음오행을 논하고, 글자의 획수를 가지고 수리오행을 논하며, 글자의 뜻을 가지고 자원오행을 논한다. 수리오행은 글자의 획수가 1・2이면 목(木), 3・4이면 화(火), 5・6이면 토(土), 7・8이면 금(金), 9・10이면 수(水)로 분류한 것이다(10이 넘을 경우에는 10을 버린다).

　　수리오행을 성명 글자에 적용시키는 방법은 이름학자에 따라 차이가 있을 수 있다. 그렇지만 어떻든 수리오행 이론이란 성명 글자가 수리오행에서 상생관계를 이루도록 하자는 주장이다. 따라서 성명 글자의 획수 그대로 수리오행을 배합하는 방법에서는 오행의 순서가 성씨부터 차례로 이어져도 좋고, 거꾸로 이름 끝 글자부터 성씨 순으로 이어져도 좋다.

　　예를 들어 성씨가 수(水) 오행이라면 수목화(水木火)로 오행을 배합하든가 아니면 수금토(水金土)로 오행을 배합하는 것이다. 강민준(姜-9획, 旻-8획, 俊-9획)은 강(姜)이 9획으로서 수(水), 민(旻)이 8획으로서 금(金), 준(俊)이 9획으로서 수(水)이므로 상생관계인 금생수(金生水)의 배합으로 좋은 이름이라고 할 수 있다.

　　그러나 이름학자들은 수리오행을 그다지 비중 있게 다루지 않는다. 획수 계산이나 이론적인 근거 등에 문제가 있기 때문일 것이다.

1. 의미

'삼원오행'이란 이름학계의 보편적 용어가 아니다. 따라서 이를 어떻게 설명할 것인지가 문제이다. 그러나 다음과 같이 구분해서 설명하자. 왜냐하면 '삼재'는 '삼원오행'과 유사하지만 그 내용이 노골적으로 가(假)의 바탕 위에서 있기 때문이다.

① 삼재

천격의 수리, 인격의 수리, 지격의 수리에 각각 오행을 붙여 오행끼리의 상호관계를 살핀다. 다음의 예에서 「김재천(金在千)」은 삼재 배치가 수화수(水火水)이다.

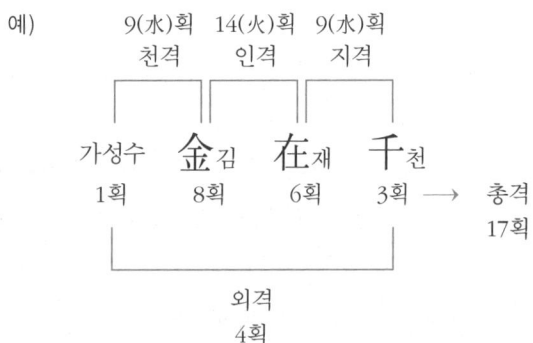

※내격은 인격과 외격의 오행이다.

② 삼원오행

이격의 수리오행을 맨 앞에 쓰고, 다음으로 형격의 수리오행, 마지막으로 원격의 수리오행을 배열하여 오행끼리의 상호관계를 살핀다. 다음의 예에서 「김재천(金在千)」은 삼원오행이 목화수(木火水)이다.

예)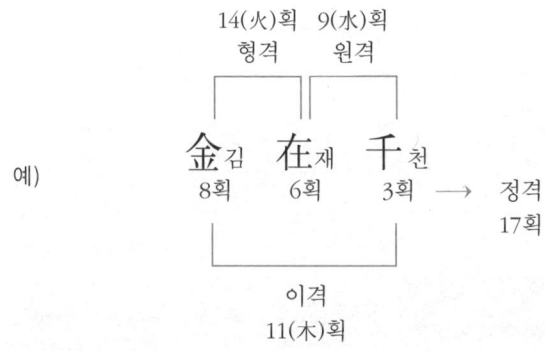

　위의 예에서 '삼재'와 '삼원오행'의 오행 배열이 서로 일치하지 않는 문제가 있다. 즉 3개의 오행 중 '삼재'는 맨 앞의 오행이 수(水)인데 '삼원오행'은 목(木)인 것이다. 따라서 이름을 지을 때 혼란을 불러올 수 있다.

　필자는 이 '삼재'나 '삼원오행'을 무시하는 입장이다. '삼재'는 무엇 때문에 정체불명의 가성수 1을 등장시켰으며, 또한 '삼원오행'은 무엇 때문에 획수 계산이나 이론적인 근거 등에 문제가 있는 수리오행을 가지고 이론을 전개시키는가? '삼재'가 성명 세 글자에 1을 더하는 것은 우리나라의 성명체계를 무시하고 일본인처럼 성명 네 글자로 다루는 것이다. 또한 '삼원오행'이 81수리 이론과 짝이 되는 수리오행 이론을 펼치는 것도 잘못을 거듭 저지르는 것이다.

2. 검증

　앞에서 의문을 제기한 것처럼 삼원오행은 이론적인 근거가 부족하다. 그럼에도 불구하고 많은 작명가들이 다른 것은 다 좋은데 삼원오행이 흉해서 성명이 나쁘다는 식으로 감명하는 경우가 있다. 이렇게 삼원오행에 얽매이다 보니 좋은 글자를 이름에 쓰지 못하는 일이 많다. 참으로 안타까운 일이다. 이에 일반적으로 알려진 삼원오행의 길흉 가운데서 몇 개를 뽑아 소개하고, 이것을 현실에 적용시켜 삼원오행의 길흉이 실제로 들어맞는지 검증해보고자 한다.

- **수수수(水水水)일 경우**

풀이 자기 자신에 대한 과신이 대단하다. 초년운이 양호하여 일시적으로는 크게 성공하는 대세력(大勢力)의 운이다. 그러나 오래가지 못하고 실패하여 가정운도 불행하며 고독한 세월을 보낸다.

검증 고건(高―10획, 建―9획) 전 국무총리는 이격이 10획으로서 수(水), 형격이 19획으로서 수(水), 원격이 9획으로서 수(水)이니 삼원오행이 수수수(水水水)이다. 고건 전 국무총리는 향상과 발전을 거듭하여 국무총리를 역임하고 대통령 권한대행까지 하였다.

- **수토수(水土水)일 경우**

풀이 허영심이 많고 남에게 간섭받기를 싫어한다. 운세가 불안정하여 급변전락의 재화로 곤란과 실의에서 벗어나기 어렵다. 가정이 편하지 않으며 급병급사의 우려가 있다.

검증 이병철(李―7획, 秉―8획, 喆―12획) 삼성그룹 창업주는 이격이 19획으로서 수(水), 형격이 15획으로서 토(土), 원격이 20획으로서 수(水)이니 삼원오행이 수토수(水土水)이다. 삼원오행이 암시하는 내용과는 정반대의 인생을 살았다.

- **화금화(火金火)일 경우**

풀이 경솔한 말이 많으며 자포자기에 빠지는 경향이 많다. 기초운이 불안정하여 성공하기 어렵고 구설수가 따른다. 고독과 파란이 따르며 가정운이 좋지 않다.

검증 정주영(鄭―19획, 周―8획, 永―5획) 현대그룹 창업주는 이격이 24획으로서 화(火), 형격이 27획으로서 금(金), 원격이 13획으로서 화(火)이니 삼원오행이 화금화(火金火)이다. 독자 여러분이 직접 판단해보기 바란다.

• 수금화(水金火)일 경우

풀이 말을 경솔하게 하며 자포자기를 잘한다. 처음은 매사가 순조로워 목적을 쉽게 이룬다. 그러나 후반에 가서는 점점 기울어져 흉액이 닥친다. 부모와의 인연이 박하다.

검증 이건희(李—7획, 健—11획, 熙—13획) 삼성전자 회장은 이격이 20획으로서 수(水), 형격이 18획으로서 금(金), 원격이 24획으로서 화(火)이니 삼원오행이 수금화(水金火)이다. 다른 것도 그렇지만 '부모와의 인연이 박하다'는 것은 전혀 맞지 않는다.

• 수토목(水土木)일 경우

풀이 오만하고 편견이 있으며 허영이 많고 남에게 간섭받는 것을 싫어한다. 환경이 불안정하여 변화 이동이 심하다. 각종 장해가 빈발하여 성공이 어렵고 가정이 화목하지 않다.

검증 이미자(李—7획, 美—9획, 子—3획) 씨는 이격이 10획으로서 수(水), 형격이 16획으로서 토(土), 원격이 12획으로서 목(木)이니 삼원오행이 수토목(水土木)이다. 이미자 씨는 다른 것은 제쳐두고 노래로 크게 성공한 여성이 아닌가.

지금까지 살펴본 것처럼 삼원오행은 믿을 수 없는 이론이다. 삼원오행의 가장 큰 문제점은 81수리 이론과 결합하여 작명을 거의 불가능하게 만들고 있다는 점이다. 다시 말해서 81수리 이론에 따라 원형이정의 4격을 모두 길한 수리로 만들고 아울러 삼원오행까지 좋게 하려면 현실적으로 이름짓기가 거의 불가능하다는 것이다.

백(白)씨, 신(申)씨, 전(田)씨 등 5획 성씨를 예로 들어 살펴보자. 5획 성씨의 경우에는 4격을 모두 길한 수리로 만들고 아울러 삼원오행까지 좋게 하려면 다음과 같은 요건을 갖추어야 한다.

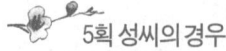
5획 성씨의 경우

구분	수리구성			원	형	이	정	삼원오행
①	5	1	2	3	6	7	8	금토화(金土火)
②	5	1	12	13	6	17	18	금토화(金土火)
③	5	3	3	6	8	8	11	금금토(金金土)
④	5	10	3	13	15	8	18	금토화(金土火)
⑤	5	3	13	16	8	18	21	금금토(金金土)
⑥	5	13	3	16	18	8	21	금금토(金金土)
⑦	5	10	6	16	15	11	21	목토토(木土土)
⑧	5	6	18	24	11	23	29	화목화(火木火)
⑨	5	8	8	16	13	13	21	화화토(火火土)
⑩	5	16	8	24	21	13	29	화목화(火木火)
⑪	5	20	13	33	25	18	38	금토화(金土火)
⑫	5	16	16	32	21	21	37	목목목(木木木)

만일 위와 같은 요건을 갖추지 않으면 실격이다. 예를 들어 수리구성이 '5 2 13'이면 삼원오행은 금금토(金金土)로서 길하지만 정격이 20획이어서 실격이고, 수리구성이 '5 2 16'이면 4격의 수리는 모두 길하지만 삼원오행이 목금금(木金金)이어서 실격이다. 그러니 5획 성씨의 경우에는 어떻게 하든지 위와 같은 요건을 갖추어야 한다.

그러나 그렇게 하는 것이 거의 불가능하다. 특히 여성의 경우에는 더욱 그러하다. 왜냐하면 81수리 이론이 '영동력'이란 것을 내세워 여성의 경우에 4격의 수리가 21획, 23획, 29획, 33획 등이면 문제삼는 경향이 있으므로, 위 표에서 4격의 수리가 이에 해당하는 ⑤~⑫를 제외시키고 그 나머지인 ①~④로 이름을 지어야 하기 때문이다.

그러면 ①~④는 어떠한가. ①~④ 모두 수리구성상 1이나 2나 3을 포함하고 있다. 따라서 획수가 1이나 2나 3인 글자가 필요하다. 그런데 1획인 글자는 한 일(一)과 새 을(乙)뿐이다. 2획이나 3획인 글자는 약간 있지만 그 것들도 칼 도(刀), 점칠 복(卜), 수건 건(巾), 아래 하(下) 등을 빼면 불과 몇 개일 뿐이다. 그러니 현실적으로 어떻게 이름을 지을 수 있겠는가.

이러한 상황은 5획 성씨가 아닌 경우도 마찬가지다. 폭넓은 작명을 위해서는 이러한 상황을 바로 보고 그 굴레를 벗어 던질 수밖에 없다. '삼원오행'이란 믿을 수 없는 이론이며, 버려야 하는 과거의 유물에 불과하다.

발음오행의 상생

이름학에서는 글자의 소리를 가지고 발음오행을 논하고, 글자의 획수를 가지고 수리오행을 논하며, 글자의 뜻을 가지고 자원오행을 논한다. 이 장에서 다룰 발음오행은 소리오행 또는 음령오행이라고도 한다. 발음오행은 한글의 자음을 오행[목(木)·화(火)·토(土)·금(金)·수(水)]으로 나누어 구분한 것으로, 일반적으로 성명 글자의 발음오행의 상생이 그 사람의 운명에 길한 영향을 미친다고 한다.

발음오행

오행	다수설	소수설
목(木)	ㄱ·ㅋ	ㄱ·ㅋ
화(火)	ㄴ·ㄷ·ㄹ·ㅌ	ㄴ·ㄷ·ㄹ·ㅌ
토(土)	ㅇ·ㅎ	ㅁ·ㅂ·ㅍ
금(金)	ㅅ·ㅈ·ㅊ	ㅅ·ㅈ·ㅊ
수(水)	ㅁ·ㅂ·ㅍ	ㅇ·ㅎ

① 오행 적용의 기준

발음오행의 상생을 논의하기 앞서 먼저 한글 발음의 구성에 대해 알아야 한다. 한글의 발음에는 초성(初聲 : 첫소리), 중성(中聲 : 가운뎃소리), 종성(終聲 : 끝소리)이 있다. 예를 들어 '박'은 'ㅂ'이 초성이고, 모음 'ㅏ'가 중성이며, 'ㄱ'이 종성이다.

이 가운데 어떤 소리의 오행을 적용할지가 문제이다. 이름학에는 초성의 오행 하나만을 적용하는 이론과, 초성과 종성의 두 오행을 적용하는 이론이 있다. 여기서는 다수설의 발음오행을 따라 오행을 적용한다.

먼저 초성의 오행 하나만을 적용하는 이론은, 예를 들어 '박'의 경우 'ㅂ'만 적용하여 오행상 수(水)로 보고 받침 'ㄱ'은 오행을 적용하지 않는다. 즉 받침은 제외하고 초성만 따진다.

다음으로 초성과 종성의 두 오행을 적용하는 이론은, 예를 들어 '김'의 경우 초성 'ㄱ'은 목(木)으로 보고 종성 'ㅁ'은 수(水)로 보아 오행의 상생 관계를 따진다.

한편 이름이 외자 즉 한 글자인 경우에 이름 글자의 오행을 한 번 더 넣는다는 주장이 있지만 수긍하기 어렵다.

② 오행의 상생 · 상극 · 상비 관계

오행의 상생관계란 서로 돕고 보완하는 관계로, 목(木)은 화(火)를 생하고, 화(火)는 토(土)를 생하며, 토(土)는 금(金)을 생하고, 금(金)은 수(水)를 생하며, 수(水)는 목(木)을 생한다.

이와 반대로 오행의 상극관계란 서로 견제하고 대립하는 관계로, 목(木)은 토(土)를 극하고, 토(土)는 수(水)를 극하며, 수(水)는 화(火)를 극하고, 화(火)는 금(金)을 극하며, 금(金)은 목(木)을 극한다.

일반적으로 발음오행이 상생하면 좋고, 상극하면 나쁘다고 한다. 이와 관련하여 오행이 어느 방향으로든지 한 방향으로 진행하는 것이 가장 좋다는 이론이 있는가 하면, 이를 구분하여 이름의 끝 글자에서 성씨 글자 쪽으로 상생하는 것이 가장 좋고 성씨 글자에서 이름의 끝 글자 쪽으로 상생하는 것은 그 다음이라는 이론이 있다.

오행의 상비(相比)관계란 같은 오행끼리 만난 것으로 목목(木木), 화화(火火), 토토(土土), 금금(金金), 수수(水水)를 말한다. 상비관계는 오행의 성질에 따라 좋은 것도 있고 나쁜 것도 있다. 예를 들어 토토(土土)와 수수(水水)는 서로 만나서 하나가 되므로 좋은 관계이지만, 서로 만나 타 없어지는 화화(火火) 그리고 서로 만나 부딪치는 금금(金金)과 목목(木木)은 좋지 않다고 본다. 학자에 따라서 금금(金金)만을 좋지 않은 관계로 보는 경우도 있다.

예를 들어 「김상우」는 발음오행이 다음과 같이 구분된다.

이름	초성	종성
김	ㄱ : 목(木)	ㅁ : 수(水)
상	ㅅ : 금(金)	ㅇ : 토(土)
우	ㅇ : 토(土)	없음

① 초성만 적용하면 위의 이름은 오행의 흐름이 목금토(木金土)로서 목(木)과 금(金)이 상극관계이다.
② 그러나 초성과 종성을 같이 적용하면 목(木)과 금(金) 가운데 있는 수(水)로 인해 금생수(金生水)가 되어 흉함이 줄어든다고 본다. 또한 위의 이름은 발음오행이 이름의 끝 글자에서 성씨 글자 쪽으로 상생해 나간다. 즉 토생금(土生金), 금생수(金生水), 수생목(水生木)이 되어 가장 좋은 오행 배합으로 본다.
③ 위 이름은 오행의 상비관계 가운데 토토(土土)가 있는데, 이는 서로 만나서 하나가 되므로 좋은 관계로 본다.

위에서 본 것처럼 '발음오행의 상생'의 구체적인 적용을 놓고 견해가 다르게 나타나고 있다. 그런데 보다 근본적인 문제가 있다. 발음오행의 상생을 논하자면 발음오행을 확실하게 구분할 수 있어야 하는데 그렇지 못하다는 것이다. 기존의 발음오행을 따르는 다수설은 ㅇ·ㅎ을 토(土), ㅁ·ㅂ·ㅍ을 수(水)로 보지만, 훈민정음 해례본을 내세우는 소수설은 다수설과는 정반대로 ㅇ·ㅎ을 수(水), ㅁ·ㅂ·ㅍ을 토(土)로 본다. 그러므로 지금으로서는 발음오행의 상생으로 확실한 이론을 구축해 나가기는 불가능하다.

더구나 상생은 좋고 상극은 나쁘다는 발상 그 자체도 문제이다. 하도의 상생과 낙서의 상극은 모두 진리의 모습이다. 발음오행에서 다수설을 따르면서 발음오행의 상생을 가지고 성명의 좋고 나쁨을 판단한다면 다음과 같은 사례들은 어떻게 받아들여야 하는가?

- 최(金)규(木)하(土) 전 대통령은 오행배열이 금목토(金木土)로서 금극목(金剋木) 목극토(木剋土)이다.
- 노(火)무(水)현(土) 전 대통령은 오행배열이 화수토(火水土)로서 수극화(水剋火) 토극수(土剋水)이다. 노무현 전 대통령을 두고 이러저러한 평가가 있을 수 있지만 어떻든 천운으로 대통령까지 올라선 인물이 아닌가.
- 삼성전자 이(土)건(木)희(土) 회장은 오행배열이 토목토(土木土)로서 목극토(木剋土) 목극토(木剋土)이다.
- 필자의 대학교 동기생 가운데는 인재가 많다. 검찰총장을 역임한 박(水)순(金)용(土) 씨는 오행배열이 수(水) ← 금(金) ← 토(土)로서 가장 좋다. 반면 최(金)경(木)원(土) 씨는 오행배열이 금목토(金木土)로서 금극목(金剋木) 목극토(木剋土)이지만 검찰총장을 지휘하는 법무부장관을 역임하였다. 오행배열이 상극인 경우가 오행배열이 상생인 경우보다 오히려 더 좋았던 사례라고 할 수 있다. 이런 사례는 법관으로 진출한 동기생의 경우에도 마찬가지다. 오행배열이 상생인 동기생은 한 명도 대법관으로 올라가지 못했지만, 오행배열이 상극인 이(土)규(木)홍(土) 씨 등 동기생 세 명은 대법관을 역임하였다.

- 그 밖에도 오행배열이 상극인 경우 출세한 인물이 많다. SBS사장인 안(土) 국(木) 정(金) 씨도 그 가운데 하나이다. 안국정 씨는 오행배열이 토목금(土木金)으로서 목극토(木剋土) 금극목(金剋木)이다.

그리고 '발음오행의 상생'은 다수설을 따르든지 소수설을 따르든지 어느 경우나 상생의 매끄러움만 추구할 뿐이어서 상극으로부터 오는 박력이 느껴지질 않는다. 필자의 성명인 「전광」은 어느 설을 따르든지 금극목(金剋木)이다. 따라서 비록 상생의 매끄러움은 느껴지지 않지만 상극으로부터 오는 박력감이 멋있게 느껴지지 않는가. 필자의 아내는 처녀 시절에 「전광」이란 발음에 반했다고 하였다.

 그렇다고 해서 상생보다 상극이 낫다고 말하는 것은 아니다. 소우주인 인간에게 생(生)은 혈액의 순환과 같고 극(剋)은 심장의 박동과 같아서 생은 극으로 이어지고 극은 생으로 이어진다. 때문에 생과 극을 분리시켜 '생'을 사랑하고 '극'을 미워하는 오류를 범하면 안 된다.

 한편 발음오행의 상생이 좋은 이름의 필수조건인 듯 다루는 것은 문제가 될 수 있다. 왜냐하면 '발음오행'도 오행인데 이름의 주인공이 필요로 하는 것과는 상관 없이 '상생'이란 명분 아래 물[水]이든 불[火]이든 아랑곳하지 않고 퍼부을 수 있으니 말이다. 잘 헤아려서 '발음오행의 상생'이란 굴레에서 벗어나 좋은 이름을 지어야 한다.

수리 및 자원오행의 상생

 이름학에서는 글자의 소리를 가지고 발음오행을 논하고, 글자의 획수를 가지고 수리오행을 논하며, 글자의 뜻을 가지고 자원오행을 논한다. 그러므로 이름학에서 오행의 상생을 문제삼을 때에는 발음오행의 상생 이외에 수리오행의 상생과 자원오행의 상생을 함께 다룰 필요가 있다.

1. 수리오행의 상생

 수리오행의 상생이란 성명 글자의 획수가 오행으로 따져서 성씨부터 이름 끝 글자로 차례대로 이어지거나, 거꾸로 이름 끝 글자부터 성씨 순으로 이어지면 좋다는 것이다.
 예를 들어 강민준(姜-9획, 旻-8획, 俊-9획)은 강(姜)이 9획으로서 수(水), 민(旻)이 8획으로서 금(金), 준(俊)이 9획으로서 수(水)이므로 상생관계인 금생수(金生水)의 배합으로 좋은 이름이라는 것이다.
 그러나 이름학자들은 이 수리오행의 상생을 그다지 비중 있게 다루고 있지 않다. 그 이유는 획수 계산이나 이론적인 근거 등에 문제가 있기 때문일 것이다. 일부 학자는 수리오행의 상생을 이른바 '삼원오행'으로 바꾸어서 논하는데, 그것에 관해서는 이미 앞에서 자세하게 살펴본 바 있다.

2. 자원오행의 상생

자원오행의 상생이란 성명 글자의 자원오행이 성씨부터 이름 끝 글자로 차례대로 이어지거나, 거꾸로 이름 끝 글자부터 성씨 순으로 이어지면 좋다는 것이다.

예를 들어 자원오행이 화(火)인 남(南)씨의 경우에는 성명 글자의 배합이 ① 화(火 : 성씨)＋토(土)＋금(金), ② 화(火 : 성씨)＋목(木)＋수(水), ③ 화(火 : 성씨)＋목(木)＋화(火), ④ 화(火 : 성씨)＋목(木)＋목(木), ⑤ 화(火 : 성씨)＋화(火)＋목(木), ⑥ 화(火 : 성씨)＋화(火)＋토(土), ⑦ 화(火 : 성씨)＋토(土)＋화(火) 등이어야 한다. ①과 ②가 상생을 이루는 배합이고 나머지는 이에 준하는 배합이다. 따라서 남(南 : 火)준(峻 : 土)용(鎔 : 金)이나 남(南 : 火)주(柱 : 木)영(泳 : 水)은 좋은 이름이다.

그러나 자원오행의 상생은 앞서 본 발음오행의 상생과 마찬가지로 상생은 좋고 상극은 나쁘다는 인식을 바탕으로 한다. 상생과 상극은 모두 진리의 모습이고, 생(生) 가운데 극(剋)이 있으며 극(剋) 가운데 생(生)이 있다. 따라서 생과 극을 분리시켜 '생'을 사랑하고 '극'을 미워하는 오류를 범하면 안 된다.

계수나무[木]는 금도끼[金]로 다듬어야 하고, 태양[火]은 호수[水]와 어우러질 때 그 빛이 반사되어 더욱 아름답고 찬란하며, 태산(土)에는 큰 수목[木]이 있어야 신령스러움이 감돌고, 원광석[金]은 불[火]을 만나야 진짜 보석이 될 수 있으며, 바다[水]는 육지[土]와 어우러질 때 더욱 아름답다. 그러니 금극목(金剋木), 수극화(水剋火), 목극토(木剋土), 화극금(火剋金), 토극수(土剋水)를 나쁘다고만 할 수 있겠는가.

황(黃 : 土) 희(喜 : 水) 정승은 토극수(土剋水)이고, 김(金 : 金) 대(大 : 木)중(中 : 土) 전 대통령은 금극목(金剋木) 목극토(木剋土)이다. 우리나라에서는 김(金 : 金)씨, 이(李 : 木)씨, 박(朴 : 木)씨가 많다. 자원오행의 상생을 관철시키려면 김(金)씨 다음 글자는 목(木)이나 화(火)이면 안 되고, 이(李)씨나 박(朴)씨 다음 글자는 토(土)나 금(金)이면 안 된다.

작명 이론이 이름을 짓는 데 도움을 주기는커녕 오히려 쓸데없는 제약만 가해서는 안 된다. 오늘날의 작명 이론은 이름을 짓는 데 최소한의 기준을 제시하여 좋은 이름을 선택할 수 있는 폭을 최대한으로 넓혀주어야 한다. 이리 옭아매고 저리 조이는 것은 바른 자세가 아니다. '상생(相生)'과 '상극(相剋)'에 구애받지 말고 좋은 이름을 지어야 한다.

- 계수나무[木] ← 금도끼[金]
- 태양[火] ← 호수[水]
- 태산[土] ← 큰 수목[木]
- 원광석[金] ← 불[火]
- 바다[水] ← 육지[土]

분파와 충돌

분파(分破)는 분리와 파괴를 말한다. 충돌은 사주학에 나오는 충(沖)을 가리킨다. 필자는 성명 글자의 분파와 충돌을 논하지 않는다. 그러나 학자에 따라서는 성명 글자에 분파와 충돌이 있으면 안 된다고 한다.

1. 분파

분파는 서로 나뉘어 떨어지는 분리와 깨뜨려 헐어버리는 파괴를 말한다. 이름학에서 분파를 따지는 학자들은 성명 글자가 모두 분파에 해당하여 통합과 결속을 벗어나 있으면 길하지 않다고 본다. 불안한 느낌을 주고 분리나 파괴의 암시가 따른다고 보기 때문이다. 성명 글자가 모두 분파에 해당하는 예를 들어보자.

① 임주상(林柱相) : 임(林)이 木｜木, 주(柱)가 木｜主, 상(相)이 木｜目으로 분파이다.

② 박현아(朴炫娥) : 박(朴)이 木｜卜, 현(炫)이 火｜玄, 아(娥)가 女｜我로 분파이다.

위에서 예를 든 두 성명에서 각각의 성명 글자는 옥편을 보면 모두 뜻이 좋은 한자이다. 그러나 분파 이론에 따르면, 성명 글자가 모두 분파에 해당하므로 불안한 느낌을 주고 분리나 파괴의 암시가 따르므로 길하다고 할 수 없다.

다음의 경우는 어떠한지 살펴보자.

① 문영미(文瑛美) : 영(瑛) 한 글자만 王｜英으로 분파이다.
② 이창식(李昌植) : 식(植) 한 글자만 木｜直으로 분파이다.

위에서 예를 든 두 성명에서 각각의 성명 글자는 옥편을 보면 모두 뜻이 좋은 한자이다. 분파 이론에 따르면 각각의 예에서 성명 글자 하나만 분파이므로 안정감이 있고 성공의 암시가 따른다고 한다.

위의 견해를 살펴보면 일리가 있어 보인다. 그러나 한자는 합성문자(合成文字)이다. 이 합성문자를 쪼개서 '분파'를 문제삼는 것은 한자의 참된 모습과는 거리가 있는 게 아닐까. 모래에 시멘트를 섞고 물을 부어 반죽하면 응집력이 커져서 콘크리트에 가까운 단단한 물질로 변화한다. 이 단단한 물질을 원래의 상태로 다시 쪼개려 드는 것이 '분파'이다. 수긍하기 어려운 이론이다. 단일민족인 우리나라는 남과 북으로 갈라져 있지만, 아메리카합중국은 단단하게 뭉쳐 있지 않은가.

『한국인물사전』을 보면 「박찬(朴燦)」이란 인물이 세 사람이나 올라 있다. 朴은 木｜卜으로 분파되고, 燦은 火｜粲으로 분파된다. 그런데 이 세 사람은 각각 판사, 검사, 대기업 사장이다.

박종화(朴鐘和)란 사람의 이름도 이와 같다. 朴은 木｜卜으로 분파되고, 鍾은 金｜重으로 분파되며, 和는 禾｜口로 분파된다. 그런데 이 사람은 민족정신을 역사소설로 표현한 빼어난 문학가이다.

문자나 글자를 쪼개려 들면 세로로만 쪼갤 것이 아니라 가로로도 쪼개야

할 것이다. 위에서 안정된 이름의 예로 든 「이창식(李昌植)」의 '이(李)'와 '창(昌)'은 가로로 쪼갤 수 있지 않은가. 더 문제를 삼는다면 '창(昌)'이란 글자는 아래의 '日'이 위의 '日'한테 눌려 있으니 좋지 않다고 할 수 있다. 또는 하늘에 2개의 태양이[日]이 떠 있으니 여성의 경우에는 두 남편을 섬길 글자라고 할 수도 있다.

어느 날 대학교수 부인이 필자를 찾아왔다. 자신의 이름자에 들어 있는 '하(昰)'가 마음에 걸려서 조언을 구하러 온 것이다. 사연인즉 어느 작명원에서 "하(昰)는 태양[日]이 다섯[正]이니 다섯 남자를 거칠 운명이라"고 개명을 권하더란 것이다. 그래서 "그런 게 아니라 하(昰)는 '태양이 똑바로'란 뜻이니 남편이 잘될 것입니다"라고 참된 풀이를 해주었다. 우리는 한자의 참된 모습을 잘 헤아려서 그릇된 사고를 떨쳐버려야 한다.

한자에는 글자를 합쳐서 만든 글자가 많다. 예를 들어 일(日)과 월(月)을 합쳐서 만든 글자가 명(明)이다. 그러므로 한자의 경우에는 파자(破字)를 하여 글자의 숨은 뜻이라면서 그럴싸한 이름풀이가 등장할 수 있다. 파자란 예를 들어 '姜'을 분해하여 '八王女'라고 하는 것이다. 박정희(朴正熙) 전 대통령의 이름의 경우를 살펴보자.

朴	十・八・卜 점[卜]을 쳐보니 18(十八)년 동안 권좌에 앉는다.
正	一・止 한[一] 번 더 정권을 잡으려고 하지만 그친다[止].
熙	臣・己・灬 자기[己]의 신하[臣]가 발사한 총탄 4발[灬]에 의해 쓰러진다.

참으로 기막히게 잘 맞는다. 그러나 이 파자는 혹세무민으로 이어진다. 왜냐하면 이름자에 '正'이 들어가 있는 사람은 모두 한 번 더 정권을 잡으

려고 하지만 그치고, 또 이름자에 '熙'가 들어가 있는 사람은 모두 자기의 신하가 발사한 총탄 네 발에 의해 쓰러지기 때문이다. 그러므로 파자란 술좌석 등에서 세상사를 비유로써 논할 때에나 거론할 수 있는 말장난에 불과하다는 생각이다.

글자 구성을 가지고 이렇게저렇게 이름풀이를 하는 것은 설득력이 없다. 그러나 글자 구성을 가지고 '보기 좋은 이름' 또는 '시각적인 배열'로 접근하는 것은 글자 구성의 미학적인 고찰을 시도하는 것이어서 별개의 문제라고 생각한다.

2. 충돌

이름학에서 충돌이란 성명 글자의 발음이 사주의 일주(日柱)와 충돌하는 것을 말한다. 이것을 이해하기 위해서는 먼저 사주(四柱)가 무엇인지를 알아야 한다.

사주(四柱)란 출생 연월일시에 해당하는 간지, 즉 태어난 해의 간지인 연주(年柱), 태어난 달의 간지인 월주(月柱), 태어난 날의 간지인 일주(日柱), 태어난 시각의 간지인 시주(時柱)의 네 기둥을 말한다. 각각의 기둥[柱]은 천간과 지지로 구성된다. 예를 들어 1944년 8월 27일(양력) 16시 출생이면 다음과 같이 사주가 구성된다.

① 연주 : 갑신(甲申). 연간은 갑(甲), 연지는 신(申)
② 월주 : 임신(壬申). 월간은 임(壬), 월지는 신(申)
③ 일주 : 계해(癸亥). 일간은 계(癸), 일지는 해(亥)
④ 시주 : 경신(庚申). 시간은 경(庚), 시지는 신(申)

이 가운데 일주는 만세력에서 태어난 당일의 일진을 찾아 그대로 기록하면 된다. 사주에서 일주는 자신과 배우자에 해당한다. 이 때문에 성명 글자의 발음이 사주의 일주와 충돌하면 좋지 않다는 이론이 있다. 나아가 이 이론은 범위를 확대하여 자녀 이름자의 발음이 부모 사주의 용신과 충돌해도 좋지 않다고 본다.

다음은 일주에 따라 피해야 할 발음을 정리한 것이다. 단, 일주에서 일지만을 기준으로 한다.

일지	발음	일지	발음
자(子)	오	오(午)	자
축(丑)	미	미(未)	축
인(寅)	신	신(申)	인
묘(卯)	유	유(酉)	묘
진(辰)	술	술(戌)	진
사(巳)	해	해(亥)	사

위의 이론대로라면, 아버지인 박(朴)씨가 술(戌)월 자(子)일 출생이고 사주의 용신이 술(戌)인 경우 아들 이름인 진오(晋午)는 하루 빨리 개명해야 한다. 왜냐하면 아버지의 술(戌)과 아들의 진(晋)이 충돌하고, 아버지의 자(子)와 아들의 오(午)가 충돌하여 아들의 이름을 부를 때마다 아버지의 운이 나빠지기 때문이다.

그럴 듯해 보이지만 문제가 있는 설명이다. 충돌은 사주학에 나오는 충(沖)을 가리킨다. 충이란 서로 박치기를 하여 둘 다 상처를 입는 것으로 다툼·이동·파란 등의 현상을 초래한다. 그러나 충이 무조건 다 나쁜 것은 아니다. 경우에 따라서는 대부대귀(大富大貴)해지는 전환의 계기가 될 수도 있다.

또한 충에는 천간끼리의 충인 간충(干沖)과 지지끼리의 충인 지충(地沖)이 있는데 위에서는 지충만 다루고 있다.

김영삼 전 대통령은 축(丑)월 미(未)일생이어서 축미(丑未)충이 있다. 노무현 전 대통령은 신(申)월 인(寅)일생이어서 신인(申寅)충이 있다. 이병철 삼성그룹 창업주는 인(寅)월 신(申)일생이어서 인신(寅申)충이 있다. 일주에 따라 피해야 하는 한자가 있다면 노무현 전 대통령은 인(寅)일생이니 성씨가 신(申)인 인물을 중용하면 안 된다. 어디 그 뿐인가. 발음이 '신' 이면 안 되니 성씨가 신(辛), 신(愼)인 인물 또한 중용하면 안 된다. 검증되지 않은 작은 견해 하나가 나라를 혼란으로 몰아넣을 수 있다.

필자는 해(亥)일생이다. 그러니 피해야 할 한자가 '사' 이다. 하지만 평생 '사(寺)'와 아름다운 인연을 쌓았고 '사' 주학자로 올라서기까지 하였다. 때문에 이 '충돌'에 관한 견해를 옳다고 보지 않는다. 나아가 이 '충돌'에 관한 견해가 가족관계 내지 사회관계에서 자신이 잘 안 풀리는 이유를 '네 탓'으로 돌리는 결과를 가져오지 않을까 우려하고 있다.

PART 3

대한민국 대표 작명 사이트 아이이름닷컴 원장이 쓴
우리이름 교과서

잘 헤아려서 쓸 글자 / 필요한 오행을 찾아서 / 이름 짓기 /
한글 이름 / 영어 이름 / 아호 / 상호 · 상품명 / 애완동물 이름 / 개명

잘 헤아려서 쓸 글자

1. 항렬자

　항렬자란 한 집안에서 같은 대에 태어난 자손들이 이름자에 공통으로 쓰는 동일한 글자이다. 예를 들어 안동 권씨 31대 자손들이 이름자에 공통으로 쓰는 '병(丙)'이 항렬자이다. 항렬자는 같은 조상의 후예라는 일체감을 조성시켜주면서 몇 대 손인가를 알려주는 역할을 한다.

　항렬자를 정하는 기준으로는 여러 가지가 있을 수 있으며 실제로도 그러하다. 그 중 목(木) → 화(火) → 토(土) → 금(金) → 수(水) → 목(木)의 오행 상생 순으로 진행하는 기준이 가장 널리 쓰인다. 이 기준을 따르면 목(木)인 '식(植)' → 화(火)인 '환(煥)' → 토(土)인 '규(圭)' → 금(金)인 '석(錫)' → 수(水)인 '영(泳)' → 목(木)인 '주(柱)'와 같이 진행한다.

　이 기준 외에 갑(甲)·을(乙)·병(丙)·정(丁)·무(戊)·기(己)·경(庚)·신(辛)·임(壬)·계(癸)의 10간 기준, 자(子)·축(丑)·인(寅)·묘(卯)·진(辰)·사(巳)·오(午)·미(未)·신(申)·유(酉)·술(戌)·해(亥)의 12지 기준, 일(一)·이(二)·삼(三)·사(四) 등의 숫자 기준 기타 다양한 기준들이 있다.

　오행상생 순으로 진행하는 기준을 따르더라도 항렬자가 반드시 동일한 글자일 필요는 없고 같은 오행의 글자로 대체할 수 있다. 예를 들어 '환

(煥)'은 같은 화(火) 오행인 '현(炫)'으로 대체할 수 있다.

 항렬자의 배치는 아버지 대에는 성씨 바로 다음 글자로 하고 아들 대에는 이름의 끝 글자로 하는 것처럼 번갈아가는 것이 보통이다.
 하지만 반드시 그런 것은 아니고 정하는 바에 따라 달라질 수 있다. 예를 들어 11대에서 20대 자손들까지는 성씨 바로 다음으로 하고, 21대에서 30대 자손들까지는 이름의 끝 글자로 하는 것이다.

 항렬자가 무엇인지 그리고 항렬자의 배치를 어떻게 할 것인지에 대해서는 종중에 문의하면 된다. 그런데 요즈음은 이름을 지을 때 항렬자 자체를 따르지 않고 발음만 같은 글자로 하거나 아예 쓰지 않는 경향이다. 인구가 많아져서 똑같은 이름을 피하기 어렵고, 이름학상 좋은 이름이나 개성 있는 이름 등을 원하기 때문이다.
 항렬자를 꼭 따를 필요는 없다. 예를 들어 본인이 사주에서 시원한 물[水]을 필요로 한다면 화(火) 오행인 항렬자를 따를 필요가 있겠는가. 그러나 항렬자를 꼭 고집한다면 그 바탕 위에서 최선을 다하는 수밖에 없다. 종손·장남·장손 등의 사유로 부득이 항렬자를 따를 경우에 항렬자를 쓴 이름은 족보(한 가문의 계통과 혈통관계를 기록한 책)에 등재하는 것으로 끝내고, 호적에는 다른 이름으로 신고하여 이것을 법률상의 이름으로 하면 된다.
 항렬자는 흔히 '돌림자'라고도 한다. 그런데 항렬자 내지 돌림자와는 관계 없이 어느 한 글자(예를 들어 하늘 민 '旻')를 가지고 자녀 모두의 공통 이름자로 했을 때는 이 글자를 돌림자라고 부를 수 있을 것이다. 요즘에는 선조가 정해놓은 항렬자를 사용하는 경우가 드물고 위에서 예를 든 '민(旻)'과 같은 글자를 돌림자로 사용하는 경우가 있다. 대가족제도를 벗어난 핵가족화의 한 면이라고 할 수 있다.

2. 자녀간의 서열을 나타낼 수 있는 글자

이름자에는 자녀간의 서열을 나타내는 글자가 있다고 볼 수 있다. 예를 들어 '伯(맏 백)'은 'the eldest'로서 맏아들한테 쓰는 글자라고 볼 수 있다. '伯'은 '亻(사람)'과 '白(어른 남자를 가리키며 원 뜻은 우두머리임)'을 합친 글자이기 때문이다.

그러나 구체적으로 어떤 글자가 자녀간의 서열을 나타낸다고 단정할 수는 없고, 다만 주관적인 판단에 따라 가려서 쓰는 수밖에 없다.

일반적으로 다음의 글자는 맏이에게만 쓸 수 있는 것으로 받아들여지고 있다.

큰 대(大),	맏 맹(孟),	맏 백(伯),
먼저 선(先),	머리 수(首),	비로소 시(始),
으뜸 원(元),	한 일(一),	길(우두머리) 장(長),
처음 초(初)		

그 밖에 다음의 글자를 맏이에게만 쓸 수 있는 것으로 추가하기도 한다.

· 갑(甲) : 10간(十干)의 첫 글자
· 자(子) : 12지(十二支)의 첫 글자
· 동(東) : 동서남북 사방의 첫 글자
· 인(仁) : 인의예지신(仁義禮智信)의 첫 글자
· 인(寅) : 정월을 가리키는 글자

물론 다른 글자도 그 의미에 따라 맏이에게만 쓸 수 있는 글자로 볼 수 있다. 예를 들어 하늘 천(天) 등이다.

그러나 버금 중(仲)은 '버금'의 뜻이 '서열이나 차례에서 으뜸의 다음'이니 맏이 다음에게 쓸 수 있는 글자이고, 가운데 중(中)은 맏이와 막내 사이에게 쓸 수 있는 글자이며, 끝 계(季)는 막내에게 쓸 수 있는 글자이다.

이제까지 맏이에게만 쓸 수 있다고 알려진 여러 글자를 살펴보았다. 그러나 '자(子)'는 여성의 이름자로, '동(東)'은 항렬자 내지 돌림자로 두 글자 모두 자녀간의 서열과는 관계 없이 사용하는 게 현실이다.

또한 '인(仁)'은 그 뜻이 '어질다'이니 누구에게나 써 주어도 좋은 글자일 텐데 '인·의·예·지·신'이라는 문구에 얽매여 이를 맏이에게만 쓸 수 있는 글자라고 고집할 수 있을까? 나아가 '인(寅)'은 뜻이 '공경하다'이며, 사주학에서 '홍수가 범람하면 호랑이[寅]를 잡아타라'고 할 만큼 사주에 물[水]이 많은 사람한테 소중한 글자이므로 이를 맏이에게만 쓸 수 있다고 할 수는 없다. 따라서 위의 글자들에 대한 구체적인 판단은 이름 짓는 사람의 철학에 따라 달라질 수 있다.

생각하건대 '원(元)'이라는 글자도 맏이에게만 쓸 수 있는 글자라고 할 수는 없다. 왜냐하면, 예를 들어 군주에게 네 명의 자녀가 있는데 이름을 동원(東元), 서원(西元), 남원(南元), 북원(北元)으로 하여 각기 동, 서, 남, 북을 관할히는 '으뜸'이 되라고 할 수 있기 때문이다. '중(中)'이라는 글자도 이와 같이 생각할 수 있다. 글자란 많은 융통성을 지니고 있다는 것을 알아야 한다.

3. 동자이음어

동자이음어(同字異音語)란 하나의 한자가 다른 음으로 발음되는 것을 말한다. 예를 들어 '車'는 '거' 또는 '차'로 발음되는 동자이음어이다. 인명용 한자 가운데 동자이음어는 다음과 같으며, 대법원에서 인정한 발음으로만 신고할 수 있다.

동자이음어

인명용 한자	발음 인정범위	비고
車	거·차	
見	견·현	
更	경·갱	
龜	귀·구	'균' 음으로는 사용할 수 없음
奈	내·나	
柰	내·나	
度	도·탁	
復	복·부	
說	설·열	'세' 음으로는 사용할 수 없음
率	솔·률	
拾	십·습	
什	십·집	
樂	악·요·락	
瑩	영·형	
易	이·역	
參	참·삼	

※ 예를 들어 車는 '거' 또는 '차' 음 중에서 선택하여 신고할 수 있다.

    이름자의 발음이 분명하지 않으면 혼란을 야기할 수 있으므로 동자이음어의 사용을 삼가는 것이 좋다. 그러나 이렇게 설명하는 필자 자신이 그만 자녀(1남 3녀) 모두에게 이름자로 '林'을 넣어주고 말았다. '林'이 위의 인명용 한자 중 동자이음어로는 나타나 있지 않지만, 실제로는 '림' 또는 '임'으로 발음되니 동자이음어이다.

필자의 항렬은 물[氺]이 들어간 글자를 돌림자로 한다. 그래서 아버님께서는 필자의 맏이한테 수생목(水生木)의 원리에 따라 나무[木]인 '林'을 사용하셨고 이를 그대로 따랐다.

그런데 아버님께서 '木'을 겹쳐 '수풀'인 '林'을 사용하신 것은 필자까지 고려한 배려라고 생각하고 있다. 왜냐하면 동양철학에 깊은 경지를 이루셨던 당신께서 필자의 사주에 엄청나게 물이 많아 보통 나무[木]가 아닌 수풀[林]이라야 된다는 것을 잘 알고 아호에 '林'을 넣어 사용하라고 하셨기 때문이다. 아버님의 정성에 힘입어 필자와 필자의 자녀 모두가 아름다운 길을 걷고 있는 것 같아 필자는 동자이음어가 싫지 않다.

맏이가 자신의 사인(sign)을 '림' 또는 '임'으로 번갈아 사용하는 것을 본 적이 있는데, 어쩌면 맏이는 동자이음어를 즐기는지도 모른다. 이승만 전 대통령은 자신의 성씨인 '이(李)'를 '리'로 발음해서 동자이음화 시켰으며, '유(柳)'씨 가운데는 자신의 성씨를 '류'로 발음해서 동자이음화 시킨 집안이 있다.

학자에 따라서는 '寧'을 예로 들어 '녕' 또는 '영'으로 발음되므로 좋은 이름자가 못 된다고 한다. 일리가 있다. 그러나 그렇다고 해서 이 글자를 이름자로 쓰면 운명이 나쁘다고 볼 수는 없다. 봉명그룹 창업주이며 국회의원까지 지낸 '李東寧'씨는 경북 문경 출신으로 큰 부귀영화를 누렸다.

4. 인명용 한자

인명용 한자란 대법원이 이름자로 쓸 수 있도록 인정한 한자이다. 한자는 그 수가 너무 많기 때문에 이를 모두 이름자로 쓸 수 있도록 하면 실무적인 어려움이 따를 것이다. 예를 들어 너무 복잡하게 이루어진 글자는 이를 기재하는 것부터가 문제일 것이다. 따라서 이름자인 한자는 대법원규칙으로 인정한 것에 한하여 사용할 수 있다. 인명용 한자와 관련된 중요 내용을 정리하면 다음과 같다.

- 성씨와 본은 대법원 규칙으로 정한 인명용 한자의 제한을 받지 않는다.
- 인명용 한자의 제한은 1991년 4월 1일부터 출생신고를 하는 사람의 이름자에 국한된다.
- 1991년 4월 1일 이후에 개명하고자 하는 경우에는 1991년 3월 31일 이전에 출생신고를 한 사람이라 할지라도 인명용 한자 이외의 한자로는 개명할 수 없다.
- 인명용 한자 이외의 한자로는 출생신고가 수리되지 않는데, 이런 경우에는 한글로만 기재해야 수리된다.
- 인명용 한자에는 '망할 망(亡)', '죽을 사(死)' 등 이름자로는 사용하기 곤란한 글자도 적지 않게 포함되어 있다.
- 동자이음어의 신고에 관하여는 '동자이음어' 에서 다루었다.
- 초성(初聲) 즉 첫소리가 'ㄴ' 또는 'ㄹ'인 한자(女·年·寧·羅·洛·亮·浪·來·良·麗·蓮·連·列·烈·伶·禮·里·林·立 등)는 각각 소리나는 바에 따라 'ㄴ' 또는 'ㅇ'으로 사용할 수 있다.
  예를 들어 「李東烈」이란 이름을 보자. 1991년 4월 1일 이후 출생신고를 하는 경우는 대법원 규칙에 따라 '이동렬' 또는 '이동열' 로 신고할 수 있다. 그러나 그 이전의 경우에는 '이동렬' 로 표기한다.
- '示' 변과 'ネ' 변, '艹' 변과 '艹' 변은 서로 바꾸어 쓸 수 있다. 예를 들어 복(福)은 福으로, 난(蘭)은 蘭으로 서로 바꾸어 쓸 수 있다.
- 인명용 한자 중 동자(同字)·속자(俗字)·약자(略字)의 경우에는 대법원 규칙으로 인정한 것에 한하여 사용할 수 있다.

인명용 한자 중 동자 · 속자 · 약자

감	鑑	鑒	무	無	无	성	晟	晠	장	莊	庄
강	強	强	미	彌	弥	수	修	脩	장	墻	牆
개	個	箇	배	杯	盃	수	穗	穂	점	點	点
개	蓋	盖	배	褒	裵	수	壽	寿	정	靜	静
검	劍	劒	백	栢	柏	실	實	実	주	遒	酒
고	考	攷	번	飜	翻	아	兒	児	진	晉	晋
관	館	舘	병	幷	并	아	亞	亜	진	瑨	瑨
광	廣	広	병	竝	並	안	鴈	雁	진	眞	真
교	敎	教	병	昞	昺	암	巖	岩	집	潗	潗
국	國	国	보	寶	宝	연	煙	烟	찬	贊	賛
긍	亘	亙	봉	峯	峰	염	艶	艷	찬	譛	讃
년	年	秊	비	祕	秘	영	榮	栄	참	慚	慙
덕	德	悳	삽	挿	揷	예	叡	睿	책	冊	册
래	來	来	상	牀	床	위	衛	衞	청	晴	晴
례	禮	礼	서	敍	叙	이	彛	彝	청	淸	清
롱	龍	竜	서	棲	栖	자	姊	姉	청	靑	青
리	裏	裡	서	壻	婿	잠	潛	潜	청	請	請

초	草	艸
총	聰	聡
충	沖	冲
충	蟲	虫
풍	豊	豊
하	廈	厦
학	學	学
항	恒	恆
현	顯	顕
혜	惠	恵
화	畫	画
확	確	碻
활	闊	濶
회	繪	絵
효	效	効
훈	勳	勛 勲

예를 들어 「김지훈」은 金志勳 · 金志勳 · 金志勛으로 신고할 수 있다.

필요한 오행을 찾아서

1. 사주 입문

1) 총설

불란서 작가 베르나르 베르베르의 『타나토노트(Thanatonaute)』와 인도의 고승 파드마 삼바바의 『티베트 사자(死者)의 서(書)』에는 매우 흥미로운 장면들이 나온다. 천상인(天上人)들은 지상의 일을 과거·현재·미래에 걸쳐 모두 알고 있으며, 지상인(地上人)도 비록 소수이지만 평소 천상을 자유롭게 왕래하며 천상인들과 같은 능력을 지니고 있다는 것이다.

정신이 맑은 사람은 여실지견(如實知見), 즉 있는 그대로 바르게 본다. 전설에 따르면 석가모니가 태어났을 때 히말라야 산에서 아시타라는 선인(仙人)이 찾아와 "집에 있어 왕위를 계승하면 전 세계를 통일하는 전륜성왕(轉輪聖王)이 될 것이며, 만약 출가하면 반드시 불타가 될 것이다"라고 예언했다 한다.

필자는 사주학의 체계를 이룩한 옛 선현들이 아시타 선인처럼 밝은 눈을 가졌다고 본다. 왜냐하면 사주학은 '변화의 진리'를 가르치고 있기 때문이다. 사주학은 음양오행학설에 근거를 두고, 개인의 생년월일시를 기초로 생극화합의 관계를 파악하여 절대 중화와 순리의 견지에서 평생의 운로(運路)를 파악하는 학문이다.

사주학은 명리학·자평학·추명학·사주명리학 등으로 불린다. 필자는 이 학문을 친근하게 느끼기 때문에 그냥 '사주학'이라고 즐겨 부른다. 오늘날 인류는 마음의 평안을 찾지 못하므로 여실지견을 이루지 못하고 있다. 그래서 '천상천하 유아독존(天上天下 唯我獨尊)'의 본래 뜻에서 벗어나 자만심으로 가득 차 있다. 또한 자신의 좁은 소견으로 이해할 수 없는 것은 무조건 비과학적이라고 배척한다. 어느 노 교수의 이야기를 들어보자.

지구는 시속 107,460km라는 놀라운 속도로 태양 주위를 회전하는데도 궤도 이탈이 없는 이유는 무엇인가? 태양이 중력이라는 힘을 작용하여 지구의 원심력과 균형을 이루어주기 때문이다. 참으로 우주는 신비롭다. 지금까지 알려진 바에 의하면 이 넓은 우주 속에 오직 지구에만 생명이 존재한다. 그런데 '만물의 영장'인 인간의 능력은 어떠한가. 인간이 눈으로 볼 수 있는 가시광선 외에도 우리 주위에는 많은 빛이 존재한다. 병원에서 쓰는 X선도 빛의 일종이고, TV나 라디오, 그리고 휴대전화기에서 방출되는 전자파도 빛의 일종이다. 자연계에 존재하는 빛 중에서 인간이 눈으로 볼 수 있는 가시광선은 불과 5% 정도다. 나머지 95%는 아무리 눈이 좋은 사람도 결코 볼 수 없다. 이 세상에 존재하는 빛을 모두 보는 줄로 생각하는 사람은 착각 속에 살고 있는 것이다.

그러면 소리를 듣는 귀는 어떤가? 소리의 본질은 공기의 진동이고, 인간의 가청음역은 초당 20~2만 사이의 진동수를 내는 음파뿐이다. 이 영역을 벗어나는 음파를 초음파라 하는데 일부 동물들은 인간이 못 듣는 초음파를 듣는다. 개는 진동수 3만 8천 헤르츠(Hz : 진동수의 단위. 1초간 n회의 진동을 n헤르츠라 함)까지 들을 수 있고, 박쥐는 9만 8천 헤르츠, 돌고래는 20만 헤르츠까지 들을 수 있다고 한다. 또 병원에서 쓰는 초음파 진단기는 수백만의 진동수를 내고 있으니 인간의 귀는 주변에 존재하는 음파의 1%도 못 듣는 셈이다.

또 '만물의 영장'인 인간의 판단력은 어떤가? 태양이 동쪽에서 떠서 서쪽으로 진다는 사실만 보고 인간은 무려 1,500년 동안 천동설을 믿어온 어리석은 역사를 가지고 있다. 과학이 발달한 오늘에도 우주 구성의 65%를 차지하고 있는 진공에너지(dark energy)의 정체가 무엇인지 아무도 모르고 있다. 인간은 겸허해야 한다.

사주학은 사람이 어머니로부터 독립하여 이 세상과 첫 호흡의 인연을 맺은 시점을 기준으로 하여 그 때의 종합된 기를 파악해서 평생의 운로를 추리하고 탐구한다. 따라서 사주학은 어느 시점에 태어났느냐를 문제삼는다. 그 시점은 생년·생월·생일·생시의 네 가지에 의해 구성된다.

우리가 흔히 팔자 또는 사주팔자라고도 부르는 사주(四柱)는 4개의 기둥이란 뜻이다. 사람이 태어난 연월일시는 각각 천간과 지지가 결합한 육십갑자로 나타낼 수 있는데, 한자는 가로쓰기가 아닌 세로쓰기를 하므로 연월일시의 육십갑자를 모두 적어놓으면 마치 4개의 기둥이 서 있는 형상과 같다. 사주학에서는 태어난 해의 육십갑자를 연기둥[연주 : 年柱], 태어난 달의 육십갑자를 월기둥[월주 : 月柱], 태어난 날의 육십갑자를 일기둥[일주 : 日柱], 그리고 태어난 시각의 육십갑자를 시기둥[시주 : 時柱]이라고 하며 연월일시 4개의 기둥을 사주라고 한다. 연월일시 4개의 기둥은 각각 천간 한 글자와 지지 한 글자로 이루어져 있다. 다시 말해 연월일시 4개의 기둥은 각각 두 글자로 이루어진 것이다. 따라서 4×2=8로 이것이 여덟 글자 즉 팔자(八字)이다. 사주팔자란 '네 기둥 여덟 글자'를 가리키는 용어이다. 그런데 네 기둥 즉 사주가 여덟 글자 즉 팔자이다. 따라서 사주팔자=사주=팔자이다. 어떤 용어를 사용하든 다 그게 그것이다.

그런데 '네 기둥 여덟 글자'는 사주학에서 어떤 의미를 갖고 있을까? 사주학에서는 우리가 특정 시점에 이 세상과 인연을 맺고 태어났다는 사실을 부정할 수 없는 인과의 귀결이자 하늘의 명(命)으로 본다. 예를 들어 대포를 쏘면 각도, 화약과 포신의 크기 등에 따라 포탄의 운동곡선과 낙하지점 및 시점이 달라지듯이, 사주 또한 주인공의 세세생생(世世生生) 함축된 인과를 나타내는 법륜(法輪) 즉 법의 수레바퀴라고 보는 것이다.

2) 본인별

본인별이란 사주팔자에서 일기둥[일주 : 日柱]의 두 글자 중 윗글자인 일간(日干)을 달리 표현한 것인데, 사주학에서는 이것을 '주체'로 본다. 본인별(일간)이 목성·화성·토성·금성·수성 중에서 어디에 해당하는지 알려면 만세력(천체를 관측하여 해와 달의 운행과 절기 따위를 적은 책)에서 본인이 태어난 날의 일진(日辰)을 보아야 한다. 일진은 두 글자로 되어 있는데 윗글자인 첫 글자가 갑(甲)이나 을(乙)이면 목성이고, 병(丙)이나 정(丁)이면 화성이며, 무(戊)나 기(己)면 토성이고, 경(庚)이나 신(辛)이면 금성이며, 임(壬)이나 계(癸)이면 수성이다.

다시 말해 본인별이란 태어난 날의 천간이다. 천간에는 갑(甲)·을(乙)·병(丙)·정(丁)·무(戊)·기(己)·경(庚)·신(辛)·임(壬)·계(癸)라는 10개의 별이 있다. 본인별은 천간으로 표시할 수도 있고, 그 오행을 따라 목성·화성·토성·금성·수성으로 나타낼 수도 있다.

예를 들어 갑신(甲申)년 임신(壬申)월 계해(癸亥)일 경신(庚申)시에 태어난 사람의 경우에는 일진이 계해(癸亥)이니 본인별은 계해(癸亥)의 천간인 계(癸)로 표시할 수도 있고, 그 오행을 따라 수성으로 나타낼 수도 있다. 10개의 별은 다음과 같이 각각 다른 비유로써 구체화시킬 수도 있다.

갑(甲)	큰 수목, 재목	기(己)	평원옥토, 화단
을(乙)	화초, 덩굴식물	경(庚)	무쇠, 바위
병(丙)	빛, 태양	신(辛)	보석, 열매
정(丁)	열, 등댓불	임(壬)	바다, 호수
무(戊)	큰 산, 제방	계(癸)	개울물, 비

위의 비유는 예시에 불과하므로 이것에 지나치게 얽매일 필요는 없다. 예를 들어 갑(甲)은 맨 앞의 천간이니 선두주자나 통치권자라고 할 수도 있고, 계(癸)는 섬세함의 극치이니 이슬이나 눈이라고 할 수도 있기 때문이다.

3) 사주 구성법

사주는 사람이 태어난 연월일시를 각각 천간과 지지로 나타낸 연주, 월주, 일주, 시주의 네 기둥으로 이루어진다. 태어난 해는 연주, 태어난 달은 월주, 태어난 날은 일주, 태어난 시각은 시주라고 한다.

사주를 보기 위해서는 우선 사주 구성 즉 사주팔자 세우기를 해야 한다. 주인공이 태어난 연월일시를 정확하게 알면 만세력을 이용해서 연주·월주·일주를 세울 수 있다. 그러나 시주는 만세력에 나타나 있지 않으므로 따라서 만세력을 이용해도 시주를 세울 수는 없다.

또한 입춘 등 절기를 밝혀야 하고 표준시·서머타임(summer time) 등을 계산에 넣어야 하며 그 밖에 다루어야 할 것이 있다.

그러나 독자는 조금도 걱정할 필요가 없다. 왜냐하면 컴퓨터의 활용으로 사주팔자 세우기를 간단하게 해결할 수 있기 때문이다. 웹사이트 『사주포럼(www.sajuform.com)』에서 '인생방정식'을 이용하면 사주명식(四柱命式 : 연월일시를 간지로 바꾸어놓은 것)을 뽑을 수 있다.

한편 사주명식을 적을 때에는 오른쪽에서 왼쪽으로 연주·월주·일주·시주를 적는다. 남성의 경우에는 건명(乾命)이라 하고 여성의 경우에는 곤명(坤命)이라고 하는데 사주명식 옆에 적는다.

예) 1944년 8월 27일(양력) 16시 출생 / 남성

시	일	월	연 (乾命)
庚	癸	壬	甲
申	亥	申	申

위의 사주명식을 상세하게 살펴보면 다음과 같다.

- 연주(年柱) : 갑신(甲申). 연간(年干)은 갑(甲), 연지(年支)는 신(申)

- 월주(月柱) : 임신(壬申). 월간(月干)은 임(壬), 월지(月支)는 신(申)
- 일주(日柱) : 계해(癸亥). 일간(日干)은 계(癸), 일지(日支)는 해(亥)
- 시주(時柱) : 경신(庚申). 시간(時干)은 경(庚), 시지(時支)는 신(申)

다음으로 연주·월주·일주·시주를 세우는 방법에 대해 알아보자.

① **연주 세우기**

연주를 세울 때는 입춘을 기준으로 한다. 우리가 쓰는 달력을 기준으로 할 때 한 해의 시작은 양력 1월 1일이지만 사주학에서는 봄이 들어온다는 입춘을 새해의 시작으로 삼는다. 그러므로 12월에 태어난 사람이라도 절기로 보아 이미 입춘이 지났으면 새해에 태어난 것으로 보고, 반대로 1월에 태어난 사람이라도 절기로 보아 아직 입춘이 되지 않았다면 지난해에 태어난 것으로 본다. 띠를 구분하는 시점도 1월 1일이 아니라 입춘이다. 입춘을 기준으로 하는 이유는 사주학이 실제적인 기후 변화를 중요시하기 때문이다.

위의 설명을 돕기 위하여 다음의 예를 들어 살펴보자.

- 1980년은 양력 2월 5일이 입춘인데 음력으로는 12월 19일이다. 달력상으로는 음력 12월 19일부터 음력 12월 29일까지 11일간은 경신(庚申)년이 아니라 기미(己未)년이지만, 사주를 판단할 때는 입춘이 지났기 때문에 경신(庚申)년으로 본다. 다시 말해 음력 1월 1일이 되지 않았어도 입춘만 지나면 다음 해로 본다.
- 1982년은 양력 2월 4일이 입춘인데 음력으로는 1월 11일이다. 이 경우에 음력 1월 1일부터 11일까지는 해가 바뀌었어도 입춘이 지나지 않았기 때문에 지난해인 신유(辛酉)년으로 본다.

위에서 본 것처럼 연(年)을 구분할 때는 음력으로 12월이나 1월에 관계 없이 입춘을 기준으로 정한다.

한편 절기(節氣)란 한 해를 24로 나눈 계절의 구분이다. 좁은 의미의 절기는 24절기 가운데 매월 양력 상순에 드는 것 즉 입춘·경칩·청명 따위를 가리킨다. 절기는 음력으로 본다고 알고 있는 사람들이 많지만, 사실 절기는 태양의 움직임을 고려한 것으로서 태양력의 분야에 속한다.

천구상에서 태양이 움직이는 길을 황도라고 하는데, 이 황도 360도를 1년으로 보아 30일 단위로 나누면 12절기가 되고, 15일 단위로 나누면 24절기가 된다.

② 월주 세우기

월주는 사주의 주인공이 태어난 달을 말한다. 월주를 세울 때는 양력 1일이나 음력 1일이 아니라 좁은 의미의 절기, 즉 24절기 가운데 매월 양력 상순에 드는 것을 기준으로 한다. 따라서 입춘·경칩·청명·입하·망종·소서·입추·백로·한로·입동·대설·소한의 절입일이 기준이다. 예를 들어 새해가 시작되는 입춘부터 한 달 후인 경칩 사이는 인(寅)월이 되고, 경칩부터 청명 사이는 묘(卯)월이 된다. 좁은 의미의 절기를 12절기라고도 한다.

12절기

절기	지지	월(月)	특징
입춘	인(寅)	1월	봄의 시작
경칩	묘(卯)	2월	개구리가 겨울잠에서 깸
청명	진(辰)	3월	맑고 밝은 봄날이 시작됨. 봄농사 준비
입하	사(巳)	4월	여름의 시작
망종	오(午)	5월	씨뿌리기(벼)
소서	미(未)	6월	여름 더위의 시작
입추	신(申)	7월	가을의 시작
백로	유(酉)	8월	이슬이 내리기 시작

절기	지지	월(月)	특징
한로	술(戌)	9월	찬 이슬이 내리기 시작
입동	해(亥)	10월	겨울의 시작
대설	자(子)	11월	겨울 큰 눈이 옴
소한	축(丑)	12월	조금 추움. 겨울 추위의 시작

월주는 연주를 세우고 난 다음에 세운다. 만세력을 보면 연주와 월주를 쉽게 세울 수 있다. 예를 들어 2006년 2월 4일(양력) 8시 27분에 태어났다면 이 시각부터 입춘이므로 연주는 병술(丙戌)이고 월주는 경인(庚寅)이다(동학사의 『보기 쉬운 사주만세력』 참고). 그런데 위의 예에서 만일 8시 26분에 태어났다면 아직 입춘 전이니 연주는 병술(丙戌) 전의 을유(乙酉)이고 월주는 경인(庚寅) 전의 기축(己丑)이다.

③ 일주 세우기

일주는 만세력에서 태어난 당일의 일진을 찾아 그대로 기록하면 된다. 예를 들어 2006년 2월 4일(양력)은 일진이 갑자(甲子)이니 일주는 그대로 갑자(甲子)이다.

그런데 일진이 바뀌는 시각은 언제일까? 여기에 대해서는 견해가 통일되어 있지 않다. 어제가 갑자(甲子)일이었다면 오늘은 을축(乙丑)일, 내일은 병인(丙寅)일이지만 어제, 오늘, 내일을 가르는 기준시각이 문제이다.

일진이 바뀌는 시각 즉 갑자(甲子)에서 을축(乙丑)으로 바뀌고, 다시 을축(乙丑)에서 병인(丙寅)으로 바뀌는 시점에 대해서는 두 가지 견해가 있다. 하나는 자(子)시 초에 다음 날 일진으로 넘어간다는 이론이고, 또 하나는 자(子)시의 중간 시점인 자정(子正)에 다음 날 일진으로 넘어간다는 이론이다.

그러나 사주학은 실제적인 기후 변화를 중요시하여 연주를 세울 때는 입춘을 기준으로 하고 월주를 세울 때는 절기를 기준으로 하므로, 일주를 세울 때도 동일한 바탕 위에서 이론을 정립해야 한다. 따라서 형식논리적으로 자(子)시 초를 고집할 것이 아니라 태양이 지구로부터 가장 먼 거리에 있는 때인 자정이 기후 변화를 가장 잘 반영한다고 보아 자정설을 따라야 할 것이다. 그렇다면 자정부터 다음 날이 된다. 문제는 자(子)시가 언제부터 언제까지냐이다. 여기에 관해서는 시주 세우기에서 다룬다.

한편 사주는 꼭 음력 생일로 봐야 한다고 알고 있는 경우가 많다. 그러나 사주학에서는 절기력을 사용하기 때문에 양력이든 음력이든 상관없이 정확한 날짜만 알면 된다. 음력 생일이 윤달에 속한 사람은 생일을 양력으로 바꾸어서 찾을 수 있다.

④ 시주 세우기

지구가 한 바퀴 자전하는 데 24시간이 걸린다. 원이 360도이고 하루가 24시간이므로, 지구가 1시간에 15도씩, 즉 4분에 1도씩 돈다는 계산이 나온다. 현재 세계 모든 나라는 영국 그리니치 천문대를 지나는 경도 0도의 본초자오선을 기준으로 하여 편의상 동서로 각각 15도씩 나누어서 표준시를 정하고 있다.

우리나라의 표준시 기준은 국토 중앙에 해당하는 동경 127.5도이다. 그런데 표준시를 정하는 국제협약 때문에 우리나라의 표준시 대신 일본의 중간지점인 아카시 천문대를 기점으로 하는 동경 135도를 표준시로 사용하고 있다. 7.5도는 시간으로 계산하면 30분에 해당하므로, 우리나라의 표준시와 일본의 표준시 사이에는 30분의 오차가 생긴다. 예를 들어 우리나라에서 시계가 낮 12시를 가리킬 때 자연시는 그보다 30분 느린 11시 30분이다.

하지만 이 30분의 오차가 절대적인 것은 아니다. 왜냐하면 우리나라 안에서도 경도상의 차이 때문에 각 지역마다 차이가 생기기 때문이다. 예를 들어 대전은 30분 19초, 서울은 32분 05초, 독도는 12분 21초, 백령도는 40분 26초로 위치마다 차이가 있다.

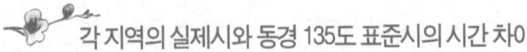
각 지역의 실제시와 동경 135도 표준시의 시간 차이

지역	경도	시간 차이	지역	경도	시간 차이
백령도	124도 53분	+40분 26초	청주	127도 29분	+30분 03초
홍도	125도 12분	+39분 10초	춘천	127도 44분	+29분 04초
흑산도	125도 26분	+38분 14초	여수	127도 45분	+29분 00초
연평도	125도 42분	+35분 34초	충주	127도 55분	+28분 20초
덕적도	126도 06분	+35분 34초	원주	127도 57분	+28분 12초
신안군	126도 11분	+35분 14초	사천	128도 05분	+27분 20초
목포	126도 23분	+34분 26초	김천	128도 07분	+27분 12초
서산	126도 27분	+34분 10초	상주	128도 10분	+26분 56초
제주	126도 32분	+33분 52초	통영	128도 26분	+25분 52초
보령	126도 33분	+33분 48초	마산	128도 34분	+25분 44초
서귀포	126도 34분	+33분 44초	속초	128도 36분	+25분 36초
인천	126도 42분	+33분 32초	대구	128도 37분	+25분 32초
완도	126도 42분	+33분 32초	안동	128도 44분	+25분 04초
군산	126도 43분	+33분 20초	강릉	128도 54분	+24분 23초
정읍	126도 52분	+32분 52초	태백	128도 59분	+24분 07초
광주	126도 55분	+32분 17초	부산	129도 02분	+23분 48초
서울	126도 59분	+32분 05초	동해	129도 07분	+23분 28초
수원	127도 02분	+31분 53초	경주	129도 13분	+23분 07초
평택	127도 07분	+31분 33초	울산	129도 19분	+22분 43초
전주	127도 09분	+31분 24초	포항	129도 22분	+22분 33초
천안	127도 09분	+31분 24초	울진	129도 24분	+22분 25초
남원	127도 23분	+30분 28초	울릉도	130도 54분	+16분 25초
대전	127도 25분	+30분 19초	독도	131도 55분	+12분 21초

우리나라의 표준시 변경

기준 경선	기간
동경 127.5도(한국시)	1908년 4월 29일 18시 30분을 18시로 조정~ 1912년 1월 1일까지 사용
동경 135도(일본시)	1912년 1월 1일 11시 30분을 12시로 조정~ 1954년 3월 21일까지 사용
동경 127.5도(한국시)	1954년 3월 21일 0시 30분을 0시로 조정~ 1961년 8월 9일 24시까지 사용
동경 135도(일본시)	1961년 8월 10일 0시를 0시 30분으로 조정~ 현재까지 사용

하루 24시간은 2시간 단위로 지지 즉 자(子)·축(丑)·인(寅)·묘(卯)·진(辰)·사(巳)·오(午)·미(未)·신(申)·유(酉)·술(戌)·해(亥)의 순서대로 구분된다. 하루의 첫 시간인 자(子)시는 우리나라의 자연시로 23시부터 1시까지다. 하지만 현재 사용중인 동경 135도(일본시)를 기준으로 하면 우리나라의 자연시에 30분을 더해서 다루어야 한다. 따라서 자(子)시의 중간 시점인 자정(子正)도 0시가 아니라 0시 30분이다.

사주학에서는 이 자정인 0시 30분을 기준으로 자(子)시를 야자시(夜子時 : 23시 30분~0시 30분)와 조자시(朝子時 : 0시 30분~1시 30분)로 나누는 견해가 있고, 그렇게 하지 않는 견해가 있다. 자시를 야자시와 조자시로 나누면 두 가지가 달라진다.

첫째, 전날 야자시와 당일 조자시는 시(時)는 같지만 일(日)이 달라진다. 즉 시주는 같지만 일주가 달라진다.

둘째, 당일의 조자시와 당일의 야자시는 일(日)은 같고 시간(時干)이 달라진다. 즉 일주는 같지만 시주가 달라진다.

일진이 바뀌는 기준을 자정으로 보면 조자시와 야자시로 구분하는 것이 타당하다. 조자시와 야자시를 구분할 때 사주학에서는 다음과 같이 일간(日干)에 따른 시주 세우기를 한다.

시주(時柱)

생시 \ 일간		갑기 (甲己)	을경 (乙庚)	병신 (丙辛)	정임 (丁壬)	무계 (戊癸)
조자시 (朝子時)	0시 30분 1시 30분	갑자 (甲子)	병자 (丙子)	무자 (戊子)	경자 (庚子)	임자 (壬子)
축 (丑)	1시 30분 3시 30분	을축 (乙丑)	정축 (丁丑)	기축 (己丑)	신축 (辛丑)	계축 (癸丑)
인 (寅)	3시 30분 5시 30분	병인 (丙寅)	무인 (戊寅)	경인 (庚寅)	임인 (壬寅)	갑인 (甲寅)
묘 (卯)	5시 30분 7시 30분	정묘 (丁卯)	기묘 (己卯)	신묘 (辛卯)	계묘 (癸卯)	을묘 (乙卯)
진 (辰)	7시 30분 9시 30분	무진 (戊辰)	경진 (庚辰)	임진 (壬辰)	갑진 (甲辰)	병진 (丙辰)
사 (巳)	9시 30분 11시 30분	기사 (己巳)	신사 (辛巳)	계사 (癸巳)	을사 (乙巳)	정사 (丁巳)
오 (午)	11시 30분 13시 30분	경오 (庚午)	임오 (壬午)	갑오 (甲午)	병오 (丙午)	무오 (戊午)
미 (未)	13시 30분 15시 30분	신미 (辛未)	계미 (癸未)	을미 (乙未)	정미 (丁未)	기미 (己未)
신 (申)	15시 30분 17시 30분	임신 (壬申)	갑신 (甲申)	병신 (丙申)	무신 (戊申)	경신 (庚申)
유 (酉)	17시 30분 19시 30분	계유 (癸酉)	을유 (乙酉)	정유 (丁酉)	기유 (己酉)	신유 (辛酉)
술 (戌)	19시 30분 21시 30분	갑술 (甲戌)	병술 (丙戌)	무술 (戊戌)	경술 (庚戌)	임술 (壬戌)
해 (亥)	21시 30분 23시 30분	을해 (乙亥)	정해 (丁亥)	기해 (己亥)	신해 (辛亥)	계해 (癸亥)
야자시 (夜子詩)	23시 30분 0시 30분	병자 (丙子)	무자 (戊子)	경자 (庚子)	임자 (壬子)	갑자 (甲子)

사주 구성을 할 때 연주·월주·일주는 만세력에 나타나 있지만 시주는

만세력에 나타나 있지 않으므로 위의 표를 따라 시주를 세운다. 몇 개의 예를 들어본다.

- 일간이 갑(甲)이나 기(己)에 해당하고 생시가 0시 30분~1시 30분인 조자시이면 시주는 갑자(甲子)가 된다.
- 일간이 병(丙)이나 신(辛)에 해당하고 생시가 11시 30분~13시 30분이면 시주는 갑오(甲午)가 된다.
- 일간이 무(戊)나 계(癸)에 해당하고 생시가 23시 30분~0시 30분인 야자시이면 시주는 갑자(甲子)가 된다.

시주 세우기에서 '서머타임(summer time)'이 문제가 될 수 있다. 서머타임은 영국에서 처음 실시한 제도로, 하절기의 긴 낮시간을 효과적으로 활용하기 위하여 시간을 1시간 앞당긴 것을 말한다. 따라서 서머타임이 적용된 기간에 태어난 사람의 출생시가 12시 10분이라면 1시간을 늦춘 11시 10분으로 정해야 한다. 또한 표준시 기준이 동경 127.5도(한국시)이고 서머타임을 실시한 경우 출생시가 11시 40분이면 표준시 기준이 동경 135도(일본시)인 현재의 시각으로는 11시 10분이다. 왜냐하면 표준시 기준 때문에 30분을 더해야 하고, 서머타임 때문에 1시간을 빼야 하기 때문이다.

⑤ **사주 구성 예**

예1) 1955년 12월 27일(음력) 16시 10분 출생

시	일	월	연
甲	乙	庚	丙
申	巳	寅	申

양력으로는 1956년 2월 8일 출생이다. 1956년은 입춘이 2월 5일 4시 42분이다. 연주는 입춘이 지났기 때문에 1955년인 을미(乙未)가 아니고 1956년인 병신(丙申)이다. 12절기로는 입춘부터 경칩 사이이므로 인(寅)월이고 따라서 월주는 경인(庚寅)이다. 2월 8일은 일진이 을사(乙巳)이므로 일주는 을사(乙巳)이다. 1955년은 현재와 다른 동경 127.5도(한국시)를 기준으로 하였으므로 출생시는 30분을 더하여 16시 40분이 된다. 일간이 을(乙)이므로 시주는 갑신(甲申)이다.

예2) 1963년 1월 8일(음력) 0시 15분 출생

시	일	월	연
丙	甲	癸	壬
子	戌	丑	寅

양력으로는 1963년 2월 1일 출생이 아니라 1월 31일 출생이다. 왜냐하면 자정인 0시 30분이 되지 않았기 때문이다. 1963년은 입춘이 2월 4일 22시 8분이다. 연주는 입춘이 경과하기 전이므로 1962년인 임인(壬寅)이다. 12절기로는 소한부터 입춘 사이이므로 축(丑)월이고 따라서 월주는 계축(癸丑)이다. 1월 31일은 일진이 갑술(甲戌)이므로 일주는 갑술(甲戌)이다. 일간이 갑(甲)이므로 시주는 야자시인 병자(丙子)이다.

예3) 1965년 1월 17일(음력) 9시 10분 출생

시	일	월	연
丙	癸	戊	乙
辰	卯	寅	巳

양력으로는 1965년 2월 18일 출생이다. 1965년은 입춘이 2월 4일 9시 46분이다. 연주는 입춘이 지났기 때문에 1965년인 을사(乙巳)이다. 12절기로는 입춘부터 경칩 사이이므로 인(寅)월이고 따라서 월주는 무인(戊寅)이다. 2월 18일은 일진이 계묘(癸卯)이므로 일주는 계묘(癸卯)이다. 일간이 계(癸)이므로 시주는 병진(丙辰)이다.

예4) 1957년 8월 15일(음력 윤달) 22시 45분 출생

시	일	월	연
癸	癸	庚	丁
亥	丑	戌	酉

양력으로는 1957년 10월 8일 출생이다. 1957년은 입춘이 2월 4일 10시 25분이다. 연주는 입춘이 지났기 때문에 1957년인 정유(丁酉)이다. 12절기로는 한로부터 입동 사이이므로 술(戌)월이고 따라서 월주는 경술(庚戌)이다. 10월 8일은 일진이 계축(癸丑)이니 일주는 계축(癸丑)이다. 1957년은 현재와 다른 동경 127.5도(한국시)를 기준으로 하였으므로 출생시는 30분을 더하여 23시 15분이 된다. 일간이 계(癸)이므로 시주는 계해(癸亥)이다.

예5) 1990년 5월 15일(음력 윤달) 19시 5분 출생

시	일	월	연
辛	癸	癸	庚
酉	酉	未	午

양력으로는 1990년 7월 7일 출생이다. 1990년은 입춘이 2월 4일 11시 14분

이다. 연주는 입춘이 지났기 때문에 1990년인 경오(庚午)이다. 12절기로는 소서부터 입추 사이이므로 미(未)월이고 따라서 월주는 계미(癸未)다. 7월 7일은 일진이 계유(癸酉)이므로 일주는 계유(癸酉)이다. 일간이 계(癸)이므로 시주는 신유(辛酉)이다.

2. 필요한 오행

사주학에서는 사주를 꽃피울 수 있는 핵이 되는 오행(木·火·土·金·水)을 '용신(用神)'이라고 한다. 그리고 용신은 아니지만 용신한테 길(吉) 작용을 하는 것을 '희신(喜神)'이라고 한다.

예를 들어 사주가 더워서 시원한 수(水)를 기뻐하면 수(水)가 용신이고, 금생수(金生水)의 원리에 따라 이 수(水)한테 길(吉) 작용을 하는 금(金)이 희신이다.

1) 용신을 찾는 방법

사주학에서 용신을 찾는 방법은 다음 다섯 가지가 있다.

① 억부용신

사주에서 강한 오행은 억압해주고, 약한 오행은 도와주어야 한다. 이렇게 조정해줄 수 있는 오행이 용신이 되는데 이것이 곧 억부용신이다.

② 조후용신

사주는 조화를 이루어야 한다. 추우면 따뜻함이 필요하고 더우면 서늘함이 필요하다. 건조하면 윤택함이 필요하고 습하면 밝음이 필요하다. 이렇게 조정해줄 수 있는 오행이 바로 조후용신이다.

③ 종용신

사주에 특정 오행의 기운이 지나치게 강해서 도저히 다스릴 수 없는 경우에는 그대로 그 오행에 따르는 것이 좋다. 그 오행이 바로 종용신이다.

④ 통관용신

사주에서 두 세력이 서로 치고받고 다툴 때에는 이를 소통시켜줄 필요가 있다. 이렇게 해줄 수 있는 오행이 통관용신이다.

⑤ 병약용신

병이란 사주를 길격으로 구성하는 데 방해되는 자(예를 들어 불필요하게 태왕한 자) 또는 용신에 해를 끼치는 자(예를 들어 용신을 극하는 자)로 전자를 사주의 병(病), 후자를 용신의 병(病)이라고 한다. 반면 병을 다스릴 수 있는 자를 약(藥)이라고 한다. 약인 오행이 병약용신이다.

용신을 찾는 일은 결코 쉽지 않다. 따라서 용신과 희신을 명확하게 구별할 수 없는 경우가 많다. 그런 경우에는 '희용신'이란 용어를 사용할 수 있다. 예를 들어 어느 사주가 목(木)·화(火)를 모두 기뻐하지만 어느 것이 용신이고 어느 것이 희신이라고 명확하게 구별할 수 없으면 '목(木)·화(火)가 희용신이다' 라고 표현할 수 있다.

참고로 위의 예에 나타난 목(木)·화(火)에 다른 오행을 추가해서 희용신이라고 할 수도 있음을 유의해야 한다. 예를 들어 수(水)가 많기 때문에 목(木)·화(火)가 희용신인 사주에서는 토(土)가 수(水)를 극해주어 좋은 작용을 할 수 있으니 토(土)를 추가해서 희용신이라고 할 수도 있다.

필자는 이름을 지을 때 자원오행이 희용신에 해당하는 글자를 사용하는 것을 원칙으로 삼고 있다. 따라서, 예를 들어 사주의 주인공이 물을 필요로 하면 자원오행이 수(水)인 '하(河)'를, 불을 필요로 하면 자원오행이 화(火)인 '현(炫)'을 이름자로 사용한다.

2) 신강 신약 판단

사주팔자에서 희용신을 찾아내기 위해서는 먼저 주인공의 사주가 신강(身强)인지 아니면 신약(身弱)인지를 알아내야 한다. 그런데 신강과 신약의 구별은 사주 전체를 보는 안목과 관련되어 있다. 그래서 신강과 신약을 명쾌하게 구별할 수 있다면 사주학 공부는 이미 절반은 끝난 셈이라고 한다. 사주학에서는 본인별 즉 일간을 '주체'로 보기 때문에 신강은 일간이 강하다는 뜻이고, 신약은 일간이 약하다는 뜻이다.

| 시간 | 일간 | 월간 | 연간 |

| 시지 | 일지 | 월지 | 연지 |

사주팔자에서 일간을 도와주는 오행이 많으면 신강이라 하고 반대로 일간을 도와주는 오행이 적으면 신약이라고 한다. 그러면 도와주는 오행이란 무엇일까?

오행	도와주는 오행
목(木)	목(木)·수(水)
화(火)	화(火)·목(木)
토(土)	토(土)·화(火)
금(金)	금(金)·토(土)
수(水)	수(水)·금(金)

위의 표에서 목(木)이 목(木)을 도와주는 것은 당연하고, 수(水)는 수생목(水生木)으로 목(木)을 도와준다. 화(火)가 화(火)를 도와주는 것은 당연하고, 목(木)은 목생화(木生火)로 화(火)를 도와준다. 토(土)가 토(土)를 도와주

는 것은 당연하고, 화(火)는 화생토(火生土)로 토(土)를 도와준다. 금(金)이 금(金)을 도와주는 것은 당연하고, 토(土)는 토생금(土生金)으로 금(金)을 도와준다. 수(水)가 수(水)를 도와주는 것은 당연하고, 금(金)은 금생수(金生水)로 수(水)를 도와준다.

다음으로 신강과 신약을 판단하는 기준에 대해 살펴보자. 그 전에 먼저 알아두어야 할 사항들이 있다.

- 월지의 영향력이 가장 크다. 왜냐하면 더운 오(午)월과 추운 자(子)월에서 볼 수 있듯이 월지가 바로 기후의 바로미터(barometer)이기 때문이다.
- 시지의 영향력도 큰 편이다. 왜냐하면 하루 중 어느 시각이냐에 따라서 기온 차가 상당하기 때문이다.
- 일지의 영향력도 큰 편이다. 왜냐하면 일지는 일간의 바로 밑에서 작용하므로 그 힘이 상당하기 때문이다.
- 천간은 지지의 작용이 없으면 뿌리를 내리지 못한 식물처럼 헛것이 된다. 따라서 천간보다 지지의 영향력이 크다.
- 연간과 연지는 일간과는 멀리 떨어져 있으므로 그만큼 영향력이 떨어진다.

위의 사항들을 고려하여 신강과 신약을 판단할 수 있는 객관적인 수리기준을 제시하면 좋을 것이다.

그러나 사주학은 1+1=2가 되는 단순수리학이 아니라 천기(天氣)와 지질(地質)을 종합하여 다루는 입체수리학이므로 객관적인 수리기준을 제시하기가 쉽지 않다. 다만 방편으로 대략적인 수리기준을 제시할 수 있지만 정확한 것은 아니다. 이름학을 다루는 이 책에서는 부득이 방편을 동원하지 않을 수 없다. 왜냐하면 사주학을 깊이 있게 공부한 후에야 비로소 이름을 지을 수 있다고 한다면 현실적으로 이름을 지을 수 있기까지 매우 오랜 세월이 필요하기 때문이다.

이 책에서는 간지별 영향력을 수리 기준으로 다음과 같이 본다. 참고로 간지 전체의 합은 10이다.

간지별 영향력

시주	일주	월주	연주	사주 \ 간지
시간 0.8	일간 1	월간 1	연간 0.8	천간
시지 1.2	일지 1.2	월지 3	연지 1	지지

그러면 위의 수리기준에 따라 필자의 사주가 신강인지 아니면 신약인지를 판단해보자.

예1)

시	일	월	연
庚	癸	壬	甲
申	亥	申	申

위 사주에서는 일간이 계수(癸水)이다. 그리고 일간을 도와주는 오행은 수(水)·금(金)이다.

간지 중에서 천간의 갑(甲)·을(乙)은 목(木)이고, 병(丙)·정(丁)은 화(火)이며, 무(戊)·기(己)는 토(土)이고, 경(庚)·신(辛)은 금(金)이며, 임(壬)·계(癸)는 수(水)이다. 지지의 인(寅)·묘(卯)는 목(木)이고, 사(巳)·오(午)는 화(火)이며, 진(辰)·술(戌)·축(丑)·미(未)는 토(土)이고, 신(申)·유(酉)는 금(金)이며, 자(子)·해(亥)는 수(水)이다.

사주에서 수(水)로는 일간의 계수(癸水 : 1) 월간의 임수(壬水 : 1) 일지의

해수(亥水 : 1.2)가 있으며, 금(金)으로는 시간의 경금(庚金 : 0.8) 연지의 신금(申金 : 1) 월지의 신금(申金 : 3) 시지의 신금(申金 : 1.2)이 있다. 따라서 일간과 일간을 도와주는 오행을 더하면 모두 9.2이다. 신강과 신약의 경계선을 5로 보면 필자의 사주는 신강이다.

그런데 사주가 신강하다는 이야기는 수(水)·금(金)이 많으니 더 이상 수(水)·금(金)이 필요 없다는 말이다.

사주가 조화를 이루기 위해서는 추우면 따뜻함이 필요하고, 더우면 서늘함이 필요하며, 건조하면 윤택함이 필요하고, 습하면 밝음이 필요하다. 그 요체는 수(水)와 화(火)의 관계 나아가 금(金)·수(水)와 목(木)·화(火)의 관계이다.

금(金)·수(水)는 수축·통합 작용을 하고, 목(木)·화(火)는 확장·분산 작용을 한다. 이 두 가지 작용이 잘 순환되어야 생기가 돈다. 사주에 금(金)·수(水)가 많으면 목(木)·화(火)로 다스리는 것이 좋고, 반대로 목(木)·화(火)가 많으면 금(金)·수(水)로 다스리는 것이 좋다. 따라서 필자의 경우에는 이름자로 자원오행이 목(木)·화(火)인 글자를 사용하면 좋다.

토(土) 가운데 월지와 시지에 있는 축(丑)은 수(水)로 볼 수 있다. 왜냐하면 축(丑)월은 겨울이고 축(丑)시는 하루 중 기온이 무척 낮은 시간이기 때문이다.

토(土) 가운데 월지와 시지에 있는 미(未)는 화(火)로 볼 수 있다. 왜냐하면 미(未)월은 여름이고 미(未)시는 하루 중 기온이 무척 높은 시간이기 때문이다.

축(丑)월이나 미(未)월은 모두 환절기이지만, 넓게 보아 축(丑)월은 겨울에 속하고 미(未)월은 여름에 속한다. 토(土)는 조정작용을 한다. 그 작용이 묘해서 일률적으로 논할 수 없다. 따라서 필자의 경우 토(土)가 무조건 희용신인 것은 아니다.

예2)

	시	일	월	연
	庚	丙	丙	辛
	寅	午	申	酉

사주	시주	일주	월주	연주	사주 간지
	금(金) 0.8	화(火) 1	화(火) 1	금(金) 0.8	천간
	목(木) 1.2	화(火) 1.2	금(金) 3	금(金) 1	지지

위 사주는 일간이 병화(丙火)이다. 그리고 일간을 도와주는 오행은 화(火)・목(木)이다. 이 사주에서 화(火)로는 일간의 병화(丙火 : 1) 월간의 병화(丙火 : 1) 일지의 오화(午火 : 1.2)가 있으며, 목(木)으로는 시지의 인목(寅木 : 1.2)이 있다. 따라서 일간과 일간을 도와주는 오행을 더하면 모두 4.4이다. 신강과 신약의 경계선을 5로 보면 이 사주는 신약이다.

그런데 이 사주가 신약하다는 이야기는 화(火)・목(木)이 필요하다는 뜻이다. 다시 말하면 이 사주는 화(火)・목(木)을 희용신으로 한다는 의미다. 따라서 이 사주 주인공의 이름자로는 자원오행이 화(火)・목(木)인 글자를 사용하는 것이 좋다.

그런데 필자의 사주는 신강해서 희용신이 3개[목(木)・화(火)에다 토(土)를 추가가 될 수 있지만, 이 사주는 신약하기 때문에 희용신이 2개밖에 될 수 없다. 그러나 사주가 신약해도 일간을 극(剋)하는 오행이 많은 경우에는 다음 예3)의 사주에서 보는 것처럼 일간이 생(生)하는 오행을 희용신으로 추가할 수 있다.

일간을 극하는 오행이란 구체적으로 일간이 목(木)이면 금(金), 화(火)이면 수(水), 토(土)이면 목(木), 금(金)이면 화(火), 수(水)이면 토(土)이다. 일간이 생하는 오행이란 구체적으로 일간이 목(木)이면 화(火), 화(火)이면 토(土), 토(土)이면 금(金), 금(金)이면 수(水), 수(水)이면 목(木)이다.

예3)

시	일	월	연
庚	庚	丙	壬
辰	午	午	申

사주간지	시주	일주	월주	연주
천간	금(金) 0.8	금(金) 1	화(火) 1	수(水) 0.8
지지	토(土) 1.2	화(火) 1.2	화(火) 3	금(金) 1

위 사주는 일간이 경금(庚金)이다. 그리고 일간을 도와주는 오행은 금(金)·토(土)이다. 이 사주에서 금(金)으로는 일간의 경금(庚金 : 1) 시간의 경금(庚金 : 0.8) 연지의 신금(申金 : 1)이 있으며, 토(土)로는 시지의 진토(辰土 : 1.2)가 있다. 따라서 일간과 일간을 도와주는 오행을 더하면 모두 4이다. 신강과 신약의 경계선을 5로 보면 이 사주는 신약이다.

그런데 이 사주가 신약하다는 이야기는 금(金)·토(土)가 필요하다는 의미다. 다시 말하면 이 사주는 금(金)·토(土)를 희용신으로 한다는 뜻이다. 따라서 이 사주 주인공의 이름자로는 자원오행이 금(金)·토(土)인 글자를 사용하는 것이 좋다.

그러나 이 사주에서는 일간이 생하는 오행인 수(水)를 희용신으로 추가할 수 있다. 왜냐하면 이 사주가 신약한 주된 원인이 일간을 극하는 오행인 월간의 병화(丙火 : 1) 월지의 오화(午火 : 3) 일지의 오화(午火 : 1.2)이므로, 모두 5.2나 되는 뜨거운 화(火)를 다스려줄 차가운 수(水)가 필요하기 때문이다. 따라서 이 사주 주인공의 이름자로는 자원오행이 금(金)·토(土)·수(水)인 글자를 사용하면 좋다.

그러나 토(土)가 문제이다. 금(金)·수(水)를 지닌 토(土)는 희용신이지만, 목(木)·화(火)를 지닌 토(土)는 희용신이 아니다.

3) 조후로 찾는 희용신

사주학에서는 사주가 신강인지 아니면 신약인지를 구별해서 희용신을 판단하지만, 어디까지나 대자연의 이치에 따를 것을 일러주고 있다. 모든 생명체는 사계절의 기후변화에 따라 성장 발육에 큰 영향을 받는다. 인간 역시 마찬가지여서 기후에 따라 정신적·육체적인 차이가 생기고 운명 또한 달라지게 된다. 그러므로 자신에게 필요한 좋은 기후를 만나야 하는데, 사주학에서는 자신의 성장 발육에 바람직한 기후와의 조화를 조후(調候)라고 하여 매우 중시한다.

사주는 억부(사주에서 강한 자는 억압해주고, 약한 자는 도와주는 것)와 조후의 이치를 조화롭게 적용하여 파악해야 한다. 억부는 현실이요, 조후는 이상이다. 현실을 떠난 이상은 있을 수 없고 이상을 버린 현실은 무의미하다. 현실과 이상이 조화를 이루면 가장 바람직하다.

- 일간이 강하지도 약하지도 않은 경우에는 조후의 관점에서 희용신을 찾는다. 이것은 월지가 사(巳)·오(午)·미(未) 즉 여름이면 금(金)·수(水)가, 해(亥)·자(子)·축(丑) 즉 겨울이면 목(木)·화(火)가 희용신인 경우가 많다는 의미다. 물론 사주가 신강인지 신약인지를 잘 구별할 수 없는 경우이다.
- 겨울에 태어난 경(庚)·신(辛) 일간은 약간 신약하더라도 조후의 관점에서 목(木)·화(火)를 희용신으로 삼는 것이 좋을 때가 많다. 사주에 금(金)·수(水)가 강해 한랭하기 때문이다. 물론 사주에 목(木)·화(火)가 강하게 나타나 있으면 그렇지 않다.

• 여름에 태어난 갑(甲) · 을(乙) 일간은 별로 약하지 않음에도 불구하고 조후의 관점에서 금(金) · 수(水)를 희용신으로 삼는 것이 좋을 때가 많다. 사주에 목(木) · 화(火)가 강해 조열하기 때문이다. 물론 사주에
금(金) · 수(水)가 강하게 나타나 있으면 그렇지 않다.

3. 이름 짓기와 믿음

　지금까지 필요한 오행을 찾을 수 있는 방법에 대해서 기본적인 내용을 설명하였다. 그러나 필요한 오행 즉 희용신을 찾아내기가 생각만큼 그리 간단하지는 않다. 왜냐하면 사주학에서는 희용신을 찾아내기 위해서 합충변화의 원리 등 여러 가지 이론들을 구사하기 때문이다. 따라서 사주학에 통달한 후 이름을 지으려면 상당한 세월이 걸릴 것이다. 그렇다고 하면 직접 이름을 짓는다는 것은 그야말로 언감생심이지 않겠는가.
　그러나 천리(天理)의 길은 아주 넓고 큰지라 조금이라도 마음을 여기에 두면 가슴 속이 문득 커지고 밝아진다. 그래서 비록 사주학에 통달하지 못한 사람이라 할지라도 이 책의 내용을 진심으로 받아들여서 그 바탕 위에서 '믿음'으로 이름을 짓는다면 하늘의 은총을 누린다고 감히 이야기하고 싶다. 『경봉(鏡峰) 스님 말씀』에 다음과 같은 글이 실려 있다.

　　　　　　우리가 이 세상에 나올 때 가슴이 아프고 머리가 아프려고 나온 것이 아니다. 빈 몸 빈 손으로 옷까지 훨훨 벗고 나왔는데 쓸데없는 망상으로 모든 근심 · 걱정이 시작되는 것이다. 우리가 어릴 때에는 무슨 근심 · 걱정이 있었겠나. 그러니 우리는 동심으로 돌아가야 한다. 동심이란 '의심'이 아닌 '믿음'이다.
　　　　　　얼마 전 일본에 대산(大山)이라는 문학박사 한 분이 있었다. 그 분한테 늙은 하녀가 있었는데 그녀가 환자들을 앉혀놓고 뭐라고 중얼

거리기만 하면 병이 금방 낫곤 한다. 박사가 생각하니 참으로 신기하기도 하고 가관이었다. 그것이 미신인 것만은 분명한 듯한데 병이 완쾌되니 말이다. 그래서 하녀를 보고 무엇을 이르느냐고 물었다. 그 하녀는 "오무기 고무기 이소고고 오무기 고무기 이소고고"라 한다고 대답한다. 이 말을 듣고 박사가 생각해보니 오무기는 보리요, 고무기는 밀, 이소고고는 두 되 다섯 홉이란 말이다. 보리 밀 두 되 다섯 홉이란 말에 병이 나을 까닭이 없는데 병이 잘 낫는 것이 이상하게 생각되었다. 일본에서 문학박사가 되자면 불교를 알아야 한다. 불교의 경전에는 문학과 너무나도 관련 깊은 철학이 담겨 있기 때문이다.

금강경 가운데 '응무소주이생기심(應無所住而生其心)' 즉 '응당 머무름 없이 그 마음을 낸다' 고 하는 구절이 있다. 육조 혜능대사도 다른 사람이 금강경을 읽을 때 이 구절을 듣고 도를 깨달았던 것이다.

이 구절의 일본 발음이 "오무소주 이소고싱"인데 누가 이 말을 하는 것을 하녀가 곁에서 듣고 "오무기 고무기 이소고고"라고 잘못 외운 것이다.

박사가 하녀에게 외는 것이 잘못되었으니 "오무소주 이소고싱"으로 바꾸어 외우라고 일러주었다. 하녀가 그 다음부터 박사가 일러준 대로 외어보니 환자들의 병이 낫지 않았다. 그래서 보리 밀 두 되 다섯 홉인 "오무기 고무기 이소고고"라고 평소에 하던 대로 외우니까 그제서야 환자들의 병이 낫는다.

그 이유가 어디에 있느냐 하면 박사가 말해준 것은 진짜이지만, 많이 외지도 않았고, 또 이렇게 하면 정말 병이 나을까, 이것이 옳은가 그른가 하는 의심이 나서 그런 것이다.

화엄경에 이르기를 "믿음은 도의 근원이요, 공덕의 어머니라"고 하였다. '믿음' 거기서 모두가 이루어진다.

위에서 본 것처럼 경봉 스님은 우리가 하늘의 은총을 누리기 위해서는 어떤 형식적인 것을 떠나서 '믿음' 이란 알맹이를 지녀야 한다고 일러주고 있다. 따라서 우리가 이름을 지을 때 비록 사주학에 통달하지 못해서 희용신을 잘못 찾았다고 하더라도, 그러한 행위가 자신이 정성을 다한 '믿음'의 소산이라면 보리 밀 두 되 다섯 홉이란 말이 가져오는 효과와 비슷한 하늘의 은총을 누리는 것이다.

이제 앞에서 "비록 사주학에 통달하지 못한 사람이라 할지라도 이 책의 내용을 진심으로 받아들여서 그 바탕 위에서 '믿음'으로 이름을 짓는다면 하늘의 은총을 누린다고 감히 이야기하고 싶다"라고 이야기한 바를 잘 이해할 수 있을 것이다.

이 책을 통하여 습득한 단편적인 사주학 지식에 만족하지 말고 기회가 닿으면 깊고 넓은 사주학 속으로 한번 푹 빠져 들어보라고 권하고 싶다. 사주학에는 좋은 사상들이 많이 담겨 있다. 그래서 필자는 저서『새롭게 풀어 쓴 우리 사주학』에서 사주학은 '수신학'이라고 밝힌 바 있다.

이름 짓기

1. 들어가기에 앞서

일반적으로 이름을 지을 때는 대부분 ① 「민서」처럼 먼저 한글로 이름을 지어놓고 거기에다 한자를 갖다 붙이는 방식, ② '바르고 큰 인물이 되라'고 '바를 정(正)'과 '큰 대(大)'를 선택하는 것처럼 이름자가 지닌 의미를 생각해서 한자를 조합하는 방식, ③ '성씨에 따른 길한 수리의 배합표'를 이용하여 성명의 4격이 모두 길한 수리를 이루는 글자들을 고르고, 거기서 또 필요한 오행 등을 지닌 글자들을 골라 맞추는 방식이 있다.

이 책에서는 ①과 ②를 '작명 요령1'에서, ③을 '작명 요령2'에서, 그리고 전문가를 통한 작명은 '작명 요령3'에서 다룬다.

우리가 이름을 지을 때 기본적으로 유의해야 할 사항들, 즉 ① 발음으로는 부르기 좋아야 한다 ② 글자로는 대법원이 정한 인명용 한자가 아닌 것은 피한다 ③ 뜻으로는 깊은 정성과 소망이 나타나면 좋다 등에 대해서는 앞서 '이름학의 원칙'이라고 하여 밝혀놓은 바 있다(97쪽 참고). 그리고 여기에 덧붙여 항렬자 등에 대해서는 '잘 헤아려서 쓸 글자'라고 하여 밝혀놓은 바 있다(193쪽 참고). 이 내용들은 우리가 이름을 지을 때 반드시 참고해야 할 사항이다.

2. 작명 요령 1

'이름학의 원칙'에서 "이름을 지을 때는 음양오행 사상에 따른다. 성명 글자의 획수가 모두 음이거나 모두 양이 되지 않도록 노력한다. 성명 글자의 오행은 사주를 따라서 자원오행을 위주로 하고, 때에 따라서는 발음오행을 함께 쓸 수 있다. 오행의 상생과 상극 문제에 대해서는 신경 쓰지 않는다"고 하였다. 작명 요령 1은 이 기준에 따라 작명하는 것이다. 이 작명 요령을 따르면 81수리 이론의 까다로운 제약을 받지 않으므로 폭넓은 작명이 가능하다.

81수리 이론은 성명 각 글자의 획수를 세어 원형이정의 4격을 구성한 후 이것을 81수리로 따져 이름의 운세를 설명한 것이다. 그러나 81수리 이론은 일본인 이름학자 구마자키 겐오의 주관적인 작품으로서 그야말로 허깨비 같은 것이고 허무맹랑한 이론에 불과하다. 따라서 81수리 이론을 따르지 않는 사람은 작명 요령 1을 따라 이름을 지을 수 있다.

1) 한글로 이름을 지어놓고 거기에다 한자를 갖다 붙이는 방식

예1) 강(姜 : 9획)씨가 「찬서」로 이름을 짓는 경우

인명용 한자

한글	한자	뜻	획수	자원오행	한글	한자	뜻	획수	자원오행
찬	粲	선명할	13	목(木)	서	舒	펼	12	화(火)
	贊	도울	19	금(金)		瑞	상서	14	금(金)
	撰	글지을	16	목(木)		序	차례	7	목(木)
	燦	빛날	17	화(火)		書	글	10	목(木)
	澯	맑을	17	수(水)		抒	펼	8	목(木)

인명용 한자는 이 책의 부록에 실어놓았다. 거기서 '찬'과 '서'에 해당하는 한자를 살펴보기 바란다. 참고로 위의 한자는 필자가 임의로 뽑아낸 것이다.

'찬'인 한자가 5개이고 '서'인 한자가 5개이므로 5×5=25로서 모두 25개의「찬서」란 이름이 이루어질 수 있다. 그러나 원획법을 기준으로 할 때 姜粲序(9·13·7), 姜贊序(9·19·7), 姜燦序(9·17·7), 姜澯序(9·17·7)는 성명 글자의 획수가 모두 홀수이고 따라서 모두 양이므로 음양의 조화를 이루지 못한다. 때문에 이 4개를 제외시킨다.

다음으로 사주를 따라서 자원오행 위주로 한자를 선택한다. 만약 금(金)·수(水)가 희용신이면 贊瑞[금(金)·금(金)]와 澯瑞[수(水)·금(金)]로 압축된다. 이 중에서 한자의 뜻 등을 고려하여 마음에 드는 것 하나를 이름으로 결정하면 된다.

이 때 '贊'이나 '澯'이 마음에 들지 않는다고 해서 '燦'으로 대체할 수 있을까? 왜 이러한 발상이 가능하냐면 이 한자가 발음오행으로는 금(金)이기 때문이다[ㅅ·ㅈ·ㅊ은 다수설이나 소수설 모두 금(金)임]. 그러나 '燦'은 화(火)가 들어 있으므로 발음오행에 불구하고 화(火)이다. 따라서 금(金)·수(水)가 희용신인 경우에 이 한자를 쓰는 것은 작명에 정성을 다하지 않는 것이다.

이름을 지을 때 자원오행만으로 만족스런 이름을 구성할 수 없을 때는 발음오행을 함께 사용할 수 있다고 본다. 하지만 이런 경우에도 한계가 있다. 즉 '불꽃 환(煥)'처럼 불[火]에 해당함이 분명한 글자, '수풀 림(林)'처럼 나무[木]에 해당함이 분명한 글자, '터 기(基)'처럼 흙[土]에 해당함이 분명한 글자, '은 은(銀)'처럼 쇠[金]에 해당함이 분명한 글자, '강 강(江)'처럼 물[水]에 해당함이 분명한 글자와 같은 것들은 발음오행을 기준으로 다르게 다룰 수는 없다고 본다.

만약 목(木)·화(火)·토(土)가 희용신이면 粲舒[목(木)·화(火)], 粲書[목(木)·목(木)], 粲抒[목(木)·목(木)], 撰舒[목(木)·화(火)], 撰序[목(木)·목(木)],

撰書[목(木)·목(木)], 撰抒[목(木)·목(木)], 燦舒[화(火)·화(火)], 燦書[화(火)·목(木)], 燦抒[화(火)·목(木)]로 정리된다. 이 중에서 한자의 뜻 등을 고려하여 마음에 드는 것 하나를 이름으로 결정하면 된다.

예2) 서(徐 : 10획)씨가 「정」으로 이름을 짓는 경우

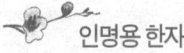
인명용 한자

한글	한자	뜻	획수	자원오행
정	廷	조정	7	목(木)
	炡	빛날	9	화(火)
	正	바를	5	토(土)
	珽	옥소리	7	금(金)
	淨	맑을	12	수(水)

원획법을 기준으로 할 때 徐淨(10·12)은 성명 글자의 획수가 모두 짝수이고 따라서 모두 음이므로 음양의 조화를 이루지 못한다. 때문에 이것을 제외시킨다.

다음으로 사주를 따라서 자원오행 위주로 한자를 선택한다. 만약 목(木)·화(火)가 희용신이면 廷[목(木)]과 炡[화(火)] 중에서 한자의 뜻 등을 고려하여 마음에 드는 것 하나를 이름으로 결정하면 된다. 만약 토(土)·금(金)이 희용신이면 正[토(土)]과 珽[금(金)] 중에서 한자의 뜻 등을 고려하여 마음에 드는 것 하나를 이름으로 결정하면 된다.

예3) 남궁(南-9획 宮-10획 : 19획)씨가 「민서」로 이름을 짓는 경우

인명용 한자

한글	한자	뜻	획수	자원오행	한글	한자	뜻	획수	자원오행
민	民	백성	5	화(火)	서	舒	펼	12	화(火)
	旼	온화할	8	화(火)		瑞	상서	14	금(金)
	岷	산이름	8	토(土)		序	차례	7	목(木)
	룟	하늘	8	화(火)		書	글	10	목(木)
	珉	옥돌	10	금(金)		抒	펼	8	목(木)

  2자 성 즉 두 글자 성씨는 두 글자가 하나의 성씨를 이룬 것이기 때문에 두 글자의 획수를 합친 것을 그 성씨의 획수로 한다. 따라서 두 글자 성씨는 글자만 두 글자일 뿐, 그 내용은 한 글자 성씨와 같다. 이런 기준으로 판단하면 남(南)은 9획이고 궁(宮)은 10획이므로 남궁(南宮)씨는 19획이다.
  '민'인 한자가 5개이고 '서'인 한자가 5개이므로 5×5=25로서 모두 25개의 「민서」란 이름이 이루어질 수 있다. 그러나 원획법을 기준으로 할 때 南宮民序(19 · 5 · 7)는 성명 글자의 획수가 모두 홀수이고 따라서 모두 양이므로 음양의 조화를 이루지 못한다. 때문에 이것을 제외시킨다.
  다음으로 사주를 따라서 자원오행 위주로 한자를 선택한다. 만약 토(土) · 금(金)이 희용신이면 岷瑞[토(土) · 금(金)]와 珉瑞[금(金) · 금(金)] 중에서 한자의 뜻 등을 고려하여 마음에 드는 것 하나를 이름으로 결정하면 된다. 만약 수(水) · 목(木)이 희용신이면 '민'인 한자 중 오행이 수(水) · 목(木)인 것이 없으므로 「민서」란 이름을 지을 수 없다.

  그러나 꼭 「민서」란 이름을 짓고 싶을 때는 어떤 방법이 있을까? 이름을 지을 때 자원오행만으로 만족스런 이름을 구성할 수 없다면 그 때는 발음오행을 함께 사용할 수 있다고 본다. 하지만 이런 경우에도 한계가 있다. 즉 태

양[日]이 들어가 화(火)에 해당함이 분명한 旼·旻, 산[山]이 들어가 토(土)에 해당함이 분명한 岷, 구슬[玉]이 들어가 금(金)에 해당함이 분명한 珉은 발음오행을 기준으로 다르게 다룰 수 없다는 것이다. 이 한자들을 제외시키면 '民'이란 한자 하나만 남는다.

그런데 이 '民'이란 한자의 발음오행은 다수설에 따르면 수(水)이다[ㅁ·ㅂ·ㅍ은 다수설에 따르면 수(水)임]. 이 바탕 위에서 民書[수(水)·목(木)] 또는 民抒[수(水)·목(木)]란 이름을 지을 수 있다. 民序[수(水)·목(木)]는 성씨인 南宮과 어울려 모두 양이므로 음양의 조화를 이루지 못하여 앞에서 이것을 제외시킨 바 있다. 그러므로 만약 수(水)·목(木)이 희용신인 경우 꼭 「민서」란 이름을 짓고 싶을 때 발음오행을 다수설에 따르면 民書나 民抒 중에서 한자의 뜻 등을 고려하여 마음에 드는 것 하나를 이름으로 결정할 수 있다.

그러나 만약 수(水)·목(木)이 희용신인 경우 꼭 「민서」란 이름을 짓고 싶을 때 발음오행을 소수설에 따르면 이름을 지을 수 없다. 왜냐하면 이 '民'이란 한자의 발음오행은 소수설에 따르면 토(土)이기 때문이다[ㅁ·ㅂ·ㅍ은 소수설에 따르면 수(水)가 아니고 토(土)임].

예4) 황보(皇—9획 甫—7획 : 16획)씨가 「경」으로 이름을 짓는 경우

인명용 한자

한글	한자	뜻	획수	자원오행
경	京	서울	8	토(土)
	炅	빛날	8	화(火)
	敬	공경할	13	금(金)
	卿	벼슬	12	목(木)
	景	볕	12	화(火)

2자 성 즉 두 글자 성씨는 두 글자가 하나의 성씨를 이룬 것이기 때문에

두 글자의 획수를 합친 것을 그 성씨의 획수로 한다. 따라서 두 글자 성씨는 글자만 두 글자일 뿐, 내용은 한 글자 성씨와 다를 것이 없다. 이런 기준으로 판단하면 황(皇)은 9획이고 보(甫)는 7획이기 때문에 황보(皇甫)씨는 16획이다. 성씨의 획수가 짝수이므로 성명 글자의 획수가 모두 짝수가 되는 것을 피하려면 이름자로는 획수가 홀수인 '敬'을 선택하는 수밖에 없다. 단, '敬'은 자원오행이 금(金)이고 발음오행이 목(木)이므로 이 점을 헤아려서 이름자로 선택해야 한다.

예5) 이(李 : 7획)씨가 「천리마」로 이름을 짓는 경우

성씨의 획수가 홀수이므로 이름자인 '천', '리', '마'에 해당하는 한자의 획수가 모두 홀수이면 성명 글자의 획수가 모두 양이어서 음양의 조화를 이루지 못한다.

그러나 성명 글자가 모두 네 글자나 되므로 각 글자의 획수가 모두 양이 되는 경우는 드물 것 같다. 사실 「천리마(하루에 천 리를 달릴 만한 썩 좋은 말)」로 이름을 짓겠다고 마음먹었다면 각 글자의 획수를 떠나 이미 「천리마(千-3획, 里-7획, 馬-10획)」로 결정한 상태일 것이다. 마침 '마(馬)'가 10획으로서 짝수이므로 「이천리마(李千里馬)」가 7·3·7·10으로서 음양의 조회를 이룬다.

이 때 성씨를 제외한 이름자 세 글자의 오행이 어느 것 하나라도 희용신이 아니면 어떻게 다루어야 할까? 이것을 너무 어렵게 생각할 필요는 없을 듯하다. 왜냐하면 「천리마(千里馬)」란 '말' 즉 '마(馬)'이므로 자원오행은 화(火)이고, 발음오행은 다수설에 따르면 수(水)이고, 소수설에 따르면 토(土)이기 때문이다.

그런데 「천리마」란 세 글자의 발음오행을 논할 때는 위와는 달리 첫 글자인 '천'을 가지고 다루는 게 타당하다고 본다. 왜냐하면 자원오행을 논할 때에는 '마(馬)'가 '뜻'의 핵심이지만, 발음오행을 논할 때에는 '천(千)'이 '소리'의 핵심이기 때문이다. 사실 세 글자 이상의 여러 글자가 쭉 나열되어 있는 경우는 그 전체를 이끌어 나가는 첫 글자의 소리를 따라서 발음오행을 논할 수밖에 없다. 따라서 「천리마(千里馬)」의 발음오행은 '마(馬)'가 아닌 '천(千)'을 기준으로 해서 금(金 : 다수설과 소수설)이라고 하겠다.

결론적으로 「천리마(千里馬)」는 자원오행은 화(火)이고 발음오행은 금(金)이므로 희용신이 화(火) 또는 금(金)이면 「천리마(千里馬)」란 이름이 합당하다고 할 수 있다.

2) 이름자가 지닌 의미를 생각해서 한자를 조합하는 방식

이름자가 지닌 '의미'란 인명용 한자(「부록1」 참고)가 지니고 있는 글자마다의 '뜻'이다. 그러므로 이 방식은 먼저 한글로 이름을 지어놓고 거기에다 한자를 갖다 붙이는 것이 아니라, 인명용 한자 각각의 '뜻'을 생각해서 한자를 조합한다.

> 예1) '나라를 다스리는 인물이 되라'

'다스릴 치(治)'와 '나라 국(國)'을 사용한 「치국(治國)」이란 이름을 지을 수 있다.

인명용 한자

한글	한자	뜻	획수	자원오행	한글	한자	뜻	획수	자원오행
치	治	다스릴	9	수(水)	국	國	나라	11	수(水)

원획법을 기준으로 할 때 이름자인 '치(治 : 9획)'와 '국(國 : 11획)'의 획수는 모두 홀수이다. 따라서 성씨의 획수가 홀수이면 성명 글자의 획수가 모두 양이므로 이 이름은 합당하지 않다.

'치(治)'는 자원오행은 수(水)이고 발음오행은 금(金 : 다수설과 소수설)이다. 하지만 '치(治)'는 삼수변(氵)이 들어간 글자이므로 오행이 어디까지나 수(水)이기 때문에 발음오행을 기준으로 이 글자를 수(水)가 아닌 금(金)으로 다룰 수는 없다고 본다. 그리고 '국(國)'은 자원오행은 수(水)이고 발음오행은 목(木 : 다수설과 소수설)이다. 따라서 희용신이 수(水)·목(木)이면 「치국(治國)」이란 이름이 합당하다고 할 수 있다. 단, 앞에서 설명한 것처럼 성씨의 획수가 홀수이면 이 이름은 합당하지 않다.

예2) '모든 것을 잘 헤아려서 판단하라'

'헤아릴 규(揆)'를 사용해서 「규(揆)」란 이름을 지을 수 있다.

인명용 한자

한글	한자	뜻	획수	자원오행
규	揆	헤아릴	13	목(木)

원획법을 기준으로 할 때 이름자인 '규(揆)'의 획수가 홀수이다. 따라서 성씨의 획수가 홀수이면 성명 글자의 획수가 모두 양이므로 이 이름이 합당하지 않다.

그리고 '규(揆)'는 자원오행도 목(木)이고 발음오행도 목(木 : 다수설과 소수설)이다. 따라서 희용신이 화(火)·토(土)·금(金)·수(水)이면 이 이름이 합당하지 않다.

결국 성씨의 획수가 짝수이면서 목(木)이 희용신이면 이 이름이 합당하지만, 성씨의 획수가 홀수이거나 목(木)이 아닌 다른 오행이 희용신인 경우에는 이 이름이 합당하지 않다고 본다.

3. 작명 요령 2

이 책의 부록에는 '성씨에 따른 길한 수리의 배합표'가 실려 있다. 이 표에 의하면, 예를 들어 성씨가 6획성인 경우 이 획수인 6에 이름 첫 글자의 획수인 1과 이름 끝 글자의 획수인 10을 6·1·10의 차례대로 배합하면 81수리 이론에 따라 원형이정의 4격이 모두 길한 수리를 이룬다고 한다. 작명 요령 2는 이 표를 이용하여 성명의 4격이 모두 길한 수리를 이루는 글자들을 고르고, 거기서 또 필요한 오행 등을 지닌 글자들을 골라 맞추어 작명하는 것이다.

81수리 이론이 그야말로 허깨비 같은 것이고 또한 종이호랑이에 불과한 것이라고 밝힌 바 있다. 하지만 필자의 견해에 동조하면서도 막연한 불안감을 떨쳐버리지 못하고 81수리 이론을 따르는 사람도 있을 수 있다. 충분히 이해할 수 있다. '길한 수리'라고 하니 마음이 움직이지 않겠는가. 그러나 바로 이러한 유혹으로 말미암아 그만 미혹의 세계로 접어들고 만다. 그래서 이 '작명 요령 2'를 아예 빼버릴까 생각해보았지만, 현실을 너무 외면하는 것 같아서 부득이 다루었다.

1) 남성의 경우

'성씨에 따른 길한 수리의 배합표'를 보면 성(성씨) · 이름자(1) · 이름자(2)의 수리를 차례로 배합해놓았다. 김(金 : 8획)씨의 경우 8 · 3 · 5, 8 · 3 · 10, 8 · 3 · 13 등으로 나타나 있다. 여기서 8 · 13 · 10을 택하였다고 하면, 예를 들어 다음과 같은 한자를 이름자로 뽑아낼 수 있다.

인명용 한자

한글	한자	뜻	획수	자원오행	한글	한자	뜻	획수	자원오행
유	裕	넉넉할	13	목(木)	환	桓	굳셀	10	목(木)
영	煐	사람이름	13	화(火)	진	晋	진나라	10	화(火)
의	義	옳을	13	토(土)	준	峻	높을	10	토(土)
현	鉉	솥귀	13	금(金)	민	珉	옥돌	10	금(金)
재	滓	맑을	13	수(水)	수	洙	강이름	10	수(水)

위의 한자는 설명의 편의를 위해 획수가 원획법을 기준으로 13 · 10인 것

중에서 자원오행이 목(木)·화(火)·토(土)·금(金)·수(水)인 글자 하나씩을 임의로 뽑아낸 것이다. 그러면 위의 한자들을 가지고 이름을 지어보자.

만약 금(金)·수(水)가 희용신이면 자원오행을 따라 현민(鉉珉), 현수(鉉洙), 재민(溨珉), 재수(溨洙)라는 이름을 지을 수 있다. 만약 목(木)·화(火)가 희용신이면 자원오행을 따라 유환(裕桓), 유진(裕晋), 영환(煐桓), 영진(煐晋)이라는 이름을 지을 수 있다.

위에서 자원오행만으로 만족스러운 이름을 구성할 수 없을 때는 발음오행을 함께 사용할 수 있다고 보는데, 그 구체적인 내용에 대해서는 작명 요령 1에서 설명한 바 있다. 그러나 여기 작명 요령 2에서는 '성씨에 따른 길한 수리의 배합표'에 있는 여러 가지 배합을 활용할 수 있으므로 특별한 경우가 아닌 한 자원오행만으로 가능할 듯하다.

2) 여성의 경우

여성의 경우에는 작명 요령 2에 따라서 이름 짓기가 까다롭다. 왜냐하면 81수리 이론에서는 남녀를 평등하게 다루지 않고 여성의 경우에는 4격 수리가 ○획(주로 21획·23획·33획을 거론한다)이면 개운하지 않다고 금기시하기 때문이다.

예를 들어 김(金·8획)씨의 경우 8·13·10이 남성에게는 길한 수리의 배합이지만, 여성에게는 원격(13+10)과 형격(8+13)이 각각 23획과 21획이어서 문제가 된다. 여성의 경우에는 당연히 이 배합을 피하려고 할 것이다. 그래서 부득이 다른 배합을 찾아 나서는데, 문제는 4격 수리가 21획·23획·33획 등이 아닌 것이 그리 많지 않다는 것이다. 여성의 경우에 작명 요령2를 따르자면 이러한 속박을 감수해야 한다.

다만, 작명 요령 2를 따르더라도 여성의 원격이 21획·23획·33획 등인 것은 아무런 문제가 되지 않는다고 볼 수 있다. 왜냐하면 원격은 주로 남녀가 평등하게 경쟁하는 학창시절을 지배하는 운을 나타낸다고 보기 때문이다.

3) 외자 이름의 경우

외자 이름의 경우에는 성씨가 한 글자 성이든 두 글자 성이든 이름자의 획수와는 관계없이 성의 획수로만 이격의 수리가 결정된다.

예를 들어 한 글자 성인 임(林 : 8획)씨의 경우 이름자가 정(正 : 5획)이면 원격은 5(5+0)획이고, 형격은 13(8+5)획이며, 이격은 8(8+0)획이고, 정격은 13(8+5+0)획이다. 두 글자 성인 황보(皇-9획 甫-7획 : 16획)씨의 경우 이름자가 민(旻 : 8획)이면 원격은 8(8+0)획이고, 형격은 24(16+8)획이며, 이격은 16(16+0)획이고, 정격은 24(16+8+0)획이다.

위에서 본 것처럼 외자 이름의 경우에는 성의 획수로만 이격의 수리가 결정되기 때문에 작명 요령 2를 따르면 성의 획수가 2획 · 4획 · 9획 · 10획 · 12획 · 14획 · 19획 · 20획 · 22획 등인 사람은 자신의 성씨 때문에 길한 수리의 배합을 이룰 수 없어 외자 이름을 지을 수 없다. 그렇다면 81수리 이론 때문에 성의 획수를 달리해야 하므로 부득이 성씨를 바꾸거나 새로 성씨를 만들어야 하지 않겠는가.

4) 한글 이름과 영어 이름

'성씨에 따른 길한 수리의 배합표'는 성명 글자를 한자로 구성하는 것을 전제로 한다. 왜냐하면 만약 이것이 성명 글자를 한글이나 영어로 구성하는 것을 전제로 하고 있다면 '81'이라는 수리까지 동원할 필요가 없기 때문이다.

예를 들어, 한자로 '권(權)'씨는 획수가 22획이고 '제갈(諸葛)'씨는 획수가 31획이니 이름자의 획수를 감안하면 '81'이라는 수리까지 동원할 필요가 있다. 그러나 한글로 '권'씨와 영어로 'Gwon'씨나 'Kwon'씨는 획수가 불과 몇 획밖에 되지 않고, 한글 이름자와 영어 이름자 또한 이와 마찬가지다. 따라서 한글 이름이나 영어 이름을 지을 때에는 '81'이라는 수리까지 동원할 필요가 없다.

한글 이름이나 영어 이름을 지을 때 '81'이라는 수리까지 동원하는 것은 마치 어린 아이한테 어른 옷을 입히는 것과 같다. 따라서 이 때는 81수리 이론을 고려하지 말고 이름의 뜻이나 발음에 비중을 두는 것이 합당하다는 생각이다. 다시 말해 작명 요령 2는 한글 이름이나 영어 이름을 지을 때에는 적용할 여지가 없다는 의미다.

한글의 경우에도 한자의 경우처럼 글자의 획수에 관하여 논란이 있고, 영어의 경우에도 대문자냐 소문자냐에 따라 문자의 획수가 달라질 수 있다. 그러므로 81수리 이론이 글자·문자의 획수를 전제로 하는 이상 한자 이름·한글 이름·영어 이름의 어느 경우든 뿌리를 내릴 수 없다.

그리고 '성씨에 따른 길한 수리의 배합표' 자체가 학자에 따라 약간씩 차이가 있다. 이 책에서는 보편화된 것을 실었지만, 필자는 근본적으로 81수리 이론이 그야말로 허깨비 같은 것이고 또한 종이호랑이에 불과한 것이라는 입장이다.

5) 그 밖의 특별한 경우

예1) 성별이 같은 쌍둥이의 이름을 짓는 경우

1분 차이로 태어나서 사주가 같은 남자 쌍둥이의 이름을 지어보자. 성은 송(宋)씨이고, 사주의 희용신은 목(木), 화(火), 수(水)이다. 81수리 이론을 적용하고, 이름의 끝 글자나 첫 글자를 돌림자로 사용하되 형은 동생보다 한글 발음이 앞서도록 지어야 한다. 이름 첫 글자의 돌림자는 찬(撰)이고, 이름 끝 글자에 들어가는 돌림자는 우(宇)나 서(抒)이다.

'성씨에 따른 길한 수리의 배합표'를 보면 송(宋 : 7획)과 잘 배합되는 수리를 차례로 정리해놓았다. 이름 첫 글자의 돌림자인 찬(撰)은 16획이고, 이름 끝 글자의 돌림자인 서(抒)와 우(宇)는 각각 8획과 6획이다. 이를 기준으로 나머지 수리에 해당하는 글자를 찾고, 그 가운데 자원오행이 희용신에 해당하는 글자를 찾으면 된다. 다만, 형은 동생보다 한글 발음이 앞서야 하므로 길한 수리의 배합 중에서 가나다 순서가 먼저인 이름을 형의 이름으로 정한다. 이렇게 하여 지을 수 있는 이름은 다음의 표와 같다.

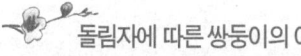
돌림자에 따른 쌍둥이의 이름

돌림자	구분	이름	획수	자원오행
찬(撰)	형	찬민(撰旻)	16·8	목(木)·화(火)
	동생	찬영(撰映)	16·9	목(木)·화(火)
서(抒)	형	정서(炡抒)	9·8	화(火)·목(木)
	동생	한서(翰抒)	16·8	화(火)·목(木)
우(宇)	형	은우(恩宇)	10·6	화(火)·목(木)
	동생	진우(晉宇)	10·6	화(火)·목(木)

예2) 성별이 다른 쌍둥이의 이름을 짓는 경우

위의 경우와 달리, 1분 차이로 태어나서 사주가 같고 성별은 다른 쌍둥이의 이름을 지어보자. 성은 박(朴)씨이고, 사주의 희용신은 목(木), 화(火), 수(水)이며, 여자아이가 먼저 태어나고 남자아이가 동생으로 태어났다. 81수리 이론을 적용하고, 돌림자는 사용하지 않는다.

'성씨에 따른 길한 수리의 배합표'를 보면 박(朴:6획)과 잘 배합되는 수리를 차례로 정리해놓았다. 돌림자를 사용하지 않기 때문에 위의 경우보다 다양한 이름을 지을 수 있다. 6획성(성씨)에 어울리는 수리 배합을 찾아 그 가운데 자원오행이 희용신인 글자를 이름 글자로 정하면 된다. 이렇게 하여 지을 수 있는 이름은 다음의 표와 같다.

성별이 다른 쌍둥이의 이름

구분	이름	획수	자원오행
누나	여원(汝苑)	7·11	수(水)·목(木)
	연수(涓秀)	11·7	수(水)·목(木)
	지영(祉泳)	9·9	목(木)·수(水)
동생	경민(卿民)	12·5	목(木)·화(火)
	유찬(庾溁)	12·17	목(木)·수(水)
	희준(希浚)	7·11	목(木)·수(水)

예3) 부모의 성명 글자를 넣어서 이름을 짓는 경우

요즘에는 아빠 엄마의 이름 글자를 각각 한 글자씩 합하거나 성씨를 합하여 자녀의 이름을 짓는 경우가 많다. 이런 경우 어떻게 이름을 지을 수 있는지 알아보자.

아기의 성은 이(李)씨이고, 남자아이이며, 사주의 희용신은 수(水), 금(金), 목(木)이다. 아빠의 이름은 「이건우(李建佑)」, 엄마의 이름은 「한영서(韓映抒)」이다. 아빠 엄마의 성씨를 합하여 아기의 이름을 지을 때 「李韓○」 또는 「李○韓」으로 이름을 지을 수 있다.

성씨 이(李)는 7획이고 한(韓)은 17획이므로 '성씨에 따른 길한 수리의 배합표'에서 수리 배합이 7·17·○ 또는 7·○·17인 경우를 찾는다. 그 가운데 자원오행이 희용신인 수(水), 금(金), 목(木)에 해당하는 글자로 정하면 된다. 이렇게 하여 지을 수 있는 이름은 다음의 표와 같다.

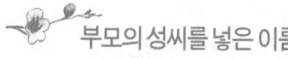 부모의 성씨를 넣은 이름

이름	획수	자원오행
이한서(李韓抒)	7 · 17 · 8	목(木) · 금(金) · 목(木)
이한영(李韓瑛)	7 · 17 · 14	목(木) · 금(金) · 금(金)
이한준(李韓準)	7 · 17 · 14	목(木) · 금(金) · 수(水)

선호하는 이름 글자 · 기피하는 이름 글자

요즘 일반적으로 선호하고 기피하는 이름 글자를 소개한다. 한자 이름, 한글 이름에 공통으로 들어가는 글자로서 이름을 지을 때 참고할 수 있다.

	이름 글자	특징
선호하는 이름 글자	경, 규, 나, 린, 림, 민, 빈, 서, 세, 연, 영, 예, 우, 유, 윤, 은, 재, 제, 정, 준, 지, 진, 하, 현	① 발음이 부드럽다 ② 글자에 받침이 없다 ③ 세련미가 있다 ④ 밝은 느낌이다
기피하는 이름 글자	각, 갑, 강, 걸, 계, 곤, 광, 귀, 근, 금, 기, 길, 남, 달, 담, 덕, 돈, 두, 란, 람, 록, 마, 매, 모, 목, 무, 배, 범, 병, 보, 복, 봉, 부, 삼, 석, 섭, 송, 숙, 순, 식, 실, 옥, 용, 자, 점, 종, 창, 천, 철, 추, 춘, 칠, 탁, 표, 풍, 학, 행, 형, 호	① 발음이 강하다 ② 글자에 받침이 있다 ③ 옛날 이름 글자이다 ④ 무거운 느낌이다

4. 작명 요령 3

우리는 보통 이름학자나 사주학자뿐만 아니라 학식과 덕망이 높은 사람이나 도가 깊은 스님 등을 통해서 이름을 짓는 경우가 많다. 작명 요령 3은 바로 이러한 경우를 다룬다. 따라서 '전문가'의 범위가 다소 넓다.

사람은 여러 방면에서 전문가의 도움을 필요로 한다. 특히 차원 높은 사주학을 바탕으로 좋은 이름을 짓기 위해서는 전문가를 통한 작명이 당연히 필요하다고 볼 수 있다.

그런데 문제는 전문가의 의견이 각양각색이라는 것이다. 하나의 이름을 놓고 제각기 다른 결론을 내린다. 하기야 오늘날은 다양한 의견을 존중하는 시대인 만큼 법을 다루는 최고 전문가인 대법관이나 헌법재판관도 하나의 법을 놓고 제각기 다른 결론을 내린다. 그러니 하나의 이름을 놓고 제각기 다른 결론을 내리는 것을 너그럽게 이해할 수도 있다. 그러나 현재 작명업계의 상황은 사람을 너무 헷갈리게 만든다. 따지고 보면 별 문제가 아닌 것을 거론하고 때로는 침소봉대하여 혹세무민하는 결과를 초래한다.

어느 날 중학교 여학생으로부터 다음과 같은 이메일(e-mail)을 받았다.

선생님!
저는 어느 작명원에서
「이연주(李沇柱)」라는 이름을 지은 후
이 이름을 다른 작명원에서 감명해보았어요.
그랬더니 '연'의 'ㄴ'과 '주'의 'ㅈ'이 좋지 않은 관계이고
또 제가 1991년 출생인지라 이름 첫 글자에 'ㅇ'와 'ㅎ'이 오는 것이 좋지 않다고 하네요.
선생님의 명쾌한 결론을 따르겠습니다.

위의 내용을 보면, 감명을 한 작명원에서 이름이 좋지 않은 이유를 구체적

으로 하나하나 설명하고 있으므로 매우 그럴 듯해 보인다. 그러나 이름학자의 입장에서 보면 그러한 감명이야말로 사람을 기만하는 짓이다.

우선 「연주」에서 초성인 'ㅇ'과 'ㅈ'을 제쳐두고 받침인 'ㄴ'을 들고 나와 이것이 마치 발음오행의 상생을 좌우하는 양 떠벌리는 자체가 문제이다. 왜냐하면 이름을 지을 때 발음오행의 상생을 필수적인 요건으로 다루더라도 글자의 초성인 'ㅇ'과 'ㅈ'이 상생이면 좋고, 이것이 아닐 때 비로소 받침인 'ㄴ'과 그 다음에 오는 'ㅈ'의 상생을 따져 길흉을 논하기 때문이다.

다음 문제는 1991년 출생이므로 이름 첫 글자에 'ㅇ'과 'ㅎ'이 오는 것이 좋지 않다는 주장이다. 이것은 이른바 '파동 성명학'의 것으로 보이는데, 필자는 '파동 성명학'의 주장은 지나치다는 입장이다. 왜냐하면 사람이란 소리의 파동에 따라 조건반사적으로 움직이는 실험실의 생쥐와 같은 존재가 아니기 때문이다.

앞에서 예를 들었듯이, 현재 작명업계의 상황은 사람을 너무 헷갈리게 만든다. 하지만 오늘날은 인터넷 시대인지라 작명 요령3을 따라 이름을 지으려는 사람은 자신이 믿을 수 있는 전문가를 쉽게 찾아낼 수 있다. '자신이 믿을 수 있는 전문가'란 어쩌면 '자신과 전생의 인연이 깊은 사람'인지도 모른다. 왜냐하면 자신과 전생의 인연이 깊지 않은 사람이라면 인터넷이란 신비로운 매체를 통하여 자신의 가슴에 'only one'으로 와 닿지 않을 터이기 때문이다.

생각하건대 인간이 어느 한 순간에 종합적인 판단을 내린 것은 결코 우연이 아닌 필연의 결과 즉 자신이 지금까지 살아온 전생의 인연을 따라 움직인 것으로 볼 수 있다. 그렇다면 작명 요령3에서는 자신이 선택한 전문가를 믿고 따르는 자세가 중요하다. 자신이 선택한 전문가가 지은 이름이 객관적으로 100% 합당한지 궁금하여 이리저리 감명을 해보면 이렇다 하고 명확한 결론을 내릴 수 없다. 왜냐하면 오늘날의 이름학은 자연과학에서 볼 수 있는 것처럼 반듯하게 확립된 이론이 아니라 '이렇게 작명을 해주면 좋을 것이다'라는 가설에 불과하기 때문이다. 따라서 우리는 경봉 스님의 다음과 같은 말씀을 다시 한 번 새겨둘 필요가 있다.
　화엄경에 이르기를 "믿음은 도의 근원이요, 공덕의 어머니라"고 하였다. '믿음' 거기서 모두가 이루어진다.

　오랜 기간 작명원을 운영해오면서 제주도, 땅끝마을, 휴전선까지 남한 전역 그리고 북한의 함경북도 나아가 해외까지 수많은 인연을 쌓아왔다. 북한 동포는 남한에 거주하는 탈북자를 통하여 이름을 받아 갈 수 있으며, 조선족은 인터넷을 이용하거나 직접 방문하여 이름을 짓는다.
　이러한 인연으로 말미암아 지금은 작명 신청인의 '믿음' 이란 바탕 위에서 '어떻게 하면 보다 참신한 이름으로 보답할 수 있을까' 라는 일념으로 이름을 짓는다. 필자로부터 이름을 받은 모든 이가 행복한 삶을 누리고 각 분야에서 뚜렷한 존재로 활약하면서 자기 이름을 자랑스럽게 여기는 것을 듣고 싶은 소박한 꿈을 갖고 있다.

흔한 한국인 이름
20代, 남자는 동현…… 여자는 민정

「철수」와 「영희」는 1980년대에 이미 초등학교 교과서에서 사라졌지만 중년 이상에선 여전히 가장 보편적인 '한국인의 이름' 이다. 서울 시내 인명 전화번호부에 게재된 전화 가입자 중 가장 많은 이름은 「김영숙」. 그리고 정숙, 영자, 영희, 정희, 순자, 정자, 영순 등이 뒤를 이었다. 남자 「철수」는 2,727명이었다. 「영호」(6,687명)나 「영수」(7,902명)도 여전히 많았다.

30대 이하에선 '한국인의 대표 이름' 에서도 변화가 있었다. 인터넷 '싸이월드' 가입자 이름을 기준으로 조사한 결과(표 참조) 남자의 경우 10대와 20대에선 「동현」「민수」「지훈」, 30대에선 「상훈」「정훈」「현수」 등이, 40대에선 「영수」「성수」「영호」「영철」 등이 많았다. 여자의 경우는 10대에선 「민지」「민정」「지혜」「은지」가 가장 많아 30대의 「은정」「미경」「미영」 과는 차이가 있었다.

요즘 아이들 이름은 남아 이름은 큰 변화가 없는 반면 여아 이름은 중성화가 두드러지는 편. 숭의여대 부설 유치원의 경우 만 3~5세 여아 전체인 35명 가운데 3분의 1인 12명이 「지우」「진서」「재희」「종인」「현모」「세민」「성현」 같은 중성적 이름이고, 「유빈」「서빈」처럼 '빈' 자로 끝나는 이름, 「유름」「조이」 같은 독특한 이름도 눈에 띄었다.

▶ 16~19세 이름 TOP 3 (싸이월드 기준)

남	회원수	여	회원수
김동현	1,474	김민지	3,282
김민수	1,474	김민정	2,385
김지훈	1,223	김지혜	2,385

▶ 20~24세 이름 TOP 3

남	회원수	여	회원수
김동현	2,408	김지혜	4,987
김지훈	2,373	김민정	4,577
김민수	2,117	김지영	3,739

▶ 25~29세 이름 TOP 3

남	회원수	여	회원수
김민수	1,938	김민정	4,710
김동현	1,871	김은정	4,060
김정훈	1,786	김지영	3,993

— 조선일보 2006년 5월 27일

한글 이름

1. 의의

    한글 이름은 크게 두 가지로 나눌 수 있다. 좁은 의미로는 「한샘」처럼 토박이말을 사용한 이름이다. 「한샘」이란 물이 많이 솟는 큰 샘으로서 이 이름은 '목마른 사람들의 목을 축여주는 큰 샘 같은 사람이 되라'는 뜻을 지니고 있다고 볼 수 있다. '한'은 '크다'는 뜻이다.
    넓은 의미로는 한글로 표기한 한자식 이름까지 포괄하는 이름이다. 그러므로 '큰 대(大)', '가운데 중(中)'을 쓴 「대중(大中)」이란 이름은 한자 이름이지만, 이것을 한글로 표기한 「대중」이란 이름은 한글 이름이다. 따라서 '지혜롭다'의 지(智)와 '소나무'의 솔을 합쳐 지은 이름인 「지솔」은 당연히 한글 이름이다.

    한자는 표의문자(表意文字) 즉 그림에 의해서 또는 사물의 형상을 그대로 베껴서 시각에 의해 사상이나 뜻을 전달하는 문자이다. 반면에 한글은 표음문자(表音文字) 즉 말의 소리를 기호로 나타낸 글자이다. 따라서 한글 이름은 한자 이름에 비해 가벼워 보인다거나, 아이들한테는 적합하지만 어른에겐 어울리지 않는다는 평을 받기 쉽다.
    그러나 모든 것은 생각하기 나름이다. 이를테면 「진달래」라는 한글 이름은 다음과 같은 다양한 뜻을 담을 수 있다.

① 진달래가 피어나는 이른 봄에 태어났다.
② 이른 봄의 '진달래'처럼 예쁘고 고와라.
③ 진달래처럼 곱게 생겼다.
④ 이른 봄에 피는 진달래처럼 모든 사업과 생활에서 앞선 이가 되라.

또한 한글 이름은 같은 이름이 너무 많은 게 단점이라고 한다. 삼성생명에서 1992년 12월 현재 교육보험 보유 계약자 209,677명을 통계 처리한 자료에 의하면, 남녀별로 8위까지의 이름은 다음과 같다. 여기서 남녀 모두에 포함되어 있는 「슬기」의 경우 남자는 1985년 26명에서 74명으로, 여자는 43명에서 무려 418명으로 늘어났다.

남		여	
① 슬기(74) ② 한솔(57)		① 슬기(418) ② 아름(353)	
③ 하늘(41) ④ 다운(39)		③ 보람(246) ④ 하나(244)	
⑤ 한별(36) ⑥ 누리(26)		⑤ 보라(239) ⑥ 아라(197)	
⑦ 한울(22) ⑧ 푸름(18)		⑦ 소라(189) ⑧ 송이(164)	

한자 이름의 경우에도 1950~1970년대에는 일본식 이름인 「영자」·「순자」·「미자」 등의 '같은 이름'이 매우 많았다. 생각하건대 이름이란 한 시대의 문화가 깃든 것이고 유행을 따른 것이므로 한글 이름이든 한자 이름이든 같은 이름이 많은 게 당연하다고 볼 수 있다.

그러나 이름이란 어느 것을 다른 것과 구별하는 명칭이므로 같은 이름이 너무 많으면 사람들은 헷갈려 분간을 하지 못한다. 더구나 한글은 표의문자가 아니라 표음문자이다. 따라서 발음만 같으면 모두가 같은 이름이니 한자 이름의 경우보다 같은 이름이 많아진다. 한자 이름의 경우에는 예를 들어 「민준」이란 발음으로 여러 한자를 동원해 다양한 이름을 만들어낼 수 있다. 그러므로 한글 이름의 경우에는 우리의 오랜 관습인 두 글자 이름을 벗어나 이름의 글자 수를 세 글자나 네 글자로 늘리는 등 여러 가지 방법을 모색해야 한다.

참고로 대법원에서는 업무 불편을 이유로 '이름의 기재 글자와 관련된 호적사무처리지침(1993. 2. 25)'에서 이름이 다섯 글자를 넘지 않도록 하였다(성씨는 포함하지 않음). 너무 긴 이름은 부르기 힘들 뿐만 아니라 전산화나 출석부 작성 등에 많은 불편을 가져온다.

토박이말을 사용한 이름은 순수한 우리 민족의 정서를 담고 있어서 친근감이 느껴진다. 특히 아래에서 보는 것처럼 성씨와 어울리는 이름은 무척 가깝게 느껴진다.

성씨와 잘 어울리는 한글 이름들

강버들	강여울	고운님	구슬아	금기둥	금방울	금빛나리	김반지	
남보라	단하나	민들레	박꽃별	박달샘	배꽃송이	봉우리	서보리	
신나리	양나래	어진이	연보라	오귀염	온누리	이슬	장한아이	
전나무	정다와	조약돌	진달래	차돌샘	한송이	홍두루미	황새나래	

한글학회에서는 『우리 토박이말 사전』을, 김정섭 씨는 『아름다운 우리말 찾아 쓰기 사전』을, 이근술 씨는 『토박이말 쓰임 사전(상·하)』을, 장승욱 씨는 『한겨레 말모이 : 장승욱의 우리말 살림 사전』을, 전병주 씨는 『없어져 가는 우리말 모음 사전』을, 최기호 씨는 『사전에 없는 토박이말 2400』을 펴냈는데, 한글 이름을 지을 때 참고할 수 있다.

2. 짓는 요령

한자는 표의문자·뜻글자이다. 반면에 한글은 표음문자·소리글자이다. 따라서 한자 이름을 대상으로 전개되어온 전래의 작명 이론을 그대로 한글 이름에 적용할 수는 없다.

다시 말해 한글 이름에는 전래의 작명 이론을 100% 적용하는 것이 어렵다. 만약 전래의 작명 이론을 100% 적용한다면, 예를 들어 81수리 이론을 보더라도 우리의 오랜 관습인 두 글자 이름을 벗어나 이름의 글자 수가 '차고 나온노미새미나'처럼 늘어나는 한글 이름의 경우에는 원형이정의 4격을 어떻게 구성할지가 문제될 것이다.

그러나 한글 이름이라고 해서 전래의 작명 이론을 전혀 따르지 않는 것은 바람직하지 않다. 왜냐하면 사주팔자와 이름 글자의 조화를 고려해야 하기 때문이다.

한글 이름에는 한글 고유의 작명원칙을 적용하는 것이 좋다. 우선 한글은 소리글자이기 때문에 한글 이름에는 발음오행을 가지고 희용신으로 연결시켜야 한다(한자는 뜻글자이기 때문에 한자 이름에는 발음오행뿐만 아니라 자원오행을 가지고 희용신으로 연결시키는 것이 가능하다).

나아가 성명 글자의 획수를 따져서 음양이 조화를 이루느냐를 문제삼을 필요가 없다. 왜냐하면 한글은 자음과 모음으로 이미 음양의 조화를 이룬 글자이기 때문이다.

한글 이름의 경우 이름자(이름 글자)의 발음오행이 희용신이면 좋고 그렇지 않으면 좋지 않다고 하는 경우 그 구체적인 판단기준이 간단하지 않다. 왜냐하면, 예를 들어 한글 이름이「강(姜)푸른나래」인 경우 ①'푸·른·나·래' 네 글자 모두가 희용신이어야 한다 ② 네 글자의 과반수인 세 글자 이상이 희용신이어야 한다 ③ 이름 첫 글자인 '푸'가 희용신이어야 한다 등으로 견해가 나뉠 수 있기 때문이다.

그러나 이 문제를 가지고 너무 왈가왈부하는 것은 실익이 없을 것 같다. 왜냐하면 한글이 소리글자여서 '푸·른·나·래'의 각 글자가 개별적인 뜻을 지니고 있지는 않지만 '강이 푸르다'에 초점을 맞추면 그 뜻이 수(水)이니 이 수(水)로 희용신 여부를 가리면 되기 때문이다.

성씨를 제쳐두고 이름자만을 가지고 그 뜻이 목(木)·화(火)·토(土)·금(金)·수(水) 중 어디에 해당하는지 판단할 수 있다. 이름자가 「버들」이면 목(木)이고, 「빛나라」이면 화(火)이며, 「서울」이면 토(土)이고, 「찬돌」이면 금(金)이며, 「가람」이면 수(水)이다. 그러므로 한글 이름이라 해서 그 뜻을 제쳐두고 이름자의 발음오행만 앞세워서는 안 된다.

그러나 한글 이름의 뜻을 밝힐 수 없어서 위와 같이 다룰 수 없는 경우가 있다. 예를 들어 「강(姜)고루」라는 이름은 이름 첫 글자의 소리로 발음오행을 살펴야 한다. 왜냐하면 한글 이름은 두 글자를 벗어나 글자 수가 많아지는 경우가 있으므로 이름자 모두나 이름자의 과반수를 가지고 발음오행을 따지는 견해는 설득력이 없고, 또한 한글은 소리글자이므로 긴 한글 이름이라고 해도 이름 첫 글자의 소리가 핵을 이루기 때문이다. 따라서 예로 든 「강(姜)고루」에서는 이름 첫 글자인 '고'의 발음오행 즉 목(木)으로 희용신인지를 판단하면 된다.

성씨를 제쳐두고 이름 첫 글자만 가지고 발음오행이 목(木)·화(火)·토(土)·금(金)·수(水) 중 어디에 해당하는가를 판단해보자. 예를 들어 이름 첫 글자가 '그'이면 목(木)이고, '나'이면 화(火)이며, '아'이면 토(土 : 다수설) 또는 수(水 : 소수설)이고, '새'이면 금(金)이며, '바'이면 수(水 : 다수설) 또는 토(土 : 소수설)이다.

다음은 한글 이름을 짓는 요령을 정리한 것이다.

- 좋은 뜻이 담겨 있고 밝은 소리가 나는 토박이말을 적극 활용한다.
- 이름자가 우리의 오랜 관습인 두 글자를 벗어나게 하여 같은 이름을 피한다.
- 성씨와 이름자가 어울려 예를 들어 「진달래」처럼 하나가 되면 좋다.
- 한글 이름은 전래의 작명 이론을 그대로 적용할 수 없다. 따라서 81수리 이론, 성명 글자의 획수가 모두 음이거나 모두 양이 되지 않게 하는것, 발음오행이 상생하도록 하는 것 등으로부터 자유롭다.
- 한글 이름이라 할지라도 그 뜻이 목(木)·화(火)·토(土)·금(金)·수(水) 중 어디에 해당하는지 밝힐 수 있으면 그 오행으로 희용신 여부를 판단한다. 그러나 그렇게 하는 것이 불가능하다면 이름 첫 글자의 소리로 발음오행을 살피고 그 오행으로 희용신 여부를 판단한다.

3. 한글 이름의 예

현재 우리나라 사람 대부분이 한자 이름을 사용하지만, 원래 우리 민족은 한글 이름을 사용하였다. 즉 왕이나 일부 귀족들이 중국에서 들어온 성씨와 결합하여 이름을 한자로 지었고, 한자를 익히지 못한 서민들은 조선 시대까지도 성씨 없이 한글 이름만 사용하였으며, 글자수도 주로 세 글자나 네 글자였다.

그러던 것이 일제 강점기에 일본이 '민적부'라는 것을 만들어 모든 이름을 한자로 바꿔버리면서 모든 국민이 중국식 성을 갖게 되었고 한자 이름이 보편화되었다. 이후 해방이 되면서 우리 민족의 역사와 문화를 다시 찾기 위한 시도의 하나로 한글 이름 짓기 운동이 펼쳐졌다.

여기에서는 여러 가지 한글 이름 짓기 대회에서 수상한 이름들을 소개한다. 단, 성씨와 함께 나열한 이름들은 한글 이름이 쉽게 구분되도록 성씨와 분리하여 표기하였다. 아름다운 토박이말로 된 다양한 한글 이름을 통해 작명에 큰 도움을 얻을 수 있을 것이다.

1) 서울대 「고운 이름 자랑하기」 대회

제1회(1967년)
- 금상 : 금 난새 — 내리 — 누리 — 노상
- 은상 : 이 따사롬 — 슬기롬
- 장려상 : 김 나래 — 나리, 한 이랑 — 사랑

제2회(1968년)
- 금상 : 권 시내 — 한솔
- 은상 : 김 어질이 — 꽃답이 — 구슬이, 송 이정이 — 어지니 — 열리미 — 언더기 — 움지기 — 송송이
- 장려상 : 유 한별, 이 사랑, 이 구슬, 이 서울

제3회(1969년)
- 금상 : 금 초슬 — 아슬 — 귀슬 — 보슬 — 한슬
- 은상 : 채 별바래 — 파라내, 강 버들
- 장려상 : 김 가람 — 푸른아 — 달해, 이 한별 — 슬기

제4회(1970년)
- 금상 : 이 잔디 — 한메
- 은상 : 정 시내 — 시원 — 항송, 김 다슬
- 장려상 : 이 하얀, 양 버들

제5회(1972년)
① 개인 이름
- 으뜸상 : 전 다비
- 소리상 : 진 달래, 고 그리나, 유 아름
- 뜻상 : 김 붓셈, 김 한얼, 박 하나름

② 가족 이름

- 김 일곱 – 이오 – 나리 – 싱글, 유 버들 – 한들, 김 한돌 – 차돌, 김 봄내 – 들내, 오 한샘 – 한나

제6회(1973년)

- 으뜸상 : 김 새로미
- 소리상 : 윤 새라, 우 스미, 장 한
- 뜻상 : 채 새미, 옥 찬돌, 남 열매
- 한글 이름상 : 맹 나래 – 나섬 – 나리, 이 하나 – 두나 – 세나, 전 바롬 – 아롬

제7회(1974년)

- 으뜸상 : 최 예니
- 소리상 : 유 아리, 김 메아리
- 뜻상 : 김 새힘, 정 한빛나라, 심 채림, 허 단비 – 봄비 – 꽃비
- 한글 집안상 : 박 미리 – 해마루 – 가을 – 유리

제8회(1975년)

① 개인 이름

- 으뜸상 : 없음
- 소리상 : 김 지으나, 진 보라
- 뜻상 : 채 운들, 민 서울

② 가족 이름

- 으뜸상 : 박 꽃바위 – 메바위 – 샘바위
- 소리상 : 박 설나 – 은나 – 금나
- 뜻상 : 권 한길 – 한실 – 한밀

제9회(1976년)

① 개인 이름

- 으뜸상 : 한 바다
- 금상 : 한 마음, 정 우람, 정 빛나
- 은상 : 이 은솔, 양 달샘, 이 하루
- 동상 : 지 한봄, 박 세리, 박 슬예

② 가족 이름

- 으뜸상 : 정 귀염 — 소담 — 알찬 — 힘찬
- 금상 : 정 슬람 — 파람, 강 여울 — 보람 — 자람 — 한물
- 은상 : 한 솔아 — 울아 — 별아, 김 참 — 아름 — 다운, 방그레 — 시레
- 동상 : 박 보리나라 — 유리나라 — 새미나라, 최 훤나래 — 훤누리, 최 갈매 — 어진

제10회(1977년)

① 개인 이름

- 으뜸상 : 이 한미루
- 소리상 : 남 미리나, 정 비오리, 함 초롬
- 뜻상 : 김 미답, 박 바로가, 윤 솔내음

② 가족 이름

- 박새암 — 가람, 홍 알벗 — 달샘 — 봄매, 이 꽃개울 — 한얼 — 새움

제11회(1978년)

① 개인 이름

- 고운 이름상 : 김 봄소리
- 맑은 이름상 : 김 새한별, 지 애띠
- 밝은 이름상 : 임 뿌리, 강 열매, 김 한비

② 가족 이름

- 고운 이름상 : 박 달샘 — 달나무 — 달내
- 맑은 이름상 : 최 아름 — 새롬
- 밝은 이름상 : 김 새잎 — 하얀 — 세라 — 봄해, 한 미나 — 봄 — 벌 — 솔, 홍 희라 — 나라 — 세라 — 보라

제12회(1979년)

① 개인 이름

- 고운 이름상 : 이 아름누리
- 맑은 이름상 : 이 보리, 최 눈솔
- 밝은 이름상 : 유 다하리, 배 하늬, 한 떨기

② 가족 이름

- 고운 이름상 : 김 아롱 — 다롱
- 맑은 이름상 : 정 비오리 — 잠자리
- 밝은 이름상 : 김 새봄 — 새뉘 — 새누리 — 한별
- 장려상 : 박 유이나 — 글이나 — 셋이나 — 속 — 차고나온노미새미나

제13회(1982년)

① 개인 이름

- 으뜸상 : 정 이른
- 버금상 : 배 아롱새미, 정 예슬
- 딸림상 : 온 누리, 우 예소라, 정 아리따
- 추킴상 : 황 새미보담, 김 바로니, 이 예다나, 이 하나로

② 가족 이름

- 으뜸상 : 차 유리나 — 보미나 — 바우나
- 버금상 : 김 훤츨 — 영글, 유 다하리 — 다보미

- 딸림상 : 송 하예진 — 하슬린, 김 빛나라 — 슬기론 — 보라미 — 슬바센나, 금 기둥 — 나리 — 노을 — 노아
- 추킴상 : 송 봄이누리 — 한빛누리, 김 아름가라뫼 — 어진가라뫼, 이 보람 — 아람 — 우람 — 나람

제14회(1983년)

① 개인 이름

- 으뜸상 : 허 산여울
- 버금상 : 김 슬옹, 성 은나래
- 딸림상 : 임 예솔, 박 꽃보라, 이 고우나
- 추킴상 : 서 늘해, 최 재마로, 박 새미누리, 김 별마루
- 소리상 : 심 봄내

② 가족 이름

- 으뜸상 : 이 새록 — 새난 — 새미 — 새배
- 버금상 : 강 한고요 — 한고든, 심 그린이 — 보라미
- 딸림상 : 이 겨라 — 어라 — 겨레, 박 예슬 — 난슬, 김 한밝 — 봄들 — 샘곬 — 송미
- 추킴상 : 한 마음 — 아름 — 바다, 최 이슬 — 한솔 — 한별, 이 아미 — 돌하, 장 새줄기 — 새누리

제15회(1984년)

① 개인 이름

- 으뜸상 : 김 해든
- 버금상 : 정 새난슬, 김 도담
- 딸림상 : 박 하얀꽃하나, 금 초롱, 안 솔마로
- 추킴상 : 정 미롱

② 가족 이름

- 으뜸상 : 서 새라 — 동마로 — 동미내
- 버금상 : 서 고운 — 고을 — 고니 — 우람, 박 조은 — 알뜨리 — 꽃새미
- 딸림상 : 방 온솔 — 느티나무 — 아람드리, 문 여울 — 매지, 송 큰돌 — 차돌
- 추킴상 : 김 아름 — 다운

제16회(1985년)

① 개인 이름

- 으뜸상 : 안 뜰에봄
- 버금상 : 김 새미랑
- 딸림상 : 정 해빛나, 서 그러운달님, 라 세움, 옥 찬샘

② 가족 이름

- 한글 집안상 : 강 나루 — 두루 — 고루, 강 아름보라 — 푸른나래, 김 맑음이 — 밝음이

제17회(1986년)

① 개인 이름

- 으뜸상 : 이 다영글
- 버금상 : 박 차오름, 이 보다미
- 딸림상 : 최 해든나라, 박 으뜸나리, 신 새라
- 추킴상 : 강 산에꽃님아씨

② 가족 이름

- 으뜸상 : 유 새아름 — 새아라
- 버금상 : 김 아름솔 — 으뜸솔, 안 예슬 — 예로미
- 딸림상 : 정 메아리 — 우람히너른바회
- 추킴상 : 이 소라 — 새봄 — 시내, 이 흙 — 가을, 이 하나별 — 큰뿌리

2) 한글학회 「한글 이름 한마당」 대회

제1회(1992년)

① 사람 이름
김 아름가라뫼 — 어진가라뫼, 배 한빛나래 — 한빛나라, 송 봄이누리 — 한빛누리, 박 새빛나 — 예빛나, 전 아르미 — 새로미 — 보라미, 김 보미나, 박 솔빛나라, 김 바위솔, 박 온나래, 백 다휜, 금 빛솔여울에든가오름(가장 긴 이름, 특별상)

② 가게 이름 : 한밝

제2회(1994년)

- 세종임금 기림 : 박 하얀꽃하나, 박 하얀꽃두리, 박 하얀세찌
- 한힌샘 기림 : 송 빛다운, 송 빛도란, 송 빛고을, 밝 나라, 정 샘터
- 외솔 기림 : 손 모아, 김 별다미, 김 해마루, 김 꽃솔, 김 한솔, 김 빛나라, 김 슬기로, 김 보라미, 김 세로미, 김 바센나

제3회(1995년)

- 으뜸기림 : 내 다우리, 내 도우리, 내 세우리
- 버금기림 : 탁 트인
- 추킴기림 : 원 먼동마루, 원 해찬물결
- 뽑힘기림 : 오 다함, 오 다해, 이 아리따, 이 예소라, 조 든든, 김 바위솔, 최 소담, 최 소슬, 강 뜰에새봄결, 김 빛솔여울에든가오름, 김 온누리빛모 — 아사름 한가하

제4회(1996년)

- 으뜸기림 : 정 수리치, 채 하나울, 채 버드메, 채 해든실
- 버금기림 : 임 알찬솔, 임 다복솔, 이 사랑누리
- 추킴기림 : 이 해미루, 탁 떠오름, 탁 피어남

- 뽑힘기림 : 조 한마루, 성 새힘, 성 다힘, 성 한힘, 김 봄메, 김 별메, 김 새한솔, 김 예다은, 채 찬솔, 채 예솔, 김 아람새, 김 예슬이, 김 다스리, 김 다하리, 정 되난들, 정 샘이찬, 홍 현불, 홍 해내리, 김 아람드리, 김 한나모, 문 해오름

제5회(1997년)

- 으뜸기림 : 정 가득, 이 달처럼, 이 별처럼
- 버금기림 : 반 가운, 이 새롬, 이 푸름, 이 맑음
- 추킴기림 : 도 우리, 김 나라, 김 고운, 김 하늘
- 뽑힘기림 : 김 다온, 최 샘이나, 박 솔차니, 장 한별, 장 한빛, 장 한님, 장 한솔, 황 새별, 황 새결

제6회(1998년)

- 으뜸기림 : 이 마로별, 최 가온, 최 나온, 최 슬온, 최 시온
- 버금기림 : 김 깃비, 최 고운하늘한아름, 최 맑은하늘한마음
- 추킴기림 : 임 예봄, 신 해빛나, 신 해솔
- 뽑힘기림 : 최 햇빛, 오 한밀, 이 피어나, 강 미덥, 한 겨레, 한 줄기, 홍 도담, 홍 새록, 장 한별, 장 한샘, 장 한솔

제7회(1999년)

- 으뜸기림 : 정 도담, 배 꽃하얀 − 잎푸른 − 한여름
- 버금기림 : 곽 빛보라, 김 우람솔 − 우람찬
- 추킴기림 : 김 든솔, 한 무리 − 미쁨 − 세움
- 뽑힘기림 : 김 다래, 김 푸른바다 − 푸른하늘, 이 보름이 − 한울이

3) 연세대 「한글 물결 한글 이름 온누리에」 대회

제1회(1990년)
- 으뜸상 : 해울
- 버금상 : 슬아
- 딸림상 : 하랑

제2회(1991년)
- 으뜸상 : 해랑
- 버금상 : 대솔
- 딸림상 : 다예
- 그 밖 : 나름, 초롱, 누리큰빛, 솔이

제3회(1992년)
- 으뜸상 : 꿈자을
- 버금상 : 소슬, 다울
- 딸림상 : 한음, 민나래피오, 고은놀, 바우나 — 보미나 — 유리나, 나래울, 스라, 달이, 하늘담, 도담

제4회(1993년)
- 으뜸상 : 함지슬, 예지슬
- 버금상 : 예나지나
- 딸림상 : 보듬, 정다운 — 정겨운 — 정스런, 찬들 — 한들, 하제, 찬울, 별다래, 드레

제5회(1994년)
- 으뜸상 : 한별스민 — 별보미 — 별보라
- 버금상 : 너나울
- 딸림상 : 함작고은, 올고은, 한올 — 두올 — 세올, 한누비에, 바다울, 샘스레, 벼스

레, 하솔맘, 하늘다래, 해듬, 애솔

제6회(1995년)

- 으뜸상 : 미르에타
- 버금상 : 늘휘
- 딸림상 : 새움, 새름, 노은, 솔마루, 하늘솔, 샘소슬, 한이얼, 하늘 파랑 – 늘고운 – 늘마냥, 도람, 솔빛나래, 보늬 – 하늬 – 무늬

제7회(1996년)

- 으뜸상 : 가리사니
- 버금상 : 미리마지
- 딸림상 : 느루, 늘다옴, 기슬, 설믜, 여의, 오롯, 다붓

4) 한글 누리(주) 온라인 한글 이름 짓기 대회

제1회(1997년)

① 천리안
- 으뜸상 : 솔휘
- 버금상 : 이슬에, 강가에, 다미

② 나우누리
- 으뜸상 : 슬혜음
- 버금상 : 든든나름, 파르탄솔

③ 하이텔
- 으뜸상 : 나르새
- 버금상 : 하솜, 하소미, 너른스촘

④ 유니텔
- 으뜸상 : 나리진, 싱그람
- 버금상 : 해든실, 아사빛, 해담, 필잎

제2회(1998년)

① 천리안
- 으뜸상 : 함지찬
- 버금상 : 새하, 해날
- 딸림상 : 새솔, 모루, 미루, 두루, 고루, 남푸룻

② 나우누리
- 으뜸상 : 두람
- 버금상 : 빛망울, 감미루, 해바램
- 딸림상 : 새봄결, 금슬빈, 예니, 한초아, 뉘연, 세울

③ 하이텔
- 으뜸상 : 해담솔
- 버금상 : 제다, 담은
- 딸림상 : 다슬찬, 한밝, 혜음, 해맑음

④ 유니텔
- 으뜸상 : 서린
- 버금상 : 해름, 하솔, 두해
- 딸림상 : 다복솔, 다해, 미쁨, 마르세, 해닮은이, 별따름이, 달부름이, 한너울

제3회(1999년)

① 천리안
- 으뜸상 : 해우린

- 버금상 : 하제누리, 새나름
- 딸림상 : 다사나, 새맘, 송아리

② 나우누리
- 으뜸상 : 아솜다솜
- 버금상 : 하소, 나빈, 서별, 한날빛
- 딸림상 : 꾸미루미, 들비, 온이, 해밀, 라온, 나온, 아마, 다사리아

③ 하이텔
- 으뜸상 : 베조아니
- 버금상 : 하름, 함나온, 아름조아
- 딸림상 : 수련, 해다미, 시암, 다소한, 찬틀

④ 유니텔
- 으뜸상 : 마누바세
- 버금상 : 하나우리
- 딸림상 : 늘빛, 이찬, 자드락, 바르나애

영어 이름

오늘날은 모든 분야에서 해외교류가 활발하며 영어가 세계 공용어이자 인터넷 공용어이다. 따라서 한국 이름(예 : 김재영 · 한빛나)을 영문으로 표기한 영문 이름(예 : Kim Jaeyeoung · Han Bitna)과는 별도로 영어 이름(예 : Adam Kim · Eve Han)을 가질 필요가 있다. 특히 외국계 기업에 다니는 사람은 영어 이름을 명함에 새겨서 사용하는 것이 자연스럽다.

1. 짓는 요령

영어 이름을 지을 때는 영어 이름의 원뜻을 고려하여 자신에게 잘 어울리는 것을 선택하면 된다. 시중에 영어 이름을 소개한 저서가 많이 있으므로 참고하면 될 것이다.

그러나 이 책들은 음양오행 사상을 따라 영어 이름을 짓는 방법은 다루고 있지 않다. 이름학의 바탕은 음양오행 사상이다. 따라서 음양오행 사상을 따른다면 어떤 영어 이름이 어떤 사람과 음양오행의 조화를 이룰지에 대해서 별도로 다루어야 한다.

영어 이름에서 음양을 문제삼을 필요는 없다. 영문자는 같은 글자라도 대

문자이냐 소문자이냐에 따라서 획수가 달라지므로 글자의 획수를 따져서 음양을 논하는 것이 어렵고, 그렇다고 해서 다른 무엇으로 음양을 논할 필요까지는 없기 때문이다.

그러나 영어 이름에서 오행을 문제삼을 필요는 있다. 한자는 뜻글자(표의문자)이고 로마자인 영문자는 한글처럼 소리글자(표음문자)이다. 이런 점에서 영어 이름은 한자 이름과는 큰 차이가 있고 한글 이름과는 대체로 비슷하다. 이름학에서는 글자의 뜻을 가지고 자원오행을 논하고 글자의 소리를 가지고 발음오행을 논한다. 따라서 한자 이름에서는 자원오행 위주로 다루어야 하고, 한글 이름에서는 발음오행 위주로 다루어야 한다. 그러나 한글 이름이라 하더라도 예를 들어 「가람」처럼 그 뜻이 '강'인 경우에는 발음을 떠나 오행을 수(水)로 논해야 한다. 왜냐하면 이름은 소리·글자·뜻으로 구성되는데, 그 가운데 뜻이 중요하다고 보기 때문이다.

영문자는 한글처럼 소리글자이므로 영어 이름은 한글 이름처럼 발음오행 위주로 다루어야 한다. 그러나 영어 이름이라도 예를 들어 「Diamond(dáiəmənd)」처럼 그 뜻이 '금강석'인 경우에는 발음과 상관 없이 오행을 금(金)으로 논해야 한다. 그러므로 영어 이름도 한글 이름과 마찬가지로 그 뜻을 살펴볼 필요가 있다.

그러나 영어 이름은 한글 이름과 달리 그 뜻을 헤아릴 수 없는 경우가 많은 것 같다. 그러한 경우에는 한글 이름에서처럼 이름 첫 글자의 소리를 가지고 발음오행을 살핀다. 예를 들어 「Cara(kárə)」는 'k' 즉 목(木), 「Dallas(dǽləs)」는 'd' 즉 화(火), 「Robin(rábin)」은 'r' 즉 화(火), 「Simon(sáimən)」은 's' 즉 금(金)이므로, 이것들이 각각 희용신이냐를 따져야 한다. 참고로, 예를 들어 「Ada(éidə)」의 'é'는 다수설을 따르면 토(土)이고 소수설을 따르면 수(水)이며, 「Becca(békə)」의 'b'는 다수설을 따르면 수(水)이고 소수설을 따르면 토(土)이다. 이상의 요령을 따라 영어 이름을 지으면 좋은 결과를 얻을 수 있을 것이다.

예1) 희용신이 목(木)인 남자아이의 영어 이름을 짓는 경우

사주의 희용신이 목(木)인 남자아이에게는 첫 글자의 발음오행이 목(木)인 영어 이름을 지어준다. 발음오행을 고려하는 이유는 영문자가 한글처럼 소리글자이기 때문이다.

발음오행 가운데 목(木)은 'ㄱ·ㅋ'이고, 여기에 해당하는 영어 이름에는 첫 글자가 'c', 'ch', 'g', 'k' 등으로 시작하는 이름이 있다. 따라서 「Clyde」, 「Christian」, 「Gabriel」, 「Kyle」 등의 이름을 사용할 수 있다.

그러나 영어 이름의 뜻을 헤아릴 수 있는 경우에는 발음오행 대신 자원오행 위주로 이름을 지을 수 있다. 예를 들어 「Forrest」(또는 「Forest」)는 '숲'을 의미한다. 따라서 목(木)의 의미가 분명하므로 발음과 상관 없이 오행을 목(木)으로 본다.

예2) 희용신이 금(金)인 여자아이의 영어 이름을 짓는 경우

사주의 희용신이 금(金)인 여자아이에게는 첫 글자의 발음오행이 금(金)인 영어 이름을 지어준다.

발음오행 가운데 금(金)은 'ㅅ·ㅈ·ㅊ'이고, 여기에 해당하는 영어 이름에는 첫 글자가 's', 'j', 'ch' 등으로 시작하는 이름이 있다. 따라서 「Sara」, 「Janet」, 「Chelsea」 등의 이름을 사용할 수 있다.

그러나 영어 이름의 뜻을 헤아릴 수 있는 경우에는 발음오행 대신 자원오행 위주로 이름을 지을 수 있다. 예를 들어 「Crystal」은 '수정'을 의미하고, 「Pearl」은 '진주'를 의미한다. 둘 다 금(金)의 의미가 분명하므로 발음과 상관 없이 오행을 금(金)으로 본다.

- 영어 이름의 어원과 이미지 등을 고려하여 짓는다.
- 영어 이름에서 음양은 고려할 필요가 없다. 영문자는 같은 글자라도 대문자이냐 소문자이냐에 따라서 획수가 달라지기 때문이다.
- 그러나 오행을 고려할 필요는 있다. 영문자는 한글처럼 소리글자이므로 발음오행 위주로 다루는데, 뜻을 헤아릴 수 있는 경우는 발음오행과 상관없이 자원오행을 논하고, 뜻을 헤아릴 수 없을 때는 이름 첫 글자의 소리로 발음오행을 논한다.

2. 영어 이름의 원뜻

애써 지은 영어 이름이 알고 보니 남자만 사용하거나 반대로 여자만 사용하는 이름이라면, 또는 구식 이름이거나 강아지와 고양이 등 애완동물에게 어울리는 이름이라면 엉뚱한 결과를 일으킬 수 있다. 따라서 영어 이름을 지을 때는 영어 이름의 원뜻과 이미지 등을 미리 알아두는 것이 좋다. 다음은 영어 이름의 원뜻과 애칭이나 관련된 이름을 정리한 것이다.

1) 남자 이름

A

- Aaron : 높은 산(high mountain), 문명의(enlightened) / Aron
- Abbott : 아버지(father), 성직자(priest) / Ab, Abe
- Abel : 호흡(breath)
- Abner : 빛의 아버지(father of light) / Ab, Abe
- Abraham : 대중의 아버지(father of a multitude)
- Ace : 제1인자(number one), 최고(the best)
- Adam : 흙(earth), 사람(human)

- Addison : 아담의 아들(son of Adam)
- Adolph : 고귀한 늑대(noble wolf) / Dolph
- Aidan : 불(fire) / Aden
- Alan : 잘생긴(handsome), 쾌활한(cheerful) / Allen
- Albert : 고귀한(noble), 빛나는(bright) / Al, Bert
- Aldine : 오랜 친구(old friend) / Alden
- Aldous : 오래된(old) / Aldis, Aldus
- Alexander : 인류의 보호자(defender of mankind) / Alasdair, Alastair, Alex, Lex, Xan
- Alfred : 꼬마 요정 카운슬러(elf counsel), 현명한 조력자(wise helper) / Alfie
- Allen : 잘생긴(handsome), 쾌활한(cheerful) / Alan
- Alton : 오래된 동네(old town)
- Alvin : 모두에게 사랑받는(beloved by all), 모두의 친구(everyone's friend) / Alvie
- Ambrose : 영원한(immortal) / Ambie
- Andrew : 남자(man), 전사(warrior) / Andre, Andy
- Angel : 천사(angel), 메신저(messenger) / Ange
- Angus : 하나(one)
- Anthony : 매우 귀중한(invaluable) / Antony, Anton
- Archibald : 참된 용기(genuine courage) / Archie
- Ariel : 신의 사자(lion of god)
- Arin : 평화(peace) / Erin
- Arlen : 맹세(pledge)
- Armand : 용감한 남자(bold man) / Harmand
- Arnold : 독수리(eagle), 힘(power), 독수리처럼 강한 통치자(eagle ruler) / Arno, Arny
- Arthur : 고귀한(noble), 용기 있는(courageous) / Art, Artie

- Asher : 행복한(happy)
- Ashley : 물푸레나무숲(ash meadow) / Ash, Ashly
- Aubrey : 꼬마 요정의 힘(elf power) / Aubrie
- August : 신성한 자(the sacred), 덕망 있는(venerable) / Austin, Augustin

B

- Bailey : 법 집행관(bailiff) / Bailie, Baily
- Balder : 왕자(prince)
- Baldric : 용감한 통치자(brave ruler)
- Baldwin : 용감한 친구(brave friend)
- Barret : 용감한(strong hearted)
- Bartholomew : 탈마이의 아들(son of Talmai) / Bart
- Basil : 왕(king), 바질(Basil : 허브의 한 종류) / Bas, Baz
- Beau : 잘생긴(handsome)
- Ben : 아들(son) / Benjamin, Benedict
- Benedict : 축복 받은(blessed) / Ben, Benet
- Benjamin : 가장 사랑하는 아들(favorite son), 행운의(fortunate) / Ben, Benji, Bennie
- Bernard : 곰처럼 용맹한(bold as a bear) / Bernie
- Bertram : 영리한 갈가마귀(bright raven) / Bert, Bertrand
- Bill : 강인한 전사(powerful warrior) / Billie, Billy, William
- Blake : 하얀(white), 표백하다(bleach), 검은(black)
- Bob : 유명한(famous) / Bobby, Robert
- Bradley : 넓은 초원(broad meadow)
- Brady : 넓은 섬(broad island)
- Brendan : 왕자(prince) / Brennan
- Brent : 언덕(hill)

- Brian : 힘(force) / Brion, Bryan
- Bruce : 숲(woods), 덤불(thicket)
- Bruno : 갈색의(brown)
- Buck : 수사슴(buck), 원기왕성한 젊은이(high spirited young man)
- Buddy : 친구(friend) / Bud

C

- Cain : 창(lance)
- Calvin : 대머리의(bald)
- Carl : 자유로운 사람(freeman) / Karl
- Carter : 짐마차꾼(carter)
- Casey : 방심하지 않는(vigilant)
- Cedric : 전투 지휘관(war chief)
- Chad : 전사(warrior) / Chadwick
- Chance : 기회(chance)
- Charles : 남자다운(manly), 강인한(strong) / Carlin, Charley, Charlie, Chas, Chaz, Chuck
- Chase : 사냥꾼(hunter)
- Chester : 막사(soldier's camp) / Rochester
- Christian : 예수 그리스도의 신봉자(follower of Christ) / Chris
- Christopher : 예수 그리스도의 심부름꾼(Christ bearer) / Chris
- Clancy : 붉은 전사(red warrior) / Clancey
- Clarence : 빛나는(illustrious) / Clare
- Clement : 온화한(gentle), 자비로운(merciful) / Clem
- Clive : 절벽(cliff), 비탈(slope)
- Cody : 협력자(helper)
- Cole : 새까만(coal black) / Nicholas
- Colin : 꼬마(whelp, young pup) / Collin

- Connell : 늑대처럼 강인한(strong as a wolf)
- Conner : 사냥개(hound), 늑대 애호가(wolf-lover) / Connor
- Conrad : 협력자(helper), 지혜(wisdom)
- Craig : 바위(rock)
- Curtis : 예의바른, 정중한(courteous) / Curt
- Cyril : 군주다운(lordly)
- Cyrus : 태양과 같은(like the sun) / Cy

D

- Dale : 계곡(dale), 골짜기(valley)
- Dalton : 계곡에 있는 마을(valley settlement)
- Daniel : 하나님은 나의 심판자(God is my judge) / Dan, Danni, Danny
- Darian : 부유한(wealthy) / Darien, Darius
- David : 사랑받는(beloved) / Dave, Davie, Davy, Daw
- Deacon : 하인(servant)
- Dean : 깊은 골짜기(dean), 교회 지도자(leader of school)
- Dennis : 술의 신 디오니소스를 따르는 사람(follower of Dionysos) / Denny
- Denzel : 요새(fort)
- Dexter : 솜씨가 좋은(dexterous), 행운의(auspicious)
- Dick : 강인하고 용감한(powerful and brave), 용맹한(lionhearted) / Dicky, Richard
- Dominic : 하나님에게 속한(belongs to the lord) / Dominick
- Donald : 세계의 지배자(world ruler) / Don, Donny
- Douglas : 검은 시내(black stream)
- Drew : 남자(man), 전사(warrior) / Andrew
- Duke : 지휘자(commander), 지도자(leader)
- Duncan : 갈색의 전사(brown warrior) / Dunky

· Dylan : 바다의 아들(son of the sea)

E

· Earl : 귀족(nobleman), 왕자(prince), 전사(warrior) / Earle
· Edan : 불(fire) / Aidan
· Edgar : 부유한 창병(rich spear)
· Edmund : 부유한 보호자(wealthy protector)
· Edward : 부유한 보호자(wealthy protector) / Ed, Eddie, Eddy, Ned
· Edwin : 부유한 친구(rich friend) / Edwyn
· Egbert : 빛나는 칼날(bright edge of a sword)
· Eli : 높임을 받은(ascended), 나의 하나님(my God)
· Elijah : 여호와는 나의 하나님(Jehovah is my God) / Elias
· Elliot : 여호와는 나의 하나님(Jehovah is my God)
· Ellery : 즐거운(joyful), 행복한(happy) / Hillary
· Ellis : 친절한(kind), 여호와는 나의 하나님(Jehovah is my God)
· Elmer : 고귀한(noble), 유명한(famous)
· Elroy : 왕(king) / Leroy
  Elvis : 매우 현명한(all wise)
· Emil : 경쟁자(rival)
· Emmanuel : 하나님은 우리와 함께 계신다(God is with us)
· Eric : 영원한 지배자(ever-ruler) / Erick
· Ernest : 성실한(earnest) / Ernie
· Ethan : 강인한(strong), 장수하는(long-lived)
· Eugene : 가문이 좋은(wellborn)
· Evan : 하나님은 자비로우시다(God is gracious)
· Evelyn : 작은 새(little bird)
· Ezra : 도움(help)

F

- Felis : 행운의(lucky)
- Felix : 행운의(lucky)
- Ferdinand : 모험을 즐기는(adventurous) / Ferdie, Ferdy
- Fergus : 강인한 남자(strong man) / Fergie
- Fletcher : 화살을 만드는 사람(maker of arrows)
- Flint : 냉혹한(hardhearted), 육체적으로 강인한(physically tough)
- Forrest : 숲(근처)에 사는(lives in or by an enclosed wood) / Forest
- Francis : 자유(free) / France
- Franklin : 자유로운 사람(freeman) / Frank
- Fraser : 딸기(strawberry) / Frazier
- Frederick : 평화로운 지배자(peaceful ruler) / Fred, Freddie, Freddy

G

- Gabriel : 하나님은 전능하시다(God is mighty) / Gabby, Gabe, Gable
- Galen : 조용한(calm), 차분한(tranquil) / Gale
- Gary : 창(spear) / Garey
- Gaylord : 멋쟁이(dandy) / Gay
- Gene : 가문이 좋은(wellborn) / Eugene
- Geoffrey : 신의 평화(God's peace) / Jeffrey
- George : 농부(farmer) / Georgie
- Gerald : 용감한 전사(brave warrior)
- Gerard : 강력한 창(spear brave) / Gerrard
- Gideon : 나무를 자르는 사람(hewer, one who cuts trees) / Gid
- Glen : 골짜기(valley) / Glenn
- Gordon : 위대한 언덕(great hill) 요새(fort)
- Grant : 위대한(great), 큰(large)

- Gregory : 주의 깊은(watchful), 방심하지 않는(vigilant) / Greg
- Guy : 안내자(guide), 전사(warrior)

H

- Hal : 가장(ruler of the home) / Henry
- Hammond : 가정(home)
- Hank : 가장(ruler of the home) / Henry
- Hardy : 용감한(brave), 강인한(strong)
- Harley : 산토끼들의 숲(hare wood)
- Harold : 군대 지휘관(army ruler)
- Harry : 군인(soldier), 전쟁(war)
- Harvey : 전투 태세를 갖춘(battle worthy) / Harve, Harvie
- Heath : 히스(heath : 황야에 자생하는 관목)
- Henry : 가장(ruler of the home) / Hal
- Herbert : 영리한 전사(bright warrior) / Herb, Herbie
- Hillary : 즐거운(joyful), 행복한(happy) / Ellery
- Horace : 시력이 좋은(has good eyesight) / Horatio
- Howard : 경비원(watchman) / Howie
- Hubert : 밝은 마음(bright heart)
- Hugh : 마음(mind), 지성(intelligence)
- Hugo : 마음(mind), 지성(intelligence)
- Humphrey : 평화로운 거인(peaceful giant)
- Hunter : 사냥꾼(hunter)
- Hyman : 생명(life)

I

- Ira : 주의 깊은(watchful)
- Irvine : 초록빛 강(green river)

- Irving : 초록빛 강(green river)
- Isaac : 웃음(laughter) / Issac

J

- Jack : 하나님은 자비로우시다(God is gracious), 대신하는 자(the supplanter) / John, Jacob
- Jackie : 하나님은 자비로우시다(God is gracious), 대신하는 자(the supplanter) / Jack
- Jacob : 대신하는 자(the supplanter)
- Jake : 하나님은 자비로우시다(God is gracious) / Jacob
- James : 대신하는 자(the supplanter) / Jacob
- Jamie : 대신하는 자(the supplanter) / James
- Jared : 가계, 혈통(descent)
- Jarrett : 강력한 창(spear-brave)
- Jason : 치유하는 자(the healer)
- Jeffrey : 하나님의 평화(God's peace) / Jeff
- Jeremy : 하나님이 정하신(appointed by the Lord) / Jeremiah
- Jerome : 성스러운 이름(holy name)
- Jerry : 하나님이 정하신(appointed by the Lord) / Jeremy
- Jesse : 선물(gift), 하나님의 은혜(God's grace) / Jess, Jessie
- Jim : 대신하는 자(the supplanter) / Jimmy, Jimmie
- Jo : 하나님은 더해주신다(God adds) / Joe, Joseph
- Joel : 야훼는 나의 하나님(Yahweh is God)
- Joey : 하나님은 더해주신다(God adds) / Joseph
- John : 하나님은 자비로우시다(God is gracious) / Johnie, Johnnie, Johnny
- Jonathan : 하나님이 주셨다(God has given) / Jon, Jonath
- Jordan : 아래로 흐르는(flowing down) / Judd

- Joseph : 하나님은 더해주신다(God adds) / Jo, Joe
- Joshua : 하나님은 구원이시다(God is salvation) / Josh
- Jude : 찬양 받는 자(he who is praised)
- Julian : 수염이 부드러운(soft bearded), 젊은이(youth) / Julius
- Justin : 공정한(fair)

K

- Kay : 기쁨(rejoice)
- Keith : 숲(woods)
- Kelvin : 좁은 강(narrow river)
- Kendrick : 높은 언덕(high hill)
- Kenneth : 잘 만들어진(finely made), 잘생긴(comely) / Kenny
- Kevin : 사랑스러운(lovable)
- Kipp : 언덕에 사는(lives on a hill) / Kip
- Kirk : 교회(church)
- Kyle : 날씬한(slender)

L

- Lance : 육지(land)
- Lane : 좁은 길(narrow pathway)
- Larry : 월계관(the laurel), 월계수나무(bay tree) / Lawrence
- Lawrence : 월계관(the laurel), 월계수나무(bay tree) / Larry, Lauren, Laurie
- Lee : 초원(meadow) / Leigh
- Len : 사자처럼 용맹한(strong as a lion) / Leonard
- Leo : 사자(lion) / Leon, Leonard
- Leonard : 사자처럼 용맹한(strong as a lion) / Len, Lennie, Leo, Leon
- Les : 호랑가시나무 정원(garden of hollies) / Leslie, Lesley

- Levi : 합쳐진(associated)
- Lewis : 이름 높은 전사(famous warrior) / Louis
- Lex : 인류의 보호자(defender of mankind) / Alexander
- Lionel : 사자(lion)
- Lloyd : 백발의(gray haired)
- Lou : 이름 높은 전사(famous warrior) / Louis, Louie
- Lowell : 어린 늑대(little wolf)
- Lucian : 빛(light)
- Luke : 루카니아 출신의(from Lucania) / Lucius
- Lux : 빛(light)
- Lyle : 섬 출신의(from the island)
- Lynn : 호수(lake)

M

- Macey : 하나님의 선물(gift of God) / Macie
- Mackenzie : 잘생긴(comely) / Mckenzie
- Malcolm : 성 콜롬바에 귀의한 자(devotee of St. Columba) / Malcom
- Marcus : 호전적인(warlike) / Marc, Mark
- Marlon : 작은 전사(little warrior) / Marlin
- Marshall : 말을 돌보는 사람(keeper of horses)
- Martin : 용맹스러운(like Mars) / Marty
- Marvin : 친구(friend)
- Matthew : 하나님의 선물(gift of God) / Matt, Mattie
- Maurice : 피부가 검은(dark skinned), 무어인의(Moor) / Morris
- Max : 가장 위대한 자(the greatest) / Maximilian
- Maximilian : 가장 위대한 자(the greatest)
- Melvin : 친절한 지휘관(gentle chieftain) / Mel
- Meredith : 바다의 보호자(protector of the sea)

- Michael : 하나님 같은 사람은 누구일까(who is like God?) / Micah, Micha, Mick, Mickey, Micky, Mike
- Mike : 하나님 같은 사람은 누구일까(who is like God?)
- Miles : 친절(favor), 자비(grace) / Milo
- Mitchell : 하나님 같은 사람은 누구일까(who is like God?) / Mitch
- Morgan : 바닷가(seashore)
- Morris : 피부가 검은(dark skinned), 무어인의(Moor) / Maurice
- Moses : 물에서 구원 받은 자(aved from the water)
- Murray : 항해자(seaman)
- Myron : 몰약(myrrh), 향기로운(fragrant)

N

- Nat : 선물(gift) / Nathan
- Nate : 선물(gift) / Nathan
- Nathan : 선물(gift) / Nat, Nate
- Nathaniel : 하나님의 선물(gift of God)
- Ned : 부유한 후견인(guardian of prosperity) / Edward
- Nell : 우승자(champion) / Neal
- Neo : 새로운(new)
- Nic : 하나님에게 속한(belongs to the lord), 승리한 사람(victorious people) / Dominic, Nicholas
- Nicholas : 승리한 사람(victorious people) / Nic, Nick
- Nicky : 승리한 사람(victorious people) / Nick
- Nigel : 우승자(champion)
- Noah : 휴식(rest), 평화(peace)
- Noel : 생일(birthday)
- Norman : 북방 사람(Northman : 고대 스칸디나비아 사람)

O

- Ogden : 참나무 숲(oak valley)
- Oliver : 올리브나무(olive tree), 평화(peace) / Oli
- Orville : 황금의 도시(golden city)
- Oscar : 신의 창병(divine spear)
- Owen : 가문이 좋은(wellborn)

P

- Palmer : 순례자(pilgrim)
- Parker : 공원 관리인(park keeper)
- Patrick : 귀족(nobleman) / Pat
- Paul : 작은(small)
- Perry : 방랑자(wanderer)
- Pete : 바위(rock), 돌(stone) / Peter
- Peter : 바위(rock), 돌(stone) / Pete, Pierre
- Phil : 말을 좋아하는 사람(lover of horses) / Philip
- Philip : 말을 좋아하는 사람(lover of horses) / Phil
- Piers : 바위(rock), 돌(stone) / Peers

Q

- Quentin : 다섯 번째(fifth) / Quin, Quincy

R

- Ralph : 영리한 늑대(wise wolf)
- Randolf : 늑대로부터 보호 받는(guarded by wolf) / Randolph , Randy
- Raymond : 현명한 보호자(wise protector) / Ray
- Reece : 열정(heat of passion) / Reese

- Reg : 현명한 지배자(wise ruler) / Reginald
- Reginald : 현명한 지배자(wise ruler) / Reg
- Rex : 왕(king)
- Rich : 강하고 용감한(powerful and brave) / Richard
- Richard : 강하고 용감한(powerful and brave) / Rich, Richie, Rick, Ricky
- Rio : 강(river)
- Rob : 이름 높은(famous) / Robert
- Robert : 이름 높은(famous) / Rob, Robbie, Robin
- Robin : 빛나는 명성(bright fame) / Robert
- Roger : 이름 높은 창병(famous spear)
- Roland : 유명한 땅(famous land)
- Ron : 현명한 지배자(wise ruler) / Ronald
- Ronald : 현명한 지배자(wise ruler) / Ron, Ronnie, Ronny
- Roy : 왕(king)
- Russell : 붉은 머리의(red-headed) / Russ
- Ryan : 어린 왕(little king)

S

- Sam : 하나님은 경청하신다(God has hearkened) / Sammy, Samuel
- Samuel : 하나님은 경청하신다(God has hearkened) / Sam, Sammy
- Sandy : 인류의 보호자(defender of mankind) / Alexander
- Scott : 스코틀랜드 사람(Scotsman) / Scottie, Scotty
- Sean : 하나님은 자비로우시다(God is gracious) / Shane, Shawn
- Sebastian : 존경 받는(respected)
- Seth : 지정된(appointed)
- Sid : 성 데니스(St. Denis) / Sidney
- Sidney : 성 데니스(St. Denis) / Sid, Sydney

- Silas : 숲(woods, forest)
- Simon : 경청하는(hearkening)
- Sonny : 젊은이(youngster) / Sonnie
- Spencer : 관리자(administrator)
- Stephen : 왕관(crown) / Steve, Steven, Stevie
- Stewart : 집사(house guard) / Stew, Stu, Stuart

T

- Tate : 활기찬(cheerful)
- Taylor : 재단사(cutter of cloth, tailor)
- Ted : 부유한 후견인(guardian of prosperity), 하나님의 선물(gift of God) / Edward, Theodore
- Terence : 매끄러운(smooth) / Terance, Terrance, Terry
- Theodore : 하나님의 선물(gift of God) / Ted, Teddy, Theo
- Thomas : 쌍둥이(twin) / Tom
- Timothy : 하나님을 경배하라(to honor God) / Tim
- Tobias : 하나님은 선하시다(God is good) / Toby
- Todd : 여우(fox) / Tod
- Tom : 쌍둥이(twin) / Thomas, Tommi, Tommie, Tommy
- Tony : 매우 귀중한(invaluable) / Anthony
- Trent : 여행자(traveler)

U

- Ulysses : 분노한(to be angry), 증오하다(to hate)
- Uriah : 하나님은 나의 빛이시다(God is my light)

V

- Valentine : 건강한(healthy), 강인한(strong) / Val

- Victor : 승리(victory), 정복자(conqueror) / Vic
- Vincent : 정복하는(conquering) / Vin, Vince

W

- Wade : 방랑자(wander)
- Waldo : 통치자(ruler)
- Wallace : 외국의(foreign), 켈트 사람(Celtic), 웨일즈 사람(Welshman) / Wallis, Wally
- Walter : 군 지휘자(commander of the army) / Walt, Wat, Watkin
- Ward : 보호자(protector)
- Warren : 공원(park)
- Wayne : 짐마차를 만드는 사람(wagon-maker)
- Webster : 베 짜는 사람(weaver)
- Wesley : 서부의 목초지(western meadow) / Westley
- Whitney : 하얀 섬(white island)
- Wilfred : 평화(peace) / Wilfrid
- Willard : 의지가 강한(strong-willed)
- William : 강한 전사(powerful warrior) / Will, Willie, Willy, Bill, Billie, Billy
- Woodrow : 숲 옆의 집들(houses by the wood) / Woody
- Wyatt : 작은 전사(little warrior)
- Wynn : 축복 받은(blessed), 하얀(white) / Wyn

X

- Xan : 인류의 보호자(defender of mankind) / Alexander
- Xavier : 새 집(a new house) / Xavior, Xzavier

Y

- Yale : 국경(a prontier)
- Yorick : 농부(farmer)

Z

- Zachary : 하나님은 기억하신다(God has remembered) / Zach, Zachariah, Zachery, Zack

2. 여자 이름

A

- Abigail : 내 아버지의 기쁨(my father's joy) / Abby, Abbey, Abbi, Abbie, Gail
- Abella : 목동(herdsman)
- Acacia : 악하지 않은(not evil) / Cacia
- Adelaide : 고귀한(noble) / Ada, Addie, Addy
- Adena : 불(fire) / Adenah, Adene, Adine
- Agatha : 착한(good), 친절한(kind)
- Agnes : 순결한(chaste), 성스러운(holy) / Aggie, Aggy
- Alana : 아름다운(beautiful) / Alanis, Alanna, lana
- Alberta : 고귀한(noble), 빛나는(bright)
- Alicia : 고귀한(noble)
- Alene : 새(bird), 경쟁자(rival) / Eileen
- Alethea : 진실(truth)
- Alex : 인류의 보호자(defender of mankind)
- Alexandra : 인류의 보호자(defender of mankind) / Alex, Alexa, Alexandria

- Alexia : 보호자(defender)
- Alexis : 보호자(defender)
- Alice : 귀족의(noble) / Alison
- Alma : 영혼(soul), kind(친절한)
- Amanda : 사랑스러운(lovable)
- Amber : 호박(amber : 보석의 한 가지)
- Ambrosine : 영원한(immortal)
- Amelia : 근면한(laboring) / Amelie
- Amity : 우정(friendship)
- Amy : 매우 사랑받는(much loved) / Aimee, Ami, Amie
- Annabella : 우아하게 아름다운(gracefully beautiful) / Annabelle
- Anastacia : 부활(resurrection)
- Andrea : 씩씩한(manly), 전사(warrior) / Andee, Andi, Andra, Andreana
- Andriana : 씩씩한(manly), 전사(warrior) / Andrea
- Angel : 천사(angel), 메신저(messenger)
- Angela : 천사(angel), 메신저(messenger) / Angelia, Angelina, Angie
- Anita : 친절(favor), 자비(grace) / Aneta, Anetta,
- Ann : 친절(favor), 자비(grace) / Anne
- Anna : 친절(favor), 자비(grace) / Annie
- April : 시작하다(to open)
- Aretha : 미덕(virtue)
- Ariana : 매우 성스러운(utterly pure) / Ariane
- Ariel : 신의 사자(lion of god)
- Ashley : 물푸레나무숲(ash tree grove) / Ashlie
- Asia : 동쪽의(east)
- Astra : 별(star)
- Aubrey : 꼬마 요정의 힘(elf power) / Aubrie
- Audrey : 귀족(the noble) / Audie, Audra

- Aura : 대기(air), 공기
- Aurora : 새벽(dawn)
- Azure : 하늘색(sky blue) / Azura

B

- Bailey : 법 집행관(bailiff) / Bailie, Baily
- Barbara : 외국의(foreign), 낯선(strange) / Bab, Babe, Barbie, Barbra
- Beatrice : 행복을 만드는 사람(one who makes happy) / Bea, Beatrix, Bee
- Becca : 덫을 놓는 사람(one who traps) / Becci, Becky, Rebecca
- Belinda : 아름다운(beautiful)
- Belle : 아름다운(beautiful)
- Berenice : 승리를 가져오는 사람(bringer of victory) / Bernice
- Bertha : 밝은(bright) / Bertie
- Bess : 하나님의 약속(God's promise) / Bessie, Bessy, Elizabeth
- Bet : 하나님의 약속(God's promise) / Elizabeth
- Beth : 하나님의 약속(God's promise) / Elizabeth
- Bethany : 무화과나무가 있는 집(house of figs) / Bethanie
- Betty : 하나님의 약속(God's promise) / Elizabeth
- Bijou : 보석(jewel)
- Blanche : 하얀(white) / Blanch
- Bliss : 기쁨(joy), 행복(happiness)
- Blondie : 금발의(blonde)
- Bobbie : 이름 높은(famous) / Roberta
- Bonnie : 귀여운(pretty), 예쁜(sweet) / Bonny
- Brenda : 칼(sword) / Brenna
- Briana : 힘(force) / Brianna, Brianne
- Bridget : 고귀한 사람(exalted one) / Bridgette, Bridie

- Brook : 시내(brook) / Brooke

C

- Cacia : 악하지 않은(not evil) / Acacia
- Cadence : 운율이 있는(flow of rhythm)
- Caitlin : 순수한(pure)
- Callie : 가장 아름다운(most beautiful)
- Candice : 정직한(candid), 순수한(pure) / Candi, Candas, Candy
- Cara : 친구(friend), 친애하는(dear) / Carita
- Carol : 강인한(strong), 기쁨의 노래(song of joy) / Carrie
- Caroline : 강인한(strong), 용감한(valiant) / Carol, Carrie
- Caryn : 순수한(pure) / Karen
- Casey : 용감한(valiant), 방심하지 않는(wakeful)
- Cassandra : 남자를 혼란시키는 여자(she who entangles men) / Cass
- Cassia : 계수나무(cinnamon tree) / Cassiah, Cassie
- Catherine : 순수한(pure) / Cathy, Cate, Katherine, Kat, Kit
- Cecilia : 장님의(blind)
- Celeste : 천상의(heavenly) / Celestine
- Celia : 천국(heaven)
- Charlotte : 여성스러운(womanly), 강인한(strong) / Charlie
- Chelsea : 내리는 곳(landing place), 항구(port) / Chelsey, Chelsie
- Cherry : 버찌(cherry), 사랑하는 사람(darling) / Cherie
- Cheryl : 소중한 사람(the cherished one)
- Chloe : 초록빛 새싹(green shoot), 젊디젊은(blooming)
- Christine : 예수 그리스도의 신봉자(follower of Christ) / Chrissie, Chrissy, Chris, Christie
- Christina : 예수 그리스도의 신봉자(follower of Christ) / Christa
- Claire : 깨끗한(clear), 밝은(bright)

- Clara : 깨끗한(clear), 밝은(bright)
- Claudia : 절룩거리는(lame) / Claudie
- Clementine : 온화한(gentle), 자비로운(merciful) / Clemence
- Colette : 승리자(a winnor)
- Colleen : 소녀(girl) / Coline, Collyn
- Constance : 확고부동한(steadfast) / Connie
- Cressida : 황금(gold)
- Crystal : 수정(crystal), 얼음(ice)
- Cybill : 여성 예언자(prophetess) / Sybil
- Cynthia : 달(moon)

D

- Daisy : 데이지꽃(daisy)
- Dakota : 동맹(ally), 친구(friend)
- Dalia : 달리아 꽃(dahlia flower)
- Dana : 덴마크에서 온(from Denmark)
- Daniel : 하나님은 나의 심판자(God is my judge)
- Daria : 부유한(wealthy)
- Deb : 벌(bee) / Deborah, Debbie, Debby
- Deborah : 벌(bee) / Deb, Debbie, Debby, Debra
- Denise : 술의 신 디오니소스를 따르는 사람(follower of Dionysos)
- Desirae : 열망하는(desired) / Deziree
- Destiny : 운명(destiny)
- Di : 신의(divine), 천상의(heavenly) / Diane
- Diana : 신의(divine), 천상의(heavenly) / Didi
- Diane : 신의(divine), 천상의(heavenly)
- Dinah : 심판(judgment) / Dina
- Dixie : 열 번째(tenth) / Dix, Dixee

- Dolores : 슬픔(sorrows)
- Dominique : 하나님에게 속한(belongs to the lord)
- Donna : 세계의 지배자(world ruler), 숙녀(lady) / Dona
- Dora : 선물(gift) / Doreen, Doretta, Dorine / Dory
- Dorothy : 하나님의 선물(gift of God) / Dolly, Dortha, Dorthy

E

- Eartha : 대지(the earth)
- Eden : 기쁨의 장소(place of delight)
- Edith : 부유한(rich), 전쟁(war) / Edie
- Edwina : 부유한 친구(rich friend)
- Elaine : 빛(light), 횃불(torch)
- Eleanor : 빛(light), 횃불(torch)
- Elizabeth : 하나님의 약속(God's promise) / Eliza, Elise, Libby, Lizzie, Lisa, Liz, Libbey, Bess, Beth, Betsy, Betty, Isabel
- Ella : 빛(light), 횃불(torch)
- Ellen : 빛(light), 횃불(torch) / Elle
- Ellery : 슬거운(joyful), 행복한(happy) / Hillary
- Emily : 근면한(laboring)
- Emma : 완전한(entire), 전부의(whole) / Emmie, Emmy
- Erica : 영원한 지배자(ever-ruler)
- Erin : 평화(peace)
- Ethel : 귀족의(noble)
- Eugenia : 가문이 좋은(wellborn) / Gena, Genia, Genie
- Eunice : 행복한 승리(good victory)
- Eve : 생명(life), 살아 있는(alive), 여자(woman) / Eva, Evie
- Evelyn : 작은 새(little bird)

F

- Faith : 신념(faith), 믿을 수 있는(faithful)
- Fanny : 자유로운(free) / Frances
- Farrah : 기쁨(joy)
- Faye : 요정(fairy) / Fae, Fay
- Felicia : 행운의(lucky) / Felice
- Felicity : 행운(good luck)
- Flora : 꽃(flower)
- Florence : 꽃이 활짝 핀(blossoming)
- Flower : 꽃(flower)
- Fran : 자유로운(free) / Frances
- Frances : 자유로운(free) / Francine, Frannie
- Frankie : 자유로운(free) / Frances
- Freddie : 평화로운 지배자(peaceful ruler) / Frederica
- Frederica : 평화로운 지배자(peaceful ruler)

G

- Gabrielle : 하나님은 나의 힘이시다(God is my strength) / Gabbie, Gabriella
- Gail : 내 아버지의 기쁨(my father's joy) / Abigail, Gale
- Gay : 행복한(happy) / Gaye
- Gemma : 보석(precious stone) / Jemma
- Gena : 가문이 좋은 (wellborn) / Eugenia, Genia, Genie
- Genevieve : 하얀 파도(white wave) / Gennie, Genny
- Genista : 꽃나무(broom plant)
- Georgia : 농부(farmer)
- Georgiana : 농부(farmer)

- Geraldine : 용감한 전사(brave warrior) / Gerry
- Gillian : 젊음(youth) / Jillian
- Ginger : 생강(ginger), 처녀(virgin)
- Ginnie : 처녀(virgin) / Ginny, Virginia
- Gloria : 영광(glory) / Gloriana
- Goldie : 황금(gold), 금발(blonde)
- Grace : 하나님의 은총(God's favor), 우아한(gracious) / Gracie
- Greta : 진주(pearl) / Margareta
- Gwendolen : 눈썹이 하얀(white-browded)

H

- Hannah : 우아한(gracious), 자비로운(merciful) / Hana, Hannie, Hanny
- Harriet : 가정의 여주인(mistress of the home) / Harrietta, Henrietta
- Haven : 안식처(haven), 피난처(refuge)
- Hazel : 적갈색의(reddish-brown), 헤이즐넛 나무(hazel tree : 개암나무) / Haze
- Heather : 헤더(heather : 히스속의 상록 관목)
- Helen : 횃불(torch), 빛(light) / Helena, Helene
- Hilary : 즐거운(meaning), 행복한(happy) / Hillary
- Hilda : 전투(battle)
- Holly : 호랑가시나무(holly)
- Honey : 꿀과 같은(honey), 달콤한 과즙(nectar)
- Hope : 희망(hope)

I

- Ida : 근면한(industrious), 부유한(rich), 행복한(happy) / Idelle, Idetta, Idette

- Imogen : 소녀(girl), 처녀(maiden) / Innogen
- Ione : 섬(island)
- Irene : 평화(peace) / Irena
- Iris : 붓꽃(iris flower), 무지개(rainbow)
- Isabel : 하나님의 약속(God's promise) / Isabella, Issy, Izzie, Izzy
- Isadora : 이시스 여신의 선물(gift of Isis)

J

- Jacqueline : 대신하는 자(the supplanter) / Jackie
- Jade : 비취, 옥(jade)
- Jamie : 대신하는 자(the supplanter)
- Jane : 하나님은 자비로우시다(God is gracious) / Janet, Janice, Jenny
- Janet : 하나님은 자비로우시다(God is gracious) / Jane
- Janice : 하나님은 자비로우시다(God is gracious) / Jane
- Jasmine : 자스민꽃(jasmine flower) / Jasmin
- Jemima : 비둘기(dove)
- Jemma : 보석(precious stone) / Gemma
- Jennifer : 하얗고 부드러운(white and smooth) / Jen, Jenny
- Jessica : 부유한(rich) / Jess
- Jetta : 새까만(coal black)
- Jewel : 보석(jewel)
- Jillian : 젊음(youth) / Jill
- Joan : 하나님은 자비로우시다(God is gracious) / Jo
- Joanna : 하나님은 자비로우시다(God is gracious) / Jo, Joanne
- Jodie : 하나님은 자비로우시다(God is gracious)
- Jordan : 아래로 흐르는(flowing down)
- Josephine : 하나님은 더해주신다(God adds) / Josepha, Josette, Josie
- Joy : 기쁨(joy)

- Judith : 유대인의(jewess) / Judy
- Julia : 젊음(youth) / Julie, Juliet
- Juliana : 젊음(youth)
- Justine : 공정한(fair) / Justy

K

- Karen : 순수한(pure) / Caryn
- Katherine : 순수한(pure) / Cathy, Cate, Catherine, Kat, Kit
- Kayley : 날씬한(slender)
- Kaylyn : 소녀(girl)
- Kelly : 전사(warrior)
- Kendra : 높은 언덕(high hill)
- Kimberly : 왕의 도시가 있는 초원(king's city meadow) / Kim
- Kitty : 순수한(pure) / Katherine
- Korina : 처녀(maiden)
- Kyra : 태양과 같은(like the sun)

l

- Lana : 아름다운(beautiful) / Alana
- Lara : 요새화된 도시(fortified town) / Larisa, Larissa
- Laura : 월계관(the laurel)
- Laurel : 월계관(the laurel)
- Lauren : 월계관(the laurel), 월계수(bay tree) / Laurie
- Lavern : 봄과 같은(spring - like), 푸른 잎이 무성한(to be verdant)
- Leah : 지친(weary)
- Lee : 초원(meadow) / Leigh
- Leona : 사자(lion)
- Les : 호랑가시나무정원(garden of hollies) / Lesley

- Letitia : 행복(happiness) / Lecia
- Libby : 하나님의 약속(God's promise) / Elizabeth
- Lillian : 백합꽃(a lily) / Lily, Lillie
- Linda : 귀여운(pretty)
- Lisa : 하나님의 약속(God's promise) / Elizabeth
- Lissa : 꿀벌(honey-bee) / Melissa
- Louisa : 이름 높은 여전사(famous warrior) / Louise
- Lucy : 빛(light)
- Lydia : 리디아의(of Lydia)
- Lynn : 호수(lake)

M

- Mabel : 사랑스러운(lovable) / Mab, Mabella, Mabelle
- Madeline : 막달라의(of Magdala)
- Madge : 진주(pearl) / Margaret
- Maggie : 진주(pearl) / Mag, Margaret
- Mandy : 사랑스러운(lovable) / Mandi
- Marcia : 호전적인(warlike) / Marsha
- Margaret : 진주(pearl) / Margaretta, Margarita, Margaux, Margery, Margie, Margot
- Maria : 비통한(bitter) / Mary
- Marissa : 바다의(of the sea)
- Mary : 비통한(bitter) / Maria
- Matilda : 전쟁에서 강력한(mighty in battle) / Mattie
- Maureen : 사랑받는(beloved)
- Maxine : 가장 위대한 자(the greatest)
- May : 처녀(maiden)
- Meg : 진주(pearl) / Margaret

- Magan : 가장 위대한 자(the greatest)
- Melanie : 검은(black), 어두운(dark)
- Melissa : 꿀벌(honey-bee)
- Meredith : 바다의 신(sea lord)
- Merry : 활기찬(cheerful), 명랑한(jolly)
- Mia : 사랑받는(beloved)
- Michelle : 하나님 같은 사람은 누구일까(who is like God?) / Mickey
- Mignon : 매력 있는(charming), 섬세한(delicate), 귀여운(pretty)
- Mirabelle : 훌륭한(wonderful)
- Miranda : 감탄할 만한(worthy of admiration)
- Mona : 고귀한(noble)
- Monica : 조언(advise)
- Morgan : 바닷가(seashore) / Morgana
- Muriel : 빛나는 바다(shining sea)

N

- Nadia : 희망(hope) / Nadine
- Nancy : 친절(favor), 자비(grace) / Nan
- Naomi : 즐거움(pleasantness)
- Natalie : 생일(birthday), 크리스마스(christmas)
- Nell : 횃불(torch) / Ellen, Helen
- Nelly : 횃불(torch) / Ellen, Helen
- Nevaeh : 천국(heaven)
- Neve : 아름다움(beauty)
- Nicky : 승리한 사람(victorious people) / Nikki
- Nicole : 승리한 사람(victorious people)
- Noelle : 크리스마스(christmas)
- Nora : 명예(honor), 용기(valor)

- Norma : 규칙(rule), 북방 사람(northman)
- Nova : 새로운(new)

O

- Octavia : 여덟 번째의(eighth)
- Olive : 올리브나무(olive tree), 평화(peace) / Olivia
- Opal : 오팔(opal)
- Oprah : 새끼 사슴(fawn)
- Ora : 기도하다(to pray)
- Owena : 가문이 좋은(wellborn)

P

- Page : 어린이(child) / Paget, Paige
- Pamela : 벌꿀(honey), 가장 사랑스러운 사람(all sweetness) / Pam, Pamelia, Pamila
- Patricia : 귀족부인(noblewoman) / Pat, Patsy, Patty
- Paula : 작은(small) / Pauleen, Paulina, Pauline
- Peace : 평화(peace)
- Pearl : 진주(pearl)
- Peggy : 진주(pearl) / Peg
- Penelope : 바늘과 실패(needle and spool), 베 짜는 사람(weaver) / Pen, Pene, Penny
- Peta : 바위(rock), 돌(stone)
- Philipa : 말을 좋아하는 사람(lover of horses)
- Phoebe : 빛나는(shining)
- Posy : 꽃다발(bouquet), 꽃(flower)
- Priscilla : 옛날의(ancient) / Pris, Prissy
- Prudence : 신중한(cautious) / Prue

Q

- Queen : 여왕(queen), 아내(wife) / Queenie

R

- Rachel : 암양(ewe) / Rae, Raelene
- Rain : 비(rain)
- Ralphina : 영리한 늑대(wise wolf)
- Randa : 감탄할 만한(worthy of admiration) / Miranda, Randy
- Rebecca : 덫을 놓는 사람(one who traps) / Becca, Becci, Becky
- Regina : 여왕(queen)
- Renee : 다시 태어난(reborn)
- Rio : 강(river)
- Roberta : 이름 높은(famous) / Robbie, Robin
- Rona : 현명한 지배자(wise ruler)
- Roni : 승리를 가져오는 사람(bringer of victory) / Veronica
- Rose : 장미(rose), 로즈메리(rosemary) / Rosa, Rosaleen, Rosalind, Rosaline, Rosabelle
- Rosemary : 로즈메리(rosemary)
- Rosie : 장미(rose) / Rosy
- Roxanne : 새벽(dawn) / Roxana, Roxie
- Ruby : 루비(ruby) / Rubie, Rubina
- Ruth : 우정(friendship) / Ruthie

S

- Sadie : 공주(princess) / Sara, Sarah
- Sally : 공주(princess) / Sal
- Salome : 평화(peace)

- Samantha : 하나님은 경청하신다(God has hearkened) / Sam
- Sandy : 인류의 보호자(defender of mankind)
- Sarah : 공주(princess) / Sadie, Sara
- Scarlet : 주홍색(scarlet red)
- Seanna : 하나님은 자비로우시다(God is gracious)
- Selena : 달(moon) / Selina
- Serena : 고요한(serene) / Serina, Serrena
- Shan : 하나님은 자비로우시다(God is gracious)/ Shania, Shanice
- Shannon : 오래된 강(old river)
- Sharon : 평야(plain)
- Sidney : 성 데니스(St. Denis)
- Sophia : 지혜(wisdom) / Sophie, Sophy
- Stacey : 부활(resurrection) / Anastasia
- Stephanie : 왕관(crown) / Stevie
- Stella : 별(star)
- Sunny : 활기찬(cheerful), 명랑한(sunny)
- Susanna : 백합(lily) / Sue, Susan, Suzan, Susie
- Sybil : 여성 예언자(prophetess) / Sybilla
- Sylvia : 숲(forest)

T

- Tamara : 야자나무(palm tree)
- Tania : 요정의 여왕(fairy queen)
- Tara: 언덕(hill) / Tarah, Tarina
- Tate : 활기찬(cheerful)
- Tatiana : 요정의 여왕(fairy queen)
- Taylor : 재단사(cutter of cloth, tailor)
- Tera : 땅(land) / Terra

- Teresa : 수확자(harvester) / Teri, Tessa, Tess, Tessie
- Thea : 하나님의 선물(gift of God) / Theodora, Dorothea
- Thelma : 의지(will)
- Tiffany : 하나님의 출현(manifestation of God)
- Toni : 매우 귀중한(invaluable) / Antonia, Tony
- Tonya : 매우 귀중한(invaluable)
- Tori : 정복하다(to conquer), 승리(victory) / Victoria
- Tricia : 귀족부인(noblewoman) / Trisha, Trish
- Trinity : 기독교의 삼위일체(trinity)

U

- Unice : 행복한 승리(good victory) / Eunice
- Unity : 일치(oneness), 통일(unity)

V

- Valerie : 강인한(strong) / Val
- Valentine : 건강한(healthy), 강인한(strong)
- Veronica : 승리를 가져오는 사람(bringer of victory)
- Victoria : 정복하다(to conquer), 승리(victory) / Vic, Vickie
- Violet : 바이올렛꽃(violet flower), 보랏빛(violet color) / Vi
- Virginia : 처녀(virgin)
- Vivian : 생기 넘치는(alive)

W

- Wanda : 방랑자(wanderer) / Wenda
- Wendy : 친구(friend)
- Whitney : 하얀 섬(white island)
- Winona : 첫째 딸(firstborn daughter)

X

- Xara : 활짝 핀 꽃(blooming flower) / Zara
- Xaviera : 새 집(a new house) / Xavia
- Xenia : 친절한(hospitable) / Xena, Zena, Zenia

Y

- Yasmine : 자스민꽃(jasmine flower) / Jasmine
- Yves : 주목(yew tree) / Yvon
- Yvonne : 궁수(archer) / Yvette

Z

- Zara : 활짝 핀 꽃(blooming flower) / Xara
- Zenia : 손님(guest), 이방인(stranger) / Zena, Xenia, Xena
- Zoey : 생명(life) / Zoie, Zowie

국어의 로마자 표기법(2000년 7월 고시 현행)

제1장 표기의 기본 원칙

[제1항] 국어의 로마자 표기는 국어의 표준 발음법에 따라 적는 것을 원칙으로 한다.

[제2항] 로마자 이외의 부호는 되도록 사용하지 않는다.

제2장 표기 일람

[제1항] 모음은 다음 각 호와 같이 적는다.

1. 단모음

ㅏ	ㅓ	ㅗ	ㅜ	ㅡ	ㅣ	ㅐ	ㅔ	ㅚ	ㅟ
a	eo	o	u	eu	i	ae	e	oe	wi

2. 이중 모음

ㅑ	ㅕ	ㅛ	ㅠ	ㅒ	ㅖ	ㅘ	ㅙ	ㅝ	ㅞ	ㅢ
ya	yeo	yo	yu	yae	ye	wa	wae	wo	we	ui

〔붙임 1〕 'ㅢ'는 'ㅣ'로 소리 나더라도 'ui'로 적는다.

　　　　[보기] 광희문 Gwanghuimun

〔붙임 2〕 장모음의 표기는 따로 하지 않는다.

제2항 자음은 다음 각 호와 같이 적는다.

1. 파열음

ㄱ	ㄲ	ㅋ	ㄷ	ㄸ	ㅌ	ㅂ	ㅃ	ㅍ
g, k	kk	k	d, t	tt	t	b, p	pp	p

2. 파찰음

ㅈ	ㅉ	ㅊ
j	jj	ch

3. 마찰음

ㅅ	ㅆ	ㅎ
s	ss	h

4. 비음

ㄴ	ㅁ	ㅇ
n	m	ng

5. 유음

ㄹ
r, l

〔붙임 1〕 'ㄱ, ㄷ, ㅂ'은 모음 앞에서는 'g, d, b'로, 자음 앞이나 어말에서는 'k, t, p'로 적는다.([ ] 안의 발음에 따라 표기함)

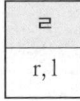 구미 Gumi / 영동 Yeongdong / 백암 Baegam / 옥천 Okcheon / 합덕 Hapdeok / 호법 Hobeop / 월곶[월곧] Wolgot / 벚꽃[벋꼳] beotkkot / 한밭[한받] Hanbat

〔붙임 2〕 'ㄹ'은 모음 앞에서는 'r'로, 자음 앞이나 어말에서는 'l'로 적는다. 단, 'ㄹㄹ'은 'll'로 적는다.

> 보기   구리 Guri / 설악 Seorak / 칠곡 Chilgok / 임실 Imsil / 울릉 Ulleung / 대관령[대괄령] Daegwallyeong

제3장 표기상의 유의점

제1항 음운 변화가 일어날 때에는 변화의 결과에 따라 다음 각 호와 같이 적는다.

1. 자음 사이에서 동화 작용이 일어나는 경우

> 보기   백마[뱅마] Baengma / 신문로[신문노] Sinmunno / 종로[종노] Jongno / 왕십리[왕심니] Wangsimni / 별내[별래] Byeollae / 신라[실라] Silla

2. 'ㄴ, ㄹ'이 덧나는 경우

> 보기   학여울[항녀울] Hangnyeoul / 알약[알략] allyak

3. 구개음화가 되는 경우

> 보기   해돋이[해도지] haedoji / 같이[가치] gachi / 맞히다[마치다] machida

4. 'ㄱ, ㄷ, ㅂ, ㅈ'이 'ㅎ'과 합하여 거센소리로 소리 나는 경우

> 보기   좋고[조코] joko / 놓다[노타] nota / 잡혀[자펴] japyeo / 낳지[나치] nachi

다만, 체언에서 'ㄱ, ㄷ, ㅂ' 뒤에 'ㅎ'이 따를 때에는 'ㅎ'을 밝혀 적는다.

> 보기   묵호 Mukho / 집현전 Jiphyeonjeon

〔붙임〕 된소리되기는 표기에 반영하지 않는다.

| 보기 | 압구정 Apgujeong / 낙동강 Nakdonggang / 죽변 Jukbyeon / 낙성대 Nakseongdae / 합정 Hapjeong / 팔당 Paldang / 샛별 saetbyeol / 울산 Ulsan

제2항 발음상 혼동의 우려가 있을 때에는 음절 사이에 붙임표(-)를 쓸 수 있다.

| 보기 | 중앙 Jung-ang / 반구대 Ban-gudae / 세운 Se-un / 해운대 Hae-undae

제3항 고유 명사는 첫 글자를 대문자로 적는다.

| 보기 | 부산 Busan / 세종 Sejong

제4항 인명은 성과 이름의 순서로 띄어 쓴다. 이름은 붙여 쓰는 것을 원칙으로 하되 음절 사이에 붙임표(-)를 쓰는 것을 허용한다. [( )안의 표기를 허용함]

| 보기 | 민용하 Min Yongha (Min Yong-ha) / 송나리 Song Nari (Song Na-ri)

(1) 이름에서 일어나는 음운 변화는 표기에 반영하지 않는다.

| 보기 | 한복남 Han Boknam (Han Bok-nam) / 홍빛나 Hong Bitna (Hong Bit-na)

(2) 성의 표기는 따로 정한다.

제5항 '도, 시, 군, 구, 읍, 면, 리, 동'의 행정 구역 단위와 '가'는 각각 'do, si, gun, gu, eup, myeon, ri, dong, ga'로 적고, 그 앞에는 붙임표(-)를 넣는다. 붙임표(-) 앞뒤에서 일어나는 음운 변화는 표기에 반영하지 않는다.

| 보기 | 충청북도 Chungcheongbuk-do / 제주도 Jeju-do / 의정부시 Uijeongbu-si / 양주군 Yangju-gun / 도봉구 Dobong-gu / 신창읍

Sinchang-eup / 삼죽면 Samjuk-myeon / 인왕리 Inwang-ri / 당산동 Dangsan-dong / 봉천1동 Bongcheon 1(il)-dong / 종로 2가 Jongno 2(i)-ga / 퇴계로 3가 Toegyero 3(sam)-ga

〔붙임〕 '시, 군, 읍'의 행정 구역 단위는 생략할 수 있다.

보기 청주시 Cheongju / 함평군 Hampyeong / 순창읍 Sunchang

제6항 자연 지물명, 문화재명, 인공 축조물명은 붙임표(-) 없이 붙여 쓴다.

보기 남산 Namsan / 속리산 Songnisan / 금강 Geumgang / 독도 Dokdo / 경복궁 Gyeongbokgung / 무량수전 Muryangsujeon / 연화교 Yeonhwagyo / 극락전 Geungnakjeon / 안압지 Anapji / 남한산성 Namhansanseong / 화랑대 Hwarangdae / 불국사 Bulguksa / 현충사 Hyeonchungsa / 독립문 Dongnimmun / 오죽헌 Ojukheon / 촉석루 Chokseongnu / 종묘 Jongmyo / 다보탑 Dabotap

제7항 인명, 회사명, 단체명 등은 그동안 써 온 표기를 쓸 수 있다.

제8항 학술 연구 논문 등 특수 분야에서 한글 복원을 전제로 표기할 경우에는 한글 표기를 대상으로 적는다. 이때 글자 대응은 제2장을 따르되 'ㄱ, ㄷ, ㅂ, ㄹ'은 'g, d, b, l'로만 적는다. 음가 없는 'ㅇ'은 붙임표(-)로 표기하되 어두에서는 생략하는 것을 원칙으로 한다. 기타 분절의 필요가 있을 때에도 붙임표(-)를 쓴다.

보기 집 jib / 짚 jip / 밖 bakk / 값 gabs / 붓꽃 buskkoch / 먹는 meogneun / 독립 doglib / 문리 munli / 물엿 mul-yeos / 굳이 gud-i / 좋다 johda / 가곡 gagog / 조랑말 jolangmal / 없었습니다 eobs-eoss-seubnida

'당신의 이름' 영어로 어떻게
"Hey, your name is Duck?"
"난 영덕이라니까"

모든 게 '이미지'로 결정되는 요즘 이름도 경쟁력이다. 부모님이 지어주신 이름이야 감사히 받아들인다 하더라도 '영어 이름'만은 자기 식대로 지으려는 사람들이 늘어나고 있다. 영어에 대한 생각이 어떻든 이름을 영문으로 표기해야 하는 건 '글로벌' 시대의 숙명. 특히 요즘 아이들에게 영어 이름은 '또 다른 내 이름'이다. 영어유치원이나 영어학원에서 영어 이름으로 호명하기 때문이다. 그러나 우리 이름으로는 나무랄 데 없이 좋은 이름인데 외국인들이 보기엔 아리송한 이름도 적지 않다. 이름, 이제 영어 이름까지 고민해야 하는 시대다. 기왕 지을 거라면 어떤 이름이 좋을까.

영어 표기에 울고 웃고
외국인들, 범·식·강·국 자 들어가는 이름 듣고 '크크크'

지난 달 서울 강남의 한 영어학원. 미국인 강사들이 학생 명부를 돌려 보며 웃음을 터뜨렸다. 문제의 학생 이름은 「고인범(Goh, In-Bum)」. 담임강사는 "이름 부를 때마다 '엉덩이(bum) 속으로 들어가라'는 뜻이 생각난다"며 "반을 바꿔달라"고 호소했다. '동(영어로 dong은 남성 성기를 뜻하는 속어)'이나 '석(suck는 '빨다'라는 뜻)' 이 들어간 이름 역시 외국인들이 야릇하게 반응하는 이름. 「유영호('당신은 젊은 매춘부 You, young ho'라는 말로 들림)」같은 이름도 마찬가지다. 영어 강사 키이스 존스턴(여의도 스마트주니어 어학원 강사)씨는 「범석」의 경우 'Beom-sok'으로, 「영호」는 'Yonghoe'로 표기하라고 권한다.

그 밖에 곽씨 성을 가진 의사(Dr. Kwak. '돌팔이 의사 quack'라는 말을 연상시킴), 「오소영(Oh, So young. '오, 너무 젊어'라는 문장)」이라는 노인의 이름도 제이레노 쇼 같은 미국 토크쇼에서 종종 농담거리로 도마에 오른다. '덕' '식' '강'

'길' '국' '락' '함' 등이 들어가는 이름도 '오리(duck)' '아픈(sick)' '조폭(gang)' '죽이다(kill)' '동양인에 대한 경멸적 표현(gook)' '자물쇠를 채우다(lock)' '햄(ham)' 등을 떠올리게 된다는 게 외국인들의 지적이다. 영문 철자를 'Kang' 대신 'Gang'으로, 'Duk' 대신 'Duck' 으로 써서 평생 놀림거리가 되는 경우도 많다.

그렇다면 영문 이름을 어떻게 표기해야 글로벌시대에 좀더 편리할까? 문화관광부는 2000년 국립국어원이 정한 '국어의 로마자 표기법'에 따를 것을 권장하고 있지만, 이는 현지인 발음이나 어감까지 고려한 것은 아니다. 노무현 대통령도 자신의 성을 표기법이 정한 'No' 대신 'Roh'로 쓴다.

「John」이나 「Sarah」처럼 미국식 이름을 따로 짓는 것도 방법이다. 단 여권에는 한국 이름이 식별되게 써야 하기 때문에 이런 변형이 허가되지 않는다. 예일대 법대의 고홍주(Harold Hongju Koh) 학장처럼 영어 이름과 한국 이름을 병기하는 것은 허용된다. 한 구청 관계자는 "여권의 영문 이름은 변경이 까다롭기 때문에 처음 만들 당시에 신중히 결정해 표기하는 게 좋다"고 조언했다.

그러나 현지인이 보기엔 문제 없는 이름도 다른 나라 사람이 봤을 땐 우스울 수 있는 만큼 영어식 어감에 지나치게 얽매일 필요는 없다는 반론도 있다.

국립국어원의 김선철 연구원은 "일본 이름 「타나카(Tanaka)」도 처음엔 미국인들이 '터내커' 라고 발음하다가 일본 문화의 이름에 익숙해지면서 점차 '다나카' 로 통용되게 됐다"며 "국력을 신장하고 유명인을 많이 배출해 외국인들이 자연스럽게 우리말 이름을 익숙하게 받아들이게 되는 게 궁극적인 해결책"이라고 말했다.

영문 표기에 참고를……

한글 이름을 영문으로 바꾸는 데 철칙은 없다. 긴 모음은 피하고, 이름을 따로 따로 떼어 쓰지 말고, 합쳐서 한 단어처럼 보이게 하는 것이 '글로벌' 기준으로 볼 때 자연스럽다. 다음은 한국에 살고 있는 외국인들이 제안하는 한글 이름 영문 표기.

한글 이름	보편적 영문 표기	자연스러운 영문 표기
민수	Min Soo	Minsu. 긴 모음(oo, ee) 피하기
민지	Min Ji, Min Jee	Minji. 이름 두 자를 하나로 묶으니 '영어 어감'이 발랄해졌다
범석	Bum Suck, Bum Suk	Beomsok. 야릇한 느낌 피해가기
빛나	Bit Na	Bitna. 하나로 묶으면 분위기가 근사해진다
성미	Sung Mi, Sung Mee	Songmi. '노래'란 단어가 연상돼 부드럽다
소민	So Meen	Somin. '민'을 강조하면 '너무 못 됐어(So Mean)'와 발음이 비슷해진다
소영	So Young	Soyong. '아주 젊다'는 뜻을 피할 수 있다
수미	Sue Mi, Sue Mee, Soo Mi	Sumi. '날 고소해'라는 의미를 피해갈 수 있다
유진	Yoo Jin	Eujene, Eujin. 「Eugene」은 영미권에서 남자 이름으로 많이 쓰이는 편
준혁	Joon Hyuck	Joonhyuk. 'Hyuck'는 '웩(yuck)'과 너무 비슷하다
재희	Jae Hee	Jay. 발음이 쉽다. 「Jay」는 영미권에서 주로 남자 이름
진희	Jin Hee	Jeeny. 발음이 쉽다

흔한 미국인 이름 남자는 Jacob…… 여자는 Emily

무역업을 하며 자주 만나는 외국인들에게 '두훅'이라고 잘못 불렸던 김도혁 (Kim, Do Hyuk)씨는 외동딸 이름을 아예 「재인」으로 지었지만, 요즘 후회하고 있다. 어느 날 외국인으로부터 「Jane」이 우리나라로 치면, 「순이」라는 말을 들은 것이다.

이왕 영어 이름을 짓는다면 시대성과 유행을 감안해볼 것. 1880년대부터 1960년대 초까지 미국 여성에게 가장 인기 있는 이름이었던 「메리(Mary)」는 80년대 이후 20위권에서 아예 사라졌다. 남성 이름으로는 「데이비드(David)」「마이클(Michael)」「제임스(James)」 등이 꾸준히 애용되고 있고, 2000년 이후로는 「제이컵(Jacob)」이 급부상하는 추세. 애칭으로 부르면 어감이 달라지기도 한다. 「Elizabeth」 보다는 「Liz」나 「Beth」가, 「Jane」 보다는 「Jan」이, 「Leonard」 보다는 「Leo」가 더 어리게 느껴진다.

요즘 미국에선 다소 이국적인 이름이 뜨는 추세다. 「나바이어(Nevaeh, 천국. Heaven을 거꾸로 쓴 단어)」나 「젠(Zen, 선. 禪의 영어식 표기)」 같은 국적불명의 이름을 붙이기도 한다. 「River(강)」, 「Forest(숲)」, 「Trinity(삼위일체)」처럼 뜻이 좋은 기존 단어를 쓰는 경우도 늘고 있고, 우리나라처럼 여자 아이 이름을 중성적으로 짓는 것도 인기다.

▶ 2005년 가장 흔한 미국인 이름

순위	남자	여자
1	Jacob	Emily
2	Michael	Emma
3	Joshua	Madison
4	Matthew	Abigail
5	Ethan	Olivia

▶ 1930년 가장 흔한 미국인 이름

순위	남자	여자
1	Robert	Mary
2	James	Betty
3	John	Dorothy
4	William	Helen
5	Richard	Margaret

— 조선일보 2006년 5월 27일

돼지 교미시키는 사람, 방앗간 주인, 큰 물통의 연인……

월드컵 선수 이름 풀어보니
'푸~하하하'

 2002년 한·일 월드컵 때 스페인 대표팀에 페르난도 이에로라는 선수가 있었다. 핵심 수비수로 상대팀 공격을 철통같이 막아내 이름을 떨쳤다. 그도 그럴 것이 그의 성 '이에로(Hierro)'는 스페인어 보통 명사로 '강철' '무쇠'라는 뜻.

 2006 독일월드컵에도 재미있는 이름을 가진 선수들이 여럿 활약 중이다. 코스타리카와의 A조 2차전에서 쐐기골을 터뜨려 16강 진출을 확정지은 에콰도르의 아구스틴 델가도. '델가도(Delgado)'는 '여윈' '홀쭉한'의 뜻을 갖고 있다. 하지만 정작 델가도는 1m88, 89㎏의 당당한 체구여서 상대 수비진에게 공포의 대상이다. 에콰도르의 골키퍼 에드윈 비야푸에르테를 상대로 골을 넣기는 쉽지 않을 것 같다. '비야푸에르테(Villafuerte)'가 '마을'이라는 'villa'와 '강력한'뜻을 가진 'fuerte'가 합쳐진 것이니 말이다. 파라과이는 수비형 미드필더인 카를로스 파레데스가 제 몫을 못해줘 1차전 탈락의 고배를 마셨다. '파레데스(Paredes)'는 '벽'(pared)의 복수형인데, 그가 이름 값을 못하는 바람에 번번이 중원이 뚫렸다.

 강력한 우승 후보로 부상한 스페인 팀에는 왕과 왕비가 함께 살고 있다. 미드필더 호세 레예스의 '레예스(reyes)'는 '왕들', 골키퍼 호세 레이나의 '레이나(reina)'는 '여왕'의 뜻. 공격수인 페르난도 토레스의 성 '토레스(Torres)'는 '탑'·'꼭대기'의 복수형이니, 원 톱이든 투 톱이든 그가 나서는 것이 마땅해 보인다.

 듣기에 민망한 이름들도 있다. 독일 팀의 '슈바인슈타이거'. 슈바인은 '돼지', 슈타이거는 '교미 붙이는 사람'을 뜻한다. 먼 조상이 돼지와 관련된 직업에 종사했을 가능성이 높다. 미드필더 베른트 슈나이더는 조상이 가위질과 바느질에 능숙했을 수 있다. '슈나이더'가 '재봉사'라는 뜻이기 때문. 2006 독일월드컵 조직위원장 베켄바우어는 조상의 직업이 상대적으로 평범하다. '바우어'는 농부를 뜻한다.

　스위스의 수비수 파트리크 뮐러의 성 '뮐러'는 '방앗간 주인', 골키퍼 '추베르뷜러'는 직역하면 '큰 물통의 연인'이라는 뜻을 갖는다. 가장 '폼나는' 성은 쌍둥이인 필리프와 다비드의 '데겐'. '검', '무사'라는 뜻이다.

　독일 팀의 필리프 람은 그라운드에서 펄펄 날지만, 이름은 정반대. '람'은 '마비된', '힘이 풀린'이란 뜻이다.

아호

1. 의의

아호(雅號)란 문인·학자·서화가 등이 멋을 더하기 위하여 사용하는 호이다. 따라서 여기에는 필명(시가·작품 등의 글을 쓸 때 사용하는 집필가의 이름)과 예명(미술·음악·연극·영화 등 예술 분야에 몸담은 사람들이 자신이 속한 분위기에 맞추어 세련되고 멋있게 또는 독특하게 부각시켜 본이름 외에 따로 지어 부르는 이름) 등을 포함시킬 수 있다. 그리고 아호에는 풍아·우아의 뜻이 담겨 있으므로 다른 사람이 지어준 것이 아니라 본인이 지은 것이라도 이러한 뜻이 담겨 있으면 아호라고 부를 수 있다.

아호는 유명인사나 독특한 분야의 사람들이 많이 사용해왔지만, 사용에 어떤 제한이 있는 것은 아니므로 누구든지 멋을 더하기 위하여 사용할 수 있다. 그래서 요즘에는 아호에 대한 관심이 높다. 특히 아호가 사주와 본이름의 부족한 기를 보완하여 개운을 도와준다고 보면 아호야말로 참으로 매력적인 대상이다. 단지 운명학적인 관점이 아니더라도 아호는 인생을 여유롭고 풍요롭게 만들어주면서 아름다움과 우아함을 부여한다.

2. 짓는 기준

아호를 지을 때는 어떤 기준을 적용해야 할까? 다음 두 가지 기준이 특히 중요하다.

① 타고난 운명과 음양오행의 조화를 이룰 수 있도록 한다.
② 본인의 희망·직업 등을 고려하여 이와 어울리는 의미가 함축된 글자를 선택한다.

필자의 아호인「석오(石梧)」를 예로 들어 살펴보자. 우선 ①을 살펴보자. '석(石)'은 획수가 5획이고 자원오행이 금(金)이며, '오(梧)'는 획수가 11획이고 자원오행이 목(木)이다. 글자의 획수로 음양을 논하면 두 글자가 모두 양이어서 음양의 조화를 이루지 못한다. 그러나 의복에 비유하면 성명은 정장(정식 복장)이고 아호는 평상복(자유로운 복장)이다. 평상복을 가지고 정장처럼 격식을 논할 수 있겠는가. 따라서 아호에서는 글자의 획수로 음양을 논해서는 안 된다. 보통 두 글자로 이루어지는 아호에서 글자의 획수로 음양을 논하면 두 글자가 모두 음이거나 모두 양인 경우가 많아서 그만큼 아호를 짓는 데 제한이 많다. 필자한테 '석(石)'은 자원오행이 금(金)이어서 희용신이 아니지만, '오(梧)'는 자원오행이 목(木)이어서 희용신이다. 그러나「석오(石梧)」란 '돌밭에서 자라난 오동나무'로서 목(木)이 그 핵심이므로「석오(石梧)」가 필자한테는 합당한 아호이다.

다음으로 ②에 관하여 살펴보자. 필자는 사주학자로서 이 세상에 '조화(調和)'를 안겨주고 싶다. 그래서 〈동방명리학연구원〉과 부속 〈아이이름작명원〉을 운영하고 있다. 이러한 현실 등을 고려하면 필자한테는「석오(石梧)」가 어울린다. 왜냐하면「석오(石梧)」에는 '돌밭에서 힘겹게 자라난 오동나무는 만인의 심금을 울려주는 가야금·거문고가 되어 천하의 명기(名器)로서 사랑을 받는 것이니 그대도 열심히 동양철학을 공부하여 이 세상에 조화(調和)를 안겨주는 인재가 되어 천하의 명사(名士)로서 추앙을 받으라'

는 친구의 정성과 축원이 담겨 있기 때문이다.

한편 우리는 옛날의 김정희(金正喜) 선생처럼 여러 개의 아호를 사용할 수 있다. 필자는 옛날에 「임파(林坡)」라는 아호를 사용한 적이 있다.

이제까지 설명한 내용을 바탕으로 아호를 짓는 요령을 정리하면 다음과 같다. 참고로 한글 아호의 경우에는 한글 이름에 준해서 처리하면 된다.

- 아호는 전래의 작명이론을 그대로 적용할 수 없다. 따라서 81수리 이론, 아호 글자의 획수가 모두 음이거나 모두 양이 되지 않게 하는 것, 발음오행이 상생하도록 하는 것 등으로부터 자유롭다.
- 아호의 뜻을 살펴서 어떤 오행이 그 핵심인지를 밝힌다. 만약 목(木)이 핵심이면 목(木)을 가지고 희용신 여부를 판단하여 합당한 아호인가를 판단한다.
- 본인의 희망·직업 등을 고려하여 이에 어울리는 의미가 함축된 글자를 선택하며, 여러 개의 아호를 사용할 수 있다.

역사 속 인물의 아호

아호	이름	특징
백운거사(白雲居士)	이규보(李奎報):1168~1241	고려 말기의 문신
포은(圃隱)	정몽주(鄭夢周):1337~1392	동방성리학의 시조이며, 고려 말기의 문신·학자
매죽헌(梅竹軒)	성삼문(成三問):1418~1456	단종 복위를 꿈꾸던 사육신의 대표적 인물
매월당(梅月堂)	김시습(金時習):1435~1493	조선 전기의 학자이자 생육신의 한 사람
퇴계(退溪)	이황(李滉):1501~1570	조선 중기의 문신·학자
토정(土亭)	이지함(李之菡):1517~1578	『토정비결』의 저자로 주역(周易)에 능통
율곡(栗谷)	이이(李珥):1536~1584	조선 시대 최고의 석학으로 신사임당의 아들
우암(尤庵)	송시열(宋時烈):1607~1689	조선 후기의 문신·학자, 노론(老論)의 영수(領袖)
다산(茶山)	정약용(丁若鏞):1762~1836	조선 후기 실학자
수운(水雲)	최제우(崔濟愚):1824~1864	동학의 창시자
월남(月南)	이상재(李商在):1850~1927	한말의 정치가·사회운동가
녹두(綠豆)	전봉준(全琫準):1855~1895	조선 후기 동학 농민 운동의 지도자
송재(松齋)	서재필(徐載弼):1864~1951	한말의 독립운동기
우남(雩南)	이승만(李承晩):1875~1965	대한민국 초대 대통령
한힌샘	주시경(周時經):1876~1914	한글 보급의 선구자로 한글 아호를 사용
백범(白凡)	김구(金九):1876~1949	독립운동가, 전 임시정부 주석
도산(島山)	안창호(安昌浩):1878~1938	한말의 독립운동가·사상가
만해(萬海)	한용운(韓龍雲):1879~1944	스님이자 시인이며 독립운동가
고당(古堂)	조만식(曺晩植):1883~1950	이념을 초월한 애국지사
외솔	최현배(崔鉉培):1894~1970	한글학자
소월(素月)	김정식(金廷湜):1902~1934	한국 서정시의 기념비적 작품인 「진달래꽃」의 시인
매헌(梅軒)	윤봉길(尹奉吉):1908~1932	독립운동가
목월(木月)	박영종(朴泳鍾):1916~1978	청록파 시인의 한 사람
중수(中樹)	박정희(朴正熙):1917~1979	5~9대 대통령

상호 · 상품명

상호(商號)란 상인이 영업상 자신을 나타내는 데 쓰는 칭호이다. 상점이나 회사의 이름이 바로 상호이다. 상품명(商品名)이란 사고파는 물품의 이름이다. 물건을 살 때 우리는 상호와 상품명을 가장 먼저 살펴보게 된다. 따라서 상호와 상품명을 어떻게 짓느냐에 따라 영업상황이 크게 달라질 수 있다.

상호와 상품명은 무엇보다 상인과 상품의 특징을 잘 나타내야 한다. 이름만 들어도 그 특징을 소비자가 알아차릴 수 있어야 한다는 말이다. 예를 들어, 휴대전화 상품명인 「애니콜(Anycall)」은 언제 어디서나 통화가 된다는 의미로 제품의 기능성을 부각시켰고, 이는 영업적인 성공으로 이어져 우리나라뿐만 아니라 세계적인 상품으로 도약하였다.

또한 상호나 상품명은 기억하기 쉬워야 한다. 사람들이 그 이름을 기억하고 있어야 실제 구입으로 이어진다. 긴 이름보다는 짧은 이름이 기억하기 쉽고, 발음하기 좋고 친숙한 단어가 기억하기 쉽다. 예를 들어 「코카콜라」를 줄여 부르는 「코크」가 있고, 입맛을 '다시는' 모습이 연상되는 조미료 「다시다」는 발음하기 좋고 우리가 자주 사용하는 친숙한 단어이다.

상호를 쓰는 주체는 상인이다. 상인으로는 자연인(예 : 이건희 등)과 법인 (예 : 삼성전자주식회사 등)이 있다. 오늘날은 자연인보다 법인이 사회적으로 큰 역할을 하기 때문에 법에서도 자연인의 상호보다 법인의 상호에 더 초점을 맞추고 있다. 상법과 비송사건절차법을 보면 다음과 같은 규정들이 실려 있다.

- 상법 제18조(상호선정의 자유) : 상인은 그 성명 기타의 명칭으로 상호를 정할 수 있다.
- 상법 제19조(회사의 상호) : 회사의 상호에는 그 종류에 따라 합명회사, 합자회사, 주식회사 또는 유한회사의 문자를 사용하여야 한다.
- 상법 제20조(회사상호의 부당사용의 금지) : 회사가 아니면 상호에 회사임을 표시하는 문자를 사용하지 못한다. 회사의 영업을 양수한 경우에도 같다.
- 상법 제21조(상호의 단일성) : ①동일한 영업에는 단일 상호를 사용하여야 한다. ②지점의 상호에는 본점과의 종속 관계를 표시하여야 한다.
- 상법 제22조(상호등기의 효력) : 타인이 등기한 상호는 동일한 특별시·광역시·시·군에서 동종영업의 상호로 등기하지 못한다.
- 상법 제23조(주체를 오인시킬 상호의 사용금지) : ①누구든지 부정한 목적으로 타인의 영업으로 오인할 수 있는 상호를 사용하지 못한다. ②제1항의 규정에 위반하여 상호를 사용하는 자가 있는 경우에 이로 인하여 손해를 받을 염려가 있는 자 또는 상호를 등기한 자는 그 폐지를 청구할 수 있다. ③제2항의 규정은 손해배상의 청구에 영향을 미치지 아니한다. ④동일한 특별시·광역시·시·군에서 동종영업으로 타인이 등기한 상호를 사용하는 자는 부정한 목적으로 사용하는 것으로 추정한다.
- 비송사건절차법 제164조(등기할 수 없는 상호) : 상호의 등기는 동일한 특별시·광역시·시 또는 군에서는 동일한 영업을 위하여 타인이 등기한 것과 확연히 구별할 수 있는 것이 아니면 이를 할 수 없다.

위에서 본 것처럼 상호에는 전반적인 제약이 따르는데 특히 법인상호에는 상세한 제약을 열거하고 있다. 현실적인 여건이 이러함에도 불구하고 상호를 지을 때 음양오행 이론을 추가하여 다루어야 할까?

상호를 지을 때에는 극히 제한적인 경우에 한하여 음양오행 이론을 활용해야 한다. 왜냐하면 현실적으로 상호를 등기하려면 어지간한 상호는 이미 등기가 되어 있어서 그야말로 묘수를 두어야 하는데, 여기에 음양오행 이론을 활용해야 한다면 상호 짓기가 불가능해질 수 있기 때문이다.

더구나, 예를 들어 상인이 주식회사인 경우에는 어느 누구를 기준으로 희용신을 따져야 할지 문제가 생긴다. 그러므로 상호에서 음양오행 이론을 활용하는 경우는, 상인이 자연인인 경우처럼 어느 누구를 기준으로 무엇이 희용신이냐를 따질 수 있는 경우이다.

예1) 상호에 음양오행 이론을 활용하는 경우

어느 여성으로부터 꽃집 이름을 지어달라는 요청을 받고 상호를 「봄뜨레」라고 지어준 경우이다. 「봄뜨레」는 순우리말 「봄뜰에」를 발음 그대로 풀어 쓴 것인데 매우 품위 있는 프랑스 어처럼 느껴진다. 「봄뜨레」는 오행이 목(木)이다. 왜냐하면 「봄뜨레」는 양지바르고 꽃이 피어나며 나비가 춤추는 화사한 봄[사주학에서 봄은 오행상 목(木)이다]의 느낌을 연상시키기 때문이다. 따라서 「봄뜨레」는 꽃집 상인을 기준으로 목(木)이 희용신인 경우에 합당한 상호이다.

예2) 상호에 음양오행 이론을 활용하지 않는 경우

한국교직원공제회로부터 골프장 이름을 지어달라는 요청을 받고 상호를 「소피아 그린(sophia green)」이라고 지어준 경우이다. 1971년 창립된 한국교직원공제회는 2005년 9월말 현재 회원 64만명, 자산 11조 9천억원에 달한다.

상호를 「소피아 그린」이라고 지어준 까닭은 '소피아'는 그리스 어로 지혜를 뜻하니 교직원의 상징이고, '그린'은 청(靑)으로 푸른 골프장·새로운 골프장·변하지 않는 우정의 골프장을 나타내기 때문이다. 한국교직원공제회는 그 구성원과 자산규모로 보아 알 수 있듯이 어느 누구를 기준으로 어느 오행이 희용신이냐를 따지기가 어렵다. 대표자를 기준으로 어느 오행이 희용신이냐를 따질 수 있지만, 이는 어디까지나 음양오행 이론을 가지고 다룬다는 형식논리에 불과하지 않겠는가.

상품명을 상호로 사용하는 경우

원래의 상호를 자사의 대표 상품명으로 변경한 기업이 있다. 우리나라의 대표적인 맥주회사 하이트맥주(주)가 그 경우로, 1998년 3월「조선맥주(주)」에서「하이트맥주(주)」로 상호를 변경하였다.
당시 조선맥주(주)라는 상호가 소비자들에게 노후화되었다는 인식을 준다고 판단하고, 자사의 대표 상품명을 상호로 정하는 것이 경영에 도움이 된다고 보아 상호를 변경하였다.

「하이트(HITE)」는 경영 이념과 고객 서비스를 의미하는 영문자이 이니셜, 즉 휴머니티(Humanity : 인간존중의 경영), 이노베이션(Innovation : 미래지향의 경영), 트러스트(Trust : 품질체일의 경영), 엑셀런스(Excellence : 품질과 고객만족 중심의 최우선 경영)를 조합한 것이다.

상호를 하이트맥주(주)로 변경한 전후의 하이트맥주의 시장 점유율 변화를 보면, 상호 변경 이전인 1998년 2월에는 44.4%였다가 상호 변경 이후 2006년 1월에는 무려 66.5%로 상승하였다.
회사의 상호와 대표 상품명을 일치시켜 성공한 예로서,「하이트(HITE)」에는 '히트(hit) 친다'는 뜻이 담겨 있어서 소비자들에게 더욱 강한 인상을 남겼고 이것이 자연스럽게 매출 상승에 큰 도움이 되었다고 생각한다.

상품명에서도 음양오행 이론을 가지고 어떤 사람을 기준으로 무엇이 희용신인가를 따지기가 적절하지 않다. 왜냐하면 상품명이란 사고파는 물품의 이름이어서 이름의 주체가 '물품'이기 때문이다.

굳이 음양오행 이론으로 어떤 사람을 기준으로 무엇이 희용신인지를 따지려면 ① 한자 상호나 한자 상품명의 경우에는 아호에 준해서 처리하면 되고, ② 한글 상호나 한글 상품명의 경우에는 한글 이름에 준해서 처리하면 되며, ③ 영어(외래어) 상호나 영어(외래어) 상품명의 경우에는 영어 이름에 준해서 처리하면 된다.

- 상호와 상품명은 상인과 상품의 특징을 잘 나타내고 기억하기 쉬운 이름으로 정한다.
- 상호와 상품명을 지을 때는 음양오행 이론을 활용하기 어렵다. 법률적인 제약이 많고, 일반적으로 어떤 사람을 기준으로 무엇이 희용신인지 따지기 어려운 경우가 많기 때문이다.
- 상호나 상품명에서 음양오행 이론을 활용하려면 한자 상호나 한자 상품명은 아호에 준해서, 한글 상호나 한글 상품명은 한글 이름에 준해서, 영어(외래어) 상호나 영어(외래어) 상품명은 영어 이름에 준해서 처리하면 된다.

중국서 광고할 땐 이런 점 조심!
오성홍기·사자·용 왜곡 금물 브랜드명은 방언까지 고려를

'다양한 해석이 가능한 문구는 쓰지 마라.' '역사적 문화적 금기사항을 건드리지 마라.'
 중국인들의 정서를 면밀히 고려하지 않은 광고 컨셉트와 문구 등으로 인해 곤욕을 치르는 기업들이 늘고 있어 주의가 필요하다고 KOTRA가 29일 밝혔다. 한 번 걸리면 중국 기업, 외국 기업 가릴 것 없이 여론의 뭇매를 맞고 제품과 회사 이미지에 타격을 입는다는 것.
 중국 음료업계 1위를 달리는 와하하(蛙哈哈)그룹은 올해 초 「솽와이와이(爽歪歪)」라는 어린이 유산균 음료를 출시한 뒤 CCTV와 각 지방 방송의 황금시간대를 이용, 집중적인 광고를 내보내기 시작했다. 그러나 광고 시작 후 한 대만 출신 여성이 인터넷을 통해 "「솽와이와이」가 표준어로는 '매우 기쁘다'는 뜻이지만 민남어(푸젠성 및 타이완 방언)로는 남녀관계를 뜻하는 비속어"라고 주장한 것.
 이에 대해 와하하는 즉각 악의에 찬 공격이라며 방어에 나섰으나 인터넷 토론방에서는 어린이 음료 이름으로는 부적절하다는 의견이 홍수를 이뤘다. CCTV측은 이 광고를 심의한 결과 문제가 없다는 입장을 밝혔지만 논란이 이어지면서 제품 매출은 물론 기업 이미지에도 악영향이 예상된다.
 중국 토종기업뿐 아니라 외국 기업들도 대륙 정서를 간과한 광고로 홍역을 치르는 사례가 잇따르고 있다.
 중국에 1400개의 매장을 거느린 KFC는 최근 고교 3학년 수험생을 모델로 내세워 공부를 열심히 한 학생은 낙방하고, 놀면서 KFC만 먹던 학생은 대학에 합격하는 장면을 담은 광고를 방송했다. 후속으로는 낙방한 학생이 더욱 노력해 합격한다는 광고도 내보냈다. 그러나 소비자들은 "결국 KFC를 많이 먹어야 대학에 간다는 뜻이냐"라면서 곱지 않은 시선을 보내고 있다. "낙담하지 말고 노력하라는 메시지를 담았다"는 KFC측 주장은 묻히고 말았다.

중국인들의 자존심을 건드려 광고를 중단한 사례도 있다. 맥도날드는 지난해 6월 한 중국인이 무릎을 꿇고 맥도날드 점장에게 가격을 깎아 달라고 조르는 광고를 내보낸 뒤 "소비자를 모욕했다"는 비난이 들끓자 1주일도 안 돼 광고를 내렸다. 또 일본 외식 체인점 요시노야는 닭가슴에 오성홍기(五星紅旗)를 새긴 광고를 방영, 중국 국기를 모욕했다는 거센 비난을 받기도 했다.

중국에서 광고할 때 이런 점 주의하라
- 역사적, 문화적 금기사항을 건드리지 마라
- 정치색은 완전히 없애라
- 다양한 해석이 가능한 카피를 쓰지 마라
- 브랜드명은 표준어는 물론 방언의 뜻까지 고려하라
- 광고에도 리스크 관리 시스템을 도입하라
- 문제가 생기면 미루지 말고 즉각적으로 대응하라

2004년 나이키 광고에는 미국프로농구(NBA) 흑인 선수가 중국 전통 복장을 한 노인과 공 빼앗기를 하다 노인을 넘어뜨리는가 하면 중국 여인이 이 선수를 향해 두 팔을 벌리는 장면이 나와 문제가 되기도 했다. 나이키는 젊은이들에게 진취적인 도전정신을 심어 주려는 설정이라고 해명했으나 여론의 집중 포화를 피할 수는 없었다.

박한진 KOTRA 상하이무역관 차장은 "광고 논쟁이 생기면 부분적인 기업 홍보 효과도 있을 수 있지만 그보다는 타격이 더 크다"면서 "광고법을 준수하고 중국의 문화적 정치적 금기사항을 건드리는 일이 없도록 주의해야 한다"고 말했다.

― 한국경제신문 2006년 5월 30일

티뷰론의 뜻은 상어다
아반떼는 '전진'…… 에스페로는 '희망'

車상표 출원 급증

"티뷰론은 '상어', 아반떼는 '전진' 이라는 뜻 알고 계신가요?"

자동차 관련 상표 출원이 최근 폭발적으로 늘고 있다. 29일 특허청에 따르면 국내 자동차 관련 상표는 1955년 10월 12일 「시발」이 처음 출원한 이래 지난 4월까지 모두 1만 1458건이 출원됐다.

2002년 426건, 2003년 521건, 2004년 875건, 2005년 1195건으로 특히 최근에 출원건수가 매년 크게 늘고 있다. 지난해의 경우 전년 대비 36.6%나 증가했다.

기업별로는 현대자동차가 8.6%인 986건을 출원해 가장 많았으며 대우자동차(현 GM대우) 944건, 삼성자동차(르노삼성) 891건, 기아자동차 822건, 쌍용자동차 234건, 아시아자동차 179건, 새한자동차 17건 등의 순으로 나타났다.

특허청에 따르면 자동차 상표는 영어가 가장 많고 이탈리아 어와 스페인 어가 다음을 차지하고 있다. 영어 상표의 경우 아토스(ATOZ)는 알파벳 A에서 Z까지를 뜻하며, 카렌스(CARRENS)는 CAR(자동차)와 RENAISSANCE(부흥)의 합성어다.

티코(TICO)는 TINY, TIGHT, CONVENIENT, COZY의 합성어로 작지만 단단하면서 편리하고 아늑한 경제적인 차를 의미한다. 이탈리아 어 상표로는 라비타(LAVITA · 풍요로운 삶), 투스카니(TUSCANI · 이탈리아 휴양도시 이름), 리베로(LIBERO · 자유로움, 활달함) 등이, 스페인 어 상표로는 티뷰론(TIBURON · 상어), 에스페로(ESPERO · 희망), 아반떼(AVANTE · 전진) 등이 출원됐다.

순우리말 상표는 누비라(누비다), 무쏘(코뿔소) 등 소수에 그쳤다. 특허청 관계자는 "기업들이 우리말 상표 개발에 좀더 힘을 기울여야 할 것"이라고 말했다.

― 한국경제신문 2006년 5월 30일

애완동물 이름

집에서 키우는 애완견 요크서 테리어 수컷의 이름이 「복동」이다. 10여 년 전 갓 낳은 새끼 때 데리고 왔는데, 가족들이 의견을 모아 녀석의 이름을 「복동」이라고 지었다. 지금까지 자라오면서 이 녀석은 자신의 이름이 「복동」이란 것을 잘 알고 있다. 「복동」이란 이름에는 '우리 가정에 복을 안겨다 주는 벗' 이란 뜻이 담겨 있다.

이름이 「숙자」라는 암캐와 「산돌」이라는 수캐가 있었다고 한다. 「숙자」는 주인 없이 떠돌면서 한뎃잠을 자던 '노숙자' 출신이고, 「산돌」은 과수원을 지키다가 대소변을 볼 때에는 반드시 '산' 으로 달려간 「돌쇠」라고 한다.

애완동물의 경우에도 이렇듯 성(性)을 구분하여 이름을 지어줄 수 있다. 「복동」은 「홍길동」처럼 남성 즉 수컷이고, 「숙자」는 「영자」처럼 여성 즉 암컷이다. 그러나 「산돌」은 '바람이 나서 산으로 돌아다니는 개' 라고 볼 수 있으므로 암컷과 수컷에게 두루 통할 수 있는 이름이다.

그런데 애완동물의 이름을 지을 때도 이름학 이론을 적용할 수 있을까? 애완동물이 언제 태어났는지를 알아 사주를 볼 수 있다면, 마치 사람의 경우처럼 사주의 희용신에 맞추어 이름을 지을 수도 있을 것이다.

그러나 애완동물은 사람의 경우와 달리 출생 연월일시를 정확히 알기가 어렵다. 또한 애완동물의 이름을 짓기 위해 사주를 본다는 것이 옳다고 볼 수 없다. 따라서 애완동물의 이름은 발음오행이나 수리오행 그리고 자원오행 등 이름학 이론에 구애받지 않고 애완동물의 특성을 잘 나타낼 수 있도록 짓는 것이 좋다고 본다.

다만, 음양오행 이론을 사용하지 않더라도 애완동물이 언제 태어났는지에 따라 출생한 계절을 이름으로 사용할 수 있다. 봄에 태어난 경우에는 「봄(봄이)」, 여름에 태어난 경우에는 「여름(여름이)」, 가을에 태어난 경우에는 「가을(가을이)」, 겨울에 태어난 경우에는 「겨울(겨울이)」 등으로 이름을 지으면 자신의 애완동물이 언제 태어났는지 기억할 수 있어서 좋다.

애완동물의 이름을 짓는 가장 쉬운 방법은 바로 외형적인 특징을 살려서 짓는 것이다. 강아지나 고양이는 품종에 따라서 크기와 털 색깔, 눈 색깔 그리고 얼굴 생김새가 다 다르다. 이렇게 각양각색의 외모를 나타낼 수 있는 단어를 이름으로 사용하면 좋다. 예를 들어 털이 검은 애완동물은 「깜보」나 「까망」처럼 검정색과 관련된 이름이 어울리고, 몸집이 작으면 「꼬마」나 「콩이」처럼 작고 귀여운 느낌의 이름이 잘 어울린다.

애완동물의 성격이나 행동을 보고 그에 어울리는 이름을 지어도 좋다. 애완동물은 품종에 따라 성격이 모두 다르고, 또한 같은 품종이라도 개체에 따라 행동이 모두 다르다. 이러한 특징을 살려서 재미있는 이름을 지을 수 있다. 예를 들어 영리하고 똑똑하면 「똘이」, 행동이 재빠르고 달리는 것을 좋아하면 「바람」, 행동이 느리고 조용히 앉아 있는 것을 좋아하면 「거북이」 등 성격이나 행동과 관련된 다양한 단어를 이름으로 선택할 수 있다.

애완동물과는 전혀 상관없는 이름을 붙여도 독특하고 세련된 느낌을 줄 수 있다. 「쿠키」, 「딸기」, 「호두」 등의 음식 이름이나 「솔이」, 「달이」, 「산이」 등 자연과 관련된 이름은 재미있고 부르기도 쉽다.

한편 애완동물 이름을 영어(외래어)로 짓는 경우가 많은데, 이왕에 영어(외래어) 이름을 짓는다면 해외에서 인기 있는 것 가운데서 고를 수 있다. 앞서 소개한 '영어 이름의 원뜻'을 참고하면 사람 이름 중에서도 동물에게 잘 어울리는 이름을 지을 수 있을 것이다.

또한 애완동물의 이름을 외국어로 지을 때는 애완동물의 원산지를 고려하여 그 나라의 언어로 이름을 짓는 것도 좋은 방법이다. 즉 같은 견종이라도 시추처럼 원산지가 중국인 경우에는 중국어로, 셰퍼드처럼 원산지가 독일인 경우에는 독일어로 이름을 짓는 것이다.

해외에서 인기 있는 애견 이름

수컷	암컷
맥스(Max), 제이크(Jake), 버디(Buddy), 베일리(Bailey), 샘(Sam), 록키(Rocky), 버스터(Buster), 케이시(Casey), 코디(Cody), 듀크(Duke), 찰리(Charlie), 잭(Jack), 할리(Harley), 러스티(Rusty), 토비(Toby), 머피(Murphy), 셸비(Shelby), 스파키(Sparky), 바니(Barney), 윈스턴(Winston)	매기(Maggie), 몰리(Molly), 레이디(Lady), 세이디(Sadie), 루시(Lucy), 데이지(Daisy), 진저(Ginger), 애비(Abby), 사샤(Sasha), 샌디(Sandy), 다코타(Dakota), 케이티(Katie), 애니(Annie), 첼시(Chelsea), 프린세스(Princess), 미시(Missy), 소피(Sophie), 보(Bo), 코코(Coco), 타샤(Tasha)

애완동물의 이름으로는 2~3자의 짧고 정확한 발음으로 이루어진 것이 좋다. 이름이 단순하지 않으면 애완동물이 자신의 이름을 인식하는 데 많은 어려움이 따르기 때문이다. 그리고 애완동물을 키우기 시작했을 때 이름을 자주 불러주어야 자기를 부르는 것을 알게 된다.

애완동물 이름이라고 해서 특별한 작명요령이 따로 있는 것은 아니다. 이제까지 설명한 여러 내용을 참고하여 그야말로 자유롭게 지으면 된다.

- 강아지, 고양이, 토끼 등 동물마다 품종에 따른 외모와 성격 그리고 행동이나 성별 등을 고려하여 이름을 짓는다.
- 부르기 쉽고, 2~3자의 짧고 정확한 발음으로 이루어진 것이 좋다.
- 해외에서 인기 있는 영어(외래어) 이름 가운데서 고를 수 있다.

♥ 인기 있는 애완동물의 종류

강아지

말티즈
원산지 : 몰타공화국
체형 : 소형
특징 : 까맣고 동그란 눈과 새하얀 털이 매력적이다. 밝고 쾌활하며 기억력이 좋아 길들이기 쉽다.

진돗개
원산지 : 한국
체형 : 중형
특징 : 균형잡힌 튼튼한 체격이며 민첩하다. 매우 청결하고 영리하며 주인을 잘 따른다.

골든 리트리버
원산지 : 영국
체형 : 중형
특징 : 탄탄한 체격에 쓰임새가 아주 많은 팔방미인이다. 사랑스럽고 길들이기 쉬워 인기가 높다.

미니어처 슈나우저
원산지 : 독일
체형 : 중소형
특징 : 풍성한 눈썹과 콧수염이 특징. 성격이 밝고 사람을 잘 따르며 호기심이 왕성하다.

토이 푸들
원산지 : 프랑스
체형 : 소형
특징 : 털갈이를 하지 않는 곱슬 털이 특징. 깔끔하고 주인을 잘 따르며 머리가 좋다.

로트와일러
원산지 : 독일
체형 : 대형
특징 : 체격이 탄탄하고 근육질 몸매이다. 힘이 아주 세고 영리하여 경비견으로 인기 있다.

아메리칸 코커 스패니얼
원산지 : 미국
체형 : 소형
특징 : 크고 길게 늘어진 귀와 곱슬거리는 털이 특징. 쾌활하고 공놀이를 매우 좋아한다.

알래스칸 맬러뮤트
원산지 : 미국
체형 : 대형
특징 : 썰매개 중 가장 몸집이 크고 힘이 세다. 훈련이 필수이고 운동을 많이 시켜야 한다.

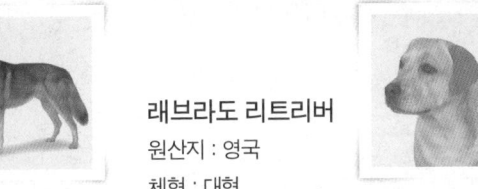

시베리안 허스키
원산지 : 러시아
체형 : 중대형
특징 : 늑대를 연상시키는 외모를 가진 썰매개. 운동을 매우 좋아한다.

래브라도 리트리버
원산지 : 영국
체형 : 대형
특징 : 탄탄한 체격에 헤엄을 잘 친다. 길들이기 쉽고 머리가 좋아 다양하게 활약한다.

고양이

샴
원산지 : 태국
체형 : 매우 가늘고 길다
특징 : 푸른 눈에 길고 날카로운 V자형 얼굴과 큰 귀가 특징. 사람을 아주 잘 따른다.

러시안 블루
원산지 : 북유럽
체형 : 약간 가는 체형
특징 : 청회색 털과 초록색 눈을 가졌으며 미소를 짓고 있는 듯한 표정이 특징이다.

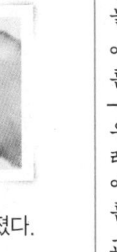

메인 쿤
원산지 : 미국
체형 : 길고 튼튼하다
특징 : 혈통고양이로는 가장 큰 몸집이지만, 성격이 매우 상냥하고 기르기 쉽다.

페르시안
원산지 : 영국
체형 : 통통하고 둥글다
특징 : 둥글고 큰 머리에 작은 귀를 가졌다. 상냥한 성격이다.

개명

1. 의의

 개명(改名)이란 가족관계부에 등재된 이름을 다른 이름으로 바꾸어 다시 등재하는 것이다. 이름은 사람의 동일성을 특정하기 위한 표상으로, 누구나 자유로 정할 수 있고 또 정당한 사유가 있으면 바꿀 수 있는 것이 원칙이다.
 그러나 이름이 가족관계부에 등재되어 공시되면 그 이름에 대한 사회적 신뢰가 쌓이고 그것을 바탕으로 하여 발생하는 모든 인간관계가 사회적 질서를 형성하게 됨에 따라, 오랫동안 사용해온 이름을 일시에 바꾸게 되면 사회의 질서와 안정을 해치는 결과를 낳는다. 때문에 가족관계의 등록 등에 관한 법률은 개명시 법원의 허가를 얻도록 하여 개명의 자유를 제한하고 있다.
 결국 개명의 허가기준은 사회의 질서와 안정의 유지라는 공익적 목적과 개명하고자 하는 사람의 개인적 편의를 적절히 조화시킬 수 있는 선에서 찾아야 할 것이다.

2. 사유

 대법원은 "개인의 이름은 헌법이 보장하고 있는 인격권과 행복추구권에 해당하기 때문에 개명허가 여부를 결정할 때는 '사회적 혼란' 보다 '개인의 주관적인 의사'가 중시되어야 한다"는 입장이다. 또 "이름은 통상 부모에 의해 일방적으로 결정되므로 불만스럽거나 심각한 고통을 받을 수 있다"며 "그런데도 그 이름으로 평생 살라고 강요하는 것은 정당하지도, 합리적이지도 않다"고 밝혔다. 나아가 "범죄를 은폐하거나 법령의 각종 제한을 회피하려는 불순한 의도 및 목적이 개입되지 않으면 원칙적으로 개명을 허가해야 한다"고 밝혔다.

법원 실무상 개명사유는 다음과 같다.

- 출생신고서에 이름을 잘못 기재한 경우
- 실제 통용되는 이름과 일치시키기 위한 경우
- 족보상의 항렬자와 일치시키기 위한 경우
- 현재의 이름에 선대나 후대의 항렬자가 포함되어 있는 경우
- 친족 중에 동명인이 있는 경우
- 이름이 부르기 힘들거나 잘못 부르기 쉬운 경우
- 성명의 발음이 나쁜 경우(저속한 것의 연상, 놀림감 등)
- 성명의 의미가 나쁜 경우
- 성명이 악명 높은 사람의 이름과 같거나 비슷한 경우
- 성명철학상의 이유로 개명하고자 하는 경우
- 한자 이름을 한글 이름으로 바꾸고자 하는 경우
- 한글 이름을 한자 이름으로 바꾸고자 하는 경우
- 외국식 이름을 한국식 이름으로 바꾸고자 하는 경우
- 기타 위에서 열거한 사항에 해당되지 않은경우

3. 절차

개명신청을 하려면 신청인 본인이 개명허가신청서(법원에 비치되어 있음)를 작성한 후 기본증명서·가족관계증명서·주민등록등(초)본과 기타 소명

자료 및 인지대(소정의 금액)를 첨부해 개명 대상자의 주소지 관할법원에 제출해야 한다. 개명 대상자가 미성년자일 경우는 부모가 법정대리인이 되어 신청할 수 있다. 법무사를 통하여 개명을 하는 경우에는 법무사가 여러 절차를 대행한다.

필수는 아니지만 친구나 동료 등에게 개명신청과 관련된 사실의 확인을 받은 인우보증서와 보증인의 주민등록등본을 소명자료로 제출하면 법원의 판단에 도움이 된다.

가족관계등록과 실제 사용하는 이름이 다르다면 통장사본이나 명함, 재직증명서 등을 첨부서류로 제출하면 된다.

개명심사는 서류심사가 원칙이다. 법원은 성인의 경우 신원조회에 소요되는 시간까지 포함해 2~3개월 내에 개명허가 여부를 판단한다. 미성년자는 보통 15~30일이 소요된다.

법원에서 개명허가를 받으면 개명허가결정등본을 받은 날로부터 1개월 이내에 구청이나 읍면사무소에 개명신고를 하고 가족관계등록을 변경한다. 면허증, 자격증, 예금통장 등은 새 주민등록등(초)본을 발급 받은 뒤 이름변경신청을 하면 된다.

개명신청이 기각되었다면 결정 뒤 항고이익이 있는 한 언제라도 항고장을 작성해 신청법원에 다시 제출하거나, 일정 기간이 지난 뒤 다시 신청할 수 있다.

4. 궁금한 사항

다음은 개명에 대하여 사람들이 궁금해하는 내용들을 질문·답변형식으로 정리한 것이다.

Q : 성명학적인 사유나 사주학상의 사유로 개명을 할 수 있는가?
A : 개명이 가능하다. 최근 가장 흔한 개명 사유 중 하나가 성명학적인 사유나 사주학상의 사유 즉 이름이 사주에 맞지 않아서이다. 또한 이런 사유로 개명 허가를 받는 사례도 점차 증가하는 추세이다.

Q : 한글 이름도 개명할 수 있는가?
A : 한글 이름을 한자 이름으로 개명하는 경우에는 허가 받을 확률이 높다. 한글 이름의 유행으로 초등학생의 경우 한 반에 같은 이름이 여러 명 있거나 놀림 받는 경우가 많아지면서 일정 기간 동안 사유와 신청서만 작성하면 신청자 모두에게 별도의 허가절차 없이 개명을 허용한 적이 있었다.

현재도 성인이 되어 한글 이름이 어울리지 않고 놀림을 받는 경우, 중국이나 일본 등 한자문화권 국가로 유학을 가면서 한자 이름의 필요성이 절실한 경우, 업무상의 필요 또는 본격적인 사회진출을 앞두고 한문으로 이름을 바꾸고자 하는 경우 등 생활의 불편함을 이유로 개명을 원하는 사례가 점차 증가하고 있으며, 비교적 개명 허가가 잘 이루어진다.

그러나 한자 이름을 한글 이름으로 개명하는 경우는 허가 확률이 낮다.

Q : 이름의 한자가 인명용 한자에 없는 한자인 경우 정정할 수 있는가?
A : 현재 출생신고를 할 이름과 개명할 이름의 한자는 반드시 대법원규칙으로 정한 인명용 한자이어야 한다.

그러나 1991년 4월 1일 인명용 한자가 시행되기 전에 출생신고를 한 이름의 한자가 지금의 인명용 한자가 아니라는 이유로 가족관계등록 공무원이 직권으로 이를 정정할 수 있는 것은 아니다. 이름의 한자가 인명용 한자에 속하지 않거나 어려운 한자 또는 뜻이 나쁜 한자라고 하여 다른 한자로 변경하는 경우에도 개명허가절차에 따라 개명해야 한다.

Q : 이름을 잘못 기재하여 출생신고를 한 경우 정정할 수 있는가?
A : 신고인이 한자를 잘못 기재하거나 부모로부터 부탁을 받은 타인이 이름을 잘못 신고하는 등의 사유로 출생신고를 하는 과정에서 이름이 잘못 올라가는 경우가 있다. 이 경우 일단 출생신고 후 가족관계등록부에 등재되면 정정은 불가능하며 개명허가절차에 따라야 한다.

Q : 한글 이름자의 기재만 바꾸는 것도 개명허가를 받아야 하나?
A : 가족관계등록부의 한글 이름자와 한자 이름자는 서로 별개의 것으로 본다. 따라서 이름의 한글 한 글자나 한자 한 글자를 바꾸는 경우에도 개명허가를 받아야 한다. 그 결과 禮(예, 례)의 한글 이름자를 바꾸는 것(예 : '김정예' → '김정례')도 개명허가를 받아야 한다.
다만 출생신고인이 출생신고서에 정확히 '례'로 기재하였으나 가족관계등록공무원의 잘못으로 '예'로 기재된 경우에는 직권정정신청이 가능하다.

Q : 귀화인이 한국식 성명(姓名)으로 바꾸려면?
A : 외국인이 귀화로 한국 국적을 취득하고 한국식 성(姓)과 이름(名)으로 바꾸려면 우선 관할법원으로부터 성·본(姓·本) 창설허가를 받아 성(姓)과 본(本)을 신고한 다음 관할법원으로부터 개명허가를 받아야 한다.
참고로 성·본(姓·本) 창설허가를 신청할 때에는 자기가 좋아하는 성(姓)과 본(本)을 정하여도 된다.
본(本)은 이를 본관(本貫)이라고도 하는데 한국의 지명(地名)을 사용하여야 한다.

Q : 개명을 할 때 소명자료로 어떤 것을 준비해야 하는가?
A : 소명자료란 개명신청서의 신청원인(신청사유)의 내용이 맞다는 것을 입증할 수 있는 자료들로서, 판사가 개명신청의 허가여부를 판단할 때

그 판단자료로 사용할 만한 것은 모두 소명자료라고 할 수 있다. 판사가 개명사유를 인정할 수 있는 판단의 근거가 소명자료에 있으므로 소명자료는 개명사유(신청원인)와 더불어 개명신청에서 가장 중요한 부분이라고 할 수 있다.

만약 개명사유는 공감이 되지만 이것을 입증할 소명자료가 없다면 판사는 개명신청을 기각시키거나 신청인에게 보정명령(모자라는 것을 보완하거나 정정하라는 명령)을 내릴 수 있으며, 보정명령을 받고 보정자료를 제출하지 않는다면 당연히 기각된다. 보정자료를 제출한다 해도 자료가 개명사유를 입증하지 못한다면 기각이 될 수 있다.

소명자료로 제출할 수 있는 것은 진술서, 소견서, 서신, 사진, 영수증, 작명가의 작명인증서, 감명서, 재직증명서, 명함, 재학증명서, 졸업증명서, 생활기록부, 병적증명서, 족보사본, 종친회장증명서 등 개명의 필요성을 소명할 수 있는 것은 모두 포함된다.

소명자료는 법원에 제출 후 다시 돌려받기 어려우므로 원본은 보관하고 사본을 제출하는 것이 좋다. 그러나 다시 발급받을 수 있는 각종 증명서, 소견서 등은 원본을 제출해야 한다.

Q : 개명을 했는데 예전의 이름으로 되돌릴 수 있는가?
A : 개명을 한 이름을 예전 이름으로 되돌리는 것도 개명허가절차에 따라야 한다. 즉 개명신청을 다시 해야 한다. 일반적으로 개명허가를 받은 사람이 다시 개명신청을 하는 경우에는 허가 받을 확률이 낮다.

Q : 성(姓)도 바꿀 수 있는가?
A : 성(姓)과 이름(名)은 전혀 별개의 것으로, 개명(改名)은 '이름'의 경우에만 한정된다. 현재의 법률로는 성을 임의로 바꿀 수 없다. 2008년 1월부터 호주제가 폐지된 후에는 법원의 허가절차에 따라 제한적으로 성을 바꿀 수는 있다.

성 '나·유·이······'를 '라·류·리······'로 바꾸는 것은 가능하다. 기존의 대법원 예규는 가족관계등록부에 한자로 된 성을 한글로 기재할 때에는 한글맞춤법(두음법칙)에 의하여 표기할 것을 규정하고 있다. 따라서 성(姓)의 한자음이 '라·류·리……'인 가족관계등록부에 한글로 표기할 때에는 두음법칙에 따라 '나·유·이……'로 하였으며 변경이 불가능하였다. 그러나 대법원은 예규를 개정, 2007년 8월 1일부터 성의 두음법칙 예외를 인정하였다. 다만 개정 예규는 가족관계등록부상 이름을 한글로 기재하기 이전부터 일상생활에서 성을 본래 소리나는 대로 발음하고 표기해온 사람에게만 적용된다.

Q : 개명을 하면 주민등록번호도 변경되는가?
A : 개명과 주민등록번호는 별개이다. 개명허가를 받아 개명을 한다고 해도 주민등록번호는 바뀌지 않는다. 다만 출생일시가 잘못 기재되어 출생일시정정허가신청을 하여 허가를 받은 후 가족관계등록부의 출생일시를 정정하는 경우에는 주민등록번호도 변경된다.

Q : 개명에 관하여 관할법원 등 좀 더 여러 가지를 알고 싶은데?
A : 인터넷을 활용하면 된다. 예를 들어 개명노우미(www.namehelp.co.kr)는 관할법원, 개명절차, 개명서류, 허가사례 등을 소개하면서 상담문의까지 받고 있다.

"이름 제발 바꿔달라" 지난해 11월후 급증

"……지난 50여 년은 외롭고 힘겨운 싸움이었습니다. 한 번도 남 앞에 자신 있게 나서지 못했고, 예명을 쓰면서 행여 본명이 탄로날까 두려움에 떨어왔습니다. 얼마 남지 않은 인생, 이제라도 당당하고 떳떳하게 살고 싶습니다"(신청인 53세, 박달고만·朴達高萬씨). 한 지방 법원에 접수된 개명(改名) 신청사유다. 신청인은 두 달 후 '딸을 그만 낳으라'는 뜻의 기존 이름 대신 「박은혜」라는 새 이름을 허가 받았다. "비로소 어두운 터널에서 벗어난 기분"이라고 했다.

자신의 브랜드명(이름)을 혐오하는 사람 수천 명이 모인 인터넷 '개명 카페'. 고통을 공유하며 서로 격려하는 모습이 환자들 커뮤니티 못지않다. '실제로는 호적과 다른 이름을 쓴다는 증거를 내면 유리하다' '이름 때문에 정신과 상담까지 받았다는 내용은 역효과가 날 수도 있다'는 족집게 정보, '서울남부지원과 청주지원 기각률 높더라' 같은 사례담도 교류된다. 한 달에 4000~6000건 수준이었던 전국 개명 접수 건수는 지난해 11월 대법원 결정으로 개명이 쉬워지면서 급증, 12월 1만1536건까지 치솟았고 현재 1만건 선을 유지하고 있다.

최근 사흘간 서울가정법원에 접수된 111건의 개명신청 사례를 보면, '이름이 촌스럽다고 놀림을 받아서' 개명한다는 사유가 압도적으로 많았다. 「말순」「몽실」「추월」등의 옛날 이름이나, 「춘자」「화자」등의 일본식 이름, 「귀남」「인덕」등의 남자 같은 여자 이름이다. 「영심」「영자」「봉순」「김미화」처럼 이름이 특정 캐릭터를 연상시켜 사업가나 컨설턴트로서 위상이 서지 않는다는 사연도 있다. 그 다음으로는 '성명학상 운수에 좋지 않다고 해서' '호적에 잘못 등재돼 실제 쓰는 이름과 차이가 있어서' '귀화해서 한국 이름을 취득하기 위해' 순이다. 신청자의 70~80%가 여성. 남성은 성명학을 이유로 이름이나 한자를 바꾸는 경우가 가장 많았다.

▶ 개명 접수 월별 증가 추이   — 조선일보 2006년 5월 27일

월	2005.9	10	11	12	2006.1	2	3
서울가정법원	345	336	493	737	615	698	674
전국 취합	5647	5694	7536	11536	11161	12657	10590

개명허가신청서 견본●성년자용

개 명 허 가 신 청 서

등록기준지 :
(기본증명서 상단에 표시되어 있음, 주로 본적과 일치)
주민등록등본 주소 :
송달(등기우편) 희망 주소 :
사건본인의 성   명 :   (한자 :   )
　　　　주민등록번호 :   -
　　　　전 화 번 호 : (휴대폰)   (자택)

신 청 취 지

등록기준지 : _____의 가족관계등록부 중

사건본인의 이름 "(현재이름)   (한자 :   )"을(를)
　　　　　　　 "(바꿀이름)   (한자 :   )"(으)로
　　　　　　개명하는 것을 허가하여 주시기 바랍니다.

* 주의
1. 개명하고자 하는 이름은 대법원확정 표준 인명용 한자를 사용하여야 합니다.
2. 모든 글씨(한자)는 또박또박 바르게 써주시기 바랍니다(정자로 기재).

개명허가신청서 견본 ● 성년자용

신 청 이 유
(신청이유를 구체적으로 기재하시기 바랍니다.)

필 수 소 명 자 료

1. 사건 본인의 기본증명서 1통. (동사무서 또는 구청)
2. 사건 본인의 가족관계증명서 1통. (동사무서 또는 구청)
3. 사건본인의 부(父)와 모(母) 각각의 가족관계증명서(2007년 이전에 사망 시 사망일시 표시된 제적등본, 2008년 이후 사망시 가족관계증명서) 1통. (동사무서 또는 구청)
4. 사건본인 자녀[성인(만 20세 이상)인 경우만]의 가족관계증명서 각 1통. (동사무서 또는 구청)
5. 사건본인의 주민등록등본(동사무소 또는 구청) 1통.
6. 사건본인의 범죄·수사·전과 경력조회서(가까운 경찰서, 수사 및 재판 중인 자료까지 포함) 1통.
7. 소명자료(신청이유를 증명할 수 있는 객관적인 자료 및 개명하고자 하는 이름으로 사용하고 있는 객관적인 자료)

※ 대리인이 제출할 때에는 사건본인의 위임장, 사건본인의 신분증, 도장 지참.

20   년   월   일

위 신청인   (인)

_____ 법 원 귀 중

개명허가신청서 견본●미성년자용

개 명 허 가 신 청 서

등록기준지 :
(기본증명서 상단에 표시되어 있음, 주로 본적과 일치)
주민등록등본 주소 :
사건본인의 성　　명 :　　　　(한자 :　　　　)
　　　　주민등록번호 :　　　-
　　　　전 화 번 호 : (휴대폰)　　　　(자택)

법정대리인(친권자)　부 :　　　(한자 :　　　　)
　　　　　　　　　　모 :　　　(한자 :　　　　)
법정대리인의 송달(등기우편) 희망 주소 :
전화번호 : (휴대폰)　　　　　(자택)

신 청 취 지

등록기준지 : ＿＿＿＿＿＿＿＿＿＿＿＿＿의 가족관계등록부 중
사건본인의 이름　"(현재이름)　　(한자 :　　)"을(를)
　　　　　　　　"(바꿀이름)　　(한자 :   　)"(으)로
　　　　　개명하는 것을 허가하여 주시기 바랍니다.

*주의
1. 개명하고자 하는 이름은 대법원확정 표준 인명용 한자를 사용하여야 합니다.
2. 모든 글씨(한자)는 또박또박 바르게 써주시기 바랍니다(정자로 기재).

개명허가신청서 견본 ● 미성년자용

신 청 이 유
(신청이유를 구체적으로 기재하시기 바랍니다.)

필 수 소 명 자 료

1. 사건 본인의 기본증명서 1통. (동사무서 또는 구청)
2. 사건 본인의 가족관계증명서 1통. (동사무서 또는 구청)
3. 사건본인의 부(父)와 모(母) 각각의 가족관계증명서(2007년 이전에 사망시 사망일시 표시된 제적등본, 2008년 이후 사망시 가족관계증명서) 1통. (동사무서 또는 구청)
4. 사건본인의 주민등록등본 1통. (동사무서 또는 구청)
5. 사건본인의 범죄·수사·전과 경력조회서(가까운 경찰서, 수사 및 재판 중인 자료까지 포함) 1통. (만 18세 이상)

※ 부(父) 또는 모(母)가 단독으로 제출할 때에는 배우자의 위임장, 배우자의 신분증 및 도장 지참.

20   년   월   일

미성년자의 법정대리인 친권자 부 :   (인)
                              모 :

_____ 법 원 귀 중

인우보증서 견본

인 우 보 증 서

사건본인 :　　　　　(주민등록번호　　　　-　　　　)
주　소 :
등록기준지 :

보증사항(보증내용을 상세히 기재할 것)

위의 사실이 틀림이 없으며 만일 후일에 본 건으로 인하여 문제가 있을 때에는 보증인등이 법적 책임을 지겠기에 이에 보증함.

20　년　월　일

보증인 :　　　　　(인) (주민등록번호　　　　-　　　　)
주　소 :
등록기준지 :

보증인 :　　　　　(인) (주민등록번호　　　　-　　　　)
주　소 :
등록기준지 :

(위 보증인들의 인감증명 또는 주민등록등본을 첨부할 것)

항고장 견본

항 고 장

항고인(이 름)
　　(주 소)
　　(연락처)

○○지방법원 ○○사건에 관하여 동 법원이 20 . . . 기각(각하) 결정을 하였으나 이에 불복하므로 항고를 제기합니다.

원 결 정 의 표 시

항 고 취 지

항 고 이 유

1.
1.

　　　　20　년　월　일
　항고인　　　　(날인 또는 서명)

지 방 법 원 귀중

유의사항
항고인은 연락처란에 언제든지 연락 가능한 전화번호나 휴대전화번호(팩스번호, 이메일 주소 등도 포함)를 기재하기 바랍니다.

자의 성과 본의 변경허가서 견본

자 의 성 과 본 의 변 경 허 가 심 판 청 구

청 구 인 성명 :   (휴대전화 :   , 집전화 :   )
         주민등록번호 :   -
         주소 :
         등록기준지 :

사 건 본 인 성명 :
         주민등록번호 :   -
         주소 :
         등록기준지 :

청 구 취 지

'사건본인의 성을 "   "로, 본을 "   "로 변경할 것을 허가한다.' 라는 심판을 구합니다.

청 구 원 인

1. <u>사건본인의 가족관계 등</u> (해당 □ 안에 ∨표시, 내용 추가)
   가. 사건본인은 (친부   )과(와) (친모   ) 사이에 출생한 자입니다.
      □ 친부의 주소는 (   )입니다.
   나. □ (친부   )과(와) (친모   )는(은) (년 월 일) 이혼하였습니다.
      □ (친부   )는(은) (년 월 일) 사망하였습니다.
      □ (   )는(은) (년 월 일) 사건본인을 입양하였습니다.

2. <u>성과 본의 변경을 청구하는 이유</u> (해당 □ 안에 ∨표시, 내용 추가)
   사건본인이 현재의 성과 본으로 인하여 학교나 사회생활 등에서 많은 어려움을 겪고 있으므로 사건본인의 복리를 위하여 다음과 같이 청구합니다.
      □ (친모   )과(와) (년 월 일) 혼인하여 사건본인의 <u>의붓아버지 (계부)</u>가 된 (   )의 "성"과 "본"으로 바꾸고 싶습니다.
      □ 어머니의 "성"과 "본"으로 바꾸고 싶습니다.
      □ 양부 또는 양모의 "성"과 "본"으로 바꾸고 싶습니다.
      □ 위 각 경우에 해당하지 않는 경우의 이유(서술식으로 기재)

자의 성과 본의 변경허가서 견본

첨 부 서 류

1. 진술서(청구인)   1통
2. 가족관계증명서(청구인 및 사건본인)   각 1통
3. 기본증명서(사건본인)   1통
4. 혼인관계증명서(청구인)   1통
5. 주민등록등본(청구인 및 사건본인)   각 1통
   (청구인과 사건본인의 주소지가 같은 경우에는 1통만 제출하면 됩니다)
6. 기타(해당사항이 있는 경우에 □ 안에 √ 표시를 하고 해당 서류를 첨부해 주십시오)
   □ 입양관계증명서 1통(사건본인이 입양된 경우)
   □ 제적등본(친부) 1통(친부가 사망한 경우, 단 2008. 1. 1. 이후에 사망신고가 된 경우에는 폐쇄가족관계등록부에 따른 친부의 기본증명서)

20   년   월   일
청구인   (인)

가정법원{   지방법원(지원)}   귀중

※ 유의사항
1. 청구서에는 사건본인 1명당 수입인지 5,000원을 붙여야 합니다.
2. 송달료는 청구인수×3,020원(우편료)×4회분을 송달료취급은행에 납부하고 영수증을 첨부하여야 합니다.
3. 관할법원은 사건본인의 주소지의 가정법원(가정법원 또는 가정지원이 설치되지 아니한 지역은 해당 지방법원 또는 지방법원 지원)입니다.
4. <u>사건본인의 아버지에게 의견청취서를 보내어 의견을 들을 필요가 있을 수 있으므로 신속한 심리를 위하여, 사건본인의 아버지의 주소는 알고 있는 경우에 기재하되, 기재하지 아니한 경우 주소를 밝히라는 법원의 보정명령을 나중에 받을 수 있습니다.</u>
5. '성'과 '본'이 변경된다고 하여, 의붓아버지와 사이에 친족관계가 생기거나 종전 부모와의 친족관계가 소멸되는 것은 아니며 가족관계등록부에는 여전히 친아버지가 아버지로 기재됩니다. 또한 친권자가 변경되는 것도 아닙니다.

자의 성과 본의 변경허가서 견본

진 술 서

청구인은 다음과 같은 내용을 사실대로 진술합니다.

1. 청구인과 사건본인의 가족관계 등

    가. 기본 사항(사건본인과 관계있는 해당 사항만 기재하시면 됩니다.)

구분	연월일	참고 사항
( )과(와) 혼인 신고일	년 월 일	동거 시작일 년 월 일
사건본인 ( ) 출생일자	년 월 일	
( )과(와) 이혼 신고일	년 월 일	□협의이혼, □재판상 이혼
( )과(와) 재혼 신고일	년 월 일	동거 시작일 년 월 일

    나. 사건본인의 현재 생활, 친권자, 양육자 등

구분	내용
(1) 사건본인의 나이, 학교 등	만 세, □유치원, □ 학교 학년 재학 중
(2) 이혼시 지정된 친권자	□사건본인의 아버지, □사건본인의 어머니
(3) 이혼시 시정된 양육자	□사건본인의 아버지, □사건본인의 어머니
(4) 현재의 실제 양육자와 양육기간	□사건본인의 아버지, □사건본인의 어머니 양육기간 : 약 년 개월(년 월무렵→현재)
(5) 양육비용을 부담하고 있는 사람	
(6) 친아버지가 사건본인 또는 사건본인의 어머니에게 양육비를 지급하고 있는지 여부	□양육비를 지급하고 있음 □양육비를 지급하고 있지 않음 ※ 양육비를 지급하고 있는 경우 그 액수 월 평균으로 따져보면 약 원
(7) 사건본인이 친아버지와 면접교섭하는지(정기적 또는 부정적으로 만나는지) 여부	□면접교섭함, □면접교섭하지 아니함 면접교섭의 내용(면접교섭하는 경우에만 기재하여 주십시오.) □1년에 약 1~4회 □매월 약 1회, □매월 약 2회 이상 □기타 ( )

자의 성과 본의 변경허가서 견본

2. 사건본인이 현재의 성과 본으로 인하여 사회생활 등에서 어려움을 겪고 있는 구체적 사례

3. 사건본인의 성과 본의 변경이 필요한 이유(□안에 ∨표시, 내용 기재)
　□ 의붓아버지(계부)의 성과 본으로 변경하려는 경우
　　　(1) 의붓아버지가 사건본인을 양육하고 있는지 : □양육하고 있음, □양육하고 있지 아니함
　　　(2) 의붓아버지가 사건본인을 실제 양육한 기간
　　　　　약　년　개월(　년　월무렵부터 →　년　월무렵까지)
　　　(3) 성과 본의 변경이 사건본인의 행복과 이익을 위하여 필요한 이유

　□ 어머니의 성과 본으로 변경하려는 경우
　　　(1) 어머니가 이혼 후 사건본인을 실제 양육한 기간
　　　　　약　년　개월(　년　월무렵부터 →　년　월무렵까지)
　　　(2) 성과 본의 변경이 사건본인의 행복과 이익을 위하여 필요한 이유

　□ 양부 또는 양모의 성과 본으로 변경하려는 경우
　　　(1) 사건본인을 양육하고 있는지 : □양육하고 있음, □양육하고 있지 아니함
　　　(2) 양부 또는 양모가 사건본인을 실제 양육한 기간
　　　　　약　년　개월(　년　월무렵부터 →　년　월무렵까지)
　　　(3) 성과 본의 변경이 사건본인의 행복과 이익을 위하여 필요한 이유

4. 그 밖에 법원에 진술하고 싶은 사정

20　년　월　일　청구인　　　　(인)

○○가정법원{○○지방법원(지원)}　귀중

개명신고서 견본

[양식 제27호]

개 명 신 고 서 (년 월 일)	※아래의 작성방법을 읽고 기재하시되 선택항목은 해당번호에 "○"으로 표시하여 주시기 바랍니다.

① 개명자	등록기준지				
	주소			세대주 및 관계	의
	부모 성명	부(父)		모(母)	
	본인 성명	현재의 이름		② 개명하고자 하는 이름	
		한글	한자	한글	한자
	본(한자)	주민등록번호		—	
③ 허가일자	년 월 일	법원명			
④ 기타사항					
⑤ 신고인	성 명	㊞(서명 또는 무인)	주민등록번호	—	
	자 격	①본인 ②법정대리인 ③기타(의 자격 :)			
	주소		전화	이메일	

작 성 방 법

※ 이 신고는 개명허가결정등본을 받은 날로부터 1개월 이내에 신고하여야 합니다.
①란 : 본인의 성명은 개명전 현재의 이름과 개명하고자 하는 이름을 나누어 기재합니다.
②란 : 변경하고자 하는 이름(개명허가결정등본에 기재된 개명허가를 받은 이름)을 기재하며, 한자가 없는 경우는 한글란에만 기재합니다.
③란 : 개명허가일자는 개명허가결정등본에 기재된 연월일을 기재합니다.
④란 : 기타 사항은 가족관계등록부에 기록을 분명하게 하는데 특히 필요한 사항을 기재합니다.

첨 부 서 류

1. 개명허가결정등본 1부.
2. 우편접수의 경우에는 신고인의 신분증명서사본을 첨부하여야 합니다(신고인이 출석한 경우에는 출석한신고인의 신분증명서에 의하여 신분을 확인하여야 하고 별도의 신분증명서 사본을 첨부할 필요가 없으나, 제출인이 출석한 경우에는 제출인의 신분증명서를 제시하여야 합니다).

성 · 본변경신고서 견본

[양식 제34호]

성 · 본 변 경 신 고 서
(년   월   일)

※아래의 작성방법을 읽고 기재하시되 선택항목은 해당번호에 "O"으로 표시하여 주시기 바랍니다.

① 사건본인	등록기준지						
	주소				세대주 및 관계		의
	성명	한글			주민등록 번호		—
		한자					
② 성·본	변경전 성(姓)	한글		한자	변경전 본(本)	한글	한자
	변경한 성(姓)	한글		한자	변경한 본(本)	한글	한자
③허가일자		년 월 일			법원명		
④기타사항							
⑤ 신고인	성명		㊞(서명 또는 무인)		주민등록번호		—
	자격	①본인 ②법정대리인 ③기타(의 자격 :)					
	주소				전화	이메일	

작성방법

※ 이 신고는 성 · 본변경허가결정등본을 받은 날로부터 1개월 이내에 신고하여야 합니다.
②란 : 사건본인의 성 · 본은 변경 전의 성 · 본과 변경한 성 · 본을 나누어 기재합니다.
③란 : 성 · 본 변경허가일자는 성 · 본 변경허가결정등본에 기재된 연월일을 기재합니다.
④란 : 기타 사항은 가족관계등록부에 기록을 분명하게 하는데 특히 필요한 사항을 기재합니다.

첨부서류

1. 성 · 본 변경허가결정등본 및 확정증명서 각 1부.
2. 우편접수의 경우에는 신고인의 신분증명서사본을 첨부하여야 합니다(신고인이 출석한 경우에는 출석한신고인의 신분증명서에 의하여 신분을 확인하여야 하고 별도의 신분증명서 사본을 첨부할 필요가 없으나, 제출인이 출석한 경우에는 제출인의 신분증명서를 제시하여야 합니다).

부록

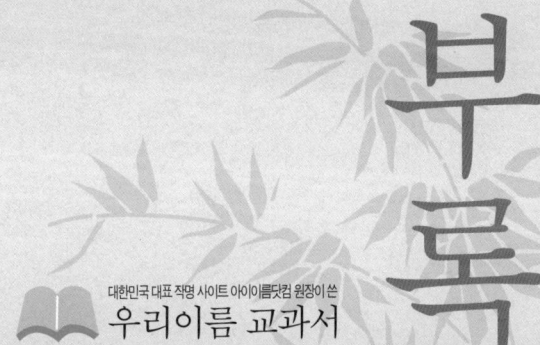

대한민국 대표 작명 사이트 아이이름닷컴 원장이 쓴
우리이름 교과서

1. 인명용 한자
2. 성씨에 따른 길한 수리의 배합표

부록1
인명용 한자

　대법원이 이름자로 쓸 수 있도록 인정한 인명용 한자 가운데 일상적으로 활용하는 글자 위주로 추렸다. 각 글자마다 가장 보편적으로 사용되는 뜻을 달았으며, 가나다 순으로 정리하였다.
　획수는 원획법을 기준으로 하였다. 원획법은 원래의 뜻을 찾아 원뜻대로 계산하는 방식이다. 예를 들어 삼수변(氵)은 원획이 水이므로 3획이 아니라 4획으로 계산한다.

필획	원획	부수 이름	획수	필획	원획	부수 이름	획수
氵	水	삼수변	4	犭	犬	개사슴록변	4
忄	心	심방변	4	王	玉	구슬옥변	5
扌	手	손수변	4	礻	示	보일시변	5
月	肉	육달월	6	衤	衣	옷의변	6
艹	艸	초두밑	6	阝(右)	邑	우부방	7
辶	辵	책받침	7	阝(左)	阜	좌부방	8
罒	网	그물망	6	耂	老	늙을로밑	6

　발음오행은 다수설과 소수설의 대립이 있으나, 아직까지 명확한 결론이 나지 않았으므로 일단 다수설을 따랐다.

한자	소리·뜻	획수	부수	발음오행	자원오행	비고
加	더할 가	5	力	木	水	
可	옳을 가	5	口	木	水	
佳	아름다울 가	8	人	木	火	
架	시렁 가	9	木	木	木	
家	집 가	10	宀	木	木	
街	거리 가	12	行	木	火	
賈	값 가	13	貝	木	金	
暇	겨를 가	13	日	木	火	
嫁	시집갈 가	13	女	木	土	
歌	노래 가	14	欠	木	金	
嘉	아름다울 가	14	口	木	水	
價	값 가	15	人	木	火	
稼	심을 가	15	禾	木	木	
各	각각 각	6	口	木	水	

부록 1 · 인명용 한자

	한자	소리·뜻	획수	부수	발음오행	자원오행	비고
각	却	물리칠 각	7	卩	木	火	
	角	뿔 각	7	角	木	木	
	刻	새길 각	8	刀	木	金	
	恪	삼갈 각	10	心	木	火	
	珏	쌍옥 각	10	玉	木	金	
	殼	껍질 각	12	殳	木	金	
	閣	누각 각	14	門	木	木	
	覺	깨달을 각	20	見	木	火	
간	干	방패 간	3	干	木	木	
	刊	①책펴낼 간 ②새길 간	5	刀	木	金	
	艮	괘이름 간	6	艮	木	土	
	杆	지레 간	7	木	木	木	
	侃	강직할 간	8	人	木	火	
	看	볼 간	9	目	木	木	

한자	소리·뜻	획수	부수	발음오행	자원오행	비고
竿	장대 간	9	竹	木	木	
間	사이 간	12	門	木	土	
揀	가릴 간	13	手	木	木	
幹	줄기 간	13	干	木	木	
墾	개간할 간	16	土	木	土	
諫	충고할 간	16	言	木	金	
懇	정성 간	17	心	木	火	
簡	대쪽 간	18	竹	木	木	
渴	목마를 갈	13	水	木	水	
葛	칡 갈	15	艸	木	木	
甘	달 감	5	甘	木	土	
勘	헤아릴 감	11	力	木	土	
敢	감히 감	12	攴	木	金	
堪	견딜 감	12	土	木	土	

한자	소리·뜻	획수	부수	발음오행	자원오행	비고
感	느낄 감	13	心	木	火	
減	덜 감	13	水	木	水	
監	볼 감	14	皿	木	金	
瞰	①볼 감 ②굽어볼 감	17	目	木	木	
鑑	거울 감	22	金	木	金	鑒(鑑의 동자, 22획)
甲	갑옷 갑	5	田	木	木	
鉀	갑옷 갑	13	金	木	金	
江	강 강	7	水	木	水	
岡	언덕 강	8	山	木	土	
姜	성 강	9	女	木	土	
剛	굳셀 강	10	刀	木	金	
強	굳셀 강	11	弓	木	金	强(強의 속자, 12획)
崗	산등성이 강	11	山	木	土	
堈	언덕 강	11	土	木	土	

한자	소리·뜻	획수	부수	발음오행	자원오행	비고
康	편안할 강	11	广	木	木	
降	내릴 강	14	阜	木	土	
綱	벼리 강	14	糸	木	木	
鋼	강철 강	16	金	木	金	
彊	굳셀 강	16	弓	木	金	
講	강론할 강	17	言	木	金	
介	끼일 개	4	人	木	火	
价	착할 개	6	人	木	火	
改	고칠 개	7	攵	木	金	
個	낱 개	10	人	木	火	箇(個와 동자, 14획, 竹부, 자원오행 木)
凱	개선할 개	12	几	木	木	
開	열 개	12	門	木	火	
槪	대개 개	15	木	木	木	
漑	물댈 개	15	水	木	水	

	한자	소리·뜻	획수	부수	발음오행	자원오행	비고
개	蓋	덮을 개	16	艸	木	木	盖(蓋의 속자, 11획, 皿부, 자원오행 木)
객	客	손객	9	宀	木	木	
갱	更	다시 갱	7	曰	木	金	경·갱
거	去	갈 거	5	厶	木	水	
거	巨	클 거	5	工	木	火	
거	車	수레 거	7	車	木	火	거·차
거	居	살 거	8	尸	木	木	
거	拒	막을 거	9	手	木	木	
거	距	떨어질 거	12	足	木	土	
거	渠	개천 거	13	水	木	水	
거	據	의거할 거	17	手	木	木	
거	擧	들 거	18	手	木	土	
건	巾	수건 건	3	巾	木	木	
건	件	사건 건	6	人	木	火	

	한자	소리·뜻	획수	부수	발음 오행	자원 오행	비고
건	建	세울 건	9	廴	木	木	
	虔	정성 건	10	虍	木	木	
	健	건강할 건	11	人	木	火	
	乾	하늘 건	11	乙	木	金	
	楗	문빗장 건	13	木	木	木	
	鍵	열쇠 건	17	金	木	金	
걸	杰	뛰어날 걸	8	木	木	木	
	傑	뛰어날 걸	12	人	木	火	
검	儉	검소할 검	15	人	木	火	
	劍	칼 검	15	刀	木	金	劒(劍의 속자, 16획)
	檢	검사할 검	17	木	木	木	
게	揭	높이들 게	13	手	木	木	
	憩	쉴 게	16	心	木	火	
격	格	격식 격	10	木	木	木	

360

	한자	소리·뜻	획수	부수	발음오행	자원오행	비고
격	檄	격문 격	17	木	木	木	
	激	과격할 격	17	水	木	水	
견	見	볼 견	7	見	木	火	견·현
	堅	굳을 견	11	土	木	土	
	牽	끌 견	11	牛	木	土	
	絹	명주 견	13	糸	木	木	
	遣	보낼 견	17	辶	木	土	
결	決	정할 결	8	水	木	水	
	結	맺을 결	12	糸	木	木	
	潔	깨끗할 결	16	水	木	水	
겸	兼	겸할 겸	10	八	木	金	
	謙	겸손할 겸	17	言	木	金	
경	更	고칠 경	7	日	木	金	경·갱
	坰	들 경	8	土	木	土	

한자	소리·뜻	획수	부수	발음오행	자원오행	비고
炅	빛날 경	8	火	木	火	
京	서울 경	8	亠	木	土	
庚	일곱째천간 경	8	广	木	金	
俓	곧을 경	9	人	木	火	
勁	굳셀 경	9	力	木	金	
倞	굳셀 경	10	人	木	火	
耕	밭갈 경	10	耒	木	土	
耿	빛날 경	10	耳	木	火	
徑	지름길 경	10	彳	木	火	
梗	대개 경	11	木	木	木	
竟	마침내 경	11	立	木	金	
涇	통할 경	11	水	木	水	
硬	굳을 경	12	石	木	金	
卿	벼슬 경	12	卩	木	木	

경

한자	소리·뜻	획수	부수	발음오행	자원오행	비고
景	볕 경	12	日	木	火	
敬	공경할 경	13	攴	木	金	
經	길 경	13	糸	木	木	
莖	줄기 경	13	艸	木	木	
輕	가벼울 경	14	車	木	火	
逕	좁은길 경	14	辶	木	土	
境	지경 경	14	土	木	土	
慶	경사 경	15	心	木	火	
憬	깨달을 경	16	心	木	火	
暻	밝을 경	16	日	木	火	
擎	①떠받칠 경 ②(높이)들 경	17	手	木	木	
璟	옥빛 경	17	玉	木	金	
鏡	거울 경	19	金	木	金	
鯨	고래 경	19	魚	木	水	

	한자	소리·뜻	획수	부수	발음오행	자원오행	비고
경	競	겨룰 경	20	立	木	金	
	警	경계할 경	20	言	木	金	
	瓊	아름다운옥 경	20	玉	木	金	
계	戒	경계할 계	7	戈	木	金	
	系	이을 계	7	糸	木	木	
	季	끝 계	8	子	木	水	
	係	걸릴(관계될) 계	9	人	木	火	
	契	맺을 계	9	大	木	木	
	計	셈할 계	9	言	木	金	
	癸	열째천간 계	9	癶	木	水	
	界	지경 계	9	田	木	土	
	桂	계수나무 계	10	木	木	木	
	啓	일깨울 계	11	口	木	水	
	誡	경계할 계	14	言	木	金	

한자	소리·뜻	획수	부수	발음오행	자원오행	비고
溪	시내 계	14	水	木	水	
階	섬돌 계	17	阜	木	土	
繼	이을 계	20	糸	木	木	
鷄	닭 계	21	鳥	木	火	
叩	두드릴 고	5	口	木	水	
古	옛 고	5	口	木	水	
告	알릴 고	7	口	木	水	
固	굳을 고	8	口	木	水	
考	상고할 고	8	老	木	土	攷(考의 고자, 6획, 攵부, 자원오행 金)
姑	시어머니 고	8	女	木	土	
枯	마를 고	9	木	木	木	
庫	곳집 고	10	广	木	木	
高	높을 고	10	高	木	火	
皐	언덕 고	11	白	木	水	

계

고

부록 1 · 인명용 한자

우리 이름 교과서

한자	소리·뜻	획수	부수	발음오행	자원오행	비고
鼓	북 고	13	鼓	木	金	
敲	두드릴 고	14	攴	木	金	
稿	①볏짚 고 ②원고 고	15	禾	木	木	
顧	돌아볼 고	21	頁	木	火	
曲	굽을 곡	6	曰	木	土	
谷	골 곡	7	谷	木	水	
穀	곡식 곡	15	禾	木	木	
坤	땅 곤	8	土	木	土	
昆	형(맏) 곤	8	日	木	火	
崑	산이름 곤	11	山	木	土	
琨	옥돌 곤	13	玉	木	金	
骨	뼈 골	10	骨	木	金	
工	장인 공	3	工	木	火	
公	①공변될 공 ②존칭 공	4	八	木	金	

한자	소리·뜻	획수	부수	발음오행	자원오행	비고
孔	구멍 공	4	子	木	水	
功	공(공로) 공	5	力	木	木	
共	함께 공	6	八	木	金	
攻	칠 공	7	攵	木	金	
空	빌(허공) 공	8	穴	木	水	
供	이바지할 공	8	人	木	火	
恭	공손할 공	10	心	木	火	
貢	바칠 공	10	貝	木	金	
珙	크고둥근옥 공	11	玉	木	金	
控	당길 공	12	手	木	木	
戈	창 과	4	戈	木	金	
瓜	오이 과	5	瓜	木	木	
果	과실 과	8	木	木	木	
科	과정 과	9	禾	木	木	

부록 1 · 인명용 한자

공

과

우리이름 교과서

367

	한자	소리·뜻	획수	부수	발음오행	자원오행	비고
과	誇	자랑할 과	13	言	木	金	
	菓	과자 과	14	艸	木	木	
	課	매길 과	15	言	木	金	
	過	지날 과	16	辶	木	土	
곽	廓	둘레 곽	14	广	木	木	
	郭	성곽 곽	15	邑	木	土	
관	官	벼슬 관	8	宀	木	木	
	冠	갓 관	9	冖	木	木	
	貫	꿸 관	11	貝	木	金	
	款	정성 관	12	欠	木	金	
	琯	옥피리 관	13	玉	木	金	
	管	다스릴 관	14	竹	木	木	
	寬	너그러울 관	15	宀	木	木	
	慣	익숙할 관	15	心	木	火	

	한자	소리·뜻	획수	부수	발음오행	자원오행	비고
관	館	객사(客舍) 관	17	食	木	水	舘(館의 속자, 16획, 舌부, 자원오행 火)
	關	빗장 관	19	門	木	木	
	灌	물댈 관	22	水	木	水	
	瓘	서옥 관	23	玉	木	金	
	觀	볼 관	25	見	木	火	
괄	括	묶을 괄	10	手	木	木	
광	匡	바룰 광	6	匚	木	土	
	光	빛 광	6	儿	木	火	
	昡	밝을 광	8	火	木	火	
	侊	클 광	8	人	木	火	
	洸	물용솟음칠 광	10	水	木	水	
	珖	옥피리 광	11	玉	木	金	
	廣	넓을 광	15	广	木	木	広(廣의 속자, 5획)
	曠	밝을 광	19	日	木	火	

한자	소리·뜻	획수	부수	발음오행	자원오행	비고
鑛	쇳돌 광	23	金	木	金	
掛	걸 괘	12	手	木	木	
塊	흙덩이 괴	13	土	木	土	
宏	클 굉	7	宀	木	木	
巧	공교로울 교	5	工	木	火	
交	사귈 교	6	亠	木	火	
校	학교 교	10	木	木	木	
敎	가르칠 교	11	攴	木	金	教(敎의 속자, 11획)
喬	높을 교	12	口	木	水	
郊	들 교	13	邑	木	土	
較	비교할 교	13	車	木	火	
嬌	아리따울 교	15	女	木	土	
橋	다리 교	16	木	木	木	
矯	바로잡을 교	17	矢	木	金	

한자	소리·뜻	획수	부수	발음오행	자원오행	비고
久	오랠구	3	丿	木	水	
口	입구	3	口	木	水	
句	글귀구	5	口	木	水	
丘	언덕구	5	一	木	土	
求	구할구	7	水	木	水	
究	궁구할구	7	穴	木	水	
具	갖출구	8	八	木	金	
坵	언덕구	8	土	木	土	
玖	옥돌구	8	玉	木	金	
枸	구기자구	9	木	木	木	
九	아홉구	9	乙	木	水	
矩	①자(尺)구 ②법구	10	矢	木	金	
俱	함께구	10	人	木	火	
區	구역구	11	匸	木	土	

구

한자	소리·뜻	획수	부수	발음오행	자원오행	비고
救	구원할 구	11	攴	木	金	
耉	오래살 구	11	老	木	土	
苟	진실로 구	11	艸	木	木	
球	①공 구 ②구슬 구	12	玉	木	金	
邱	언덕 구	12	邑	木	土	
鳩	비둘기 구	13	鳥	木	火	
構	꾸밀 구	14	木	木	木	
溝	도랑 구	14	水	木	水	
銶	끌 구	15	金	木	金	
龜	나라이름 구	16	龜	木	水	구·귀
購	살 구	17	貝	木	金	
軀	몸 구	18	身	木	土	
舊	옛 구	18	臼	木	土	
驅	달릴 구	21	馬	木	火	

	한자	소리·뜻	획수	부수	발음오행	자원오행	비고
구	鷗	갈매기 구	22	鳥	木	火	
국	局	판 국	7	尸	木	木	
	國	나라 국	11	囗	木	水	国(國의 속자, 8획)
	菊	국화 국	14	艸	木	木	
	鞠	공 국	17	革	木	金	
군	君	임금 군	7	口	木	水	
	軍	군사 군	9	車	木	火	
	群	무리 군	13	羊	木	土	
굴	屈	굽을 굴	8	尸	木	土	
	窟	굴 굴	13	穴	木	水	
궁	弓	활 궁	3	弓	木	火	
	躬	몸소 궁	10	身	木	水	
	宮	집 궁	10	宀	木	木	
권	券	문서 권	8	刀	木	土	

	한자	소리·뜻	획수	부수	발음오행	자원오행	비고
권	卷	책 권	8	㔾	木	木	
	拳	주먹 권	10	手	木	木	
	眷	돌볼 권	11	目	木	木	
	圈	둘레 권	11	囗	木	水	
	勸	권할 권	20	力	木	土	
	權	권세 권	22	木	木	木	
궐	闕	대궐 궐	18	門	木	木	
궤	軌	길 궤	9	車	木	火	
귀	貴	귀할 귀	12	貝	木	金	
	龜	거북 귀	16	龜	木	水	구·귀
	歸	돌아갈 귀	18	止	木	土	
규	叫	부르짖을 규	5	口	木	水	
	圭	홀 규	6	土	木	土	
	奎	별 규	9	大	木	土	

한자	소리·뜻	획수	부수	발음오행	자원오행	비고
規	법 규	11	見	木	火	
珪	홀 규	11	玉	木	金	
揆	헤아릴 규	13	手	木	木	
閨	도장방(규방) 규	14	門	木	木	
逵	큰길 규	15	辶	木	土	
葵	해바라기 규	15	艸	木	木	
窺	엿볼 규	16	穴	木	水	
均	고를 균	7	土	木	土	
畇	밭일굴 균	9	田	木	土	
鈞	무게단위 균	12	金	木	金	
菌	버섯 균	14	艸	木	木	
克	이길 극	7	儿	木	木	
剋	이길 극	9	刀	木	金	
極	지극할 극	13	木	木	木	

한자	소리·뜻	획수	부수	발음오행	자원오행	비고
劇	연극 극	15	刀	木	金	
隙	틈 극	18	阜	木	土	
斤	①도끼 근 ②근(무게단위) 근	4	斤	木	金	
劤	①힘 근 ②강할 근	6	力	木	金	
根	뿌리 근	10	木	木	木	
近	가까울 근	11	辶	木	土	
僅	겨우 근	13	人	木	火	
勤	부지런할 근	13	力	木	土	
嫤	①고울 근 ②여자이름자 근	14	女	木	土	
漌	맑을 근	15	水	木	水	
槿	무궁화나무 근	15	木	木	木	
瑾	아름다운옥 근	16	玉	木	金	
謹	삼갈 근	18	言	木	金	
今	이제 금	4	人	木	火	

한자	소리·뜻	획수	부수	발음오행	자원오행	비고
昑	밝을 금	8	日	木	火	
金	쇠 금	8	金	木	金	이름자로는 성(姓) 김 음(音)으로 사용하지 못함
衾	이불 금	10	衣	木	木	
琴	거문고 금	13	玉	木	金	
錦	비단 금	16	金	木	金	
襟	옷깃 금	19	衣	木	木	
及	미칠 급	4	又	木	水	
汲	(물)길을 급	8	水	木	水	
級	등급 급	10	糸	木	木	
給	줄 급	12	糸	木	木	
亙	뻗칠 궁	6	二	木	火	亘(亙의 본자, 6획)
矜	자랑할 궁	9	矛	木	金	
肯	①긍정할 궁 ②즐길 궁	10	肉	木	水	
兢	삼갈 궁	14	儿	木	水	

한자	소리·뜻	획수	부수	발음오행	자원오행	비고
己	몸 기	3	己	木	土	
企	바랄 기	6	人	木	火	
伎	재주 기	6	人	木	火	
岐	갈림길 기	7	山	木	土	
圻	경기(京畿) 기	7	土	木	土	
杞	구기자나무 기	7	木	木	木	
其	그 기	8	八	木	金	
奇	기이할 기	8	大	木	土	
汽	김 기	8	水	木	水	
沂	물이름 기	8	水	木	水	
技	재주 기	8	手	木	木	
玘	패옥(노리개) 기	8	玉	木	金	
紀	①벼리 기 ②규율 기	9	糸	木	木	
祈	빌 기	9	示	木	木	

기

한자	소리·뜻	획수	부수	발음오행	자원오행	비고
記	①기록할 기 ②문서 기	10	言	木	金	
氣	기운 기	10	气	木	水	
耆	늙은이 기	10	老	木	土	
豈	어찌 기	10	豆	木	水	
起	일어날 기	10	走	木	火	
埼	낭떠러지 기	11	土	木	土	
寄	①부칠 기 ②의뢰할 기	11	宀	木	木	
旣	이미 기	11	无	木	水	
基	터 기	11	土	木	土	
崎	험할 기	11	山	木	土	
淇	강이름 기	12	水	木	水	
期	기약할 기	12	月	木	水	
幾	①몇 기 ②징조 기	12	幺	木	火	
棋	바둑 기	12	木	木	木	

한자	소리·뜻	획수	부수	발음오행	자원오행	비고
祺	복 기	13	示	木	木	
琪	옥 기	13	玉	木	金	
琦	옥이름 기	13	玉	木	金	
嗜	즐길 기	13	口	木	水	
旗	기 기	14	方	木	木	
暣	볕기운 기	14	日	木	火	
綺	비단 기	14	糸	木	木	
箕	키 기	14	竹	木	木	
畿	경기 기	15	田	木	土	
器	그릇 기	16	口	木	水	
冀	바랄 기	16	八	木	土	
機	베틀 기	16	木	木	木	
錡	세발솥 기	16	金	木	金	
璂	피변꾸미개옥 기	16	玉	木	金	

기

한자	소리·뜻	획수	부수	발음오행	자원오행	비고
錤	호미 기	16	金	木	金	
璣	구슬 기	17	玉	木	金	
磯	물가 기	17	石	木	金	
騎	말탈 기	18	馬	木	火	
騏	털총이 기	18	馬	木	火	
麒	기린 기	19	鹿	木	土	
譏	나무랄 기	19	言	木	金	
驥	천리마 기	27	馬	木	火	
緊	팽팽할 긴	14	糸	木	木	
吉	길할 길	6	口	木	水	
佶	건장할 길	8	人	木	火	
姞	성(姓) 길	9	女	木	土	
桔	도라지 길	10	木	木	木	
柰	능금나무 나	9	木	火	木	나·내

한자		소리·뜻	획수	부수	발음오행	자원오행	비고
나	拏	잡을 나	9	手	火	木	
	娜	아름다울 나	10	女	火	土	
	那	어찌 나	11	邑	火	土	
낙	諾	허락할 낙	16	言	火	金	
난	暖	따뜻할 난	13	日	火	火	
	煖	따뜻할 난	13	火	火	火	
날	捺	누를 날	12	手	火	木	
남	男	사내 남	7	田	火	土	
	南	남녘 남	9	十	火	火	
	湳	강이름 남	13	水	火	水	
	楠	녹나무 남	13	木	火	木	
납	納	들일 납	10	糸	火	木	
낭	娘	아가씨 낭	10	女	火	土	
내	乃	①이에 내 ②발어사 내	2	丿	火	金	

부록 1 · 인명용 한자

	한자	소리·뜻	획수	부수	발음오행	자원오행	비고
내	內	안 내	4	入	火	木	
내	耐	견딜 내	9	而	火	水	
내	奈	능금나무 내	9	木	火	木	내·나
녀	女	계집 녀	3	女	火	土	
년	年	해 년	6	干	火	木	秊(年의 본자, 8획, 禾부, 자원오행 木)
념	念	생각 념	8	心	火	火	
녕	寧	편안할 녕	14	宀	火	火	
노	努	힘쓸 노	7	力	火	土	
농	農	농사 농	13	辰	火	土	
농	濃	짙을 농	17	水	火	水	
뉴	紐	①맬 뉴 ②끈 뉴	10	糸	火	木	
능	能	능할 능	12	肉	火	水	
니	泥	진흙 니	9	水	火	水	
다	多	많을 다	6	夕	火	水	

한자	소리·뜻	획수	부수	발음오행	자원오행	비고
다 茶	차 다	12	艸	火	木	
丹	붉을 단	4	丶	火	火	
旦	아침 단	5	日	火	火	
但	다만 단	7	人	火	火	
段	층계 단	9	殳	火	金	
短	짧을 단	12	矢	火	金	
單	홑 단	12	口	火	水	
端	끝 단	14	立	火	金	
團	①둥글 반 ②모일 단	14	口	火	水	
緞	비단 단	15	糸	火	木	
壇	①제터 단 ②단 단	16	土	火	土	
鍛	단련할 단	17	金	火	金	
檀	박달나무 단	17	木	火	木	
斷	끊을 단	18	斤	火	金	

	한자	소리·뜻	획수	부수	발음오행	자원오행	비고
달	達	통달할 달	16	辶	火	土	
담	淡	맑을 담	12	水	火	水	
	覃	미칠 담	12	襾	火	金	
	談	말씀 담	15	言	火	金	
	潭	깊을 담	16	水	火	水	
	澹	담박할 담	17	水	火	水	
	擔	멜 담	17	手	火	木	
	譚	이야기 담	19	言	火	金	
답	畓	논 답	9	田	火	土	
	答	대답할 답	12	竹	火	木	
당	唐	당나라 당	10	口	火	水	
	堂	집 당	11	土	火	土	
	當	마땅할 당	13	田	火	土	
	塘	못 당	13	土	火	土	

한자	소리·뜻	획수	부수	발음오행	자원오행	비고
撞	칠 당	16	手	火	木	
黨	무리 당	20	黑	火	水	
大	큰 대	3	大	火	木	
代	대신할 대	5	人	火	火	
垈	터 대	8	土	火	土	
待	기다릴 대	9	彳	火	火	
玳	대모(바다거북) 대	10	玉	火	金	
帶	띠 대	11	巾	火	木	
袋	자루 대	11	衣	火	木	
貸	빌릴 대	12	貝	火	金	
臺	대 대	14	至	火	土	
對	①대답할 대 ②짝 대	14	寸	火	木	
隊	떼 대	17	阜	火	土	
擡	들 대	18	手	火	木	

	한자	소리·뜻	획수	부수	발음오행	자원오행	비고
대	戴	일 대	18	戈	火	金	
덕	德	큰 덕	15	彳	火	火	悳(德의 고자, 12획, 心부, 자원오행 火)
도	刀	칼 도	2	刀	火	金	
	到	이를 도	8	刀	火	金	
	度	법도 도	9	广	火	木	도·탁
	挑	뛸 도	10	手	火	木	
	徒	무리 도	10	彳	火	火	
	桃	복숭아 도	10	木	火	木	
	島	섬 도	10	山	火	土	
	堵	담 도	12	土	火	土	
	渡	건널 도	13	水	火	水	
	跳	뛸 도	13	足	火	土	
	塗	①바를 도 ②진흙 도	13	土	火	土	
	圖	그림 도	14	口	火	水	

한자	소리·뜻	획수	부수	발음오행	자원오행	비고
途	길 도	14	辵	火	土	
稻	벼 도	15	禾	火	木	
道	길 도	16	辵	火	土	
都	도읍 도	16	邑	火	土	
導	인도할 도	16	寸	火	木	
陶	질그릇 도	16	阜	火	土	
鍍	도금할 도	17	金	火	金	
蹈	밟을 도	17	足	火	土	
燾	비출 도	18	火	火	火	
濤	큰물결 도	18	水	火	水	
禱	빌 도	19	示	火	木	
督	살펴볼 독	13	目	火	木	
篤	도타울 독	16	竹	火	木	
讀	읽을 독	22	言	火	金	

한자	소리·뜻	획수	부수	발음오행	자원오행	비고
惇	도타울 돈	12	心	火	火	
敦	도타울 돈	12	攴	火	金	
頓	조아릴 돈	13	頁	火	火	
墩	돈대 돈	15	土	火	土	
燉	①불빛 돈 ②이글거릴 돈	16	火	火	火	
暾	해돋을 돈	16	日	火	火	
乭	이름 돌	6	乙	火	金	
冬	겨울 동	5	冫	火	水	
同	한가지 동	6	口	火	水	
東	동녘 동	8	木	火	木	
洞	골(골짜기) 동	10	水	火	水	
桐	오동나무 동	10	木	火	木	
動	움직일 동	11	力	火	水	
童	아이 동	12	立	火	金	

한자	소리·뜻	획수	부수	발음오행	자원오행	비고
棟	용마루 동	12	木	火	木	
銅	구리 동	14	金	火	金	
董	바로잡을 동	15	艸	火	木	
潼	강이름 동	16	水	火	水	
瞳	눈동자 동	17	目	火	木	
斗	말 두	4	斗	火	火	
杜	막을 두	7	木	火	木	
豆	콩 두	7	豆	火	木	
枓	두공 두	8	木	火	木	
頭	머리 두	16	頁	火	火	
屯	진칠 둔	4	屮	火	木	
鈍	둔할 둔	12	金	火	金	
得	얻을 득	11	彳	火	火	
等	무리 등	12	竹	火	木	

	한자	소리·뜻	획수	부수	발음 오행	자원 오행	비고
등	登	오를 등	12	癶	火	火	
	燈	등불 등	16	火	火	火	
	鄧	나라이름 등	19	邑	火	土	
	騰	오를 등	20	馬	火	火	
	藤	등나무 등	21	艸	火	木	
라	螺	소라 라	17	虫	火	水	
	羅	①새그물 라 ②펼 라	20	网	火	木	
락	洛	강이름 락	10	水	火	水	
	珞	구슬목걸이 락	11	玉	火	金	
	絡	묶을 락	12	糸	火	木	
	樂	즐길 락	15	木	火	木	(즐길)락, (좋아할)요, (풍류)악
란	卵	알 란	7	卩	火	水	
	瀾	물결 란	21	水	火	水	
	爛	빛날 란	21	火	火	火	

	한자	소리·뜻	획수	부수	발음오행	자원오행	비고
란	蘭	난초 란	23	艸	火	木	
람	濫	넘칠 람	18	水	火	水	
	藍	쪽 람	20	艸	火	木	
	覽	볼 람	21	見	火	火	
랑	浪	물결 랑	11	水	火	水	
	朗	밝을 랑	11	月	火	水	
	琅	옥이름 랑	12	玉	火	金	
	郎	사나이 랑	14	邑	火	土	
	瑯	옥이름 랑	15	玉	火	金	
래	來	올 래	8	人	火	火	
	崍	산이름 래	11	山	火	土	
	萊	명아주 래	14	艸	火	木	
랭	冷	찰 랭	7	冫	火	水	
략	略	다스릴 략	11	田	火	土	

한자	소리·뜻	획수	부수	발음오행	자원오행	비고
良	어질 량	7	艮	火	土	
兩	두(둘) 량	8	入	火	土	
亮	밝을 량	9	亠	火	火	
凉	서늘할 량	10	冫	火	水	
倆	재주 량	10	人	火	火	
梁	들보 량	11	木	火	木	
涼	서늘할 량	12	水	火	水	
量	헤아릴 량	12	里	火	火	
樑	들보 량	15	木	火	木	
諒	믿을 량	15	言	火	金	
糧	양식 량	18	米	火	木	
呂	음률 려	7	口	火	水	
侶	짝(벗) 려	9	人	火	火	
旅	나그네 려	10	方	火	土	

	한자	소리·뜻	획수	부수	발음오행	자원오행	비고
려	黎	검을 려	15	黍	火	木	
	閭	마을 려	15	門	火	木	
	慮	생각할 려	15	心	火	火	
	勵	힘쓸 려	17	力	火	土	
	麗	고울 려	19	鹿	火	土	
력	力	힘 력	2	力	火	土	
	歷	지낼 력	16	止	火	土	
	曆	책력 력	16	日	火	火	
련	煉	쇠불릴 련	13	火	火	火	
	連	연할 련	14	辵	火	土	
	練	익힐 련	15	糸	火	木	
	憐	불쌍히여길 련	16	心	火	火	
	鍊	단련할 련	17	金	火	金	
	蓮	① 연밥 련 ② 연 련	17	艸	火	木	

한자	소리·뜻	획수	부수	발음오행	자원오행	비고
聯	잇닿을 련	17	耳	火	火	
戀	사모할 련	23	心	火	火	
列	벌일 렬	6	刀	火	金	
洌	맑을 렬	10	水	火	水	
烈	매울 렬	10	火	火	火	
廉	청렴할 렴	13	广	火	木	
斂	거둘 렴	17	攵	火	金	
濂	① 엷을 렴 ② 내(川)이름 렴	17	水	火	水	
簾	발 렴	19	竹	火	木	
獵	사냥할 렵	19	犬	火	土	
令	명령 령	5	人	火	火	
伶	영리할 령	7	人	火	火	
怜	영리할 령	9	心	火	火	
玲	옥소리 령	10	玉	火	金	

한자	소리·뜻	획수	부수	발음오행	자원오행	비고
鈴	방울 령	13	金	火	金	
零	수없을 령	13	雨	火	水	
領	다스릴 령	14	頁	火	火	
嶺	재 령	17	山	火	土	
齡	나이 령	20	齒	火	金	
靈	신령 령	24	雨	火	水	
例	법식 례	8	人	火	火	
禮	예도 례	18	示	火	木	礼(禮의 속자, 6획)
老	늙을 로	6	老	火	土	
勞	수고로울 로	12	力	火	火	
路	길 로	13	足	火	土	
魯	나라이름 로	15	魚	火	水	
盧	밥그릇 로	16	皿	火	水	
露	이슬 로	20	雨	火	水	

한자	소리·뜻	획수	부수	발음오행	자원오행	비고
爐	화로 로	20	火	火	火	
鷺	해오라기 로	23	鳥	火	火	
鹿	사슴 록	11	鹿	火	土	
祿	복 록	13	示	火	木	
綠	초록빛 록	14	糸	火	木	
錄	기록할 록	16	金	火	金	
論	의논할 론	15	言	火	金	
弄	희롱할 롱	7	廾	火	金	
瀧	젖을 롱	20	水	火	水	
瓏	옥소리 롱	21	玉	火	金	
籠	대그릇 롱	22	竹	火	木	
雷	우레 뢰	13	雨	火	水	
賴	힘입을 뢰	16	貝	火	金	
瀨	여울 뢰	20	水	火	水	

	한자	소리·뜻	획수	부수	발음오행	자원오행	비고
료	了	마칠 료	2	亅	火	金	
	料	헤아릴 료	10	斗	火	火	
	僚	동료 료	14	人	火	火	
룡	龍	용 룡	16	龍	火	土	竜(龍의 고자, 10획, 立부, 자원오행 金)
루	累	①여러 루 ②묶을 루	11	糸	火	木	
	屢	여러 루	14	尸	火	水	
	樓	다락 루	15	木	火	木	
류	柳	버들 류	9	木	火	木	
	留	머무를 류	10	田	火	土	
	流	흐를 류	11	水	火	水	
	琉	유리 류	12	玉	火	金	
	硫	유황 류	12	石	火	金	
	瑠	유리 류	15	玉	火	金	
	劉	이길 류	15	刀	火	金	

한자	소리·뜻	획수	부수	발음오행	자원오행	비고
類	무리 류	19	頁	火	火	
六	여섯 륙	6	八	火	土	
陸	뭍 륙	16	阜	火	土	
侖	조리세울 륜	8	人	火	火	
倫	인륜 륜	10	人	火	火	
崙	산이름 륜	11	山	火	土	
綸	실 륜	14	糸	火	木	
輪	바퀴 륜	15	車	火	火	
律	법 률	9	彳	火	火	
栗	밤 률	10	木	火	木	
率	비율 률	11	玄	火	火	솔·률
隆	클 륭	17	阜	火	土	
凜	찰(추울) 름	15	冫	火	水	
稜	서슬 릉	13	禾	火	木	

한자	소리·뜻	획수	부수	발음오행	자원오행	비고
菱	마름 릉	14	艸	火	木	
綾	비단 릉	14	糸	火	木	
陵	큰언덕 릉	16	阜	火	土	
吏	관리 리	6	口	火	水	
里	마을 리	7	里	火	土	
李	오얏 리	7	木	火	木	
利	이로울 리	7	刀	火	金	
梨	배 리	11	木	火	木	
俐	영리할 리	11	心	火	火	
理	다스릴 리	12	玉	火	金	
莉	말리 리	13	艸	火	木	
裏	속 리	13	衣	火	木	裡(裏의 속자, 13획)
履	신 리	15	尸	火	木	
璃	유리 리	16	玉	火	金	

릉

리

	한자	소리·뜻	획수	부수	발음오행	자원오행	비고
린	潾	물맑을 린	16	水	火	水	
	璘	옥빛 린	17	玉	火	金	
	隣	이웃 린	20	阜	火	土	
	麟	기린 린	23	鹿	火	土	
림	林	수풀 림	8	木	火	木	
	淋	물뿌릴 림	12	水	火	水	
	琳	옥이름 림	13	玉	火	金	
	霖	장마 림	16	雨	火	水	
	臨	임할 림	17	臣	火	火	
립	立	설 립	5	立	火	金	
	粒	낟알 립	11	米	火	木	
	笠	삿갓 립	11	竹	火	木	
마	馬	말 마	10	馬	水	火	
	麻	삼 마	11	麻	水	木	

	한자	소리·뜻	획수	부수	발음오행	자원오행	비고
마	瑪	마노 마	15	玉	水	金	
	磨	갈 마	16	石	水	金	
막	莫	없을 막	13	艸	水	木	
	幕	장막 막	14	巾	水	木	
	漠	사막 막	15	水	水	水	
만	万	일만 만	3	一	水	木	
	曼	끌 만	11	日	水	土	
	晚	늦을 만	11	日	水	火	
	萬	일만 만	15	艸	水	木	
	滿	찰 만	15	水	水	水	
	蔓	덩굴 만	17	艸	水	木	
말	末	끝 말	5	木	水	木	
	茉	말리 말	11	艸	水	木	
망	望	바랄 망	11	月	水	水	

	한자	소리·뜻	획수	부수	발음오행	자원오행	비고
망	網	그물 망	14	糸	水	木	
매	每	매양 매	7	毋	水	土	
	妹	손아랫누이 매	8	女	水	土	
	梅	매화나무 매	11	木	水	木	
	買	살 매	12	貝	水	金	
	媒	중매 매	12	女	水	土	
	賣	팔 매	15	貝	水	金	
맥	麥	보리 맥	11	麥	水	木	
	脈	맥 맥	12	肉	水	水	
맹	孟	맏 맹	8	子	水	水	
	猛	사나울 맹	12	犬	水	土	
	盟	맹세할 맹	13	皿	水	土	
	萌	싹 맹	14	艸	水	木	
면	免	면할 면	7	儿	水	木	

한자	소리·뜻	획수	부수	발음오행	자원오행	비고
面	낯 면	9	面	水	火	
勉	힘쓸 면	9	力	水	金	
冕	면류관 면	11	冂	水	木	
棉	목화 면	12	木	水	木	
綿	솜 면	14	糸	水	木	
名	이름 명	6	口	水	水	
命	목숨 명	8	口	水	水	
明	밝을 명	8	日	水	火	
溟	바다 명	14	水	水	水	
銘	새길 명	14	金	水	金	
鳴	울 명	14	鳥	水	火	
毛	털 모	4	毛	水	火	
母	어머니 모	5	母	水	土	
矛	창 모	5	矛	水	金	

한자	소리·뜻	획수	부수	발음오행	자원오행	비고
牟	보리 모	6	牛	水	土	
冒	무릅쓸 모	9	冂	水	水	
某	아무 모	9	木	水	木	
募	모을 모	13	力	水	土	
貌	모양 모	14	豸	水	水	
模	법 모	15	木	水	木	
摸	본뜰 모	15	手	水	木	
慕	사모할 모	15	心	水	火	
暮	저물 모	15	日	水	火	
謀	꾀할 모	16	言	水	金	
謨	꾀 모	18	言	水	金	
木	나무 목	4	木	水	木	
目	눈 목	5	目	水	木	
沐	목욕할 목	8	水	水	水	

	한자	소리·뜻	획수	부수	발음오행	자원오행	비고
목	牧	칠 목	8	牛	水	土	
	睦	화목할 목	13	目	水	木	
	穆	화목할 목	16	禾	水	木	
몽	夢	꿈 몽	14	夕	水	木	
	蒙	어릴 몽	16	艸	水	木	
묘	卯	토끼 묘	5	卩	水	木	
	妙	묘할 묘	7	女	水	土	
	苗	싹 묘	11	艸	水	木	
	描	그릴 묘	13	手	水	木	
	錨	닻 묘	17	金	水	金	
무	戊	다섯째천간 무	5	戈	水	土	
	武	굳셀 무	8	止	水	土	
	拇	엄지손가락 무	9	手	水	木	
	畝	밭이랑 무	10	田	水	土	무·묘

한자	소리·뜻	획수	부수	발음오행	자원오행	비고
茂	무성할 무	11	艸	水	木	
務	힘쓸 무	11	力	水	土	
貿	바꿀 무	12	貝	水	金	
無	없을 무	12	火	水	火	无(無의 고자, 4획, 无부, 자원오행 水)
珷	옥돌 무	12	玉	水	金	
舞	춤출 무	14	舛	水	木	
撫	어루만질 무	16	手	水	木	
懋	힘쓸 무	17	心	水	火	
霧	안개 무	19	雨	水	水	
墨	먹 묵	15	土	水	土	
默	말없을 묵	16	黑	水	水	
文	글월 문	4	文	水	木	
門	문 문	8	門	水	木	
紋	무늬 문	10	糸	水	木	

한자	소리·뜻	획수	부수	발음오행	자원오행	비고
問	물을 문	11	口	水	水	
聞	들을 문	14	耳	水	火	
物	만물 물	8	牛	水	土	
未	아닐 미	5	木	水	木	
米	쌀 미	6	米	水	木	
尾	꼬리 미	7	尸	水	木	
味	맛 미	8	口	水	水	
眉	눈썹 미	9	目	水	木	
美	아름다울 미	9	羊	水	土	
媚	사랑할 미	12	女	水	土	
渼	물결무늬 미	13	水	水	水	
微	작을 미	13	彳	水	火	
彌	두루(널리) 미	17	弓	水	金	弥(彌와 동자, 8획)
薇	장미 미	19	艸	水	木	

	한자	소리·뜻	획수	부수	발음오행	자원오행	비고
민	民	백성 민	5	氏	水	火	
	岷	산이름 민	8	山	水	土	
	旼	온화할 민	8	日	水	火	
	旻	하늘 민	8	日	水	火	
	玟	옥돌 민	9	玉	水	金	
	珉	옥돌 민	10	玉	水	金	
	敏	재빠를 민	11	攵	水	金	
	閔	위문할 민	12	門	水	木	
	憫	총명할 민	15	心	水	火	
밀	密	빽빽할 밀	11	宀	水	木	
	蜜	꿀 밀	14	虫	水	水	
박	朴	순박할 박	6	木	水	木	
	泊	①배댈 박 ②묵을 박	9	水	水	水	
	拍	손뼉칠 박	9	手	水	木	

한자	소리·뜻	획수	부수	발음오행	자원오행	비고
珀	호박(琥珀) 박	10	玉	水	金	
舶	큰배(당도리) 박	11	舟	水	木	
博	넓을 박	12	十	水	水	
撲	두드릴 박	16	手	水	木	
璞	옥돌 박	17	玉	水	金	
薄	엷을 박	19	艸	水	木	
反	되돌릴 반	4	又	水	水	
半	반 반	5	十	水	土	
伴	짝 반	7	人	水	火	
畔	①물가 반 ②경계(境界) 반	10	田	水	土	
般	옮길 반	10	舟	水	木	
班	나눌 반	11	玉	水	金	
返	돌아올 반	11	辵	水	土	
頒	반포할 반	13	頁	水	火	

	한자	소리·뜻	획수	부수	발음오행	자원오행	비고
반	飯	밥 반	13	食	水	水	
	磐	너럭바위 반	15	石	水	金	
	盤	소반 반	15	皿	水	金	
	潘	①강이름 반 ②소용돌이 반	16	水	水	水	
발	拔	뺄 발	9	手	水	木	
	發	필 발	12	癶	水	火	
	渤	바다이름 발	13	水	水	水	
	鉢	바리때 발	13	金	水	金	
	髮	터럭(머리털) 발	15	髟	水	火	
	潑	활발할 발	16	水	水	水	
방	方	모 방	4	方	水	土	
	彷	거닐 방	7	彳	水	火	
	坊	막을 방	7	土	水	土	
	放	놓을 방	8	攴	水	金	

한자	소리·뜻	획수	부수	발음오행	자원오행	비고
昉	마침(때마침) 방	8	日	水	火	
芳	꽃다울 방	10	艸	水	木	
倣	본받을 방	10	人	水	火	
邦	나라 방	11	邑	水	土	
訪	찾을 방	11	言	水	金	
傍	곁 방	12	人	水	火	
防	막을 방	12	阜	水	土	
龐	클 방	19	龍	水	土	
杯	잔 배	8	木	水	木	盃(杯의 속자, 9획, 皿부, 자원오행 木)
拜	①절 배 ②감사할 배	9	手	水	木	
倍	갑절 배	10	人	水	火	
配	짝 배	10	酉	水	金	
背	등 배	11	肉	水	水	
培	북돋울 배	11	土	水	土	

방

배

한자	소리·뜻	획수	부수	발음오행	자원오행	비고
排	물리칠 배	12	手	水	木	
湃	물결칠 배	13	水	水	水	
裵	성 배	14	衣	水	木	裴(裵의 속자, 14획)
輩	무리 배	15	車	水	火	
陪	도울 배	16	阜	水	土	
白	흰 백	5	白	水	金	
百	일백 백	6	白	水	水	
伯	맏 백	7	人	水	火	
佰	백사람(의 우두머리) 백	8	人	水	火	
帛	비단 백	8	巾	水	木	
柏	측백나무 백	9	木	水	木	栢(柏의 속자, 10획)
番	갈마들 번	12	田	水	土	
繁	많을 번	17	糸	水	木	
藩	우거질 번	18	艸	水	木	

한자		소리·뜻	획수	부수	발음오행	자원오행	비고
번	飜	①날 번 ②엎어질 번	21	飛	水	火	**翻**(飜과 동자, 18획, 羽부, 자원오행 火)
벌	伐	칠 벌	6	人	水	火	
	閥	공훈 벌	14	門	水	木	
범	凡	무릇 범	3	几	水	水	
	氾	넘칠 범	6	水	水	水	
	帆	돛 범	6	巾	水	木	
	汎	뜰 범	7	水	水	水	
	范	풀이름 범	11	艸	水	木	
	範	법 범	15	竹	水	木	
법	法	법 법	9	水	水	水	
벽	碧	푸를 벽	14	石	水	金	
	壁	바람벽 벽	16	土	水	土	
	璧	둥근옥 벽	18	玉	水	金	
	闢	열 벽	21	門	水	木	

한자	소리·뜻	획수	부수	발음오행	자원오행	비고
卞	법 변	4	卜	水	土	
弁	고깔 변	5	廾	水	木	
辨	분별할 변	16	辛	水	金	
辯	말잘할 변	21	辛	水	金	
邊	가 변	22	辶	水	土	
變	변할 변	23	言	水	金	
別	다를 별	7	刀	水	金	
丙	남녘 병	5	一	水	火	
兵	군사 병	7	八	水	金	
幷	어우를 병	8	干	水	火	并(幷의 속자, 6획, 干부)
秉	잡을 병	8	禾	水	木	
炳	밝을 병	9	火	水	火	
昺	밝을 병	9	日	水	火	昞(昺과 동자, 9획)
柄	자루 병	9	木	水	木	

한자	소리·뜻	획수	부수	발음오행	자원오행	비고
竝	아우를 병	10	立	水	金	並(竝의 약자, 8획, 一부, 자원오행 火)
屛	병풍 병	11	尸	水	水	
棅	자루 병	12	木	水	木	
步	걸을 보	7	止	水	土	
甫	클 보	7	用	水	水	
保	보호할 보	9	人	水	火	
報	갚을 보	12	土	水	土	
普	두루 보	12	日	水	火	
堡	작은성 보	12	土	水	土	
補	①(해진곳을)기울 보 ②도울 보	13	衣	水	木	
輔	도울 보	14	車	水	火	
菩	보살 보	14	艹	水	木	
潽	물(水) 보	16	水	水	水	
寶	보배 보	20	宀	水	金	宝(寶의 속자, 8획)

병

보

	한자	소리·뜻	획수	부수	발음오행	자원오행	비고
보	譜	족보 보	20	言	水	金	
복	卜	점 복	2	卜	水	火	
	伏	엎드릴 복	6	人	水	火	
	服	옷 복	8	月	水	水	
	復	회복할 복	12	彳	水	火	복·부
	福	복 복	14	示	水	木	
	複	겹칠 복	15	衣	水	木	
	馥	향기 복	18	香	水	木	
본	本	근본 본	5	木	水	木	
봉	奉	받들 봉	8	大	水	木	
	封	봉할 봉	9	寸	水	土	
	俸	녹 봉	10	人	水	火	
	峯	봉우리 봉	10	山	水	土	峰(峯과 동자, 10획)
	烽	봉화 봉	11	火	水	火	

한자	소리·뜻	획수	부수	발음오행	자원오행	비고
봉						
捧	받들 봉	12	手	水	木	
蜂	벌 봉	13	虫	水	水	
逢	만날 봉	14	辶	水	土	
鳳	봉황새 봉	14	鳥	水	火	
蓬	쑥 봉	17	艸	水	木	
부						
父	아비 부	4	父	水	木	
夫	지아비 부	4	大	水	木	
付	줄 부	5	人	水	火	
孚	미쁠 부	7	子	水	水	
扶	도울 부	8	手	水	木	
府	마을 부	8	广	水	土	
赴	다다를 부	9	走	水	火	
芙	연꽃 부	10	艸	水	木	
浮	뜰 부	11	水	水	水	

	한자	소리·뜻	획수	부수	발음오행	자원오행	비고
부	婦	①며느리 부 ②아내 부	11	女	水	土	
	副	버금 부	11	刀	水	金	
	富	넉넉할 부	12	宀	水	木	
	復	다시 부	12	彳	水	火	복·부
	傅	스승 부	12	人	水	火	
	附	붙을 부	13	阜	水	土	
	溥	펼 부	14	水	水	水	
	敷	펼 부	15	攴	水	金	
북	北	북녘 북	5	匕	水	水	
분	分	나눌 분	4	刀	水	金	
	汾	물이름 분	8	水	水	水	
	盆	동이 분	9	皿	水	金	
	粉	가루 분	10	米	水	木	
	芬	향기 분	10	艸	水	木	

한자	소리·뜻	획수	부수	발음오행	자원오행	비고
분						
奮	떨칠 분	16	大	水	木	
불						
佛	부처 불	7	人	水	火	
拂	떨어버릴 불	9	手	水	木	
붕						
朋	벗 붕	8	月	水	水	
鵬	붕새 붕	19	鳥	水	火	
비						
比	견줄 비	4	比	水	火	
妃	왕비 비	6	女	水	土	
庇	덮을 비	7	广	水	木	
枇	비파나무 비	8	木	水	木	
批	손으로칠 비	8	手	水	木	
飛	날 비	9	飛	水	火	
肥	살찔 비	10	肉	水	水	
祕	숨길 비	10	示	水	木	秘(祕의 속자, 10획, 禾부, 자원오행 木)
備	갖출 비	12	人	水	火	

한자	소리·뜻	획수	부수	발음오행	자원오행	비고
扉	문짝 비	12	戶	水	木	
費	①소비할 비 ②비용 비	12	貝	水	金	
碑	비석 비	13	石	水	金	
琵	비파 비	13	玉	水	金	
譬	비유할 비	20	言	水	金	
玭	구슬 빈	9	玉	水	金	
彬	빛날 빈	11	彡	水	火	
斌	빛날 빈	12	文	水	木	
賓	손 빈	14	貝	水	金	
頻	자주 빈	16	頁	水	火	
濱	물가 빈	18	水	水	水	
氷	얼음 빙	5	水	水	水	
聘	부를 빙	13	耳	水	火	
憑	의지할 빙	16	心	水	火	

한자	소리·뜻	획수	부수	발음오행	자원오행	비고
士	선비 사	3	士	金	木	
四	넉 사	4	口	金	水	
司	맡을 사	5	口	金	水	
仕	벼슬 사	5	人	金	火	
史	역사 사	5	口	金	水	
寺	절 사	6	寸	金	木	
似	같을 사	7	人	金	火	
私	사사 사	7	禾	金	木	
沙	모래 사	8	水	金	水	
事	일 사	8	亅	金	木	
祀	제사 사	8	示	金	木	
舍	집 사	8	舌	金	火	
社	①토지의신 사 ②단체 사	8	示	金	木	
使	하여금 사	8	人	金	火	

사

한자	소리·뜻	획수	부수	발음오행	자원오행	비고
思	생각할 사	9	心	金	火	
查	조사할 사	9	木	金	木	
紗	깁 사	10	糸	金	木	
師	스승 사	10	巾	金	木	
射	쏠 사	10	寸	金	土	
娑	춤출 사	10	女	金	土	
斜	비낄 사	11	斗	金	火	
徙	옮길 사	11	彳	金	火	
詞	말 사	12	言	金	金	
捨	버릴 사	12	手	金	木	
絲	실 사	12	糸	金	木	
斯	이 사	12	斤	金	金	
嗣	이을 사	13	口	金	水	
寫	베낄 사	15	宀	金	木	

사

한자		소리·뜻	획수	부수	발음오행	자원오행	비고
사	賜	줄 사	15	貝	金	金	
	辭	말씀 사	19	辛	金	金	
삭	削	깎을(잘라낼) 삭	9	刀	金	金	
산	山	뫼 산	3	山	金	土	
	珊	산호 산	10	玉	金	金	
	産	낳을 산	11	生	金	木	
	算	셈할 산	14	竹	金	木	
	酸	신맛 산	14	酉	金	金	
살	薩	보살 살	20	艸	金	木	
삼	三	석 삼	3	一	金	火	
	杉	삼나무 삼	7	木	金	木	
	衫	적삼 삼	9	衣	金	木	
	參	석 삼	11	厶	金	火	참·삼
	森	나무빽빽할 삼	12	木	金	木	

한자	소리·뜻	획수	부수	발음오행	자원오행	비고
蔘	인삼 삼	17	艸	金	木	
插	꽂을 삽	13	手	金	木	揷(插의 본자, 13획)
上	위 상	3	一	金	木	
尙	숭상할 상	8	小	金	金	
狀	형상 상	8	犬	金	土	
相	서로 상	9	目	金	木	
庠	학교 상	9	广	金	木	
桑	뽕나무 상	10	木	金	木	
祥	상서로울 상	11	示	金	金	
爽	시원할 상	11	爻	金	火	
商	장사 상	11	口	金	水	
常	항상 상	11	巾	金	木	
翔	날 상	12	羽	金	火	
象	코끼리 상	12	豕	金	水	

한자	소리·뜻	획수	부수	발음오행	자원오행	비고
상						
湘	강이름 상	13	水	金	水	
想	생각할 상	13	心	金	火	
詳	자세할 상	13	言	金	金	
嘗	① 맛볼 상 ② 일찍 상	14	口	金	水	
裳	치마 상	14	衣	金	木	
像	형상 상	14	人	金	火	
箱	상자 상	15	竹	金	木	
賞	상줄 상	15	貝	金	金	
償	갚을 상	17	人	金	火	
霜	서리 상	17	雨	金	水	
쌍 雙	쌍쌍	18	隹	金	火	
새 塞	변방 새	13	土	金	土	
색 色	빛 색	6	色	金	土	
索	찾을 색	10	糸	金	木	

한자	소리·뜻	획수	부수	발음오행	자원오행	비고
색						
穡	거둘 색	18	禾	金	木	
생						
生	날 생	5	生	金	木	
서						
西	서녘 서	6	襾	金	金	
序	차례 서	7	广	金	木	
抒	펼 서	8	手	金	木	
書	글 서	10	曰	金	木	
恕	용서할 서	10	心	金	火	
徐	천천히할 서	10	彳	金	火	
庶	뭇 서	11	广	金	木	
敍	차례 서	11	攴	金	金	敘(敍의 속자, 9획, 又부, 자원오행 水)
棲	깃들일 서	12	木	金	木	栖(棲와 동자, 10획, 木부)
舒	펼 서	12	舌	金	火	
暑	더울 서	13	日	金	火	
誓	맹세할 서	14	言	金	金	

한자	소리·뜻	획수	부수	발음오행	자원오행	비고
瑞	상서 서	14	玉	金	金	
署	관청 서	15	网	金	木	
緒	실마리 서	15	糸	金	木	
曙	새벽 서	18	日	金	火	
夕	저녁 석	3	夕	金	水	
石	돌 석	5	石	金	金	
汐	썰물 석	7	水	金	水	
析	가를 석	8	木	金	木	
昔	옛 석	8	日	金	火	
席	자리 석	10	巾	金	木	
晳	밝을 석	12	日	金	火	
淅	쌀일 석	12	水	金	水	
惜	아낄 석	12	心	金	火	
碩	클 석	14	石	金	金	

한자	소리·뜻	획수	부수	발음오행	자원오행	비고
奭	클 석	15	大	金	火	
錫	주석 석	16	金	金	金	
釋	풀 석	20	釆	金	火	
仙	신선 선	5	人	金	火	
先	먼저 선	6	儿	金	木	
宣	베풀 선	9	宀	金	火	
扇	부채 선	10	戶	金	木	
旋	돌 선	11	方	金	木	
船	배 선	11	舟	金	木	
琁	아름다운옥 선	12	玉	金	金	
善	착할 선	12	口	金	水	
渲	바림 선	13	水	金	水	
羨	부러워할 선	13	羊	金	土	
瑄	도리옥 선	14	玉	金	金	

한자	소리·뜻	획수	부수	발음오행	자원오행	비고
銑	무쇠 선	14	金	金	金	
嬋	고울 선	15	女	金	土	
線	줄 선	15	糸	金	木	
璇	아름다운옥 선	16	玉	金	金	
禪	고요할 선	17	示	金	木	
鮮	고울 선	17	魚	金	水	
繕	기울(깁다) 선	18	糸	金	木	
選	가릴 선	19	辶	金	土	
璿	아름다운옥 선	19	玉	金	金	
舌	혀 설	6	舌	金	火	
雪	눈 설	11	雨	金	水	
設	베풀 설	11	言	金	金	
卨	은나라시조이름 설	11	卜	金	土	
楔	문설주 설	13	木	金	木	

한자	소리·뜻	획수	부수	발음오행	자원오행	비고
說	말씀 설	14	言	金	金	설·열
薛	맑은대쑥 설	19	艸	金	木	
暹	해돋을 섬	16	日	金	火	
纖	가늘 섬	23	糸	金	木	
涉	건널 섭	11	水	金	水	
葉	땅이름 섭	15	艸	金	木	엽·섭
燮	불꽃 섭	17	火	金	火	
攝	끌어당길 섭	22	手	金	木	
成	이룰 성	7	戈	金	火	
姓	성 성	8	女	金	土	
星	별 성	9	日	金	火	
省	살필 성	9	目	金	木	
性	성품 성	9	心	金	火	
城	성 성	10	土	金	土	

한자	소리·뜻	획수	부수	발음오행	자원오행	비고
晟	밝을 성	11	日	金	火	晠(晟과 동자, 11획, 日부)
盛	성할 성	12	皿	金	火	
珹	옥이름 성	12	玉	金	金	
惺	깨달을 성	13	心	金	火	
聖	성인 성	13	耳	金	火	
誠	정성 성	14	言	金	金	
聲	소리 성	17	耳	金	火	
世	인간 세	5	一	金	火	
洗	씻을 세	10	水	金	水	
細	가늘 세	11	糸	金	木	
勢	기세 세	13	力	金	金	
歲	해 세	13	止	金	土	
小	작을 소	3	小	金	水	
少	①젊을 소 ②적을 소	4	小	金	水	

한자	소리·뜻	획수	부수	발음오행	자원오행	비고
召	부를소	5	口	金	水	
所	바소	8	戶	金	木	
昭	밝을소	9	日	金	火	
炤	밝을소	9	火	金	火	
笑	웃을소	10	竹	金	木	
素	흴소	10	糸	金	木	
紹	이을소	11	糸	金	木	
疏	트일소	11	疋	金	土	
邵	고을이름소	12	邑	金	土	
韶	아름다울소	14	音	金	金	
燒	불사를소	16	火	金	火	
蘇	차조기소	22	艸	金	木	
束	묶을속	7	木	金	木	
速	빠를속	14	辵	金	土	

한자	소리·뜻	획수	부수	발음오행	자원오행	비고
續	이을 속	21	糸	金	木	
孫	손자 손	10	子	金	水	
遜	겸손할 손	17	辶	金	土	
帥	거느릴 솔	9	巾	金	木	솔·수
率	거느릴 솔	11	玄	金	火	솔·률
宋	송나라 송	7	宀	金	木	
松	소나무 송	8	木	金	木	
頌	칭송할 송	13	頁	金	火	
釗	쇠 쇠	10	金	金	金	
水	물 수	4	水	金	水	
手	손 수	4	手	金	木	
收	거둘 수	6	攴	金	金	
守	지킬 수	6	宀	金	木	
秀	빼어날 수	7	禾	金	木	

한자	소리·뜻	획수	부수	발음오행	자원오행	비고
垂	드리울 수	8	土	金	土	
受	받을 수	8	又	金	水	
首	머리 수	9	首	金	水	
帥	장수 수	9	巾	金	木	솔·수
洙	강이름 수	10	水	金	水	
殊	다를 수	10	歹	金	水	
修	닦을 수	10	人	金	火	脩(修의 통자, 13획, 肉부, 자원오행 水)
琇	옥돌 수	12	玉	金	金	
授	줄 수	12	手	金	木	
需	구할 수	14	雨	金	水	
壽	목숨 수	14	士	金	水	寿(壽의 속자, 7획)
銖	무게단위 수	14	金	金	金	
粹	순수할 수	14	米	金	木	
數	수 수	15	攴	金	金	

한자	소리·뜻	획수	부수	발음오행	자원오행	비고
輸	나를 수	16	車	金	火	
樹	나무 수	16	木	金	木	
遂	①이룰할 수 ②드디어 수	16	辶	金	土	
穗	이삭 수	17	禾	金	木	穗(穗의 속자, 15획)
繡	수놓을 수	18	糸	金	木	
隨	따를 수	21	阜	金	土	
叔	아재비 숙	8	又	金	水	
淑	맑을 숙	12	水	金	水	
肅	엄숙할 숙	13	聿	金	火	
琡	옥이름 숙	13	玉	金	金	
熟	익을 숙	15	火	金	火	
璹	옥그릇 숙	19	玉	金	金	
旬	열흘 순	6	日	金	火	
盾	방패 순	9	目	金	木	

	한자	소리·뜻	획수	부수	발음오행	자원오행	비고
순	純	순수할 순	10	糸	金	木	
	洵	참으로 순	10	水	金	水	
	珣	옥그릇 순	11	玉	金	金	
	循	돌 순	12	彳	金	火	
	淳	순박할 순	12	水	金	水	
	舜	순임금 순	12	舛	金	木	
	順	순할 순	12	頁	金	火	
	諄	타이를 순	15	言	金	金	
	錞	악기이름 순	16	金	金	金	
술	術	재주 술	11	行	金	火	
	述	지을 술	12	辵	金	土	
숭	崇	높을 숭	11	山	金	土	
	嵩	높을 숭	13	山	金	土	
슬	瑟	큰거문고 슬	14	玉	金	金	

	한자	소리·뜻	획수	부수	발음오행	자원오행	비고
습	拾	주울 습	10	手	金	木	습·십
	習	익힐 습	11	羽	金	火	
	濕	젖을 습	18	水	金	水	
승	升	되 승	4	十	金	木	
	丞	도울 승	6	一	金	木	
	昇	오를 승	8	日	金	火	
	承	이을 승	8	手	金	木	
	乘	탈 승	10	丿	金	火	
	勝	이길 승	12	力	金	土	
	陞	오를 승	15	阜	金	土	
시	示	보일 시	5	示	金	木	
	市	저자 시	5	巾	金	木	
	始	비로소 시	8	女	金	土	
	施	베풀 시	9	方	金	土	

	한자	소리·뜻	획수	부수	발음오행	자원오행	비고
시	柴	섶나무 시	9	木	金	木	
	是	옳을 시	9	日	金	火	
	時	때 시	10	日	金	火	
	恃	의지할 시	10	心	金	火	
	視	볼 시	12	見	金	火	
	詩	시 시	13	言	金	金	
	試	시험할 시	13	言	金	金	
씨	氏	성(姓) 씨	4	氏	金	火	
식	式	법 식	6	弋	金	金	
	食	밥 식	9	食	金	水	
	息	①숨쉴 식 ②휴식 식	10	心	金	火	
	植	심을 식	12	木	金	木	
	寔	①이 식 ②진실로 식	12	宀	金	木	
	湜	물맑을 식	13	水	金	水	

부록 1 · 인명용 한자

우리이름 교과서

439

한자	소리·뜻	획수	부수	발음오행	자원오행	비고
식						
軾	수레앞턱가로나무 식	13	車	金	火	
識	알 식	19	言	金	金	
신						
申	납 신	5	田	金	金	
臣	신하 신	6	臣	金	火	
辛	매울 신	7	辛	金	金	
身	몸 신	7	身	金	火	
伸	펼 신	7	人	金	火	
信	믿을 신	9	人	金	火	
神	귀신 신	10	示	金	金	
訊	물을 신	10	言	金	金	
迅	빠를 신	10	辶	金	土	
晨	새벽 신	11	日	金	火	
紳	큰띠 신	11	糸	金	木	
新	새 신	13	斤	金	金	

	한자	소리·뜻	획수	부수	발음오행	자원오행	비고
신	愼	삼갈 신	14	心	金	火	
실	室	집 실	9	宀	金	木	
	實	열매 실	14	宀	金	木	実(實의 속자, 8획)
심	心	마음 심	4	心	金	火	
	沈	성 심	8	水	金	水	심·침
	沁	스며들 심	8	水	金	水	
	深	깊을 심	12	水	金	水	
	尋	찾을 심	12	寸	金	金	
	審	살필 심	15	宀	金	木	
십	什	열사람 십	4	人	金	火	십·집
	十	열 십	10	十	金	水	
	拾	열 십	10	手	金	木	십·습
아	牙	어금니 아	4	牙	土	金	
	我	나 아	7	戈	土	金	

한자	소리·뜻	획수	부수	발음오행	자원오행	비고
亞	버금 아	8	二	土	火	亜(亞의 속자, 7획)
兒	아이 아	8	儿	土	水	児(兒의 속자, 7획)
芽	싹 아	10	艸	土	木	
娥	예쁠 아	10	女	土	土	
雅	바를 아	12	隹	土	火	
阿	언덕 아	13	阜	土	土	
岳	큰산 악	8	山	土	土	
堊	흰흙 악	11	土	土	土	
樂	풍류 악	15	木	土	木	악·요·락
嶽	큰산 악	17	山	土	土	
安	편안할 안	6	宀	土	木	
岸	언덕 안	8	山	土	土	
按	누를 안	10	手	土	木	
晏	①늦을 안 ②편안할 안	10	日	土	火	

아

악

안

	한자	소리·뜻	획수	부수	발음오행	자원오행	비고
안	案	생각할 안	10	木	土	木	
	顔	얼굴 안	18	頁	土	火	
알	謁	뵈올 알	16	言	土	金	
암	巖	바위 암	23	山	土	土	岩(巖의 속자, 8획, 山부, 자원오행 土)
압	押	찍을 압	9	手	土	木	
	壓	누를 압	17	土	土	土	
앙	央	가운데 앙	5	大	土	土	
	仰	우러러볼 앙	6	人	土	火	
	昂	오를 앙	8	日	土	火	
	鴦	원앙 앙	16	鳥	土	火	
애	厓	언덕 애	8	厂	土	土	
	涯	물가 애	12	水	土	水	
	愛	사랑 애	13	心	土	火	
액	液	진액	12	水	土	水	

부록 1 · 인명용 한자

우리이름교과서

443

한자	소리·뜻	획수	부수	발음오행	자원오행	비고
額	이마 액	18	頁	土	火	
鶯	꾀꼬리 앵	21	鳥	土	火	
櫻	앵두나무 앵	21	木	土	木	
冶	쇠불릴 야	7	冫	土	水	
野	들 야	11	里	土	土	
約	묶을 약	9	糸	土	木	
若	같을 약	11	艸	土	木	
躍	뛸 약	21	足	土	土	
藥	약 약	21	艸	土	木	
羊	양 양	6	羊	土	土	
洋	큰바다 양	10	水	土	水	
揚	날릴 양	13	手	土	木	
楊	버들 양	13	木	土	木	
養	기를 양	15	食	土	水	

	한자	소리·뜻	획수	부수	발음오행	자원오행	비고
양	樣	모양 양	15	木	土	木	
	襄	도울 양	17	衣	土	木	
	陽	볕 양	17	阜	土	土	
	壤	흙 양	20	土	土	土	
어	魚	물고기 어	11	魚	土	水	
	御	어거할 어	11	彳	土	火	
	語	말씀 어	14	言	土	金	
억	億	억 억	15	人	土	火	
	憶	생각할 억	17	心	土	火	
	檍	참죽나무 억	17	木	土	木	
언	言	말씀 언	7	言	土	金	
	彦	선비 언	9	彡	土	火	
	諺	속담 언	16	言	土	金	
엄	嚴	엄할 엄	20	口	土	水	

한자	소리·뜻	획수	부수	발음오행	자원오행	비고
業	업 업	13	木	土	木	
業	높고험할 업	16	山	土	土	
予	①나 여 ②줄 여	4	亅	土	金	
如	같을 여	6	女	土	土	
余	나 여	7	人	土	火	
汝	너 여	7	水	土	水	
與	줄 여	14	臼	土	土	
餘	남을 여	16	食	土	水	
亦	또 역	6	亠	土	水	
易	바꿀 역	8	日	土	火	이·역
譯	통변할 역	20	言	土	金	
驛	역마 역	23	馬	土	火	
延	끌 연	7	廴	土	土	
沇	물흐를 연	8	水	土	水	

한자	소리·뜻	획수	부수	발음오행	자원오행	비고
妍	고울 연	9	女	土	土	
衍	넘칠 연	9	行	土	火	
沿	따를 연	9	水	土	水	
娟	예쁠 연	10	女	土	土	
宴	잔치 연	10	宀	土	木	
研	갈 연	11	石	土	金	
軟	부드러울 연	11	車	土	火	
涓	시내 연	11	水	土	水	
然	그럴 연	12	火	土	火	
淵	못 연	13	水	土	水	
演	넓힐 연	15	水	土	水	
緣	인연 연	15	糸	土	木	
燃	불탈 연	16	火	土	火	
燕	제비 연	16	火	土	火	

연

	한자	소리·뜻	획수	부수	발음오행	자원오행	비고
열	悦	기쁠 열	11	心	土	火	
	説	기쁠 열	14	言	土	金	설·열
	閱	검열할 열	15	門	土	金	
	熱	더울 열	15	火	土	火	
염	炎	불꽃 염	8	火	土	火	
	琰	옥갈 염	13	玉	土	金	
	艷	고울 염	24	色	土	土	艶(艷의 속자, 19획, 色부)
엽	葉	잎 엽	15	艸	土	木	엽·섭
	熀	빛날 엽	16	火	土	火	
	曄	빛날 엽	16	日	土	火	
영	永	길 영	5	水	土	水	
	映	비칠 영	9	日	土	火	
	盈	찰 영	9	皿	土	水	
	泳	헤엄칠 영	9	水	土	水	

한자	소리·뜻	획수	부수	발음오행	자원오행	비고
英	꽃부리 영	11	艹	土	木	
迎	맞이할 영	11	辶	土	土	
詠	읊을 영	12	言	土	金	
楹	기둥 영	13	木	土	木	
渶	물맑을 영	13	水	土	水	
暎	비칠 영	13	日	土	火	
煐	사람이름 영	13	火	土	火	
榮	영화 영	14	木	土	木	栄(榮의 속자, 9획)
瑛	옥광채 영	14	玉	土	金	
影	그림자 영	15	彡	土	火	
瑩	밝을 영	15	玉	土	金	영·형
穎	①이삭 영 ②빼어날 영	16	禾	土	木	
營	경영할 영	17	火	土	火	
鍈	방울소리 영	17	金	土	金	

한자	소리·뜻	획수	부수	발음오행	자원오행	비고
영						
濚	물소리 영	21	水	土	水	
瓔	옥돌 영	22	玉	土	金	
예						
乂	어질 예	2	丿	土	金	
芮	①나라이름 예 ②풀뾰족뾰족날 예	10	艸	土	木	
預	미리 예	13	頁	土	火	
銳	날카로울 예	15	金	土	金	
豫	미리 예	16	豕	土	水	
叡	밝을 예	16	又	土	火	睿(叡)와 동자, 14획, 目부, 자원오행 木
譽	기릴 예	21	言	土	金	
藝	재주 예	21	艸	土	木	
오						
午	낮 오	4	十	土	火	
五	다섯 오	5	二	土	土	
伍	대오 오	6	人	土	火	
吾	나 오	7	口	土	水	

	한자	소리·뜻	획수	부수	발음오행	자원오행	비고
오	吳	나라이름 오	7	口	土	水	
	旿	밝을 오	8	日	土	火	
	娛	즐길 오	10	女	土	土	
	悟	깨달을 오	11	心	土	火	
	晤	밝을 오	11	日	土	火	
	梧	오동나무 오	11	木	土	木	
	奧	깊을 오	13	大	土	木	
옥	玉	구슬 옥	5	玉	土	金	
	沃	기름질 옥	8	水	土	水	
	屋	집 옥	9	尸	土	木	
	鈺	보배 옥	13	金	土	金	
온	溫	따뜻할 온	14	水	土	水	
	穩	평온할 온	19	禾	土	木	
옹	雍	화목할 옹	13	隹	土	火	

한자	소리·뜻	획수	부수	발음오행	자원오행	비고
옹						
甕	막을 옹	16	土	土	土	
擁	안을 옹	17	手	土	木	
와						
瓦	기와 와	5	瓦	土	土	
臥	누울 와	8	臣	土	土	
완						
完	완전할 완	7	宀	土	木	
宛	굽을 완	8	宀	土	土	
玩	놀 완	9	玉	土	金	
婉	순할 완	11	女	土	土	원·완
琓	서옥 완	12	玉	土	金	
莞	① 빙그레웃을 완 ② 왕골 완	13	艸	土	木	
琬	아름다운옥 완	13	玉	土	金	
緩	느릴 완	15	糸	土	木	
왈						
曰	가로 왈	4	日	土	火	
왕						
王	임금 왕	5	玉	土	金	

	한자	소리·뜻	획수	부수	발음오행	자원오행	비고
왕	往	갈 왕	8	彳	土	火	
	枉	굽을 왕	8	木	土	木	
	汪	깊고넓을 왕	8	水	土	水	
	旺	성할 왕	8	日	土	火	
외	外	바깥 외	5	夕	土	火	
요	要	구할 요	9	襾	土	金	
	姚	예쁠 요	9	女	土	土	
	堯	요임금 요	12	土	土	土	
	僥	요행 요	14	人	土	火	
	搖	흔들 요	14	手	土	木	
	樂	좋아할 요	15	木	土	木	악·요·락
	謠	노래 요	17	言	土	金	
	遙	멀 요	17	辵	土	土	
	曜	빛날 요	18	日	土	火	

	한자	소리·뜻	획수	부수	발음오행	자원오행	비고
요	耀	빛날 요	20	羽	土	火	
	饒	넉넉할 요	21	食	土	水	
욕	浴	목욕할 욕	11	水	土	水	
용	用	쓸 용	5	用	土	水	
	勇	날랠 용	9	力	土	土	
	埇	길돋울 용	10	土	土	土	
	容	얼굴 용	10	宀	土	木	
	庸	떳떳할 용	11	广	土	木	
	涌	샘솟을 용	11	氵	土	水	
	湧	샘솟을 용	13	水	土	水	
	墉	담 용	14	土	土	土	
	踊	뛸 용	14	足	土	土	
	榕	벵골보리수 용	14	木	土	木	
	溶	질펀히흐를 용	14	水	土	水	

한자	소리·뜻	획수	부수	발음오행	자원오행	비고
瑢	패옥소리 용	15	玉	土	金	
蓉	연꽃 용	16	艸	土	木	
鎔	쇠녹일 용	18	金	土	金	
鏞	큰쇠북 용	19	金	土	金	
又	또 우	2	又	土	水	
于	어조사 우	3	二	土	水	
尤	더욱 우	4	尢	土	土	
友	벗 우	4	又	土	水	
右	오른쪽 우	5	口	土	水	
羽	깃 우	6	羽	土	火	
宇	집 우	6	宀	土	木	
佑	도울 우	7	人	土	火	
旴	해돋을 우	7	日	土	火	
雨	비 우	8	雨	土	水	

한자	소리·뜻	획수	부수	발음오행	자원오행	비고
玗	옥돌 우	8	玉	土	金	
禹	하우씨 우	9	内	土	土	
祐	도울 우	10	示	土	金	
迂	멀 우	10	辵	土	土	
釪	악기이름 우	11	金	土	金	
偶	짝 우	11	人	土	火	
寓	머무를 우	12	宀	土	木	
愚	어리석을 우	13	心	土	火	
瑀	패옥 우	14	玉	土	金	
郵	역참 우	15	邑	土	土	
遇	만날 우	16	辵	土	土	
優	넉넉할 우	17	人	土	火	
隅	모퉁이 우	17	阜	土	土	
旭	아침해 욱	6	日	土	火	

한자	소리·뜻	획수	부수	발음오행	자원오행	비고
昱	빛날 욱	9	日	土	火	
彧	문채빛날 욱	10	彡	土	火	
郁	문채날 욱	13	邑	土	土	
煜	빛날 욱	13	火	土	火	
云	이를 운	4	二	土	水	
耘	김맬 운	10	耒	土	金	
雲	구름 운	12	雨	土	水	
運	운전할 운	16	辵	土	土	
澐	큰물결 운	16	水	土	水	
韻	운 운	19	音	土	金	
蔚	우거질 울	17	艸	土	木	
雄	수컷 웅	12	隹	土	火	
熊	곰 웅	14	火	土	火	
元	으뜸 원	4	儿	土	木	

한자	소리·뜻	획수	부수	발음오행	자원오행	비고
沅	내이름 원	8	水	土	水	
垣	담 원	9	土	土	土	
洹	강이름 원	10	水	土	水	
員	관원 원	10	口	土	水	
原	근본 원	10	厂	土	土	
袁	성 원	10	衣	土	木	
苑	동산 원	11	艸	土	木	
媛	예쁠 원	12	女	土	土	
援	도울 원	13	手	土	木	
園	동산 원	13	口	土	水	
圓	둥글 원	13	口	土	水	
源	근원 원	14	水	土	水	
瑗	도리옥 원	14	玉	土	金	
愿	성실할 원	14	心	土	火	

한자	소리·뜻	획수	부수	발음오행	자원오행	비고
院	집 원	15	阜	土	土	
遠	멀 원	17	辶	土	土	
轅	수레 원	17	車	土	火	
願	원할 원	19	頁	土	火	
月	달 월	4	月	土	水	
越	건널 월	12	走	土	火	
位	자리 위	7	人	土	火	
委	맡길 위	8	女	土	土	
威	위엄 위	9	女	土	土	
尉	벼슬이름 위	11	寸	土	土	
偉	클 위	11	人	土	火	
圍	둘레 위	12	口	土	水	
爲	위할 위	12	爪	土	金	
渭	강이름 위	13	水	土	水	

한자	소리·뜻	획수	부수	발음오행	자원오행	비고
暐	햇빛 위	13	日	土	火	
瑋	옥이름 위	14	玉	土	金	
緯	씨 위	15	糸	土	木	
慰	위로할 위	15	心	土	火	
謂	이를 위	16	言	土	金	
衛	지킬 위	16	行	土	火	衛(衞의 속자, 15획, 行부)
魏	높을 위	18	鬼	土	火	
由	말미암을 유	5	田	土	木	
幼	어릴 유	5	幺	土	火	
有	있을 유	6	月	土	水	
酉	닭 유	7	酉	土	金	
攸	바(어조사) 유	7	攴	土	金	
侑	도울 유	8	人	土	火	
幽	그윽할 유	9	幺	土	火	

한자	소리·뜻	획수	부수	발음오행	자원오행	비고
油	기름 유	9	水	土	水	
柔	부드러울 유	9	木	土	木	
俞	성 유	9	入	土	土	
宥	용서할 유	9	宀	土	木	
柚	유자나무 유	9	木	土	木	
洧	강이름 유	10	水	土	水	
唯	오직 유	11	口	土	水	
釉	광택 유	12	釆	土	金	
喻	깨우칠 유	12	口	土	水	
庾	①노적가리 유 ②곳집 유	12	广	土	木	
惟	생각할 유	12	心	土	火	
愉	기쁠 유	13	心	土	火	
裕	넉넉할 유	13	衣	土	木	
榆	느릅나무 유	13	木	土	木	

	한자	소리·뜻	획수	부수	발음오행	자원오행	비고
유	猶	오히려 유	13	犬	土	土	
	誘	꾈 유	14	言	土	金	
	維	맬(묶을) 유	14	糸	土	木	
	瑜	아름다운옥 유	14	玉	土	金	
	諭	깨우칠 유	16	言	土	金	
	遊	놀 유	16	辵	土	土	
	儒	선비 유	16	人	土	火	
	濡	적실 유	18	水	土	水	
	遺	끼칠 유	19	辵	土	土	
육	育	기를 육	10	肉	土	水	
	堉	기름진땅 육	11	土	土	土	
윤	尹	다스릴 윤	4	尸	土	水	
	允	진실로 윤	4	儿	土	土	
	玧	귀막는옥 윤	9	玉	土	金	

	한자	소리·뜻	획수	부수	발음오행	자원오행	비고
윤	胤	맏아들 윤	11	肉	土	水	
	鈗	병기이름 윤	12	金	土	金	
	閏	윤달 윤	12	門	土	火	
	潚	물깊고넓을 윤	15	大	土	水	
	潤	윤택할 윤	16	水	土	水	
융	融	화할 융	16	虫	土	水	
은	垠	끝 은	9	土	土	土	
	殷	성할 은	10	殳	土	金	
	恩	은혜 은	10	心	土	火	
	銀	은 은	14	金	土	金	
	誾	화평할 은	15	言	土	金	
	隱	숨을 은	22	阜	土	土	
을	乙	새 을	1	乙	土	木	
음	吟	읊을 음	7	口	土	水	

한자	소리·뜻	획수	부수	발음오행	자원오행	비고
音	소리 음	9	音	土	金	
飮	마실 음	13	食	土	水	
邑	고을 읍	7	邑	土	土	
凝	엉길 응	16	冫	土	水	
應	응할 응	17	心	土	火	
鷹	매 응	24	鳥	土	火	
衣	옷 의	6	衣	土	木	
宜	마땅할 의	8	宀	土	木	
依	의지할 의	8	人	土	火	
倚	의지할 의	10	人	土	火	
意	뜻 의	13	心	土	火	
義	옳을 의	13	羊	土	土	
儀	거동 의	15	人	土	火	
毅	굳셀 의	15	殳	土	金	

한자	소리·뜻	획수	부수	발음오행	자원오행	비고
誼	옳을 의	15	言	土	金	
擬	①비교할 의 ②헤아릴 의	18	手	土	木	
醫	의원 의	18	酉	土	金	
議	의논할 의	20	言	土	金	
懿	클 의	22	心	土	火	
二	두 이	2	二	土	木	
已	이미 이	3	己	土	火	
以	써 이	5	人	土	火	
耳	귀 이	6	耳	土	火	
弛	늦출 이	6	弓	土	金	
而	말이을 이	6	而	土	水	
伊	저 이	6	人	土	火	
易	쉬울 이	8	日	土	火	이·역
怡	기쁠 이	9	心	土	火	

	한자	소리·뜻	획수	부수	발음오행	자원오행	비고
이	珥	귀고리 이	11	玉	土	金	
	異	다를 이	11	田	土	土	
	移	옮길 이	11	禾	土	木	
	貽	끼칠 이	12	貝	土	金	
	貳	두 이	12	貝	土	金	
	爾	너 이	14	爻	土	火	
	彛	떳떳할 이	16	크	土	火	彝(彛의 본자, 18획, 크부, 자원오행 火)
익	益	더할 익	10	皿	土	水	
	翊	도울 익	11	羽	土	火	
	翌	명일 익	11	羽	土	火	
	翼	날개 익	17	羽	土	火	
	謚	웃을 익	17	言	土	金	
	瀷	강이름 익	21	水	土	水	
인	人	사람 인	2	人	土	火	

	한자	소리·뜻	획수	부수	발음 오행	자원 오행	비고
인	仁	어질 인	4	人	土	火	
	引	이끌 인	4	弓	土	火	
	印	도장 인	6	卩	土	木	
	因	인할 인	6	口	土	水	
	忍	참을 인	7	心	土	火	
	姻	혼인 인	9	女	土	土	
	寅	공경할 인	11	宀	土	木	
	認	인정할 인	14	言	土	金	
일	一	한 일	1	一	土	木	
	日	날 일	4	日	土	火	
	佾	춤 일	8	人	土	火	
	壹	한 일	12	士	土	木	
	溢	넘칠 일	14	水	土	水	
	馹	역말 일	14	馬	土	火	

	한자	소리·뜻	획수	부수	발음오행	자원오행	비고
일	逸	①달아날 일 ②뛰어날 일	15	辶	土	土	
	鎰	중량 일	18	金	土	金	
임	壬	아홉째천간 임	4	士	土	水	
	任	맡길 임	6	人	土	火	
	稔	곡식여물 임	13	禾	土	木	
입	入	들 입	2	入	土	木	
잉	剩	남을 잉	12	刀	土	金	
자	子	아들 자	3	子	金	水	
	仔	자세할 자	5	人	金	火	
	字	글자 자	6	子	金	水	
	自	스스로 자	6	自	金	木	
	姿	맵시 자	9	女	金	土	
	玆	이 자	10	玄	金	火	
	者	놈 자	11	老	金	土	

한자	소리·뜻	획수	부수	발음오행	자원오행	비고
瓷	오지그릇 자	11	瓦	金	土	
紫	자줏빛 자	11	糸	金	木	
雌	암컷 자	13	隹	金	火	
資	재물 자	13	貝	金	金	
滋	불을 자	14	水	金	水	
慈	사랑 자	14	心	金	火	
磁	자석 자	15	石	金	金	
藉	깔 자	20	艸	金	木	
灼	사를 작	7	火	金	火	
作	지을 작	7	人	金	火	
芍	함박꽃 작	9	艸	金	木	
雀	참새 작	11	隹	金	火	
爵	벼슬 작	18	爪	金	金	
鵲	까치 작	19	鳥	金	火	

한자	소리·뜻	획수	부수	발음오행	자원오행	비고
箴	바늘 잠	15	竹	金	木	
暫	잠깐 잠	15	日	金	火	
潛	잠길 잠	16	水	金	水	潜(潛의 속자, 16획, 水부)
蠶	누에 잠	24	虫	金	水	
雜	섞일 잡	18	隹	金	火	
庄	농막 장	6	广	金	木	
匠	장인 장	6	匚	金	土	
壯	장할 장	7	士	金	木	
杖	짚을 장	7	木	金	木	
長	길 장	8	長	金	木	
章	글 장	11	立	金	金	
張	베풀 장	11	弓	金	金	
將	장수 장	11	寸	金	土	
帳	휘장 장	11	巾	金	木	

한자	소리·뜻	획수	부수	발음오행	자원오행	비고
粧	단장할 장	12	米	金	木	
場	마당 장	12	土	金	土	
掌	손바닥 장	12	手	金	木	
裝	꾸밀 장	13	衣	金	木	
莊	엄숙할 장	13	艸	金	木	庄(莊의 속자, 6획, 广부, 자원오행 木)
獎	권면할 장	14	大	金	木	
樟	녹나무 장	15	木	金	木	
暲	밝을 장	15	日	金	火	
璋	구기 장	16	玉	金	金	
墻	담 장	16	土	金	土	牆(墻과 동자, 17획, 爿부, 자원오행 木)
蔣	줄(풀이름) 장	17	艸	金	木	
薔	장미 장	19	艸	金	木	
藏	감출 장	20	艸	金	木	
才	재주 재	4	手	金	木	

한자	소리·뜻	획수	부수	발음오행	자원오행	비고
再	두 재	6	冂	金	木	
在	있을 재	6	土	金	土	
材	재목 재	7	木	金	木	
哉	비로소 재	9	口	金	水	
栽	심을 재	10	木	金	木	
財	재물 재	10	貝	金	金	
宰	재상 재	10	宀	金	木	
梓	가래나무 새	11	木	金	木	
裁	옷마를 재	12	衣	金	木	
渽	맑을 재	13	水	金	水	
載	실을 재	13	車	金	火	
縡	일[事] 재	16	糸	金	木	
齋	재계할 재	17	齊	金	土	
爭	다툴 쟁	8	爪	金	火	

재

쟁

	한자	소리·뜻	획수	부수	발음오행	자원오행	비고
쟁	錚	징 쟁	16	金	金	金	
저	底	밑 저	8	广	金	木	
저	苧	모시 저	11	艸	金	木	
저	貯	쌓을 저	12	貝	金	金	
저	邸	집 저	12	邑	金	土	
저	楮	닥나무 저	13	木	金	木	
저	著	지을 저	15	艸	金	木	
적	赤	붉을 적	7	赤	金	火	
적	的	과녁 적	8	白	金	火	
적	寂	고요할 적	11	宀	金	木	
적	笛	피리 적	11	竹	金	木	
적	迪	나아갈 적	12	辶	金	土	
적	跡	발자취 적	13	足	金	土	
적	摘	들추어낼 적	15	手	金	木	

부록 1 · 인명용 한자

한자	소리·뜻	획수	부수	발음오행	자원오행	비고
적						
滴	물방울 적	15	水	金	水	
積	쌓을 적	16	禾	金	木	
績	길쌈할 적	17	糸	金	木	
適	(사리에)맞을 적	18	辶	金	土	
蹟	자취 적	18	足	金	土	
籍	호적 적	20	竹	金	木	
전						
田	밭 전	5	田	金	木	
全	온전할 전	6	入	金	土	
甸	경기 전	7	田	金	火	
典	법 전	8	八	金	金	
佺	신선이름 전	8	人	金	火	
前	앞 전	9	刀	金	金	
栓	나무못 전	10	木	金	木	
展	펼 전	10	尸	金	水	

한자	소리·뜻	획수	부수	발음오행	자원오행	비고
專	오로지 전	11	寸	金	土	
奠	정할 전	12	大	金	木	
詮	갖출 전	13	言	金	金	
殿	대궐 전	13	殳	金	金	
塡	메울 전	13	土	金	土	전·진
琠	옥이름 전	13	玉	金	金	
傳	전할 전	13	人	金	火	
銓	저울질할 전	14	金	金	金	
錢	돈 전	16	金	金	金	
顚	꼭대기 전	19	頁	金	火	
切	끊을 절	4	刀	金	金	
折	꺾을 절	8	手	金	木	
絶	끊을 절	12	糸	金	木	
節	마디 절	15	竹	金	木	

한자	소리·뜻	획수	부수	발음오행	자원오행	비고
占	점칠 점	5	卜	金	火	
店	가게 점	8	广	金	木	
漸	점점 점	15	水	金	水	
點	점 점	17	黑	金	水	点(點의 속자, 9획, 자원오행 火)
接	사귈 접	12	手	金	木	
蝶	나비 접	15	虫	金	水	
丁	고무래 정	2	一	金	火	
井	우물 정	4	二	金	水	
正	바를 정	5	止	金	土	
汀	물가 정	6	水	金	水	
呈	보일 정	7	口	金	水	
玎	옥소리 정	7	玉	金	金	
廷	조정 정	7	廴	金	木	
妌	여자단정할 정	8	女	金	土	

한자	소리·뜻	획수	부수	발음오행	자원오행	비고
政	정사 정	8	攵	金	金	
定	정할 정	8	宀	金	木	
征	칠 정	8	彳	金	火	
貞	곧을 정	9	貝	金	金	
柾	나무바를 정	9	木	金	木	
訂	바로잡을 정	9	言	金	金	
炡	빛날 정	9	火	金	火	
亭	정자 정	9	亠	金	火	
庭	뜰 정	10	广	金	木	
釘	못 정	10	金	金	金	
停	머무를 정	11	人	金	火	
挺	뽑을 정	11	手	金	木	
偵	염탐할 정	11	人	金	火	
頂	정수리 정	11	頁	金	火	

정

한자	소리·뜻	획수	부수	발음오행	자원오행	비고
幀	그림족자 정	12	巾	金	木	
情	뜻 정	12	心	金	火	
淨	맑을 정	12	水	金	水	
程	법 정	12	禾	金	木	
晶	수정 정	12	日	金	火	
珽	옥홀 정	12	玉	金	金	
晸	해뜰 정	12	日	金	火	
湞	강이름 정	13	水	金	水	
楨	광나무 정	13	木	金	木	
綎	띠술 정	13	糸	金	木	
鼎	솥 정	13	鼎	金	火	
鉦	징 정	13	金	金	金	
靖	편안할 정	13	靑	金	木	
禎	상서 정	14	示	金	木	

정

한자	소리·뜻	획수	부수	발음오행	자원오행	비고
精	진실 정	14	米	金	木	
鋌	쇳덩이 정	15	金	金	金	
整	가지런할 정	16	攴	金	金	
靜	고요할 정	16	青	金	木	靜(靜의 속자, 14획)
鄭	나라이름 정	19	邑	金	土	
弟	아우 제	7	弓	金	水	
制	억제할 제	8	刀	金	金	
帝	임금 제	9	巾	金	木	
悌	공경할 제	11	心	金	火	
梯	사다리 제	11	木	金	木	
祭	제사 제	11	示	金	土	
第	차례 제	11	竹	金	木	
堤	방죽 제	12	土	金	土	
齊	가지런할 제	14	齊	金	土	

한자	소리·뜻	획수	부수	발음오행	자원오행	비고
製	지을 제	14	衣	金	木	
除	덜 제	15	阜	金	土	
諸	모든 제	16	言	金	金	
濟	건널 제	18	水	金	水	
題	제목 제	18	頁	金	火	
際	사이 제	19	阜	金	土	
早	이를 조	6	日	金	火	
兆	조짐 조	6	儿	金	火	
助	도울 조	7	力	金	土	
租	구실(세금) 조	10	禾	金	木	
祚	복 조	10	示	金	金	
晁	아침 조	10	日	金	火	
祖	조상 조	10	示	金	金	
條	가지 조	11	木	金	木	

제 / 조

한자	소리·뜻	획수	부수	발음오행	자원오행	비고
釣	낚시조	11	金	金	金	
曹	무리조	11	日	金	土	성씨 사용은 曺(중국은 曹)로 쓰고 10획 계산
眺	바라볼조	11	目	金	木	
鳥	새조	11	鳥	金	火	
彫	새길조	11	彡	金	火	
窕	안존할조	11	穴	金	水	
組	짤조	11	糸	金	木	
詔	고할조	12	言	金	金	
措	둘조	12	手	金	木	
朝	아침조	12	月	金	水	
照	비출조	13	火	金	火	
肇	시작할조	14	聿	金	火	
趙	조나라조	14	走	金	火	
造	지을조	14	辶	金	土	

한자	소리·뜻	획수	부수	발음오행	자원오행	비고
調	고를(균형) 조	15	言	金	金	
潮	밀물 조	16	水	金	水	
燥	말릴 조	17	火	金	火	
操	잡을 조	17	手	金	木	
遭	만날 조	18	辵	金	土	
足	발 족	7	足	金	土	
族	겨레 족	11	方	金	木	
存	있을 존	6	子	金	水	
尊	높을 존	12	寸	金	木	
卒	군사 졸	8	十	金	金	
宗	마루(근본) 종	8	宀	金	木	
倧	신인(神人) 종	10	人	金	火	
終	마칠 종	11	糸	金	木	
淙	물소리 종	12	水	金	水	

	한자	소리·뜻	획수	부수	발음오행	자원오행	비고
종	棕	종려나무 종	12	木	金	木	
	悰	즐거울 종	12	心	金	火	
	琮	서옥이름 종	13	玉	金	金	
	綜	모을 종	14	糸	金	木	
	種	심을 종	14	禾	金	木	
	縱	세로 종	17	糸	金	木	
	鍾	술병 종	17	金	金	金	
	鐘	종(쇠북) 종	20	金	金	金	
좌	左	왼 좌	5	工	金	火	
	佐	도울 좌	7	人	金	火	
	坐	앉을 좌	7	土	金	土	
	座	자리 좌	10	广	金	木	
주	主	임금 주	5	丶	金	木	
	州	고을 주	6	巛	金	水	

한자	소리·뜻	획수	부수	발음오행	자원오행	비고
舟	배 주	6	舟	金	木	
朱	붉을 주	6	木	金	木	
走	달릴 주	7	走	金	火	
住	살 주	7	人	金	火	
周	두루 주	8	口	金	水	
宙	하늘 주	8	宀	金	木	
柱	기둥 주	9	木	金	木	
注	물댈 주	9	水	金	水	
炷	심지 주	9	火	金	火	
奏	아뢸 주	9	大	金	木	
姝	예쁠 주	9	女	金	土	
株	뿌리 주	10	木	金	木	
珠	구슬 주	11	玉	金	金	
晝	낮 주	11	日	金	火	

주

한자	소리·뜻	획수	부수	발음오행	자원오행	비고
胄	자손 주	11	肉	金	水	
註	주낼 주	12	言	金	金	
湊	물모일 주	13	水	金	水	
週	돌(회전할) 주	15	辵	金	土	
駐	머무를 주	15	馬	金	火	
澍	물쏟을 주	16	水	金	水	
疇	밭두둑 주	19	田	金	土	
鑄	쇠부어만들 주	22	金	金	金	
竹	대 죽	6	竹	金	木	
俊	준걸 준	9	人	金	火	
峻	높을 준	10	山	金	土	
埈	높을 준	10	土	金	土	
准	승인할 준	10	冫	金	水	
浚	깊을 준	11	水	金	水	

한자	소리·뜻	획수	부수	발음오행	자원오행	비고
晙	밝을 준	11	日	金	火	
焌	태울 준	11	火	金	火	
畯	농부 준	12	田	金	土	
竣	마칠 준	12	立	金	土	
雋	뛰어날 준	13	隹	金	火	전·준
準	법도 준	14	水	金	水	
儁	준걸 준	15	人	金	火	
駿	준마 준	17	馬	金	火	
濬	깊을 준	18	水	金	水	
遵	좇을 준	19	辵	金	土	
茁	풀처음나는모양 줄	11	艸	金	木	
中	가운데 중	4	丨	金	土	
仲	버금 중	6	人	金	火	
重	무거울 중	9	里	金	土	

한자		소리·뜻	획수	부수	발음오행	자원오행	비고
중	衆	무리 중	12	血	金	水	
즐	櫛	빗 즐	19	木	金	木	
즙	汁	진액 즙	6	水	金	水	
증	烝	찔 증	10	火	金	火	
	曾	일찍 증	12	日	金	火	
	增	더할 증	15	土	金	土	
	蒸	찔 증	16	艸	金	木	
	贈	보낼 증	19	貝	金	金	
	證	증거 증	19	言	金	金	
지	之	갈 지	4	丿	金	土	
	止	그칠 지	4	止	金	土	
	支	지탱할 지	4	支	金	土	
	只	다만 지	5	口	金	水	
	地	땅 지	6	土	金	土	

한자	소리·뜻	획수	부수	발음 오행	자원 오행	비고
旨	뜻 지	6	日	金	火	
至	이를 지	6	至	金	土	
志	뜻 지	7	心	金	火	
池	못 지	7	水	金	水	
址	터 지	7	土	金	土	
枝	가지 지	8	木	金	木	
沚	물가 지	8	水	金	水	
知	알 지	8	矢	金	金	
祉	복 지	9	示	金	木	
持	가질 지	10	手	金	木	
祗	공경할 지	10	示	金	金	
指	손가락 지	10	手	金	木	
紙	종이 지	10	糸	金	木	
芝	지초 지	10	艸	金	木	

지

	한자	소리·뜻	획수	부수	발음오행	자원오행	비고
지	趾	발 지	11	足	金	土	
	智	슬기 지	12	日	金	火	
	誌	기록할 지	14	言	金	金	
	摯	지극할 지	15	手	金	木	
	遲	더딜 지	19	辵	金	土	
직	直	곧을 직	8	目	金	木	
	稙	일찍심은벼 직	13	禾	金	木	
	稷	기장 직	15	禾	金	木	
	職	직분 직	18	耳	金	火	
	織	짤 직	18	糸	金	木	
진	辰	별 진	7	辰	金	土	
	津	나루 진	10	水	金	水	
	珍	보배 진	10	玉	金	金	
	晉	진나라 진	10	日	金	火	晋(晉의 속자, 10획)

한자	소리·뜻	획수	부수	발음오행	자원오행	비고
秦	진나라 진	10	禾	金	木	
眞	참 진	10	目	金	木	真(眞의 속자, 10획)
振	떨칠 진	11	手	金	木	
診	볼 진	12	言	金	金	
軫	수레 진	12	車	金	火	
賑	①구휼할 진 ②넉넉할 진	14	貝	金	金	
盡	다할 진	14	皿	金	金	
溱	성(盛)할 진	14	水	金	水	
塵	티끌 진	14	土	金	土	
進	나아갈 진	15	辶	金	土	
瑨	옥돌 진	15	玉	金	金	璡(瑨의 속자, 15획)
震	진동할 진	15	雨	金	水	
陣	진칠 진	15	阜	金	土	
縉	맺을 진	16	糸	金	木	

진

	한자	소리·뜻	획수	부수	발음오행	자원오행	비고
진	陳	베풀 진	16	阜	金	土	
	璡	옥돌 진	17	玉	金	金	
	鎭	진압할 진	18	金	金	金	
질	秩	차례 질	10	禾	金	木	
	質	바탕 질	15	貝	金	金	
집	什	세간 집	4	人	金	火	십·집
	執	잡을 집	11	土	金	土	
	集	모일 집	12	隹	金	火	
	輯	모을 집	16	車	金	火	
	潗	샘솟을 집	16	水	金	水	濈(潗과 동자)
	鏶	쇳조각 집	20	金	金	金	
징	徵	부를 징	15	彳	金	火	
	澄	맑을 징	16	水	金	水	
차	且	또 차	5	一	金	木	

한자	소리·뜻	획수	부수	발음 오행	자원 오행	비고
次	버금 차	6	欠	金	水	
此	이 차	6	止	金	土	
車	수레 차	7	車	金	火	거·차
借	빌 차	10	人	金	火	
粲	선명할 찬	13	米	金	木	
撰	글지을 찬	16	手	金	木	
澯	맑을 찬	17	水	金	水	
燦	빛날 찬	17	火	金	火	
璨	옥광채 찬	18	玉	金	金	
贊	도울 찬	19	貝	金	金	賛(贊의 속자, 15획)
纂	모을 찬	20	糸	金	木	
瓚	제기 찬	24	玉	金	金	
纘	이을 찬	25	糸	金	木	
讚	기릴 찬	26	言	金	金	讃(讚의 약자, 22획)

한자	소리·뜻	획수	부수	발음오행	자원오행	비고
찬 鑽	뚫을 찬	27	金	金	金	
찰 札	편지 찰	5	木	金	木	
찰 察	살필 찰	14	宀	金	木	
참 參	참여할 참	11	厶	金	火	삼·참
창 昌	창성할 창	8	日	金	火	
창 昶	밝을 창	9	日	金	火	
창 倉	곳집(창고) 창	10	人	金	火	
창 唱	노래 창	11	口	金	水	
창 窓	창 창	11	穴	金	水	
창 敞	드러날 창	12	攴	金	金	
창 創	비롯할 창	12	刀	金	金	
창 彰	밝을 창	14	彡	金	火	
창 滄	싸늘할 창	14	水	金	水	
창 菖	창포 창	14	艸	金	木	

한자	소리·뜻	획수	부수	발음 오행	자원 오행	비고
창						
暢	화창할 창	14	日	金	火	
蒼	푸를 창	16	艸	金	木	
채						
采	캘 채	8	采	金	木	
寀	녹봉 채	11	宀	金	木	
埰	영지(領地) 채	11	土	金	土	
彩	채색 채	11	彡	金	火	
採	캘 채	12	手	金	木	
菜	나물 채	14	艸	金	木	
綵	비단 채	14	糸	金	木	
蔡	거북 채	17	艸	金	木	
책						
冊	책 책	5	冂	金	木	册(冊과 동자, 5획, 冂부)
策	꾀 책	12	竹	金	木	
처	處	곳 처	11	虍	金	土	
척	尺	자 척	4	尸	金	木	

	한자	소리·뜻	획수	부수	발음오행	자원오행	비고
척	拓	열 척	9	手	金	木	척·탁
	戚	겨레 척	11	戈	金	金	
	陟	오를 척	15	阜	金	土	
천	川	내 천	3	巛	金	水	
	千	일천 천	3	十	金	水	
	天	하늘 천	4	大	金	火	
	仟	일천 천	5	人	金	火	
	泉	샘 천	9	水	金	水	
	阡	두렁(길) 천	11	阜	金	土	
	踐	밟을 천	15	足	金	土	
	遷	옮길 천	19	辵	金	土	
	薦	천거할 천	19	艸	金	木	
철	哲	밝을 철	10	口	金	水	
	喆	밝을 철	12	口	金	水	

한자	소리·뜻	획수	부수	발음오행	자원오행	비고
綴	꿰맬 철	14	糸	金	木	
徹	통할 철	15	彳	金	火	
撤	거둘 철	16	手	金	木	
澈	물맑을 철	16	水	金	水	
轍	수레바퀴자국 철	19	車	金	火	
鐵	쇠 철	21	金	金	金	
尖	뾰족할 첨	6	小	金	金	
添	더할 첨	12	水	金	水	
僉	다 첨	13	人	金	火	
瞻	우러러볼 첨	18	目	金	木	
捷	이길 첩	12	手	金	木	
靑	푸를 청	8	靑	金	木	青(靑과 동자, 8획)
晴	갤 청	12	日	金	火	晴(晴과 동자, 12획)
淸	맑을 청	12	水	金	水	清(淸과 동자, 12획)

	한자	소리·뜻	획수	부수	발음오행	자원오행	비고
청	請	청할 청	15	言	金	金	請(請과 동자, 15획)
	聽	들을 청	22	耳	金	火	
	廳	관청 청	25	广	金	木	
체	締	맺을(연결할) 체	15	糸	金	木	
	諦	살필 체	16	言	金	金	
	遞	갈마들(번갈아들) 체	17	辵	金	土	
	體	몸 체	23	骨	金	金	
초	初	처음 초	7	刀	金	金	
	肖	닮을 초	9	肉	金	水	
	招	부를 초	9	手	金	木	
	超	뛰어넘을 초	12	走	金	火	
	草	풀 초	12	艸	金	木	艸(草의 본자, 6획, 艸부)
	楚	초나라 초	13	木	金	木	
	樵	땔나무 초	16	木	金	木	

한자	소리·뜻	획수	부수	발음 오행	자원 오행	비고
礎	주춧돌 초	18	石	金	金	
蕉	파초 초	18	艸	金	木	
觸	닿을 촉	20	角	金	木	
寸	마디 촌	3	寸	金	土	
村	마을 촌	7	木	金	木	
總	거느릴 총	17	糸	金	木	
聰	귀밝을 총	17	耳	金	火	聡(聰과 동자, 14획)
叢	모을 총	18	又	金	水	
寵	사랑할 총	19	宀	金	木	
崔	높을 최	11	山	金	土	
最	가장 최	12	曰	金	水	
催	재촉할 최	13	人	金	火	
秋	가을 추	9	禾	金	木	
抽	뺄 추	9	手	金	木	

한자	소리·뜻	획수	부수	발음오행	자원오행	비고
推	헤아릴 추	12	手	金	木	
楸	가래나무 추	13	木	金	木	
追	따를 추	13	辵	金	土	
樞	지도리 추	15	木	金	木	
錐	송곳 추	16	金	金	金	
錘	저울추 추	16	金	金	金	
鄒	나라이름 추	17	邑	金	土	
丑	소 축	4	一	金	土	
畜	기를 축	10	田	金	土	
祝	축하할 축	10	示	金	金	
軸	굴대 축	12	車	金	火	
蓄	쌓을 축	16	艸	金	木	
築	쌓을 축	16	竹	金	木	
春	봄 춘	9	日	金	火	

한자	소리·뜻	획수	부수	발음오행	자원오행	비고
椿	참죽나무 춘	13	木	金	木	
瑃	옥이름 춘	14	玉	金	金	
出	날 출	5	凵	金	土	
充	가득할 충	6	儿	金	木	
忠	충성 충	8	心	金	火	
衷	정성 충	10	衣	金	木	
衝	찌를 충	15	行	金	火	
吹	불 취	7	口	金	水	
取	취할 취	8	又	金	水	
就	나아갈 취	12	尢	金	土	
聚	모일 취	14	耳	金	火	
翠	비취색 취	14	羽	金	火	
趣	뜻 취	15	走	金	火	
側	곁 측	11	人	金	火	

한자	소리·뜻	획수	부수	발음오행	자원오행	비고
測	잴 측	13	水	金	水	
治	다스릴 치	9	水	金	水	
峙	우뚝할 치	9	山	金	土	
致	이룰 치	10	至	金	土	
値	값 치	10	人	金	火	
雉	꿩 치	13	隹	金	火	
馳	달릴 치	13	馬	金	火	
稚	어릴 치	13	禾	金	木	
置	둘 치	14	网	金	木	
熾	불활활탈 치	16	火	金	火	
則	법 칙	9	刀	金	金	
勅	조서 칙	9	力	金	土	
親	친할 친	16	見	金	火	
七	일곱 칠	7	一	金	金	

	한자	소리·뜻	획수	부수	발음오행	자원오행	비고
칠	漆	옻칠할 칠	15	水	金	水	
침	沈	잠길 침	8	水	金	水	심·침
	針	바늘 침	10	金	金	金	
	浸	담글 침	11	水	金	水	
	琛	보배 침	13	玉	金	金	
칭	秤	저울 칭	10	禾	金	木	
	稱	일컬을 칭	14	禾	金	木	
쾌	夬	쾌이름 쾌	4	大	木	木	
	快	시원할 쾌	8	心	木	火	
타	他	다를 타	5	人	火	火	
	打	칠 타	6	手	火	木	
	妥	평온할 타	7	女	火	土	
탁	托	받칠 탁	7	手	火	木	
	卓	높을 탁	8	十	火	木	

한자	소리·뜻	획수	부수	발음오행	자원오행	비고
拓	박을 탁(금석문을 종이에 박는 것)	9	手	火	木	척·탁
度	헤아릴 탁	9	广	火	木	도·탁
託	부탁할 탁	10	言	火	金	
侘	클 탁	10	人	火	火	
晫	환할 탁	12	日	火	火	
琸	사람이름 탁	13	玉	火	金	
琢	옥다듬을 탁	13	玉	火	金	
擢	뽑아낼 탁	18	手	火	木	
濯	씻을 탁	18	水	火	水	
鐸	방울 탁	21	金	火	金	
吞	삼킬 탄	7	口	火	水	
坦	평탄할 탄	8	土	火	土	
炭	숯 탄	9	火	火	火	
誕	태어날 탄	14	言	火	金	

한자	소리·뜻	획수	부수	발음오행	자원오행	비고
彈	탄알 탄	15	弓	火	金	
灘	여울 탄	23	水	火	水	
耽	즐길 탐	10	耳	火	火	
探	찾을 탐	12	手	火	木	
塔	탑 탑	13	土	火	土	
太	클 태	4	大	火	木	
台	별이름 태	5	口	火	水	
兌	바꿀 태	7	儿	火	金	
泰	클 태	9	水	火	水	
胎	아이밸 태	11	肉	火	水	
邰	나라이름 태	12	邑	火	土	
態	태도 태	14	心	火	火	
宅	집 택	6	宀	火	木	
擇	가릴 택	17	手	火	木	

	한자	소리·뜻	획수	부수	발음오행	자원오행	비고
택	澤	못 택	17	水	火	水	
토	土	흙 토	3	土	火	土	
	兔	토끼 토	8	儿	火	木	
	討	칠 토	10	言	火	金	
통	桶	통 통	11	木	火	木	
	統	거느릴 통	12	糸	火	木	
	通	통할 통	14	辶	火	土	
퇴	堆	언덕 퇴	11	土	火	土	
투	投	던질 투	8	手	火	木	
	透	통할 투	14	辶	火	土	
특	特	특별할 특	10	牛	火	土	
파	巴	땅이름 파	4	己	水	土	
	坡	고개 파	8	土	水	土	
	杷	비파나무 파	8	木	水	木	

	한자	소리·뜻	획수	부수	발음오행	자원오행	비고
파	把	잡을 파	8	手	水	木	
	波	물결 파	9	水	水	水	
	芭	파초 파	10	艸	水	木	
	琶	비파 파	13	玉	水	金	
	播	씨뿌릴 파	16	手	水	木	
판	坂	비탈 판	7	土	水	土	
	判	판단할 판	7	刀	水	金	
	版	널 판	8	片	水	木	
	板	널빤지 판	8	木	水	木	
	販	팔 판	11	貝	水	金	
	阪	비탈 판	12	阜	水	土	
팔	八	여덟 팔	8	八	水	金	
패	貝	조개 패	7	貝	水	金	
	佩	찰 패	8	人	水	火	

	한자	소리·뜻	획수	부수	발음 오행	자원 오행	비고
패	覇	으뜸 패	19	襾	水	金	
팽	彭	성(姓) 팽	12	彡	水	火	
팽	澎	물소리 팽	16	水	水	水	
편	片	조각 편	4	片	水	木	
편	扁	액자 편	9	戶	水	木	
편	便	편할 편	9	人	水	火	
편	編	엮을 편	15	糸	水	木	
편	篇	책 편	15	竹	水	木	
편	遍	두루 편	16	辵	水	土	
평	平	평평할 평	5	干	水	木	
평	坪	땅평평할 평	8	土	水	土	
평	枰	바둑판 평	9	木	水	木	
평	評	평론할 평	12	言	水	金	
폐	陛	섬돌 폐	15	阜	水	土	

한자	소리·뜻	획수	부수	발음오행	자원오행	비고
폐 幣	예물 폐	15	巾	水	木	
포 包	감쌀 포	5	勹	水	金	
포 布	베 포	5	巾	水	木	
포 抱	안을 포	9	手	水	木	
포 砲	대포 포	10	石	水	金	
포 浦	물가 포	11	水	水	水	
포 捕	잡을 포	11	手	水	木	
포 飽	배부를 포	14	食	水	水	
포 褒	기릴 포	15	衣	水	木	
포 鋪	펼 포	15	金	水	金	
포 葡	포도 포	15	艸	水	木	
폭 幅	폭 폭	12	巾	水	木	
표 杓	자루 표	7	木	水	木	
표 表	겉 표	9	衣	水	木	

한자	소리·뜻	획수	부수	발음오행	자원오행	비고
豹	표범 표	10	豸	水	水	
彪	범 표	11	彡	水	火	
票	쪽지 표	11	示	水	火	
漂	뜰 표	15	水	水	水	
標	표시 표	15	木	水	木	
驃	날래고용감할 표	21	馬	水	火	
品	물건 품	9	口	水	水	
稟	여쭐 품	13	禾	水	木	
風	바람 풍	9	風	水	木	
楓	단풍나무 풍	13	木	水	木	
豐	성할 풍	18	豆	水	木	豊(豐의 속자, 13획, 豆부)
匹	짝 필	4	匸	水	水	
必	반드시 필	5	心	水	火	
泌	물결부딪칠 필	9	水	水	水	

한자	소리·뜻	획수	부수	발음오행	자원오행	비고
珌	칼장식옥 필	10	玉	水	金	
畢	마칠 필	11	田	水	土	
苾	향기 필	11	艸	水	木	
弼	도울 필	12	弓	水	金	
筆	붓 필	12	竹	水	木	
馝	향기로울 필	14	香	水	木	
下	아래 하	3	一	土	水	
河	강 하	9	水	土	水	
昰	여름 하	9	日	土	火	
夏	여름 하	10	夂	土	火	
賀	하례할 하	12	貝	土	金	
廈	큰집 하	13	广	土	木	厦(廈의 속자, 12획, 厂부, 자원오행 木)
霞	놀 하	17	雨	土	水	
學	배울 학	16	子	土	水	学(學의 속자, 8획)

	한자	소리·뜻	획수	부수	발음오행	자원오행	비고
학	鶴	학 학	21	鳥	土	火	
한	汗	땀 한	7	水	土	水	
	寒	찰 한	12	宀	土	水	
	閑	한가할 한	12	門	土	水	
	漢	한수 한	15	水	土	水	
	翰	날개 한	16	羽	土	火	
	韓	나라이름 한	17	韋	土	金	
	瀚	넓고클 한	20	水	土	水	
할	轄	다스릴 할	17	車	土	火	
함	含	머금을 함	7	口	土	水	
	函	함 함	8	凵	土	木	
	咸	다 함	9	口	土	水	
	涵	젖을 함	12	水	土	水	
합	合	합할 합	6	口	土	水	

	한자	소리·뜻	획수	부수	발음오행	자원오행	비고
항	亢	목 항	4	亠	土	水	
	抗	막을 항	8	手	土	木	
	沆	물넓을 항	8	水	土	水	
	巷	거리 항	9	己	土	土	
	姮	항아 항	9	女	土	土	
	恒	항상 항	10	心	土	火	恆(恒의 본자, 10획, 心부)
	項	목(목덜미) 항	12	頁	土	火	
	港	항구 항	13	水	土	水	
해	亥	돼지 해	6	亠	土	水	
	海	바다 해	11	水	土	水	
	偕	함께 해	11	人	土	火	
	該	그 해	13	言	土	金	
	楷	본보기 해	13	木	土	木	
	解	풀 해	13	角	土	木	

한자	소리·뜻	획수	부수	발음오행	자원오행	비고
諧	화할 해	16	言	土	金	
核	씨 핵	10	木	土	木	
行	다닐 행	6	行	土	火	
杏	살구 행	7	木	土	木	
幸	다행 행	8	干	土	木	
向	향할 향	6	口	土	水	
享	누릴 향	8	亠	土	土	
香	향기 향	9	香	土	木	
珦	옥이름 향	11	玉	土	金	
鄕	시골 향	17	邑	土	土	
響	울릴 향	22	音	土	金	
許	허락할 허	11	言	土	金	
軒	집 헌	10	車	土	火	
憲	법 헌	16	心	土	火	

한자	소리·뜻	획수	부수	발음오행	자원오행	비고
獻	드릴 헌	20	犬	土	土	
險	험할 험	21	阜	土	土	
驗	증험할 험	23	馬	土	火	
革	가죽 혁	9	革	土	金	
奕	클 혁	9	大	土	木	
赫	붉을 혁	14	赤	土	火	
爀	빛날 혁	18	火	土	火	
玄	검을 현	5	玄	土	火	
見	나타날 현	7	見	土	火	현·견
弦	활시위 현	8	弓	土	木	
沄	물깊고넓을 현	9	水	土	水	
炫	빛날 현	9	火	土	火	
玹	옥돌 현	10	玉	土	金	
峴	재(고개) 현	10	山	土	土	

	한자	소리·뜻	획수	부수	발음오행	자원오행	비고
현	絃	악기줄 현	11	糸	土	木	
	晛	햇살 현	11	日	土	火	
	現	나타날 현	12	玉	土	金	
	絢	무늬 현	12	糸	土	木	
	鉉	솥귀 현	13	金	土	金	
	賢	어질 현	15	貝	土	金	
	懸	매달 현	20	心	土	火	
	顯	나타날 현	23	頁	土	火	
협	俠	호협할 협	9	人	土	火	
	峽	골짜기 협	10	山	土	土	
	挾	낄 협	11	手	土	木	
	浹	젖을 협	11	水	土	水	
형	兄	맏 형	5	儿	土	木	
	形	형상 형	7	彡	土	火	

한자	소리·뜻	획수	부수	발음오행	자원오행	비고
亨	형통할 형	7	亠	土	土	
型	본보기 형	9	土	土	土	
炯	빛날 형	9	火	土	火	
洞	찰 형	9	水	土	水	
邢	나라이름 형	11	邑	土	土	
珩	노리개 형	11	玉	土	金	
熒	등불 형	14	火	土	火	
瑩	의혹할 형	15	玉	土	金	영·형
衡	저울 형	16	行	土	火	
瀅	물맑을 형	19	水	土	水	
馨	향기로울 형	20	香	土	木	
彗	별이름 혜	11	彐	土	火	
惠	은혜 혜	12	心	土	火	恵(惠의 속자, 10획)
慧	슬기 혜	15	心	土	火	

형

혜

	한자	소리·뜻	획수	부수	발음오행	자원오행	비고
혜	蕙	아름다울 혜	18	艹	土	木	
호	互	서로 호	4	二	土	水	
	戶	집 호	4	戶	土	木	
	好	좋을 호	6	女	土	土	
	虎	범 호	8	虍	土	木	
	昊	하늘 호	8	日	土	火	
	祜	복 호	10	示	土	金	
	毫	가는털 호	11	毛	土	火	
	浩	넓을 호	11	水	土	水	
	扈	뒤따를 호	11	戶	土	木	
	晧	밝을 호	11	日	土	火	
	淏	맑을 호	12	水	土	水	
	皓	흴 호	12	白	土	金	
	琥	호박(琥珀) 호	13	玉	土	金	

한자	소리·뜻	획수	부수	발음 오행	자원 오행	비고
湖	호수 호	13	水	土	水	
瑚	산호 호	14	玉	土	金	
豪	호걸 호	14	豕	土	水	
滸	물가 호	15	水	土	水	
澔	넓을 호	16	水	土	水	
壕	해자(垓字) 호	17	土	土	土	
濠	해자(垓字) 호	18	水	土	水	
鎬	호경 호	18	金	土	金	
護	보호할 호	21	言	土	金	
顥	클 호	21	頁	土	火	
頀	구할 호	23	言	土	金	
灝	넓을 호	25	水	土	水	
婚	혼인할 혼	11	女	土	土	
弘	넓을 홍	5	弓	土	火	

한자	소리·뜻	획수	부수	발음오행	자원오행	비고
虹	무지개 홍	9	虫	土	水	
泓	물깊을 홍	9	水	土	水	
紅	붉을 홍	9	糸	土	木	
洪	큰물 홍	10	水	土	水	
烘	횃불 홍	10	火	土	火	
鴻	큰기러기 홍	17	鳥	土	火	
火	불 화	4	火	土	火	
化	화할 화	4	匕	土	火	
禾	벼 화	5	禾	土	木	
和	고를 화	8	口	土	水	
花	꽃 화	10	艹	土	木	
貨	재화 화	11	貝	土	金	
畵	그림 화	12	田	土	土	**畫**(畵의 속자, 13획, 田부)
話	말할 화	13	言	土	金	

한자		소리·뜻	획수	부수	발음오행	자원오행	비고
화	華	빛날 화	14	艹	土	木	
	嬅	고울 화	15	女	土	土	
	樺	자작나무 화	16	木	土	木	
확	確	확실할 확	15	石	土	金	碻(確과 동자, 15획)
	擴	넓힐 확	19	手	土	木	
	穫	벼벨 확	19	禾	土	木	
환	丸	둥글 환	3	丶	土	土	
	幻	변할 환	4	幺	土	火	
	奂	빛날 환	9	人	土	木	
	桓	굳셀 환	10	木	土	木	
	晥	환할 환	11	日	土	火	
	喚	부를 환	12	口	土	水	
	換	바꿀 환	13	手	土	木	
	煥	빛날 환	13	火	土	火	

한자	소리·뜻	획수	부수	발음오행	자원오행	비고
환						
渙	흩어질 환	13	水	土	水	
環	고리 환	18	玉	土	金	
還	돌아올 환	20	辵	土	土	
歡	기뻐할 환	22	欠	土	金	
활						
活	살 활	10	水	土	水	
闊	넓을 활	17	門	土	木	濶(闊의 속자, 18획, 水부, 자원오행 水)
황						
皇	임금 황	9	白	土	金	
晃	밝을 황	10	日	土	火	
凰	봉황새 황	11	几	土	木	
黃	누를 황	12	黃	土	土	
煌	빛날 황	13	火	土	火	
滉	물깊고넓을 황	14	水	土	水	
榥	책상 황	14	木	土	木	
璜	패옥 황	17	玉	土	金	

	한자	소리·뜻	획수	부수	발음오행	자원오행	비고
회	回	돌아올 회	6	口	土	水	
	廻	돌 회	9	廴	土	水	
	恢	클 회	10	心	土	火	
	會	모일 회	13	曰	土	木	
	檜	노송나무 회	17	木	土	木	
	繪	그림 회	19	糸	土	木	絵(繪의 속자, 12획)
	懷	품을 회	20	心	土	火	
획	劃	그을 획	14	刀	土	金	
횡	橫	가로 횡	16	木	土	木	
효	爻	변할 효	4	爻	土	火	
	孝	효도 효	7	子	土	水	
	效	본받을 효	10	攴	土	金	効(效의 속자, 8획, 力부, 자원오행 土)
	洨	강이름 효	11	水	土	水	
	曉	새벽 효	16	日	土	火	

한자	소리·뜻	획수	부수	발음오행	자원오행	비고
斅	가르칠 효	20	攴	土	金	
驍	날랠 효	22	馬	土	火	
后	임금 후	6	口	土	水	
厚	두터울 후	9	厂	土	土	
後	뒤 후	9	彳	土	火	
侯	제후 후	9	人	土	火	
候	기후 후	10	人	土	火	
逅	만날 후	13	辵	土	土	
訓	가르칠 훈	10	言	土	金	
焄	향기 훈	11	火	土	火	
熏	연기낄 훈	14	火	土	火	
勳	공 훈	16	力	土	火	勲(勳의 속자, 15획, 力부) 또는 勛(勳의 고자, 12획, 力부)
壎	질나팔 훈	17	土	土	土	
燻	연기낄 훈	18	火	土	火	

	한자	소리·뜻	획수	부수	발음오행	자원오행	비고
훈	薰	향기 훈	20	艹	土	木	
훤	暄	따뜻할 훤	13	日	土	火	
	萱	원추리 훤	15	艹	土	木	
휘	彙	무리 휘	13	彐	土	火	
	暉	빛 휘	13	日	土	火	
	煇	빛날 휘	13	火	土	火	
	揮	휘두를 휘	13	手	土	木	
	輝	빛날 휘	15	車	土	火	
	徽	아름다울 휘	17	彳	土	火	
휴	休	쉴 휴	6	人	土	火	
	烋	아름다울 휴	10	火	土	火	
	携	가질 휴	14	手	土	木	
흑	黑	검을 흑	12	黑	土	水	
흔	欣	기뻐할 흔	8	欠	土	火	

	한자	소리·뜻	획수	부수	발음오행	자원오행	비고
흔	昕	아침 흔	8	日	土	火	
	炘	이글이글할 흔	8	火	土	火	
흘	屹	산우뚝솟을 흘	6	山	土	土	
흠	欽	공경할 흠	12	欠	土	金	
흡	吸	마실 흡	7	口	土	水	
	洽	윤택하게할 흡	10	水	土	水	
	恰	흡사할 흡	10	心	土	火	
	翕	합할 흡	12	羽	土	火	
흥	興	일어날 흥	15	臼	土	土	
희	希	바랄 희	7	巾	土	木	
	姬	계집 희	9	女	土	土	
	晞	마를 희	11	日	土	火	
	喜	기쁠 희	12	口	土	水	
	稀	드물 희	12	禾	土	木	

한자	소리·뜻	획수	부수	발음오행	자원오행	비고
熙	빛날 희	13	火	土	火	
僖	기쁠 희	14	人	土	火	
嬉	즐길 희	15	女	土	土	
凞	화할 희	15	冫	土	水	
憙	기쁠 희	16	心	土	火	
戱	놀 희	16	戈	土	金	
熹	성할 희	16	火	土	火	
熺	성할 희	16	火	土	火	
羲	숨 희	16	羊	土	土	
禧	복 희	17	示	土	木	
曦	햇빛 희	20	日	土	火	

희

부록2
성씨에 따른 길한 수리의 배합표

이 표는 81수리 이론을 바탕으로 한다. 81수리 이론은 성명 각 글자의 획수를 세어 원형이정의 4격을 구성한 후, 이것을 81수리로 따져 이름이 갖는 운세를 설명한다.

예를 들어 성씨가 6획성인 경우 이 획수인 6에 이름 첫 글자의 획수인 1과 이름 끝 글자의 획수인 10을 6·1·10의 차례로 배합하면 81수리 이론에 따라 원형이정의 4격이 모두 길한 수리를 이룬다는 내용이다.

일반적으로 성명이 세 글자인 경우 원격은 성을 제외한 이름 두 글자의 획수를 합한 것이고, 형격은 성과 이름 첫 글자의 획수를 합한 것이며, 이격은 성과 이름 끝 글자의 획수를 합한 것이고, 정격은 성과 이름 두 글자의 획수를 모두 합한 것이다.

81수리의 길흉은 본문을 참고하기 바란다. 그러나 필자는 이 81수리 이론이 믿을 수 없는 것이라고 밝힌 바 있다.

원격	성을 제외한 이름 두 글자의 획수를 합한 것
형격	성과 이름 첫 글자의 획수를 합한 것
이격	성과 이름 끝 글자의 획수를 합한 것
정격	성과 이름 두 글자의 획수를 모두 합한 것

2획 성(성씨)

내 乃
복 卜
정 丁

성 (성씨)	이름자 (1)	이름자 (2)	4격 수리			
			원	형	이	정
2	1	4	5	3	6	7
2	1	5	6	3	7	8
2	1	14	15	3	16	17
2	1	15	16	3	17	18
2	1	22	23	3	24	25
2	3	3	6	5	5	8
2	3	12	15	5	14	17
2	3	13	16	5	15	18
2	4	1	5	6	3	7
2	4	9	13	6	11	15
2	4	11	15	6	13	17
2	4	19	23	6	21	25
2	5	1	6	7	3	8
2	5	6	11	7	8	13
2	5	11	16	7	13	18
2	5	16	21	7	18	23
2	6	3	9	8	5	11
2	6	5	11	8	7	13
2	6	9	15	8	11	17
2	6	15	21	8	17	23
2	6	23	29	8	25	31
2	9	4	13	11	6	15
2	9	6	15	11	8	17
2	9	14	23	11	16	25

성 (성씨)	이름자 (1)	이름자 (2)	4격 수리			
			원	형	이	정
2	9	22	31	11	24	33
2	11	4	15	13	6	17
2	11	5	16	13	7	18
2	11	22	33	13	24	35
2	13	3	16	15	5	18
2	13	16	29	15	18	31
2	13	22	35	15	24	37
2	14	1	15	16	3	17
2	14	9	23	16	11	25
2	14	15	29	16	17	31
2	14	19	33	16	21	35
2	14	21	35	16	23	37
2	15	1	16	17	3	18
2	15	6	21	17	8	23
2	15	14	29	17	16	31
2	15	16	31	17	18	33
2	16	5	21	18	7	23
2	16	13	29	18	15	31
2	16	15	31	18	17	33
2	16	19	35	18	21	37
2	16	23	39	18	25	41
2	19	4	23	21	6	25
2	19	14	33	21	16	35
2	19	16	35	21	18	37

성(성씨)	이름자(1)	이름자(2)	4격 수리			
			원	형	이	정
2	21	14	35	23	16	37
2	22	1	23	24	3	25
2	22	9	31	24	11	33
2	22	11	33	24	13	35
2	22	13	35	24	15	37
2	23	6	29	25	8	31
2	23	16	39	25	18	41
3	2	3	5	5	6	8
3	2	13	15	5	16	18
3	3	2	5	6	5	8
3	3	10	13	6	13	16
3	3	12	15	6	15	18
3	3	18	21	6	21	24
3	4	4	8	7	7	11
3	4	14	18	7	17	21
3	5	8	13	8	11	16
3	5	10	15	8	13	18
3	8	5	13	11	8	16
3	8	10	18	11	13	21
3	8	13	21	11	16	24
3	8	21	29	11	24	32
3	10	3	13	13	6	16
3	10	5	15	13	8	18
3	10	8	18	13	11	21

3획 성(성씨)

간 干
궁 弓
대 大
범 凡
산 山
우 于
천 千

성 (성씨)	이름자 (1)	이름자 (2)	4격 수리			
			원	형	이	정
3	10	22	32	13	25	35
3	12	3	15	15	6	28
3	12	20	32	15	23	35
3	13	2	15	16	5	18
3	13	8	21	16	11	24
3	14	4	18	17	7	21
3	14	15	29	17	18	32
3	14	18	32	17	21	35
3	14	21	35	17	24	38
3	15	14	29	18	17	32
3	15	20	35	18	23	38
3	18	2	20	21	5	23
3	18	3	21	21	6	24
3	18	14	32	21	17	35
3	18	20	38	21	23	41
3	20	12	32	23	15	35
3	20	15	35	23	18	38
3	20	18	38	23	21	41
3	21	8	29	24	11	32
3	21	14	35	24	17	38
3	22	13	35	25	16	38

4획 성(성씨)

개 介

성 (성씨)	이름자 (1)	이름자 (2)	원	형	이	정
4	1	2	3	5	6	7
4	1	12	13	5	16	17
4	2	1	3	6	5	7

성(성씨)	이름자(1)	이름자(2)	4격 수리			
			원	형	이	정
공 孔	4	2	11	13	6	15	17
공 公	4	3	4	7	7	8	11
모 毛	4	3	14	17	7	18	21
목 木	4	4	3	7	8	7	11
문 文	4	4	7	11	8	11	15
방 方	4	4	9	13	8	13	17
변 卞	4	4	13	17	8	17	21
부 夫	4	4	17	21	8	21	25
왕 王	4	4	21	25	8	25	29
원 元	4	7	4	11	11	8	15
윤 尹	4	7	14	21	11	18	25
인 仁	4	9	2	11	13	6	15
천 天	4	9	4	13	13	8	17
태 太	4	9	12	21	13	16	25
편 片	4	9	20	29	13	24	33
	4	9	22	31	13	26	35
	4	11	2	13	15	6	17
	4	11	14	25	15	18	29
	4	11	20	31	15	24	35
	4	12	1	13	16	5	17
	4	12	9	21	16	13	25
	4	12	13	25	16	17	29
	4	12	17	29	16	21	33
	4	12	19	31	16	23	35

성 (성씨)	이름자 (1)	이름자 (2)	4격 수리			
			원	형	이	정
4	12	21	33	16	25	37
4	13	4	17	17	8	21
4	13	12	25	17	16	29
4	13	20	33	17	24	37
4	14	3	17	18	7	21
4	14	7	21	18	11	25
4	14	11	25	18	15	29
4	14	17	31	18	21	35
4	14	19	33	18	23	37
4	14	21	35	18	25	39
4	17	4	21	21	8	25
4	17	12	29	21	16	33
4	17	14	31	21	18	35
4	17	20	37	21	24	41
4	19	2	21	23	6	25
4	19	12	31	23	16	35
4	19	14	33	23	18	37
4	20	1	21	24	5	25
4	20	9	29	24	13	33
4	20	11	31	24	15	35
4	20	13	33	24	17	37
4	20	17	37	24	21	41
4	20	21	41	24	25	45
4	21	4	25	25	8	29

5획 성(성씨)

감 甘
공 功
구 丘
백 白
사 史
석 石
소 召
신 申
을지 乙支
옥 玉
전 田
점 占
좌 左
평 平
피 皮
현 玄

성 (성씨)	이름자 (1)	이름자 (2)	4격 수리			
			원	형	이	정
4	21	12	33	25	16	37
4	21	14	35	25	18	39
4	22	9	31	26	13	35
5	1	2	3	6	7	8
5	1	10	11	6	15	16
5	1	12	13	6	17	18
5	2	6	8	7	11	13
5	2	11	13	7	16	18
5	2	16	18	7	21	23
5	3	8	11	8	13	16
5	3	10	13	8	15	18
5	6	2	8	11	7	13
5	6	10	16	11	15	21
5	6	12	18	11	17	23
5	6	18	24	11	23	29
5	8	3	11	13	8	16
5	8	8	16	13	13	21
5	8	10	18	13	15	23
5	8	16	24	13	21	29
5	8	24	32	13	29	37
5	10	1	11	15	6	16
5	10	3	13	15	8	18
5	10	6	16	15	11	21
5	10	8	18	15	13	23

부록 2 · 성씨에 따른 길한 수리의 배합표

성(성씨)	이름자(1)	이름자(2)	4격 수리			
			원	형	이	정
5	11	2	13	16	7	18
5	12	1	13	17	6	18
5	12	6	18	17	11	23
5	12	12	24	17	17	29
5	12	20	32	17	25	37
5	13	20	33	18	25	38
5	16	2	18	21	7	23
5	16	8	24	21	13	29
5	16	16	32	21	21	37
5	18	6	24	23	11	29
5	20	12	32	25	17	37
5	20	13	33	25	18	38
5	24	8	32	29	13	37

6획 성(성씨)

길 吉
노 老
모 牟
미 米
박 朴
백 百
서 西
안 安
이 伊

성	이름자(1)	이름자(2)	원	형	이	정
6	1	10	11	7	16	17
6	1	17	18	7	23	24
6	2	5	7	8	11	13
6	2	9	11	8	15	17
6	2	15	17	8	21	23
6	2	23	25	8	29	31
6	5	2	7	11	8	13
6	5	10	15	11	16	21
6	5	12	17	11	18	23
6	5	18	23	11	24	29
6	5	26	31	11	32	37

우리 이름 교과서

성 (성씨)	이름자 (1)	이름자 (2)	4격 수리			
			원	형	이	정
6	7	10	17	13	16	23
6	7	11	18	13	17	24
6	7	18	25	13	24	31
6	7	25	32	13	31	38
6	9	2	11	15	8	17
6	9	9	18	15	15	24
6	9	23	32	15	29	38
6	9	26	35	15	32	41
6	10	1	11	16	7	17
6	10	5	15	16	11	21
6	10	7	17	16	13	23
6	10	15	25	16	21	31
6	10	19	29	16	25	35
6	10	23	33	16	29	39
6	10	25	35	16	31	41
6	11	7	18	17	13	24
6	11	12	23	17	18	29
6	11	18	29	17	24	35
6	12	5	17	18	11	23
6	12	11	23	18	17	29
6	12	17	29	18	23	35
6	12	19	31	18	25	37
6	12	23	35	18	29	41
6	15	2	17	21	8	23

인 印
임 任
전 全
주 朱

성 (성씨)	이름자 (1)	이름자 (2)	4격 수리			
			원	형	이	정
6	15	10	25	21	16	31
6	15	17	32	21	23	38
6	15	18	33	21	24	39
6	17	12	29	23	18	35
6	17	15	32	23	21	38
6	17	18	35	23	24	41
6	18	5	23	24	11	29
6	18	7	25	24	13	31
6	18	11	29	24	17	35
6	18	15	33	24	21	39
6	18	17	35	24	23	41
6	19	10	29	25	16	35
6	19	12	31	25	18	37
6	23	2	25	29	8	31
6	23	9	32	29	15	38
6	23	10	33	29	16	39
6	23	12	35	29	18	41
6	25	7	32	31	13	38
6	25	10	35	31	16	41
6	26	5	31	32	11	37

7획 성(성씨)

강 江
두 杜

성 (성씨)	이름자 (1)	이름자 (2)	원	형	이	정
7	1	10	11	8	17	18
7	1	16	17	8	23	24
7	1	24	25	8	31	32
7	4	4	8	11	11	15

성 (성씨)	이름자 (1)	이름자 (2)	4격 수리			
			원	형	이	정
성 成	7	4	14	18	11	21	25
송 宋	7	6	10	16	13	17	23
신 辛	7	6	11	17	13	18	24
여 呂	7	6	18	24	13	25	31
여 余	7	8	8	16	15	15	23
여 汝	7	8	9	17	15	16	24
연 延	7	8	10	18	15	17	25
오 吳	7	8	16	24	15	23	31
이 李	7	8	17	25	15	24	32
정 廷	7	8	24	32	15	31	39
지 池	7	9	8	17	16	15	24
차 車	7	9	16	25	16	23	32
하 何	7	9	22	31	16	29	38
	7	10	1	11	17	8	18
	7	10	6	16	17	13	23
	7	10	8	18	17	15	25
	7	10	14	24	17	21	31
	7	10	22	32	17	29	39
	7	11	6	17	18	13	24
	7	11	14	25	18	21	32
	7	14	4	18	21	11	25
	7	14	10	24	21	17	31
	7	14	11	25	21	18	32
	7	14	17	31	21	24	38

성 (성씨)	이름자 (1)	이름자 (2)	4격 수리			
			원	형	이	정
7	14	18	32	21	25	39
7	16	1	17	23	8	24
7	16	8	24	23	15	31
7	16	9	25	23	16	32
7	16	16	32	23	23	39
7	16	22	38	23	29	45
7	17	8	25	24	15	32
7	17	14	31	24	21	38
7	17	24	41	24	31	48
7	18	6	24	25	13	31
7	18	14	32	25	21	39
7	22	9	31	29	16	38
7	22	10	32	29	17	39
7	22	16	38	29	23	45
7	24	1	25	31	8	32
7	24	8	32	31	15	39
7	24	17	41	31	24	48

8획 성(성씨)

경 庚
경 京
계 季
공 空
구 具

성 (성씨)	이름자 (1)	이름자 (2)	원	형	이	정
8	3	5	8	11	13	16
8	3	10	13	11	18	21
8	3	13	16	11	21	24
8	3	21	24	11	29	32
8	5	3	8	13	11	16
8	5	8	13	13	16	21
8	5	10	15	13	18	23

성 (성씨)	이름자 (1)	이름자 (2)	4격 수리 원	형	이	정
기 奇	8	5	16	21	13	24	29
김 金	8	5	24	29	13	32	37
맹 孟	8	7	8	15	15	16	23
명 明	8	7	9	16	15	17	24
방 房	8	7	10	17	15	18	25
봉 奉	8	7	16	23	15	24	31
사 舍	8	7	17	24	15	25	32
상 尙	8	7	24	31	15	32	39
석 昔	8	8	5	13	16	13	21
송 松	8	8	7	15	16	15	23
승 承	8	8	9	17	16	17	25
심 沈	8	8	13	21	16	21	29
악 岳	8	8	15	23	16	23	31
임 林	8	8	17	25	16	25	33
종 宗	8	8	21	29	16	29	37
주 周	8	9	7	16	17	15	24
창 昌	8	9	8	17	17	16	25
채 采	8	9	15	24	17	23	32
탁 卓	8	9	16	25	17	24	33
화 和	8	10	3	13	18	11	21
	8	10	5	15	18	13	23
	8	10	7	17	18	15	25
	8	10	13	23	18	21	31
	8	10	15	25	18	23	33

성(성씨)	이름자(1)	이름자(2)	4격 수리			
			원	형	이	정
8	10	21	31	18	29	39
8	10	23	33	18	31	41
8	13	3	16	21	11	24
8	13	8	21	21	16	29
8	13	10	23	21	18	31
8	13	16	29	21	24	37
8	15	8	23	23	16	31
8	15	9	24	23	17	32
8	15	10	25	23	18	33
8	15	16	31	23	24	39
8	16	5	21	24	13	29
8	16	7	23	24	15	31
8	16	9	25	24	17	33
8	16	13	29	24	21	37
8	16	15	31	24	23	39
8	16	17	33	24	25	41
8	16	21	37	24	29	45
8	16	23	39	24	31	47
8	17	7	24	25	15	32
8	17	8	25	25	16	33
8	17	16	33	25	24	41
8	21	3	24	29	11	32
8	21	8	29	29	16	37
8	21	10	31	29	18	39

부록 2 · 성씨에 따른 길한 수리의 배합표

우리이름 교과서

9획 성(성씨)

강 姜
남 南
단 段
류 柳
선 宣
성 星
언 彦
우 禹
위 韋
유 兪
추 秋
표 表
하 河
함 咸

성 (성씨)	이름자 (1)	이름자 (2)	4격 수리			
			원	형	이	정
8	21	16	37	29	24	45
8	23	10	33	31	18	41
8	23	16	39	31	24	47
8	24	5	29	32	13	37
8	24	7	31	32	15	39
8	27	10	37	35	18	45
9	2	4	6	11	13	15
9	2	6	8	11	15	17
9	2	14	16	11	23	25
9	4	2	6	13	11	15
9	4	4	8	13	13	17
9	4	12	16	13	21	25
9	4	20	24	13	29	33
9	6	2	8	15	11	17
9	6	9	15	15	18	24
9	6	23	29	15	32	38
9	7	8	15	16	17	24
9	7	16	23	16	25	32
9	7	22	29	16	31	38
9	8	7	15	17	16	24
9	8	8	16	17	17	25
9	8	15	23	17	24	32
9	8	16	24	17	25	33
9	9	6	15	18	15	24

성 (성씨)	이름자 (1)	이름자 (2)	4격 수리			
			원	형	이	정
9	9	14	23	18	23	32
9	9	20	29	18	29	38
9	12	4	16	21	13	25
9	12	12	24	21	21	33
9	12	20	32	21	29	41
9	14	2	16	23	11	25
9	14	9	23	23	18	32
9	14	15	29	23	24	38
9	15	8	23	24	17	32
9	15	14	29	24	23	38
9	15	24	39	24	33	48
9	16	7	23	25	16	32
9	16	8	24	25	17	33
9	16	16	32	25	25	41
9	16	22	38	25	31	47
9	16	23	39	25	32	48
9	20	4	24	29	13	33
9	20	9	29	29	18	38
9	20	12	32	29	21	41
9	22	2	24	31	11	33
9	22	7	29	31	16	38
9	22	16	38	31	25	47
9	23	6	29	32	15	38
9	23	16	39	32	25	48

10획 성(성씨)

- 계 桂
- 고 高
- 골 骨
- 구 俱
- 궁 宮
- 당 唐
- 마 馬
- 방 芳
- 서 徐
- 손 孫
- 예 芮
- 원 袁
- 은 殷
- 조 曹
- 진 晉
- 진 秦
- 창 倉
- 하 夏
- 홍 洪

성 (성씨)	이름자 (1)	이름자 (2)	4격 수리			
			원	형	이	정
9	24	15	39	33	24	48
10	1	5	6	11	15	16
10	1	6	7	11	16	17
10	1	7	8	11	17	18
10	1	14	15	11	24	25
10	1	22	23	11	32	33
10	3	3	6	13	13	16
10	3	5	8	13	15	18
10	3	8	11	13	18	21
10	3	22	25	13	32	35
10	5	1	6	15	11	16
10	5	3	8	15	13	18
10	5	6	11	15	16	21
10	5	8	13	15	18	23
10	6	1	7	16	11	17
10	6	5	11	16	15	21
10	6	7	13	16	17	23
10	6	15	21	16	25	31
10	6	19	25	16	29	35
10	6	23	29	16	33	39
10	7	1	8	17	11	18
10	7	6	13	17	16	23
10	7	8	15	17	18	25
10	7	14	21	17	24	31

성 (성씨)	이름자 (1)	이름자 (2)	4격 수리			
			원	형	이	정
10	7	22	29	17	32	39
10	8	3	11	18	13	21
10	8	5	13	18	15	23
10	8	7	15	18	17	25
10	8	13	21	18	23	31
10	8	15	23	18	25	33
10	8	21	29	18	31	39
10	8	23	31	18	33	41
10	11	14	25	21	24	35
10	13	8	21	23	18	31
10	13	22	35	23	32	45
10	14	1	15	24	11	25
10	14	7	21	24	17	31
10	14	11	25	24	21	35
10	14	15	29	24	25	39
10	14	21	35	24	31	45
10	15	6	21	25	16	31
10	15	8	23	25	18	33
10	15	14	29	25	24	39
10	15	22	37	25	32	47
10	15	23	38	25	33	48
10	19	6	25	29	16	35
10	19	19	38	29	29	48
10	21	8	29	31	18	39

성 (성씨)	이름자 (1)	이름자 (2)	4격 수리			
			원	형	이	정
10	21	14	35	31	24	45
10	22	1	23	32	11	33
10	22	3	25	32	13	35
10	22	7	29	32	17	39
10	22	13	35	32	23	45
10	22	15	37	32	25	47
10	23	6	29	33	16	39
10	23	8	31	33	18	41
10	23	15	38	33	25	48

11획 성(성씨)

강 康
강 强
마 麻
매 梅
반 班
방 邦
상 常
설 卨
양 梁
어 魚
위 尉
이 異
장 張

성	이름자(1)	이름자(2)	원	형	이	정
11	2	4	6	13	15	17
11	2	5	7	13	16	18
11	2	22	24	13	33	35
11	4	2	6	15	13	17
11	4	14	18	15	25	29
11	4	20	24	15	31	35
11	5	2	7	16	13	17
11	6	7	13	17	18	24
11	6	12	18	17	23	29
11	6	18	24	17	29	35
11	7	6	13	18	17	24
11	7	14	21	18	25	32
11	10	14	24	21	25	35
11	12	6	18	23	17	29
11	12	12	24	23	23	35

성 (성씨)	이름자 (1)	이름자 (2)	4격 수리			
			원	형	이	정
장 章	11	13	24	37	24	35	48
장 將	11	14	4	18	25	15	29
최 崔	11	14	7	21	25	18	32
허 許	11	14	10	24	25	21	35
호 胡	11	18	6	24	29	17	35
호 扈	11	20	4	24	31	15	35
	11	20	21	41	31	32	52
	11	20	27	47	31	38	58
	11	21	20	41	32	31	52
	11	22	2	24	33	13	35
	11	24	13	37	35	24	48
	11	27	20	47	38	31	58

12획 성(성씨)

성 (성씨)	이름자 (1)	이름자 (2)	4격 수리			
			원	형	이	정
경 景	12	1	4	5	13	16	17
구 邱	12	1	5	6	13	17	18
동 童	12	1	12	13	13	24	25
동방 東方	12	1	20	21	13	32	33
	12	3	3	6	15	15	18
	12	3	20	23	15	32	35
민 閔	12	4	1	5	16	13	17
삼 森	12	4	9	13	16	21	25
소 邵	12	4	13	17	16	25	29
순 筍	12	4	17	21	16	29	33
순 舜	12	4	19	23	16	31	35
순 淳	12	4	21	25	16	33	37

	성 (성씨)	이름자 (1)	이름자 (2)	4격 수리			
				원	형	이	정
승 勝	12	5	1	6	17	13	18
요 堯	12	5	6	11	17	18	23
유 庾	12	5	12	17	17	24	29
정 程	12	5	20	25	17	32	37
증 曾	12	6	5	11	18	17	23
팽 彭	12	6	11	17	18	23	29
풍 馮	12	6	17	23	18	29	35
하 賀	12	6	19	25	18	31	37
황 黃	12	6	23	29	18	35	41
	12	9	4	13	21	16	25
	12	9	12	21	21	24	33
	12	9	20	29	21	32	41
	12	9	26	35	21	38	47
	12	11	6	17	23	18	29
	12	11	12	23	23	24	35
	12	12	1	13	24	13	25
	12	12	5	17	24	17	29
	12	12	9	21	24	21	33
	12	12	11	23	24	23	35
	12	12	13	25	24	25	37
	12	12	17	29	24	29	41
	12	12	21	33	24	33	45
	12	12	23	35	24	35	47
	12	13	4	17	25	16	29

성 (성씨)	이름자 (1)	이름자 (2)	4격 수리			
			원	형	이	정
12	13	12	25	25	24	37
12	13	20	33	25	32	45
12	17	4	21	29	16	33
12	17	6	23	29	18	35
12	17	12	29	29	24	41
12	19	4	23	31	16	35
12	19	6	25	31	18	37
12	20	1	21	32	13	33
12	20	3	23	32	15	35
12	20	5	25	32	17	37
12	20	9	29	32	21	41
12	20	13	33	32	25	45
12	21	4	25	33	16	37
12	21	12	33	33	24	45
12	23	6	29	35	18	41
12	23	12	35	35	24	47
12	26	9	35	38	21	47
13	2	3	5	15	16	18
13	2	16	18	15	29	31
13	2	22	24	15	35	37
13	3	2	5	16	15	18
13	3	8	11	16	21	24
13	3	22	25	16	35	38
13	4	4	8	17	17	21

13획 성(성씨)

가 賈
금 琴
노 路
목 睦
사공 司空

성 (성씨)	이름자 (1)	이름자 (2)	4격 수리			
			원	형	이	정
13	4	12	16	17	25	29
13	4	20	24	17	33	37
13	5	20	25	18	33	38
13	8	3	11	21	16	24
13	8	8	16	21	21	29
13	8	10	18	21	23	31
13	8	16	24	21	29	37
13	8	24	32	21	37	45
13	10	8	18	23	21	31
13	10	22	32	23	35	45
13	12	4	16	25	17	29
13	12	12	24	25	25	37
13	12	20	32	25	33	45
13	16	2	18	29	15	31
13	16	8	24	29	21	37
13	16	16	32	29	29	45
13	16	19	35	29	32	48
13	19	16	35	32	29	48
13	19	20	39	32	33	52
13	20	4	24	33	17	37
13	20	5	25	33	18	38
13	20	12	32	33	25	45
13	22	2	24	35	15	37
13	22	3	25	35	16	38

신 新
양 楊
염 廉
옹 雍
장 莊
초 楚

	성 (성씨)	이름자 (1)	이름자 (2)	4격 수리			
				원	형	이	정
	13	22	10	32	35	23	45
	13	22	26	48	35	39	61
	13	26	22	48	39	35	61
	14	1	2	3	15	16	17
	14	1	10	11	15	24	25
	14	1	17	18	15	31	32
	14	1	23	24	15	37	38
	14	2	1	3	16	15	17
	14	2	9	11	16	23	25
	14	2	15	17	16	29	31
	14	2	19	21	16	33	35
	14	2	21	23	16	35	37
	14	2	23	25	16	37	39
	14	3	4	7	17	18	21
	14	3	15	18	17	29	32
	14	3	18	21	17	32	35
	14	3	21	24	17	35	38
	14	4	3	7	18	17	21
	14	4	7	11	18	21	25
	14	4	11	15	18	25	29
	14	4	17	21	18	31	35
	14	4	19	23	18	33	37
	14	4	21	25	18	35	39
	14	7	4	11	21	18	25

14획 성(성씨)

견 甄
공손 公孫
국 菊
기 箕
단 端
배 裵
봉 鳳
서문 西門
신 愼
온 溫
제 齊
조 趙
채 菜
화 華

성 (성씨)	이름자 (1)	이름자 (2)	4격 수리			
			원	형	이	정
14	7	10	17	21	24	31
14	7	11	18	21	25	32
14	7	17	24	21	31	38
14	7	18	25	21	32	39
14	7	24	31	21	38	45
14	9	2	11	23	16	25
14	9	9	18	23	23	32
14	9	15	24	23	29	38
14	9	24	33	23	38	47
14	10	1	11	24	15	25
14	10	7	17	24	21	31
14	10	11	21	24	25	35
14	10	15	25	24	29	39
14	10	21	31	24	35	45
14	10	23	33	24	37	47
14	11	4	15	25	18	29
14	11	7	18	25	21	32
14	11	10	21	25	24	35
14	15	2	17	29	16	31
14	15	3	18	29	17	32
14	15	9	24	29	23	38
14	15	10	25	29	24	39
14	15	18	33	29	32	47
14	17	1	18	31	15	32

성 (성씨)	이름자 (1)	이름자 (2)	4격 수리			
			원	형	이	정
14	17	4	21	31	18	35
14	17	7	24	31	21	38
14	18	3	21	32	17	35
14	18	7	25	32	21	39
14	18	15	33	32	29	47
14	19	2	21	33	16	35
14	19	4	23	33	18	37
14	21	2	23	35	16	37
14	21	3	24	35	17	38
14	21	4	25	35	18	39
14	21	10	31	35	24	45
14	21	17	38	35	31	52
14	23	1	24	37	15	38
14	23	2	25	37	16	39
14	23	10	33	37	24	47
14	24	7	31	38	21	45
14	24	9	33	38	23	47
15	1	2	3	16	17	18
15	1	16	17	16	31	32
15	1	22	23	16	37	38
15	2	1	3	17	16	18
15	2	6	8	17	21	23
15	2	14	16	17	29	31
15	2	16	18	17	31	33

15획 성(성씨)

가 價
갈 葛
경 慶
곽 郭
구 歐

노 魯
동 董
묵 墨
사마 司馬
유 劉
한 漢

성 (성씨)	이름자 (1)	이름자 (2)	4격 수리			
			원	형	이	정
15	2	22	24	17	37	39
15	3	14	17	18	29	32
15	3	20	23	18	35	38
15	6	2	8	21	17	23
15	6	10	16	21	25	31
15	6	17	23	21	32	38
15	6	18	24	21	33	39
15	8	8	16	23	23	31
15	8	9	17	23	24	32
15	8	10	18	23	25	33
15	8	16	24	23	31	39
15	8	24	32	23	39	47
15	9	8	17	24	23	32
15	9	14	23	24	29	38
15	10	6	16	25	21	31
15	10	8	18	25	23	33
15	10	14	24	25	29	39
15	10	22	32	25	37	47
15	10	23	33	25	38	48
15	14	2	16	29	17	31
15	14	3	17	29	18	32
15	14	9	23	29	24	38
15	14	10	24	29	25	39
15	14	18	32	29	33	47

성 (성씨)	이름자 (1)	이름자 (2)	4격 수리			
			원	형	이	정
15	14	23	37	29	38	52
15	16	1	17	31	16	32
15	16	2	18	31	17	33
15	16	8	24	31	23	39
15	16	16	32	31	31	47
15	16	17	33	31	32	48
15	17	6	23	32	21	38
15	17	16	33	32	31	48
15	17	20	37	32	35	52
15	18	6	24	33	21	39
15	18	14	32	33	29	47
15	20	3	23	35	18	38
15	20	17	37	35	32	52
15	22	1	23	37	16	38
15	22	2	24	37	17	39
15	22	10	32	37	25	47
15	23	10	33	38	25	48
15	23	14	37	38	29	52
15	24	8	32	39	23	47
16	1	7	8	17	23	24
16	1	15	16	17	31	32
16	1	16	17	17	32	33
16	1	22	23	17	38	39
16	2	5	7	18	21	23

16획 성(성씨)

노 盧
도 都
도 陶

성(성씨)	이름자(1)	이름자(2)	4격 수리			
			원	형	이	정
도 道	16	2	13	15	18	29	31
반 潘	16	2	15	17	18	31	33
연 燕	16	2	19	21	18	35	37
용 龍	16	2	21	23	18	37	39
육 陸	16	2	23	25	18	39	41
음 陰	16	5	2	7	21	18	23
전 錢	16	5	8	13	21	24	29
제 諸	16	5	16	21	21	32	37
진 陳	16	7	1	8	23	17	24
황보 皇甫	16	7	8	15	23	24	31
	16	7	9	17	23	25	32
	16	7	16	23	23	32	39
	16	7	22	29	23	38	45
	16	8	5	13	24	21	29
	16	8	7	15	24	23	31
	16	8	9	17	24	25	33
	16	8	13	21	24	29	37
	16	8	15	23	24	31	39
	16	8	17	25	24	33	41
	16	8	21	29	24	37	45
	16	8	23	31	24	39	47
	16	9	7	16	25	23	32
	16	9	8	17	25	24	33
	16	9	16	25	25	32	41

성 (성씨)	이름자 (1)	이름자 (2)	4격 수리			
			원	형	이	정
16	9	22	31	25	38	47
16	9	23	32	25	39	48
16	13	2	15	29	18	31
16	13	8	21	29	24	37
16	13	16	29	29	32	45
16	13	19	32	29	35	48
16	15	1	16	31	17	32
16	15	2	17	31	18	33
16	15	8	23	31	24	39
16	15	16	31	31	32	47
16	15	17	32	31	33	48
16	16	1	17	32	17	33
16	16	5	21	32	21	37
16	16	7	23	32	23	39
16	16	9	25	32	25	41
16	16	13	29	32	29	45
16	16	15	31	32	31	47
16	17	8	25	33	24	41
16	17	15	32	33	31	48
16	19	2	21	35	18	37
16	19	13	32	35	29	48
16	19	22	41	35	38	57
16	21	2	23	37	18	39
16	21	8	29	37	24	45

성(성씨)	이름자(1)	이름자(2)	4격 수리			
			원	형	이	정
16	22	1	23	38	17	39
16	22	7	29	38	23	45
16	22	9	31	38	25	47
16	22	19	41	38	35	57
16	23	2	25	39	18	41
16	23	9	32	39	25	38
17	1	6	7	18	23	24
17	1	14	15	18	31	32
17	1	20	21	18	37	38
17	4	4	8	21	21	25
17	4	12	16	21	29	33
17	4	14	18	21	31	35
17	4	20	24	21	37	41
17	6	1	7	23	18	24
17	6	12	18	23	29	35
17	6	15	21	23	32	38
17	6	18	24	23	35	41
17	7	8	15	24	25	32
17	7	14	21	24	31	38
17	7	24	31	24	41	48
17	8	7	15	25	24	32
17	8	8	16	25	25	33
17	8	16	24	25	33	41
17	12	4	16	29	21	33

17획 성(성씨)

- 국 鞠
- 사 謝
- 상 尙
- 선 鮮
- 손 遜
- 양 陽
- 양 襄
- 연 蓮
- 장 蔣
- 종 鍾
- 채 蔡
- 추 鄒
- 한 韓

성 (성씨)	이름자 (1)	이름자 (2)	4격 수리			
			원	형	이	정
17	12	6	18	29	23	35
17	12	12	24	29	29	41
17	14	1	15	31	18	32
17	14	4	18	31	21	35
17	14	7	21	31	24	38
17	14	21	35	31	38	52
17	15	6	21	32	23	38
17	15	16	31	32	33	48
17	15	20	35	32	37	52
17	16	8	24	33	25	41
17	16	15	31	33	32	48
17	18	6	24	35	23	41
17	20	1	21	37	18	38
17	20	4	24	37	21	41
17	20	15	35	37	32	52
17	21	14	35	38	31	52
17	24	7	31	41	24	48
18	3	3	6	21	21	24
18	3	14	17	21	32	35
18	3	20	23	21	38	41
18	5	6	11	23	24	29
18	6	5	11	24	23	29
18	6	7	13	24	25	31
18	6	11	17	24	29	35

18획 성(성씨)

간 簡
안 顔
위 魏

성 (성씨)	이름자 (1)	이름자 (2)	4격 수리			
			원	형	이	정
18	6	15	21	24	33	39
18	6	17	23	24	35	41
18	6	23	29	24	41	47
18	7	6	13	25	24	31
18	7	14	21	25	32	39
18	11	6	17	29	24	35
18	14	3	17	32	21	35
18	14	7	21	32	25	39
18	14	15	29	32	33	47
18	15	6	21	33	24	39
18	15	14	29	33	32	47
18	17	6	23	35	24	41
18	20	3	23	38	21	41
18	23	6	29	41	24	47

19획 성(성씨)

관 關
남궁 南宮
방 龐
설 薛
정 鄭

성 (성씨)	이름자 (1)	이름자 (2)	원	형	이	정
19	2	4	6	21	23	25
19	2	14	16	21	33	35
19	2	16	18	21	35	37
19	4	2	6	23	21	25
19	4	12	16	23	31	35
19	4	14	18	23	33	37
19	6	10	16	25	29	35
19	6	12	18	25	31	37
19	10	6	16	29	25	35
19	10	19	29	29	38	48

성 (성씨)	이름자 (1)	이름자 (2)	4격 수리			
			원	형	이	정
19	12	4	16	31	23	35
19	12	6	18	31	25	37
19	13	16	29	32	35	48
19	13	20	33	32	39	52
19	14	2	16	33	21	35
19	14	4	18	33	23	37
19	14	19	33	33	38	52
19	16	2	18	35	21	37
19	16	13	29	35	32	48
19	16	22	38	35	41	57
19	18	20	38	37	39	57
19	19	10	29	38	29	48
19	19	14	33	38	33	52
19	19	20	39	38	39	58
19	20	13	33	39	32	52
19	20	18	38	39	37	57
19	20	19	39	39	38	58
19	22	16	38	41	35	57
20	1	4	5	21	24	25
20	1	12	13	21	32	33
20	1	17	18	21	37	38
20	3	12	15	23	32	35
20	3	15	18	23	35	38
20	3	18	21	23	38	41

20획 성(성씨)

나 羅
석 釋
선우 鮮于
엄 嚴

성 (성씨)	이름자 (1)	이름자 (2)	4격 수리			
			원	형	이	정
20	4	1	5	24	21	25
20	4	9	13	24	29	33
20	4	11	15	24	31	35
20	4	13	17	24	33	37
20	4	17	21	24	37	41
20	4	21	25	24	41	45
20	5	12	17	25	32	37
20	5	13	18	25	33	38
20	9	4	13	29	24	33
20	9	9	18	29	29	38
20	9	12	21	29	32	41
20	11	4	15	31	24	35
20	11	21	32	31	41	52
20	12	1	13	32	21	33
20	12	3	15	32	23	35
20	12	5	17	32	25	37
20	12	9	21	32	29	41
20	12	13	25	32	33	45
20	13	4	17	33	24	37
20	13	5	18	33	25	38
20	13	12	25	33	32	45
20	13	19	32	33	39	52
20	15	3	18	35	23	38
20	15	17	32	35	37	52

21획 성(성씨)

고 顧
등 藤
학 鶴

성 (성씨)	이름자 (1)	이름자 (2)	4격 수리			
			원	형	이	정
20	17	1	18	37	21	38
20	17	4	21	37	24	41
20	17	15	32	37	35	52
20	17	21	38	37	41	58
20	18	3	21	38	23	41
20	19	13	32	39	33	52
20	19	19	38	39	39	58
20	21	4	25	41	24	45
20	21	11	32	41	31	52
20	21	17	38	41	41	58
21	2	6	8	23	27	29
21	2	14	16	23	35	37
21	3	8	11	24	29	32
21	3	14	17	24	35	38
21	4	4	8	25	25	29
21	4	12	16	25	33	37
21	4	14	18	25	35	39
21	4	20	24	25	41	45
21	8	3	11	29	24	32
21	8	8	16	29	29	37
21	8	10	18	29	31	39
21	8	16	24	29	37	45
21	10	8	18	31	29	39
21	10	14	24	31	35	45

성 (성씨)	이름자 (1)	이름자 (2)	4격 수리			
			원	형	이	정
21	11	20	31	32	41	52
21	12	4	16	33	25	37
21	12	12	34	33	33	45
21	14	2	16	35	23	37
21	14	3	17	35	24	38
21	14	4	18	35	25	39
21	14	10	24	35	31	45
21	14	17	31	35	38	52
21	16	2	18	37	23	39
21	16	8	24	37	29	45
21	17	14	31	38	35	52
21	20	4	24	41	25	45
21	20	11	31	41	32	52
21	20	17	37	41	38	58

22획 성(성씨)

권 權
변 邊
소 蘇
은 隱

성 (성씨)	이름자 (1)	이름자 (2)	원	형	이	정
22	1	2	3	23	24	25
22	1	10	11	23	32	33
22	1	15	16	23	37	38
22	1	16	17	23	38	39
22	2	1	3	24	23	25
22	2	9	11	24	31	33
22	2	11	13	24	33	35
22	2	13	15	24	35	37
22	2	15	17	24	37	39
22	3	10	13	25	32	35

성 (성씨)	이름자 (1)	이름자 (2)	4격 수리			
			원	형	이	정
22	3	13	16	25	35	38
22	7	9	16	29	31	38
22	7	10	17	29	32	39
22	7	16	23	29	38	45
22	9	2	11	31	24	33
22	9	7	16	31	29	38
22	9	16	25	31	38	47
22	10	1	11	32	23	33
22	10	3	13	32	25	35
22	10	7	17	32	29	39
22	10	13	23	32	35	45
22	10	15	25	32	37	47
22	11	2	13	33	24	35
22	13	2	15	35	24	37
22	13	3	16	35	25	38
22	13	10	23	35	32	45
22	15	1	16	37	23	38
22	15	2	17	37	24	39
22	15	10	25	37	32	47
22	16	1	17	38	23	39
22	16	7	23	38	29	45
22	16	9	25	38	31	47
22	16	19	35	38	41	57
22	16	23	39	38	45	61

부록 2 · 성씨에 따른 길한 수리의 배합표

우리이름교과서

25획 성(성씨)

독 고
獨孤

성(성씨)	이름자(1)	이름자(2)	4격 수리			
			원	형	이	정
22	19	16	35	41	38	57
22	23	2	25	45	24	47
22	23	16	39	45	38	61
25	4	4	8	29	29	33
25	4	12	16	29	37	41
25	6	7	13	31	32	38
25	6	10	16	31	35	41
25	7	6	13	32	31	38
25	7	16	23	32	41	48
25	8	8	16	33	33	41
25	10	6	16	35	31	41
25	10	13	23	35	38	48
25	10	22	32	35	47	57
25	12	4	16	37	29	41
25	12	20	32	37	45	57
25	13	10	23	38	35	48
25	13	20	33	38	45	58
25	16	7	23	41	32	48
25	16	16	32	41	41	57
25	20	12	32	45	37	57
25	20	13	33	45	38	58
25	22	10	32	47	35	57

31획 성(성씨)

제 갈
諸 葛

성(성씨)	이름자(1)	이름자(2)	4격 수리			
			원	형	이	정
31	1	6	7	32	37	38
31	1	16	17	32	47	48
31	2	4	6	33	35	37
31	2	6	8	33	37	39
31	2	14	16	33	45	47
31	4	2	6	35	33	37
31	4	4	8	35	35	39
31	4	17	21	35	48	52
31	6	1	7	37	32	38
31	6	2	8	37	33	39
31	6	10	16	37	41	47
31	7	10	17	38	41	48
31	7	14	21	38	45	52
31	8	8	16	39	39	47
31	10	6	16	41	37	47
31	10	7	17	41	38	48
31	14	2	16	45	33	47
31	14	7	21	45	38	52
31	16	1	17	47	32	48
31	16	16	32	47	47	63
31	16	21	37	47	52	68
31	17	4	21	48	35	52
31	21	16	37	58	47	68

부록 2 · 성씨에 따른 길한 수리의 배합표

■ 참고문헌

『한국인물사전』, 편집부, 연합뉴스

『개명 및 호적정정 사례집』, 법원행정처

『공자 노자 석가』, 모로하시 데츠지, 동아시아

『내 사주 내가 푼다』, 임태근, 여시아문

『바른 작명학 강의』, 맹정훈, 고원

『베이비 네이밍』, 편집부, 무크하우스

『보기 쉬운 사주만세력』, 우리문화 기획팀, 동학사

『브랜드 네이밍 사전』, 편집부, 아이서브

『새롭게 풀어 쓴 우리 사주학』, 전광, 동학사

『성공하는 영어 이름 따로 있다』, 브루스 랜스키 & 배리 신로드, 링구아포럼

『성공하는 이름짓기 사전』, 김배성, 창해

『숫자의 비밀』, 오토 베츠, 다시

『이름 사전』, 이우각, 밝은누리

『이름학』, 유용주, 법왕불교대학

『좋은 이름 길라잡이』, 오현리, 동학사

『좋은 이름 바로 짓기』, 김상묵, 동학사

『좋은 이름 이렇게 짓는다』, 김상연, 갑을당

『좋은 이름 좋은 운명』, 최국봉, 온북스

『컴퓨터 만세력』, 김상연, 갑을당

『한글이름』, 김슬옹·김불꾼·신연희, 다른우리